■ Qu'est-ce qui se passe? ■

■ Qu'est-ce qui se passe? ■

Expression écrite

☐ THIRD EDITION ☐

Robert Balas

Western Washington University

Donald Rice

Hamline University

Houghton Mifflin Company   Boston

Dallas   Geneva, Illinois   Palo Alto   Princeton, New Jersey

ACKNOWLEDGMENTS

We are very grateful to all of our colleagues and students who have used *Qu'est-ce qui se passe?* in the past. Their comments, praise, criticism, and encouragement have been invaluable in the preparation of this third edition.

We would like to thank the following reviewers who participated in the formal review of the second edition:

Jolene J. Barjasteh, St. Olaf College, Minnesota
Joseph E. Chevalier, University of Wisconsin, Wausau
Hope Christiansen, University of Kansas
David A. Dinneen, University of Kansas
Christiane Fabricant, Tufts University, Massachusetts
John Gesell, University of Arizona
Marie-Louise Harms, University of San Diego, California
Paul F. Johnson, Houghton College, New York
Jean Knecht, Texas Christian University
John K. Savacool, Professor Emeritus, Williams College, Massachusetts
Andrée Stayman, Florida International University, Tamiami Campus

Finally, our very personal thanks to Liz and Charles Balas, Mary Callahan, and Alexander and Hilary Rice, whose patience and encouragement have contributed greatly to the creation of this third edition.

R.B.
D.R.

Credits for photos and realia may be found following the Index at the end of this book.

Cover image: "Pretend" by Tony DeBlasi. Courtesy Louis K. Meisel Gallery, New York. Photographed by Steve Lopez.

Illustrations by Robert Balas

Printed in the U.S.A.

Library of Congress Catalog Card Number: 89-80913
ISBN: 0-395-52586-1

TABLE DES MATIÈRES

Appendices

Preface to the Third Edition

Qu'est-ce qui se passe? Expression orale and **Expression écrite** is a college French program that can be used for a second-year course or for an intermediate conversation and composition course. Its purpose is to present a solid review and expansion of grammar, as well as to provide a broad range of conversational situations and writing topics designed to improve students' oral and written proficiency.

The third edition represents a major reworking of the program. Although we, the authors, have maintained two of the key features of earlier editions—the use of picture stories to develop vocabulary and provide students with a shared context for exercises and conversation, as well as a functional approach to grammar—we have brought the program in line with current trends toward proficiency-oriented, communication-based approaches to language learning.

Organization

The most obvious result of this effort is the separation of **Qu'est-ce qui se passe?** into two parallel and integrated texts. The volume subtitled **Expression orale** is designed primarily for in-class use. Each unit now begins with the *Histoire en images* section, which is accompanied by humorous line illustrations, vocabulary and an increased number of questions. Following the *Histoires en images* section (which includes new illustrations redrawn by a professional artist) is the *Préparons-nous* section, consisting of several sets of exercises correlated to the various subdivisions of the functional grammar for each unit. These exercises, all contextualized and/or personalized, move from controlled to open-ended and allow class time to be spent primarily on communication activities. Tied to this functional use of grammar is the introduction of a new section entitled *Pour communiquer*, consisting of lexical gambits useful in expanding and refining the basic language functions (telling stories, asking questions, designating, qualifying and describing, situating in time and space, reacting, and linking). The picture stories, the grammatical practice, and the conversational practice all come together in an expanded set of oral activities, *À vous, maintenant!* which continue to build students' proficiency. Completing each unit is the all-new Cultural Magazine section, *Au jour le jour*, offering authentic French texts linked to contemporary themes such as stress, modern technology, and the role of women and men in today's society. These texts offer a range of opinions while exposing students to real language use. Activities that follow engage students in active discussions on the topics presented.

The companion volume, **Expression écrite,** is designed especially for use by students inside or outside of class. It contains complete and clear grammatical explanations (in French) followed by sets of exercises that are contextualized or personalized and, frequently, make use of the picture stories. These exercises also range from controlled to more open-ended; answers for the controlled exercises are provided at the back of the volume, thus offering immediate feedback for students before coming to class. In addition, this volume contains sets of more detailed mechanical exercises on each topic (again self-correcting) that can be used for remedial purposes (or as additional practice on topics that are new to some or all of the students). The result is that in most cases much of the work on grammar can be done as homework in preparation for the communicative activities that take place in class. Culminating each unit is the *Activités écrites* section, a variety of writing exercises that integrates the grammatical functions, the picture stories, and the students' own experiences.

Components

Audio Program. The Audio Program has been completely reconceived and rerecorded. The emphasis is on developing listening skills by presenting unscripted, unrehearsed conversations and stories by native speakers. Each unit has a 30-minute audio session devoted to: 1) a retelling of the *Histoire en images,* 2) a series of short dialogues illustrating the conversational strategies presented in the *Pour communiquer* section, and 3) a conversation based on the topics in that unit's Magazine section, *Au jour le jour.*

Software Program. Several software programs designed to accompany the program are available from the authors: *Lecture* and *Métro.*

Métro is a fast drill program in which the student may either play a game or go directly to the drill activities. The focus of the lessons are toward remedial learning or learning new discrete grammar points.

Lecture is a very sophisticated tutorial program capable of a multitude of exercises. It can introduce and test grammar sequences, provide extensive reading selections and fortify the study of the language with up to 98 questions per lesson.

In short, the third edition of **Qu'est-ce qui se passe?** provides a creative solution to the perennial question: how can students both review (and/or learn) French grammar and writing skills and continue to develop spoken language skills? Moreover, like its two previous editions, the third edition reflects the idea that, while language learning is not always fun, it *is* possible to have fun while learning a language.

Preface to Expression écrite

The **Expression écrite** text provides a self-paced worktext for studying and practicing French grammar. It is targeted for second-year students or for those who wish to review the written structure of the French language. **Expression écrite** relies upon the student's ability to solve through self-study many of the problems posed by grammar. The text also lends itself to traditional classroom use. All exercises in the **Expression écrite** text are thoroughly cross-referenced with icons and annotations to the **Expression orale** text. The latter is designed to be used as an oral supplement to this text, if so desired.

The two review units and six regular units parallel the structure of **Expression orale** for easy reference. The review units serve as reminders of the basic language structures learned in the first year, which students may have forgotten over the summer or midyear break. If students find the exercises too difficult, remedial exercises are provided for further practice at the end of the text in a special section called *Exercices supplémentaires*. Answers to both the regular text exercises and the *Exercices supplémentaires* are provided in the *Réponses* section which immediately follows the *Exercices supplémentaires*.

The six regular units are divided into three sections:

Expressions idiomatiques. This section contains three to six groups of idiomatic expressions, each with exercises that relate, whenever possible, either to the grammatical theme of **Expression écrite,** or to the reading selection in that unit of **Expression orale**. Many exercises are accompanied by humorous line art.

Structures grammaticales. This section provides the grammatical theme of the unit and deals with structural problems related to a general language function: how to tell a story in the past, how to ask questions, how to describe people and things, etc. The explanations are in French. The text provides occasional warnings to the student about special problems in the *"ATTENTION"* and *"À NOTER"* notes. These notes are to aid students in working through the more difficult grammatical concepts. Exercises follow each topic taught. These exercises are self-checking; answers are provided in the *Réponses* section at the back of the book.

Activités écrites. Upon satisfactory completion of the *Structures grammaticales* section, the students are ready to move on to this section, where a series of creative exercises are included for more extensive writing and/or composition practice. The authors have included a wide variety of exercises. Many of them are based upon the *Histoire en images* in the **Expression orale** text. Although students need not have studied these stories to do the exercises, knowing the stories makes the sentences more meaningful.

Les Appendices. The Appendix contains a series of supplemental exercises called *Exercices supplémentaires*, which are provided to help students review, recall, and relearn aspects of the language that may have been forgotten or never learned. These exercises can be done when obvious weaknesses are exposed while doing the main units in the text. The answers to these exercises and those in the main part of the text are provided in the two *Réponses* sections immediately following the *Exercices supplémentaires* section. An explanatory section on Verbs, Verb Tables (both regular and irregular), a complete French-English Vocabulary, and an Index concludes the text.

We know that students will be pleased with the changes made in the Third Edition. As they know from their previous study of French, acquiring a language doesn't happen overnight; it is something that sinks in gradually. Their progress in oral and written proficiency should be quite noticeable with the assistance of their professor, classmates, and the Third Edition.

UNITÉ DE RÉVISION A

Cette première unité de révision vous permettra de revoir les structures grammaticales nécessaires pour parler du présent, du passé et du futur proche. Après une courte introduction grammaticale, nous allons étudier la formation des temps du verbe suivants: le *présent*, le *passé composé* et le *futur immédiat*. Dans chaque cas, nous reverrons les verbes réguliers, les verbes irréguliers et les verbes pronominaux aux formes affirmatives, négatives et interrogatives.

■ *Expressions idiomatiques*

«L'auteur **devrait** se coucher, mais il veut finir son livre».

1. devoir + *infinitif*

a. Présent: to have to, to be supposed to, must (*moral obligation or probability*)

Mes enfants sont malades. Je **dois** rester à la maison.
Jean n'est pas là? Il **doit** être malade.

Au présent, pour indiquer une nécessité plutôt qu'une obligation, on utilise **falloir**:

Pour avoir son diplôme, il **faut** suivre un cours de mathématiques: on n'a pas le choix.

b. Imparfait: to be supposed to

Où est ton oncle? Il **devait** arriver il y a une demi-heure.

c. Passé composé: to have had to (*moral obligation*); must have (*probability*):

Je n'ai pas pu venir; j'**ai dû** rester avec mes enfants.
Jean n'est pas encore arrivé? Il **a dû** manquer son train.

EXERCICES

A. Donnez l'équivalent anglais de *devoir*.

1. Marie devait partir ce matin, mais elle est toujours ici.
2. Cet homme a frappé mon ami. Je dois me venger.
3. Comment! Maman n'est pas encore rentrée? Elle a dû avoir un client au dernier moment.
4. Regardez sa femme. Elle doit être beaucoup plus jeune que lui.
5. J'avais envie d'y aller, mais j'ai dû préparer le dîner.

B. Remplacez le tiret par la forme qui convient de *devoir*. Ensuite donnez l'équivalent anglais de *devoir*.

1. Il _____ travailler plus dur. Autrement il ne va pas réussir ses examens.
2. Dépêchez-vous. Il est trois heures et demie et nous _____ être chez le médecin à trois heures précises.
3. Comment? Marie n'est pas venue avec vous? Elle _____ prendre un autre train.
4. Vous pourrez partir sans moi. Je _____ attendre que Jean-Paul revienne.
5. Cléonte _____ se déguiser afin de recevoir la bénédiction de M. Jourdain.
6. André _____ aller au bureau, mais il a décidé de quitter le pays.
7. Regardez! Il _____ y avoir au moins trois cents spectateurs qui veulent voir la pièce.

Gaspar **laisse** son amie au café et **s'en va** avant que l'addition n'arrive.

2. quitter (*v.tr.*): to leave, to leave behind
laisser (*v.tr.*): to leave behind in a certain place
s'en aller: to get away, to go away
partir: to leave, to go away
sortir: to leave, to exit, to go out on a date

J'ai quitté la maison à sept heures.
Nous devons vous **quitter** maintenant.

Elle **a laissé** la clé sur la table.
Laissez les vêtements sales dans la salle de bains.

Quitter et **laisser** ont toujours un complément d'objet direct; ils se conjuguent donc avec **avoir.** Employez **quitter** pour parler d'un endroit ou d'une personne: *J'ai quitté la maison à 8h.* Employez **laisser** pour parler d'une chose ou d'une personne qui restent dans l'endroit mentionné: *J'ai laissé mon sac sur la table. J'ai laissé mes amis au café.*

Elle **s'en est allée. Va-t'en.**

Lorsqu'on emploie **s'en aller,** ni l'endroit qu'on quitte ni l'endroit où on va ne sont *jamais* indiqués. Le participe passé s'accorde avec le pronom réfléchi: *Ils s'en sont allés.*

Elle **est partie** ce matin.
Ils vont **partir pour** la France.

Sortez tout de suite.
Elle **est sortie de** son bureau.

Partir et **sortir** n'ont pas de complément d'objet direct; ils sont donc conjugués avec **être.** Il faut employer une préposition si l'endroit qu'on quitte (**de**) ou l'endroit où on va (**pour**) sont indiqués.

EXERCICES

C. Remplacez le tiret par la forme indiquée du verbe convenable (*quitter, laisser, s'en aller, partir* ou *sortir*). Pour certaines phrases, il y a plus d'une réponse possible.

1. Nous allons _____ demain. (*infinitif*)
2. Quand je les ai vus, ils _____ du restaurant. (*imparfait*)
3. Où est-ce que tu _____ ta serviette? (*passé composé*)
4. Je ne veux pas vous parler. _____ ! (*impératif*)
5. Ils _____ la France le 3 juillet. (*futur*)
6. Demain elle va _____ pour le Maroc. (*infinitif*)
7. Ma sœur _____ avec Jean-Jacques hier soir. (*passé composé*)
8. _____ la clé sur la porte! (*impératif*)
9. Nous _____ nos amis vers une heure. (*passé composé*)

D. Contredisez les phrases suivantes en utilisant *quitter, laisser, s'en aller, partir* ou *sortir.* Attention aux prépositions.

1. Elle est arrivée à six heures précises.
2. Nous sommes entrés dans la boulangerie.
3. Viens ici tout de suite!
4. J'ai pris le livre à la bibliothèque.
5. Ils sont rentrés à la maison avant nous.
6. Entrez!
7. Il est arrivé de Londres.
8. Nous avons retrouvé nos amis au restaurant.

■ *Première partie*

Trois notions grammaticales

Il n'est pas nécessaire d'être expert en grammaire pour parler français, *mais* il est très utile, en apprenant une langue étrangère, de comprendre certaines notions grammaticales très fondamentales. Il est important de savoir reconnaître les trois fonctions que peuvent exercer les noms par rapport à un verbe.

1. Le **sujet** désigne la personne ou l'objet qui font l'action du verbe ou qui sont dans l'état qu'indique le verbe.

> **Jeanne-Marie** chante.
> **Les arbres** perdent leurs feuilles.
> **Ton frère** est vraiment très grand.

2. Le **complément d'objet direct** indique la personne ou la chose sur laquelle se fait l'action exprimée par le verbe. Il reçoit *directement* cette action; c'est-à-dire qu'il n'est pas séparé du verbe par une préposition.

> Vincent va retrouver **Mathilde** en ville.
> Le monsieur a perdu **sa serviette**.
> Je cherche **mes copains**.

3. L'**objet d'une préposition** désigne la personne ou la chose qui reçoivent l'action du verbe par l'intermédiaire d'une *préposition* comme **à**, **de**, **contre**, **sur**, etc.

> Michel veut téléphoner *à* **Jacqueline**.
> Est-ce que tu as peur *des* **chiens**?
> Ils se fâchent toujours *contre* **leurs parents**.
> Jean a mis ses livres *sur* **la table**.

Application

A. Exercice de grammaire. Dans chaque phrase soulignez tous les noms, puis identifiez la fonction de chaque nom: *sujet, complément d'objet direct, objet d'une préposition.*

1. Le maître veut connaître ses élèves.
2. D'abord, le maître pose une question à Jean-Luc.
3. Jean-Luc ne sait pas la réponse.
4. Chantal répond à la question.
5. Pendant que Chantal parle, Henri se moque du maître.
6. Henri met sa serviette derrière la porte.
7. Les autres élèves regardent Henri.
8. Le maître dit à Henri de quitter la salle de classe.

You will find additional exercises dealing with subjects and objects on p. A 2 of this text **(E.E.).**

■ *Deuxième partie*

Le présent

1. Les verbes réguliers se divisent en plusieurs groupes.

a. Les verbes en **-er** comme **parler**

je parl**e**	nous parl**ons**
tu parl**es**	vous parl**ez**
il/elle/on parl**e**	ils/elles parl**ent**

Presque tous les verbes en **-er** sauf **aller** appartiennent à ce groupe.

b. Les verbes en **-ir** comme **finir**

je fin**is**	nous fin**issons**
tu fin**is**	vous fin**issez**
il/elle/on fin**it**	ils/elles fin**issent**

D'autres verbes communs de ce groupe: **choisir, réfléchir, réussir.**

c. Les verbes en **-ir** comme **partir**

je par**s**	nous part**ons**
tu par**s**	vous part**ez**
il/elle/on par**t**	ils/elles part**ent**

D'autres verbes communs de ce groupe: **sortir, servir, mentir, dormir.**

d. Les verbes en **-ir** comme **ouvrir**

j'ouvr**e**	nous ouvr**ons**
tu ouvr**es**	vous ouvr**ez**
il/elle/on ouvr**e**	ils/elles ouvr**ent**

D'autres verbes communs de ce groupe: **découvrir, souffrir, offrir.**

e. Les verbes en **-re** comme **répondre**

je répond**s**	nous répond**ons**
tu répond**s**	vous répond**ez**
il/elle/on répond	ils/elles répond**ent**

D'autres verbes communs de ce groupe: **attendre, vendre, entendre.**

2. Rappelez-vous que certains verbes n'entrent pas dans ces catégories. Voici un nombre de verbes irréguliers fréquemment employés:

avoir		être	
j'**ai**	nous **avons**	je **suis**	nous **sommes**
tu **as**	vous **avez**	tu **es**	vous **êtes**
il/elle/on **a**	ils/elles **ont**	il/elle/on **est**	ils/elles **sont**

aller		faire	
je **vais**	nous **allons**	je **fais**	nous **faisons**
tu **vas**	vous **allez**	tu **fais**	vous **faites**
il/elle/on **va**	ils/elles **vont**	il/elle/on **fait**	ils/elles **font**

prendre		mettre	
je **prends**	nous **prenons**	je **mets**	nous **mettons**
tu **prends**	vous **prenez**	tu **mets**	vous **mettez**
il/elle/on **prend**	ils/elles **prennent**	il/elle/on **met**	ils/elles **mettent**

lire		connaître	
je **lis**	nous **lisons**	je **connais**	nous **connaissons**
tu **lis**	vous **lisez**	tu **connais**	vous **connaissez**
il/elle/on **lit**	ils/elles **lisent**	il/elle/on **connaît**	ils/elles **connaissent**

dire		venir	
je **dis**	nous **disons**	je **viens**	nous **venons**
tu **dis**	vous **dites**	tu **viens**	vous **venez**
il/elle/on **dit**	ils/elles **disent**	il/elle/on **vient**	ils/elles **viennent**

pouvoir		vouloir	
je **peux**	nous **pouvons**	je **veux**	nous **voulons**
tu **peux**	vous **pouvez**	tu **veux**	vous **voulez**
il/elle/on **peut**	ils/elles **peuvent**	il/elle/on **veut**	ils/elles **veulent**

voir		devoir	
je **vois**	nous **voyons**	je **dois**	nous **devons**
tu **vois**	vous **voyez**	tu **dois**	vous **devez**
il/elle/on **voit**	ils/elles **voient**	il/elle/on **doit**	ils/elles **doivent**

3. Les verbes pronominaux les plus communs se conjuguent comme **parler**. N'oubliez pas que le pronom réfléchi s'accorde avec le sujet.

se coucher	
je **me couche**	nous **nous couchons**
tu **te couches**	vous **vous couchez**
il/elle/on **se couche**	ils/elles **se couchent**

Voici une liste de quelques verbes pronominaux qui se conjuguent comme **se coucher**:

---

s'amuser, s'appeler, s'arrêter, se brosser, se couper, se dépêcher, s'embrasser, s'ennuyer, s'habiller, s'intéresser, se laver, se lever, se maquiller, se raser, se reposer, se réveiller

---

Application

B. La journée de Jean-Pierre. En vous reportant aux illustrations (**E.O.**, p. 8), racontez la journée de Jean-Pierre en suivant les indications données.

You will find additional exercises on the present tense on page A 2 of this text (**E.E.**).

1. Vous observez Jean-Pierre; vous utilisez donc le pronom **il**.

_____

_____

_____

_____

_____

_____

_____

_____

_____

2. Vous êtes Jean-Pierre. Vous utilisez donc le pronom **je**.

_____

_____

_____

_____

_____

_____

_____

_____

Les questions

1. Rappelez-vous qu'il y a plusieurs moyens de poser une question qui a pour réponse **oui** ou **non.** Dans tous les cas, la voix monte à la fin de la question.

   —l'intonation: Tu es de Paris?
   —est-ce que: **Est-ce que** tu es de Paris?
   —l'inversion du verbe: Es-tu de Paris?
   —n'est-ce pas?:   Tu es de Paris, **n'est-ce pas?**

Dans la conversation, on emploie généralement l'intonation toute seule ou **est-ce que.** Dans la langue écrite, on utilise fréquemment l'inversion. **N'est-ce pas?** anticipe une réponse affirmative.

2. Rappelez-vous qu'il y a deux moyens de poser une question qui demande un renseignement. Dans les deux cas, la voix descend à la fin de la question.

expression interrogative + **est-ce que**: Où est-ce que le directeur habite?
expression interrogative + *inversion*: Où (le directeur) habite-t-il?

Quelques expressions interrogatives souvent employées sont:

à quelle heure... ?   comment... ?   pourquoi... ?
combien de... ?   où... ?   quand... ?

The explanations and exercises in **E.E. (Expression écrite)** will prepare you for the oral exercises in **E.O. (Expression orale).** At the end of each set of exercises appears a reference to the corresponding exercises in **E.O.** This is easily recognized by the identifying logo for **E.O.:** You should complete *and* correct these exercises *before* trying to do the oral exercises in **E.O.** Answers to the written exercises are found at the end of this text, beginning on p. A 78.

Application

C. Que fait Jean–Pierre? Utilisez les expressions interrogatives pour poser des questions aux activités de Jean–Pierre. (**E.O.,** p. 8.)

Exercise I, **E.O.,** p. 8.
You will find additional exercises on questions on p. A 3 of this text (**E.E.**).

1. _____
2. _____
3. _____
4. _____
5. _____
6. _____
7. _____
8. _____
9. _____
10. _____

La négation

1. L'expression négative de base est **ne... pas**.

> Je **n'**aime **pas** le vin.
> Nous **n'**avons **pas** de[1] voiture.
> Elle **ne** veut **pas** travailler.

2. Il y a d'autres expressions négatives qui fonctionnent de la même manière que **ne... pas**. Il est souvent utile d'associer ces expressions à leur contraire:

affirmatif	négatif
quelque chose	ne... rien
quelqu'un	ne... personne
quelquefois	ne... jamais
toujours	
encore	ne... plus

> Tu prends *quelque chose*? Non, je **ne** prends **rien**.
> Elle connaît *quelqu'un* ici? Non, elle **ne** connaît **personne**.
> Vous allez *quelquefois* à la boucherie Roger? Non, nous **n'**y allons **jamais**.
> Ils sont *toujours* à Rome? Non, ils **ne** sont **plus** à Rome, ils sont à Athènes.

a. Lorsque **rien** ou **personne** sont le sujet de la phrase, ils précèdent **ne**:

> **Rien ne** les intéresse.
> **Personne ne** veut te parler.

b. **Rien** et **personne** peuvent fonctionner aussi comme objets d'une préposition; dans ces cas-là, **ne** se met à sa place habituelle devant le verbe.

> Elle **n'**a peur **de rien**.
> Nous **ne** parlons **à personne**.

c. L'expression **ne... que** (*only*) ressemble aux expressions négatives, mais elle n'a pas vraiment un sens négatif. Elle exprime la restriction et la limitation. C'est un synonyme de *seulement*. **Que** précède directement le mot ou l'expression qu'il limite.

> Tu as quatre frères? Non, je **n'**ai **que** deux frères.
> Elles **ne** vont en France **que** tous les cinq ans.
> Georges **ne** fait **que** jouer de la guitare.

---

[1]Après une expression négative, l'article indéfini (**un, une, des**) et l'article partitif (**du, de la, de l', des**) sont remplacés par **de** (**d'** devant une voyelle).

Application

D. La vie négative. Donnez une réponse négative aux questions suivantes.

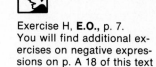

Exercise H, **E.O.**, p. 7.
You will find additional exercises on negative expressions on p. A 18 of this text (**E.E.**).

MODÈLE: Qu'est-ce qu'il y a sur la table?

Il n'y a rien sur la table.

1. Qui veut aller au cinéma ce soir?

_____

2. Qui est-ce que vous attendez?

_____

3. Quand est-ce que vous regardez la télévision?

_____

4. Tu es toujours à l'école secondaire?

_____

5. Qu'est-ce qu'elles cherchent?

_____

6. À qui penses-tu?

_____

7. De quoi as-tu besoin?

_____

8. Tu as encore des devoirs à faire?

_____

9. Aux États-Unis chaque état a trois sénateurs, n'est-ce pas?

_____

10. Tu travailles avec Jeanne et Lionel, non?

_____

ÉCONOMIE
« Il n'y a pas de miracle reaganien »

■ *Troisième partie*

Le passé composé

1. La plupart des verbes sont conjugués au passé composé avec le verbe auxiliaire **avoir** et le participe passé. Le participe passé des verbes réguliers se forme ainsi:

les verbes en **-er: -é**   **parler →   parlé**
les verbes en **-ir: -i**   **finir →   fini**
les verbes en **-re: -u**   **répondre → répondu**

> J'**ai écouté** la radio.
> Elle **a perdu** son sac.
> Nous **avons fini** le troisième chapitre.
> Ils **ont acheté** une voiture.

Certains verbes irréguliers ont des participes passés irréguliers. Parmi les plus communs sont:

avoir →	**eu**	dire →	**dit**
être →	**été**	pouvoir →	**pu**
faire →	**fait**	vouloir →	**voulu**
prendre →	**pris**	voir →	**vu**
mettre →	**mis**	devoir →	**dû**
lire →	**lu**	pleuvoir →	**plu**
écrire →	**écrit**	ouvrir →	**ouvert**
connaître →	**connu**		

Le participe passé des verbes conjugués avec **avoir** s'accorde seulement avec un *complément d'objet direct qui le précède*. Cette situation se produit généralement quand il y a:

> *un pronom complément d'objet direct:* Les Martin? Je ne **les** ai pas vu**s**.
> *le pronom relatif* **que**: La lettre **que** tu as envoyé**e** a disparu.
> *les expressions interrogatives* **quel** *ou* **lequel**: **Quelles** chaussures ont-ils choisi**es**?

2. Rappelez-vous qu'il y a un groupe de verbes (pour la plupart, des verbes de mouvement) qui sont conjugués au passé composé avec le verbe auxiliaire **être** quand ils sont employés seuls (c'est-à-dire, sans objet) ou avec une préposition. En général, leurs participes passés sont réguliers. Exceptions: **venir → venu, naître → né, mourir → mort.** Ces verbes sont:

---

aller, arriver, descendre, devenir, entrer, monter, mourir, naître, partir, passer, rentrer, rester, retourner, revenir, sortir, tomber, venir

---

Le participe passé fonctionne comme un adjectif et s'accorde avec le sujet.

> **Je** suis **allé(e)** en France.   **Martine** est **restée** à la maison.
> **Nous** sommes **arrivé(e)s** en retard.   **Les autres** sont **rentré(e)s** avant nous.

Certains verbes de ce groupe—**passer, monter, sortir, descendre**—peuvent s'employer avec un complément d'objet direct. Dans ces cas-là ils sont conjugués avec **avoir**:

> Je **suis monté(e)**.   *Mais:* J'**ai monté** l'escalier.
> Il **est sorti** de la maison.   Il **a sorti** son mouchoir.
> Nous **sommes passé(e)s** devant   Nous **avons passé** trois jours à
>   la cathédrale.   Florence.
> Elle **est descendue** du train.   Elle **a descendu** l'escalier.

3. Rappelez-vous que les verbes pronominaux sont toujours conjugués au passé composé avec le verbe auxiliaire **être**. Le pronom réfléchi ou réciproque s'accorde avec le sujet.

> Je **me suis levé(e)** de bonne heure.   Elle **s'est couchée** tard.
> Nous **nous sommes** bien **amusé(e)s**.   Ils **se sont trompés**.

Le participe passé des verbes pronominaux s'accordent avec un complément d'objet direct qui le précède. Dans beaucoup de cas, le pronom réfléchi ou réciproque fonctionne comme complément d'objet direct.

> Ils se sont vu**s** au théâtre. (**voir** est précédé de l'objet direct, **se**)

Si le pronom réfléchi ou réciproque joue le rôle d'objet *indirect*, on ne fait pas l'accord.

> Ils **se** sont parlé hier.   (**parler** est suivi de la préposition **à**, donc
>   **se** est un objet indirect)

Application

E. Une mauvaise journée. En vous inspirant des illustrations, racontez la journée de Michel et de Françoise en suivant les indications données.

se réveiller / rester au lit

faire des exercices

descendre à la cuisine / préparer

se glisser / tomber

consoler / suggérer

sortir / prendre le
petit déjeuner

déranger / fumer

gronder / se fâcher
contre / indiquer
la porte

donner un coup / se
moquer de qqn

faire du karaté

arrêter / amener

passer la nuit / ne pas
rentrer

1. Vous observez Michel et Françoise; vous utilisez donc les pronoms **il, elle, ils**.

_____

_____

_____

_____

_____

_____

_____

_____

_____

_____

_____

_____

2. Vous êtes Michel ou Françoise; vous utilisez donc les pronoms **je, nous, il (elle)**.

_____

_____

_____

_____

_____

_____

_____

_____

_____

Les questions et la négation au passé composé

1. En général les questions se posent au passé composé comme au présent.

intonation:	Ils sont déjà partis?
est-ce que:	**Est-ce que** vous avez entendu ce nouveau disque?
n'est-ce pas?:	Tu t'es bien amusée, **n'est-ce pas?**

L'inversion se fait avec le pronom sujet et le verbe auxiliaire:

As-tu fini?   **Sont-elles** déjà arrivées?   Vous **êtes-vous** trompés?

2. Au négatif, le **ne** _précède_ toujours le verbe auxiliaire (ou le pronom objet, s'il en existe un).

Je **n'**_ai_ pas vu ce film.
Nous **ne** _sommes_ jamais allés en Suisse.
Vous **ne** vous _êtes_ pas parlé?

La seconde partie de l'expression vient généralement _directement après_ le verbe auxiliaire:

Elle n'_a_ **rien** compris.   Ils n'_ont_ **plus** répondu.

Les expressions **ne... personne** et **ne... que** font exception. La seconde partie de l'expression _suit_ le participe passé.

Nous n'avons _vu_ **personne.**
Elle n'a _pris_ **que** deux minutes pour le faire.

F. Quelques questions. Ces questions portent sur la journée de Michel et de Françoise. Répondez-y en utilisant des expressions *négatives*.

Exercises I and J, **E.O.,** pp. 8–9.
You will find additional exercises on the **passé composé** on p. A 4 of this text (**E.E.**).

MODÈLE: Est-ce que Françoise s'est levée en même temps que Michel?

Non, elle ne s'est pas réveillée; elle est restée au lit.

1. Après s'être levé, Michel a-t-il pris une douche ou un bain?

_____

2. Qui a aidé Michel à préparer le petit déjeuner?

_____

3. Est-ce que Françoise et Michel ont bien savouré ce petit déjeuner?

_____

4. Quand Michel est tombé, Françoise s'est-elle moquée de lui?

_____

5. Pourquoi est-ce que Michel a conseillé à son voisin de table de sortir?

_____

6. Est-ce que ce type a bien suivi tous les conseils de Michel?

_____

7. Ce type costaud a-t-il fait quelque chose pour se défendre contre Françoise?

_____

8. Est-ce que Michel et Françoise sont rentrés de bonne heure chez eux?

_____

■ *Quatrième Partie*

Le futur immédiat

1. Le futur immédiat se forme avec le verbe **aller** et l'infinitif.

Je **vais partir** demain matin.   Nous **allons attendre** ici.
Elle **va visiter** la cathédrale.   Ils **vont être** chez nous ce soir.

2. Au futur immédiat le pronom réfléchi ou réciproque d'un verbe pronominal doit s'accorder avec le sujet d'**aller**.

Je vais **me** lever de bonne heure.
Ils vont **s'**amuser.
Nous allons **nous** occuper des animaux.

3. Il y a d'autres expressions qu'on peut employer au présent pour désigner une action future. Parmi les plus employés sont: **espérer** (*to hope*), **compter** (*to intend*), **avoir l'intention de** (*to intend*), **devoir** (*to have to*). Dans chaque cas, l'expression est conjuguée au présent et suivie d'un infinitif.

The French often use the **present** tense to indicate **future** actions, especially those in the near future: «**Demain j'**_achète_ un nouveau cahier.»

> **J'espère** avoir le temps d'y aller.
> Il **compte** accompagner ses parents au Canada.
> Nous **avons l'intention d'**étudier ce soir.
> Elles **doivent** partir demain après-midi.

Les questions et la négation au futur immédiat

1. En général les questions se posent au futur immédiat comme au présent.

> *intonation:*   Ils vont partir?
> **est-ce que**:   Est-ce que vous allez écouter la radio?
> **n'est-ce pas?**:   Tu vas y aller, n'est-ce pas?
> *l'inversion:*   Vas-tu finir? Vont-elles arriver à l'heure?

2. Les expressions négatives **ne... pas, ne... rien, ne... jamais, ne... plus** se mettent autour du verbe **aller**.

> Je **ne** vais **pas** faire la vaisselle.   Vous **n'**allez **rien** comprendre.
> Elle **ne** va **jamais** retourner en Italie.

Les expressions **ne... personne** et **ne... que** font exception. La seconde partie de l'expression suit l'infinitif.

> Tu **ne** vas voir **personne** de la famille.
> Ils **ne** vont dépenser **que** deux ou trois cents francs.

Application

G. Les rêves et la réalité. Souvent la réalité ne correspond pas aux rêves. Utilisez les verbes **espérer** et **compter** ainsi que l'expression **avoir l'intention de** pour préciser les rêves des personnes indiquées. Utilisez le futur immédiat pour indiquer leur réalité probable.

MODÈLE: mon ami(e)... / gagner

> *Mon amie Grace espère gagner 50.000 dollars sa première année de travail. En réalité, elle va gagner 20.000 dollars.*

1. mon ami(e)... / devenir

_____

2. mes parents... / voyager

_____

3. je / se lever tous les matins (l'été prochain)

_____

4. la plupart des étudiants de cette université / ?

_____

5. mon ami(e) / ?

_____

6. je / ?

_____

H. Cela n'a pas l'air très amusant. Vous décrivez à vos amis des vacances peu intéressantes que vous allez bientôt prendre. Quand ils vous posent des questions, vous répondez en utilisant des expressions _négatives_.

Exercises K and L, **E.O.,** p. 9.
You will find additional exercises on the immediate future on page A 5 of this text (**E.E.**).

   MODÈLE: Qui va t'accompagner?
             Personne ne va m'accompagner.

1. Qui est-ce que tu vas voir?

_____

2. Qu'est-ce que tu vas faire le soir?

_____

3. Quand est-ce que tu vas t'amuser?

_____

4. Vas-tu avoir le temps de te reposer?

_____

5. Tu vas manger trois fois par jour?   (deux)

_____

6. À qui vas-tu écrire?

_____

UNITÉ PREMIÈRE

La Narration

- *Expressions idiomatiques*
- *Structures grammaticales*
  - *Activités écrites*

■ *Expressions idiomatiques*

Gaspar **a voulu** traverser en dansant, mais il **n'a pas pu** le faire.

1. savoir + *infinitif*: to know, to know how to (*présent, imparfait, futur*)[1]
+ *nom* ou *proposition* (*clause*) to find out, to learn (*passé composé*)
pouvoir + *infinitif*: to be able to (*présent, imparfait, futur*); to succeed in (*passé composé*)[1]
vouloir + *infinitif*: to want (*présent, imparfait, futur*); to try to (*passé composé*); to refuse to (*passé composé au négatif*)[1]

Est-ce que tu **sais** faire du ski nautique?
Elle **ne savait pas** quoi faire.
Quand **a**-t-elle **su** que vous aviez eu un accident?

Je **ne peux pas** vous aider.
Après beaucoup d'efforts elle **a pu** traverser la Manche à la nage mais elle **n'a pas pu** faire l'aller-retour.

Elle **veut** vous voir.
Elle **voulait** acheter la maison, mais les propriétaires **n'ont pas voulu** la vendre.

EXERCICES

A. Mettez le verbe au *présent*, à l'*imparfait* ou au *passé composé* selon le contexte.

1. Mme Dufour a un cancer! Oh, je ne le (*savoir*) pas!

2. Moi, je ne (*vouloir*) pas aller au cinéma. Je trouve que les films sont ennuyeux.
3. Le pauvre Maurice! Il ne (*pouvoir*) pas terminer l'examen. C'était trop difficile pour lui.
4. Nous (*vouloir*) vous voir, mais quand nous sommes arrivés à l'hotel, vous étiez déjà partis.
5. Est-ce qu'ils (*savoir*) taper à la machine?
6. Il a pu y aller, mais il (*ne pas vouloir*).
7. Quand il (*savoir*) ce qu'elle disait à son sujet, il a ri.
8. Quand nous étions petits, nous (*vouloir*) devenir champions de football.
9. Je ne (*pouvoir*) pas vous le dire. J'ai promis de garder le secret.

B. Construisez des phrases équivalentes aux phrases suivantes en utilisant *savoir, pouvoir* ou *vouloir* au temps qui convient.

> **MODÈLE:** Elle a refusé de répondre.
> *Elle n'a pas voulu répondre.*

1. Il n'était pas possible qu'ils attendent.
2. Je désirais visiter le tombeau de Napoléon, mais nous n'avions pas le temps.
3. Ils n'ont pas réussi à l'avoir au téléphone.
4. J'ai appris la nouvelle ce matin.
5. Elle a essayé de finir avant six heures.
6. Il s'est noyé parce qu'il n'avait pas appris à nager.

---

[1]Il faut distinguer entre des *conditions* ou des *états* mentaux (**présent, futur, imparfait**) et des *actions* physiques ou mentales (**passé composé**).

Qu'est-ce qui **est arrivé** à Gaspar?

2. se passer: to happen, to be going on
arriver à (+ *quelqu'un*): to happen (to someone)

Qu'est-ce qui **se passe**?
Qu'est-ce qui **se passera**?
Qu'est-ce qui vous **arrive**?
Qu'est-ce qui lui **est arrivé**?

Avec **arriver,** on peut remplacer **à** + *quelqu'un* par un pronom complément d'objet indirect (**me, te, nous, vous, lui, leur**): *Qu'est-ce qui est arrivé à Mathieu? Qu'est-ce qui lui est arrivé?*

Ne confondez pas **se passer** et **arriver à** avec l'expression **avoir lieu** (*to happen, to take place*): *Quand aura lieu ce concert?*

EXERCICES

C. Remplacez le tiret par la forme indiquée de l'expression convenable (*se passer* ou *arriver à*).

1. Tiens! Qu'est-ce qui _____ ? (*présent*)
2. Qu'est-ce qui _____ Marie? (*passé composé*)
3. Oh, là là! Qu'est-ce qui _____ ? (*passé composé*)
4. Mais qu'est-ce qui vous _____ ? (*passé composé*)
5. Qu'est-ce qui _____ s'ils ne viennent pas? (*futur*)

D. Réagissez aux situations suivantes en posant une question avec *se passer* ou *arriver à*.

1. Salut, les copains! _____ ?
2. La pauvre Suzanne. Elle a la tête entourée de bandes. _____ ?
3. Je n'ai pas vu l'accident. _____ ?
4. Oh, mon pauvre ami. Tu as mal aux pieds? _____ ?

---

3. passer (*du temps*) **à** + *infinitif*: to spend time doing something
mettre (*du temps*) **à** (**pour**) + *infinitif*: to take time to do something

Je **passe** mon temps à jouer.
Nous **avons passé** trois heures à faire nos devoirs.
J'**ai mis** trois heures à nettoyer la maison.
Nous **mettrons** au moins trois jours **pour** y aller.

EXERCICES

E. Répondez aux questions suivantes en utilisant le mot entre parenthèses.

1. Comment a-t-elle passé l'après-midi? (*dormir*)
2. Combien de temps a-t-il mis à lire ce livre? (*huit heures*)

3. Comment vas-tu passer la soirée? (*écouter du jazz*)
4. Combien de temps ont-ils passé à ne rien faire? (*trois ans*)
5. Combien d'heures met-on pour faire le voyage New York-Paris en avion? (*six ou sept heures*)

F. Répondez aux questions suivantes selon votre situation personnelle.

1. Comment passez-vous le temps quand vous êtes seul(e)?
2. Combien de temps avez-vous mis à faire vos devoirs de français?
3. Combien de temps mettez-vous pour aller de chez vous à l'université?
4. Comment allez-vous passer vos vacances?

Le dessinateur **se sert d'**un crayon pour dessiner. Mais **à** quoi **sert** le couteau de son fils?

4. servir à + *infinitif*: to be used for doing something

se servir de + *quelque chose* **pour** + *infinitif*: to use something to do something

À quoi **sert** un couteau? Ça **sert à** couper.
De quoi vous **servez-vous pour** couper la viande? Je **me sers d'**un couteau.

Le sujet de **se servir de** est toujours une *personne*; on emploie le pronom *en* avec cette expression pour remplacer la phrase prépositionnel **de** + *quelque chose*: *Ce tire-bouchon? Je m'**en** sers pour ouvrir les bouteilles.*

EXERCICES

G. Remplacez le tiret par la forme indiquée de *servir à* ou de *se servir de*.

1. Un stylo _____ écrire. (*présent*)
2. Je _____ une serviette pour m'essuyer les mains. (*passé composé*)
3. _quoi _____ -on d'habitude pour se réveiller? (*présent*)
4. _quoi _____ les palmes? _____ faire de la plongée sous-marine. (*présent*)

H. Répondez aux questions.

1. À quoi sert un rasoir?
2. À quoi sert une valise?
3. À quoi sert un parachute?
4. De quoi est-ce que vous vous servez pour écrire?
5. Est-ce que vous vous servez d'un peigne (*comb*) ou d'une brosse à cheveux?
6. Est-ce que vous vous servez beaucoup du téléphone?

5. commencer à + *infinitif*: to begin to do something

finir de + *infinitif*: to finish doing something

commencer par + *infinitif*: to begin by doing something

finir par + *infinitif*: to end up by doing something

Il **commence à** pleuvoir.
Nous **avons fini d'**étudier.
J'ai commencé par donner mon nom et mon adresse.
Ils **ont fini par** perdre tout leur argent.

EXERCICE

I. Remplacez le tiret par les prépositions *à, de* ou *par* selon le cas.

1. Nous pouvons partir; ils ont fini _____ discuter.
2. L'orchestre a commencé _____ jouer à huit heures précises.
3. Commençons _____ visiter la cathédrale; nous irons au musée après.
4. Il est vraiment très généreux; il finit toujours _____ payer.
5. L'inspecteur va commencer _____ faire une liste de tous les témoins; ensuite il les interrogera.
6. As-tu fini _____ travailler avant dix heures hier soir?

Comment raconter une histoire au passé

Généralement, les histoires que nous racontons ont pour sujet ce que nous avons déjà fait, vu, entendu ou imaginé; c'est-à-dire que la plupart du temps nous les racontons au passé. Mais *le passé n'existe pas!* Tout ce que nous avons, ce sont des vestiges, des restes du passé: des livres par terre, quelques mots écrits sur le tableau, des chaises organisées en cercle. Pour que ce passé existe, il faut que le langage nous fasse *voir* ce qui n'existe plus, donc qu'il nous fasse *voir le passé*. Par conséquent, pour raconter au passé, il faut d'abord que nous apprenions comment la langue française invente le passé. En général, le français conçoit le passé en termes de l'arrière-plan° et de la chronologie dirigée vers le présent. Il utilise l'**imparfait** pour parler de l'arrière-plan et le **passé composé** pour détailler les moments de la chronologie.

l'arrière-plan: background

Nous pouvons illustrer ces deux aspects du passé en utilisant des images. Considérez d'abord ces premières images qui proposent un contexte, un décor; pour le moment, les actions en sont absentes.

Maintenant, considérez cette série d'actions; pour le moment, elles ont lieu dans le vide,° c'est-à-dire, que leur contexte est absent.

le vide: void

D'habitude, bien entendu, nous mettons les deux (le décor et l'action) ensemble, car c'est ainsi que le décor à l'**imparfait** peut donner un contexte qui nous aide à comprendre le sens des actions au **passé composé.**

Toute narration fonctionne de la même façon. Lisez maintenant cette histoire en essayant de *voir le passé* que le langage essaie de recréer:

> Tiens! Tu sais ce qui m'est arrivé dans le TGV°? Non? Eh bien, je vais te le raconter. L'été dernier, j'étais à Paris avec ma famille et nous avons décidé d'aller dans le Midi. Je suis donc allé à la Gare de Lyon—c'était un mardi, je crois—et j'ai pris des billets Paris-Avignon pour le lendemain, mercredi. Eh bien, le matin suivant nous sommes arrivés à la gare, nous sommes montés dans le train pour Avignon et nous avons trouvé nos places. Mais deux minutes après, deux autres personnes sont arrivées avec des billets pour ma place et la place de mon fils. On a appelé le contrôleur qui a regardé nos billets pendant un instant, puis il m'a dit: «Mais, Monsieur, vos billets étaient pour le train d'hier!» Tout d'un coup, j'ai compris. Quand j'avais acheté les billets, j'avais donné la mauvaise date à l'employé au guichet. C'était de ma faute. Ma femme était furieuse! Heureusement, mon fils et moi, nous avons fini par trouver des places libres dans un autre wagon. Mais voilà pourquoi, dans l'avenir, ma femme va s'occuper de tous nos billets!

TGV: *Train à Grande Vitesse* (The high-speed train of the French national rail system).

Le problème principal qui se pose est donc *le choix du temps verbal*, car c'est le temps du verbe qui (1) complète le sens du verbe et qui (2) situe l'action ou la situation exprimées par rapport aux autres actions et situations de l'histoire. En français, pour renvoyer au passé, il faut d'ordinaire choisir entre **le passé composé, l'imparfait** et **le plus-que-parfait.**

Vous avez déjà revu (l'Unité Préliminaire) la formation et l'emploi du passé composé. Dans cette unité, nous allons:

—revoir la formation et l'emploi de l'imparfait;
—étudier les différences entre l'imparfait et le passé composé;
—présenter la formation et l'emploi du plus-que-parfait;
—réviser l'emploi des prépositions **avant de** et **après.**

À la fin de cette partie grammaticale, nous montrerons comment les temps et les expressions peuvent fonctionner ensemble quand on raconte une histoire.

L'imparfait

L'emploi de l'imparfait

L'imparfait, comme le passé composé, est un temps du passé. Mais on associe à l'imparfait les notions de *continuité*, d'*habitude* et de *non-accomplissement*. On emploie l'imparfait pour:

1. désigner un état ou une condition qui existaient dans le passé (mais qui n'existent plus):

> Quand j'**étais** petit, j'**avais** peur des chiens.
> À cette époque-là, nous **habitions** rue de Fleurus.
> Avant la Deuxième Guerre Mondiale, si on **voulait** aller en Europe, il **fallait** prendre le bateau.

2. désigner une action habituelle (c'est-à-dire, une action répétée un nombre *indéterminé* de fois):

> Nous **portions** souvent des culottes pour aller à l'école.
> Tous les samedis mes parents **faisaient** une promenade à vélo.
> D'habitude, après avoir fini mes devoirs, je **regardais** la télé.

3. pour désigner une action qui se passait à un moment donné dans le temps mais qui *ne s'était pas encore accomplie* (cette action sert souvent à situer une autre action dans le temps):

> Au moment de l'explosion je **dormais.**
> Elle **étudiait** quand il est entré.
> Nous **voyagions** en Italie quand nous avons reçu le télégramme.

■ ATTENTION ■

Les équivalents anglais de l'imparfait varient selon le sens. Par exemple: **Nous *habitions* en France.** (*We **used to live** in France.*)/**À cette époque-là, nous *habitions* en France.** (*At that time, we **were living** in France.*) / **Nous *habitions* en France quand j'*étais* petite.** (*We **lived** in France when I **was** little.*)

Lorsque (*when*) l'imparfait désigne une action habituelle, il peut se traduire de trois façons: **Tous les samedis mes parents *faisaient* un tour à vélo.** (*Every Saturday my parents **went** for a bike ride./Every Saturday my parents **used to go** for a bike ride./Every Saturday my parents **would go** for a bike ride.*)

Ne confondez pas *would go* (habitual action) et *would go* (hypothetical action): **Mes parents *feraient* (conditionnel) un tour à vélo s'ils avaient le temps, mais ils sont toujours très occupés le samedi après-midi.**

La formation de l'imparfait

On forme **l'imparfait** en ajoutant les terminaisons (**-ais, -ais, -ait, -ions, -iez, -aient**) à la première personne du pluriel (**nous**) du présent—sans la terminaison **-ons**.

parler	nous **parl**ons
je parl**ais**	nous parl**ions**
tu parl**ais**	vous parl**iez**
il, elle, on parl**ait**	ils, elles parl**aient**

L'imparfait est toujours régulier, à une exception près—le verbe **être**. Pour former l'imparfait d'**être**, ajoutez les terminaisons au radical **ét-**.

j'**étais**	nous **ét**ions
tu **ét**ais	vous **ét**iez
il, elle, on **ét**ait	ils, elles **ét**aient

Infinitif	Présent	Imparfait
regarder	nous **regard**ons	je **regardais**
finir	nous **finiss**ons	je **finissais**
répondre	nous **répond**ons	je **répondais**
se coucher	nous nous **couch**ons	je **me couchais**
aller	nous **all**ons	j'**allais**
avoir	nous **av**ons	j'**avais**
faire	nous **fais**ons	je **faisais**
prendre	nous **pren**ons	je **prenais**
voir	nous **voy**ons	je **voyais**
lire	nous **lis**ons	je **lisais**
devoir	nous **dev**ons	je **devais**
falloir	—	il **fallait**

Application

A. **Quel est le sens de cet imparfait?** Pour chacun des verbes à l'imparfait, donnez son (ses) équivalent(s) en anglais, puis indiquez si l'imparfait dans ce contexte désigne:
   a. une condition ou une situation qui existaient dans le passé (mais qui n'existent plus)
   b. une action habituelle dans le passé

c. une action qui se passait à un moment donné mais qui n'était pas encore terminée (quand une autre action a eu lieu)

Dans certains cas, il y a plus d'une possibilité.

MODÈLE: Le lundi soir nous allions tous au concert.

*we went, we used to go, we would go—*b

1. Autrefois elle habitait en Suisse.

_____ _____

2. Je sortais de mon cours de chimie quand j'ai rencontré ma copine Émilie.

_____ _____

3. Les arbres étaient couverts de neige.

_____ _____

4. Il voulait nous accompagner.

_____ _____

5. À trois heures du matin nous dormions.

_____ _____

6. Mes parents allaient toujours au marché pour faire leurs courses.

_____ _____

7–8. Pendant qu'elle se lavait la tête, elle chantait.

_____ _____

_____ _____

9. Quand nous sommes arrivés à Paris, nous ne connaissions personne.

_____ _____

B. Les souvenirs d'enfance. Complétez ces souvenirs d'enfance en mettant les verbes entre parenthèses à la forme convenable de l'*imparfait*.

1. (être) Quand j' _____ petite,

2. (avoir) mes parents _____ une maison à la campagne.

3. (passer) C'est là que nous _____ les vacances d'été.

4. (aller) On y _____ au début de juillet.

5. (prendre) Mon frère _____ toujours son vélomoteur pour y aller.

6. (faire) Moi, je _____ le voyage en voiture avec mes parents.

7. (se lever) À la campagne, mes parents et moi, nous _____ de bonne heure d'habitude.

8. (vouloir) Mais mon frère _____ rester au lit jusqu'à midi.

9. (s'amuser) Et toi, est-ce que tu _____ pendant les vacances autrefois?

10. (voyager) Est-ce que toi et tes parents, vous _____ souvent en été?

C. Quand j'avais ... ans ... Utilisez les verbes et les expressions suggérés pour écrire quelques petits paragraphes sur votre vie à l'âge de ... ans. Mettez tous les verbes à l'*imparfait*.

E.O., ex C, D, E, pp. 38–40. You will also find additional exercises on the imperfect on p. A 6 of this text, (**E.E.**).

1. (je) habiter à ... / (nous) avoir une maison (un appartement) / (notre maison, notre appartement) être près de ...

_____

_____

_____

2. (je) se lever d'habitude à ... / (je) faire ma toilette / je (s'habiller)

_____

_____

_____

3. (mes amis et moi, nous) aller à l'école à pied (en voiture, en autobus) / (nous) y arriver vers ... h. / (nous) rester à l'école jusqu'à ... h.

_____

_____

_____

4. (je) jouer avec mon copain (ma copine) ... après l'école / (il, elle) aimer ... / (nous) aller à la (au) ... de temps en temps

_____

_____

_____

5. (mes parents) sortir (ne pas sortir) souvent le soir / (ils) s'amuser à ... / (ils) regarder souvent (rarement) la télévision

_____

_____

_____

L'imparfait et le passé composé

Un seul verbe

Il faut distinguer entre les verbes qui désignent une *condition* (physique ou mentale) et les verbes qui désignent une *action*.

LÉGENDE

Le moment actuel (présent)

Une action en cours (qui continue)

Une condition

Un changement de condition

Une action répétée

X X X

Une seule action accomplie

X

Un temps défini (limité)

Les conditions et les situations

1. Généralement on emploie **l'imparfait** pour décrire une condition ou une situation qui existaient dans le passé (c'est-à-dire, qui n'existent plus). Remarquez qu'on ne s'intéresse pas au moment où elle a cessé d'exister.

> Elle **était** très sympathique.
> J'**avais** peur des chiens.
> Il **portait** un pantalon noir et une chemise bleue.
> La neige **recouvrait** les champs.

2. Pourtant, *dans certains cas*, on emploie le **passé composé** pour désigner une condition ou une situation.

a. La condition a existé pendant *une période de temps limitée* (mais elle n'existe plus) et cette période de temps est *précisée*.

> Jusqu'à l'âge de cinq ans, il **a eu** peur des chiens.
> Il **a fait** froid hier soir.

b. La condition *a commencé à exister* au moment dont on parle. On peut dire que le verbe exprime une *réaction* à un événement. Il s'agit donc souvent d'un sentiment ou d'une émotion.

> En voyant ce chien énorme, il **a eu** peur.
> (Normalement il n'avait pas peur des chiens.)
> Elle **a été** très surprise de nous voir.
> (... à ce moment-là et dans cet endroit précis.)

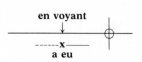

Les actions vues à travers le passé composé ou l'imparfait

Le **passé composé** et l'**imparfait,** tous deux, nous permettent de voir des événements ou des situations qui se sont accomplis entièrement au passé. Mais on associe au **passé composé** la notion de *limite;* on associe à l'**imparfait** les notions de *continuité* et d'*habitude.*

1. On emploie le **passé composé** dans les cas suivants:

   a. L'action a eu lieu *une seule fois* et on veut indiquer seulement que l'action a eu lieu, c'est-à-dire, qu'elle a occupé *un point* dans le temps.

   > Elle **est allée** en ville.
   > Ils **sont arrivés** vers minuit.
   > Nous **avons visité** la France en 1982.
   > Où **as-tu acheté** ton pantalon?

   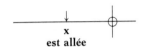

   b. L'action s'est accomplie pendant un certain *temps limité;* cette période peut être longue ou courte; l'essentiel, c'est que la durée soit *précisée.*

   > Ils **ont vécu** en Allemagne pendant six mois.[1]
   > Les Romains **ont occupé** la Gaule pendant plus de trois cents ans.
   > J'**ai mis** deux minutes pour faire ce petit exercice.

   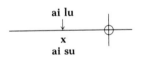

   c. L'action a été répétée, mais le nombre de fois est *déterminé* (c'est-à-dire, limité) ou la période pendant laquelle l'action a été répétée est *précisée.*

   > Elle **a été** en France en 1979, en 1983 et encore en 1989.
   > Je l'**ai vu** plusieurs fois au théâtre.
   > Ils **sont allés** au cinéma tous les samedis pendant leur séjour en France.
   > En 1987, je **me suis acheté** un nouveau pantalon tous les mois.

   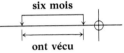

   d. Un changement d'état ou de condition dans le passé.

   > J'**ai su** la vérité au moment où j'ai lu la première phrase de sa lettre.
   > Elle **s'est fâchée** contre son frère quand il a pris son portefeuille.
   > Ils **se sont assis.**[2]

   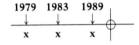

2. On emploi l'**imparfait** dans les cas suivants:

   a. L'action était *en train de se passer* à un moment donné mais ne s'était *pas encore entièrement terminée.*

   > À sept heures il **étudiait** dans la bibliothèque.
   > Au moment de l'explosion, elle **travaillait** dans la cuisine.
   > Les spectateurs **attendaient** le commencement du match.

   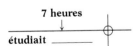

---

[1]La préposition **pendant** détermine, presque toujours au passé, le *passé composé.* La conjonction **pendant que** peut introduire le *passé composé* ou l'*imparfait*—voir «Deux ou plusieurs verbes», p. 32.

[2]Le *passé composé* désigne le moment où une condition commence à exister; l'*imparfait* désigne simplement l'existence de cette condition au passé. **J'ai su** = *I found out.* **Je savais** = *I knew.*/**Elle s'est fâchée** = *She got mad.* **Elle était fâchée** = *She was mad.*/ **Ils se sont assis** = *They sat down.*/ **Ils étaient assis** = *They were seated (sitting down).*

b. L'action a été répétée un nombre *indéterminé* de fois; c'est-à-dire, que c'était une action *habituelle*.

> Tous les samedis nous **faisions** une promenade après le déjeuner.
> Elle **oubliait** toujours son sac.
> Ils **allaient** souvent au marché.
> Le dimanche je **faisais** la grasse matinée.

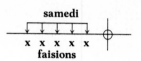

Application

D. L'imparfait ou le passé composé? Et pourquoi? Mettez l'infinitif à la forme convenable de l'*imparfait* ou du *passé composé*. Puis choisissez dans la liste suivante la justification du temps que vous avez employé.

a. une condition générale non limitée (imparfait)
b. une condition limitée (passé composé)
c. une action-point (passé composé)
d. une action limitée (passé composé)
e. une action en cours et non limitée (imparfait)
f. une répétition limitée (passé composé)
g. une répétition habituelle (imparfait)

MODÈLE: (vendre) L'année dernière il _____ a vendu _____ trois tableaux.   (c)

1. (être)   Ma mère _____ très petite. ( )

2. (se couper)   Aïe! J(e) _____ la main! ( )

3. (lire)   Papa nous _____ un conte presque tous les soirs. ( )

4. (sortir)   À quelle heure est-ce que Marie _____ hier soir? ( )

5. (aller)   Nous _____ à l'église le dimanche. ( )

6. (peindre)   Picasso _____ le tableau intitulé *Guernica*. ( )

7. (avoir)   Les autres _____ mal à l'estomac. ( )

8. (oublier)   Une fois j(e) _____ de fermer ma porte. ( )

9. (s'intéresser)   Autrefois les gens _____ aux études. ( )

10. (décorer)   Une tapisserie _____ le mur du palais. ( )

11. (faire)   J(e) _____ un voyage en avion. ( )

12. (venir)   Ils _____ nous voir trois fois l'année dernière. ( )

13. (commander)   Ils _____ trois verres de vin. ( )

14. (ressembler)   Mes grands-parents ne _____ pas du tout à leurs parents. ( )

15–16. (faire, dormir)   Et le beau M. Philippe? Qu'est-ce qu'il _____ à deux heures du matin? Il _____. ( ) ( )

17. (acheter)   En 1965 elle _____ plus de deux cents livres d'histoire. ( )

E. Des mini-paragraphes. Utilisez les verbes et les expressions suggérés pour écrire de petits paragraphes. Mettez tous les verbes dans un paragraphe en même temps; choisissez le temps d'après le contexte et les indications données.

1. (la description d'une condition générale) Quand nous étions à Paris ... (nous) avoir un appartement au Quartier latin / (il) être en face du jardin du Luxembourg / (ma chambre) donner sur le palais du Luxembourg

_____

_____

_____

_____

2. (la description d'une condition limitée) La première fois que nous avons voyagé en avion ... (ma mère) avoir très peur / (mon frère) se sentir malade en regardant les gens sur la terre / moi, j(e) être ravi(e) de voir le monde d'en haut

_____

_____

_____

_____

3. (la narration de quelques actions-points) Il y a deux étés ... (je) aller à Paris avec mes parents / (nous) voir tous les monuments célèbres / (nous) s'amuser bien

_____

_____

_____

_____

4. (la narration de quelques actions limitées) Hier ... (mon/ma camarade de chambre) passer une heure à faire sa toilette / (il/elle) étudier de 9h, jusqu'à midi / (il/elle) jouer au basket pendant cinq heures

_____

_____

_____

_____

5. (la narration de quelques actions en cours) Quand nous sommes arrivés au cinéma ...
(nos amis) attendre / (ils) faire la queue / (ils) regarder passer les gens dans la rue

_____

_____

_____

_____

6. (la narration de quelques actions répétées un nombre déterminé de fois) La semaine dernière ...
(je) aller en ville tous les soirs / (je) voir deux films et une pièce de théâtre / (je) rencontrer mes copains Pierre et Jeannette trois fois

_____

_____

_____

_____

7. (la narration de quelques actions habituelles) Pendant que nous étions à Paris ...
(nous) faire la même chose tous les jours / (nous) se lever tous les matins entre 8h et 9h / (nous) passer toute la journée à nous promener

_____

_____

_____

_____

Deux ou plusieurs verbes

Lorsqu'il y a deux (ou plusieurs) verbes _dans la même phrase_, le temps des verbes sert à _préciser le rapport temporel_ entre les actions désignées par ces verbes. Considérons donc les cas suivants; il y a seulement quatre possibilités:

1. _Des actions successives._ Avec des actions limitées (des actions-points) qui se succèdent (l'une _après_ l'autre suivant l'_ordre chronologique_), on utilise le **passé composé** pour tous les verbes.

> Il **a téléphoné**; ensuite j'**ai quitté** la maison.
> Ce matin je **me suis levée** à sept heures, j'**ai fait** ma toilette, je **me suis habillée**, j'**ai déjeuné** et je **suis allée** en classe.

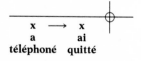

2. *Des actions simultanées.* Avec des actions limitées (des actions-points) qui ont eu lieu *au même moment* du passé, on utilise le **passé composé**.

> Elle **s'est retournée** au moment où il **a sorti** son revolver.
> Lorsque nous **avons ouvert** la porte, ils **ont cessé** de parler.

3. *Des actions parallèles.* Avec des actions en cours qui se déroulaient *en même temps* dans le passé (c'est-à-dire, qui étaient parallèles l'une à l'autre), on emploie souvent l'**imparfait**.[3]

> Pendant que je **regardais** la télévision, ma sœur **lisait**.
> Les acteurs **se maquillaient,** les spectateurs **s'installaient** dans le théâtre, les musiciens **accordaient** leurs instruments: la pièce **allait** commencer.

4. *Des actions inégales.* Avec une action qui sert de *fond* (background) à une autre, on met *l'action principale* au **passé composé** et on utilise l'**imparfait** pour désigner *l'action secondaire* en cours ou *la condition* qui situent l'action principale dans le temps.

> Je **lisais** quand le téléphone a **sonné**.
> Pendant que nous **voyagions** en France, Paul **a eu** un accident.

Application

F. L'imparfait ou le passé composé? Et pourquoi? Mettez l'infinitif à l'*imparfait* ou au *passé composé*. Puis trouvez dans la liste suivante la justification des temps que vous avez choisis.

a. des actions successives (passé composé—passé composé)
b. des actions simultanées (passé composé—passé composé)
c. des actions parallèles (imparfait—imparfait) ou (passé composé—passé composé)
d. des actions inégales (imparfait—passé composé)

> **MODÈLE:** (se lever) Le réveil a sonné et il _____s'est levé_____ tout de suite. (a)

1. (travailler) Pendant que nous dînions, elle _____ dans le jardin. ( )

2. (descendre) Quand le criminel _____ du train, l'inspecteur l'a arrêté. ( )

3. (poser) Quand la jeune fille est rentrée, son père lui _____ beaucoup de questions. ( )

4. (attendre) Son père l'_____ quand la jeune fille est rentrée. ( )

5. (mettre, quitter) Le monsieur s'est levé de table, _____ son chapeau et _____ le restaurant. ( )

6. (pleuvoir) Il _____ quand nous avons quitté le restaurant. ( )

---

[3]Si vous voulez insister que les actions avaient lieu en même temps et qu'elles ont duré la même période de temps, il est possible de mettre les deux verbes au **passé composé**. **Pendant que nous** *avons regardé* **les actualités, il** *a pris* **une douche.**

7. (tomber, courir, pleurer)   Quelle scène horrible! La neige _____, les agents de

police _____ partout et les victimes _____.   ( )

8. (téléphoner)   Elle dormait quand tu _____.   ( )

G. Et toi? Répondez aux questions qu'un(e) ami(e) vous a posé(e)s. Faites
attention à l'emploi de l'*imparfait* et du *passé composé*.

> **MODÈLE:**   Qu'est-ce que tu as fait ce matin quand tu t'es levé(e)?
> (3 choses)
>
> *J'ai pris une douche, je me suis brossé les dents et je me suis
> habillé(e).*

1. Qu'est-ce que tu as fait hier soir quand tu es rentré(e)?   (3 choses)

_____

_____

2. Qu'est-ce que tu faisais ce matin quand le réveil a sonné?

_____

_____

3. Qu'est-ce que tu as fait quand le réveil a sonné?

_____

_____

4. Quel temps faisait-il quand tu t'es levé(e)?

_____

_____

5. Quelle heure était-il quand tu t'es levé(e)?

_____

_____

6. À quoi pensais-tu pendant que tu faisais ta toilette?

_____

_____

7. Qu'est-ce que tu as dit quand tu t'es regardé(e) dans le miroir?

_____

_____

8. Est-ce que tu as pris le petit déjeuner ce matin? Pourquoi (pas)?

_____

_____

Un Paragraphe ou une narration plus longue

On peut comparer la narration d'une histoire à une pièce de théâtre. Lorsque le rideau se lève (c'est-à-dire, au début de la narration), le spectateur (le lecteur) voit le décor (la description du lieu, les personnages, la situation temporelle). Puis les acteurs commencent à parler, à se déplacer, à entrer et à sortir (l'action avance). Il est possible, bien entendu, que les scènes et les décors changent plusieurs fois au cours de la pièce (encore des descriptions de lieux et de personnages différents, de situations nouvelles). Après chaque changement de scène, l'action reprend et continue. C'est ainsi qu'à l'intérieur d'une narration, le **passé composé** et l'**imparfait** peuvent alterner.

Dans une narration plus longue qu'une seule phrase, il faut distinguer entre les *verbes qui font avancer l'action* et les *verbes qui ne font pas avancer l'action*. On met les premiers (qui répondent à la question: *Qu'est-ce qui s'est passé?*) au **passé composé;** on met les derniers (qui répondent aux questions: *Quelle était la situation? Comment était-ce?*) à l'**imparfait.** Normalement, on commence son histoire par utiliser l'**imparfait** pour situer l'action (où? quand? qui? pourquoi?); ensuite, on continue en utilisant le **passé composé** pour raconter la suite d'actions. Pourtant, lorsqu'il y a deux (ou plusieurs) actions qui ont lieu au même moment de l'histoire, il faut considérer les questions que nous avons discutées plus haut—c'est-à-dire, s'agit-il de *deux actions* parallèles qui étaient en cours *ou de* deux actions qui ont eu lieu au même moment et qui ont continué pendant un temps limité *ou de* deux actions inégales?

Regardez l'exemple suivant d'une courte narration au passé: on peut représenter de façon schématique la structure temporelle de ce paragraphe. Sur la ligne horizontale, nous indiquons les verbes (au **passé composé**) qui font avancer l'action; sur l'axe vertical, nous indiquons les verbes (à l'**imparfait**) qui situent l'action et désignent les conditions dans lesquelles l'action se déroule.

Il **était**[1] sept heures du matin. Il **faisait**[2] froid et la neige **tombait**[3]. Je **suis descendu**[4] du lit et **me suis habillé**[5] à toute vitesse. Maman **préparait**[6] le petit déjeuner et papa **se rasait**[7] dans la salle de bains. Lorsque je **suis entré**[8] dans la cuisine, maman m'**a donné**[9] une tartine et j'**ai bu**[10] mon café au lait. Deux minutes plus tard papa **est descendu**[11]. Il **portait**[12] son nouveau costume bleu et il **sentait**[13] très bon. Je **me suis demandé**[14]: «Où va-t-il ce matin? Ne va-t-il pas travailler?» Je lui **ai lancé**[15] un regard plein de curiosité, mais il n'**a rien dit**[16]. À sept heures trente je **suis parti**[17] pour le lycée. Je ne **savais**[18] pas du tout ce qui **se passait**.[19]

7h	4	5	8	9	10	11	14	15	16	17
	x	x	x	x	x	x	x	x	x	x

1 —————— 6
2 ——————
3 —————— 7

12 —————————————
13 —————————————

18 —————————————
19 —————————————

Les verbes inscrits sur l'axe horizontal désignent des *actions précises et limitées* qui se sont succédées selon *l'ordre chronologique:* «je **suis descendu**»; «je **me suis habillé**»; «je **suis entré**»; «maman m'**a donné**»; «j'**ai bu**»; «papa **est descendu**»; «je **me suis demandé**»; «je lui **ai lancé**»; «il n'**a** rien **dit**»; «je **suis parti**». Les verbes qui se trouvent au-dessous de l'axe horizontal désignent *la situation:* «il **était** sept heures»; «il **faisait** froid»; «la neige **tombait**»; «ce qui **se passait**»; *des conditions physiques:* «il **portait**»; «il **sentait**»; *des conditions mentales:* «je ne **savais** pas»; ou *des actions parallèles non limitées:* «maman **préparait**»; «papa **se rasait**».

Application

H. Deux histoires. Dans les passages suivants, mettez les infinitifs à l'*imparfait* ou au *passé composé*. Suggestion: lisez d'abord toute l'histoire en cherchant le sens des mots que vous ne comprenez pas, puis identifiez les verbes qui font avancer l'action—c'est-à-dire, les verbes qui forment l'axe chronologique de l'anecdote.

1. Balzac, le grand romancier du 19e siècle, (avoir) _____ l'habitude de travailler tard dans la nuit. La plupart du temps il (ne pas fermer) _____ la porte de sa maison à clé. Une nuit, pendant que Balzac (dormir) _____, un voleur (entrer) _____ dans la maison et (ouvrir) _____ la porte de la chambre de l'écrivain. Celui-ci (sembler) _____ dormir profondément. Le voleur, rassuré, (aller) _____ au bureau de Balzac et (se mettre) _____ à fouiller dans les tiroirs. Soudain, il (entendre) _____ rire très fort. Il (se retourner) _____ et (voir) _____ l'écrivain, qui (rire) _____ de tout cœur. Le voleur (avoir) _____ peur mais il (demander) _____ à Balzac ce qu'il (trouver) _____ si amusant. L'écrivain (répondre) _____ que ça l'(amuser) _____ beaucoup de voir un voleur dans le noir chercher de l'argent dans des tiroirs où lui-même (ne pas en trouver) _____ en plein jour.

2. Au Brésil, un groupe de jeunes terroristes (décider) _____ d'enlever l'ambassadeur français, Monsieur d'Albo. D'abord, ils (envoyer) _____ une camarade, nommée Vera Monteiro, en reconnaissance à l'ambassade. Elle (être) _____ très belle et (réussir) _____ à obtenir l'itinéraire que l'ambassadeur (suivre) _____ tous les jours pour rentrer chez lui. Le groupe (être)

_____ surpris d'apprendre que l'ambassadeur (prendre) _____ très peu de précautions.

Le jour de l'enlèvement, les terroristes (aller) _____ dans le quartier de Botafogo, où (se trouver) _____ la résidence de l'ambassadeur. Il y (avoir) _____ trois groupes qui (prendre) _____ place vers 13h50 dans la rue São Paulo. Quand l'automobile de l'ambassadeur (entrer) _____ dans la rue, le premier groupe (faire) _____ un signe pour annoncer le commencement de l'action. Tout de suite après, le deuxième groupe, qui (attendre) _____ dans une Volkswagen, (se mettre) _____ en travers de la rue pour bloquer le passage à la Citroën de l'ambassadeur. Les hommes du troisième groupe, armés de revolvers, (monter) _____ dans la Citroën et (conduire) _____ celle-ci jusqu'à une autre Volkswagen. Quand ils (ordonner) _____ à l'ambassadeur d'y monter, il (essayer) _____ de s'enfuir, mais sans succès.

Le chauffeur de la Citroën (avoir) _____ heureusement une autre clé de la voiture. Par conséquent, il (pouvoir) _____ téléphoner immédiatement à l'ambassade. Au moment où Madame d'Albo (apprendre) _____ la nouvelle, elle (jouer) _____ aux cartes avec des amies. Elle (appeler) _____ le ministère des Affaires étrangères et sa longue attente (commencer) _____. Pendant qu'elle (essayer) _____ de rester calme, la police (faire) _____ des recherches. Enfin, vers minuit, on (retrouver) _____ la première Volkswagen. Dans la voiture il y (avoir) _____ une lettre qui (préciser) _____ les conditions requises pour la libération de l'ambassadeur.

Bien entendu, les généraux brésiliens (ne pas vouloir) _____ traiter avec les terroristes, mais ils (ne pas avoir) _____ le choix. À 9h30 le lendemain matin, le gouvernement (libérer) _____ des prisonniers politiques; à 13h30, vingt-quatre heures après le commencement de son aventure, l'ambassadeur (être) _____ de retour chez lui.

I. Un drame. Racontez *au passé* l'histoire suggérée par les bandes dessinées en utilisant les verbes donnés. Attention aux choix du temps verbal. Vous pouvez ajouter des verbes, si vous voulez.

E.O. ex. F, G and H, pp. 40–42. You will also find additional exercises on the **imparfait** and the **passé composé** on p. A 6 of this text **(E.E.)**.

Personnages: la femme-médecin
son mari
le jeune révolutionnaire
l'inspecteur de la police secrète

1. être une nuit de décembre / lire / tricoter

2. sonner à la porte / ouvrir / être blessé / perdre du sang

3. (s')étendre sur le divan / examiner / chercher de l'eau chaude

4. (le lendemain matin) prendre le petit déjeuner / sonner à la porte / (se) cacher

5. montrer une carte d'identité / être l'inspecteur / être gêné

6. lier et bâillonner / s'enfuir / être en colère

Le plus-que-parfait

L'emploi du plus-que-parfait

La façon habituelle de raconter une suite d'actions au passé, c'est d'utiliser le **passé composé** en suivant l'ordre chronologique.

> Lundi nous **avons visité** le musée d'Orsay, mardi nous **sommes allés** à Montmartre et mercredi nous **avons passé** la journée au Beaubourg.

Il arrive parfois qu'on ne suive pas l'ordre chronologique. Dans ce cas-là, il faut utiliser le **plus-que-parfait** pour désigner une action *qui s'était déjà accomplie* au moment dont on parle.

> Quand nous sommes allés au Beaubourg (mercredi), nous **avions** déjà **visité** le musée d'Orsay (lundi) et Montmartre (mardi).

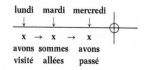

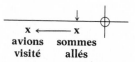

L'équivalent anglais du plus-que-parfait, c'est *had* + participe passé: **nous avions visité** = *we had visited;* **ils étaient partis** = *they had left.* On peut dire que le plus-que-parfait désigne «le passé du passé».

> Hier j'ai perdu la montre que mon grand-père m'**avait donnée** pour mon douzième anniversaire.
> Ils **étaient** déjà **partis** quand nous sommes arrivés.

Il faut distinguer clairement entre une action qui était *en cours* au moment où une autre action a eu lieu et une action qui était *déjà terminée* au moment de la deuxième action.

> Quand nous sommes arrivés, ils **déjeunaient.**
> (action en cours—l'imparfait)

> Quand nous sommes arrivés, ils **avaient déjeuné.**
> (action terminée—le plus-que-parfait)

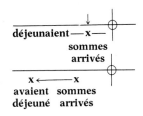

La formation du plus-que-parfait

Le **plus-que-parfait** se forme avec l'*imparfait* du verbe auxiliaire (**avoir** ou **être**) et le participe passé.

parler	partir	se lever
j'avais parlé	j'étais parti(e)	je me suis levé(e)
tu avais parlé	tu étais parti(e)	tu t'es levé(e)
elle avait parlé	il était parti	elle s'est levée
nous avions parlé	nous étions parti(e)s	nous nous sommes levé(e)s
vous aviez parlé	vous étiez parti(e)(s)	vous vous êtes levé(e)(s)
ils avaient parlé	elles étaient parties	ils se sont levés

Application

J. Pourquoi pas? Répondez négativement aux questions suivantes, puis expliquez pourquoi en utilisant le *plus-que-parfait* pour indiquer ce que vous aviez *déjà* fait.

> **MODÈLE:** Est-ce que tu as accepté l'invitation d'aller à Londres avec Jean?
> (je / promettre à Yvonne d'aller à Rome avec elle)
> *Non, j'avais déjà promis à Yvonne d'aller à Rome avec elle.*

1. Est-ce que tu étais à table quand nous sommes arrivé(e)s? (je / manger)

Non, _____

2. Est-ce que tu étais au lit quand j'ai téléphoné? (je / se lever)

Non, _____

3. Est-ce que tu as vu ton père ce matin? (il / partir)

Non, _____

4. Est-ce que tes sœurs sont allées au Cinéma Rex avec les parents? (elles / voir le film)

Non, _____

5. Est-ce que tu as aidé ta mère à préparer le dîner hier soir quand tu es rentré(e)? (elle / finir de le préparer)

Non, _____

Ensuite, continuez à répondre négativement aux questions. Mais cette fois expliquez votre réponse en utilisant le *plus-que-parfait* pour indiquer ce que vous **n**'aviez *pas encore* fait.

MODÈLE: Es ce qu'elle s'est couchée à 11h? (elle / faire ses devoirs)
Non, elle n'avait pas encore fait ses devoirs.

6. Est-ce que vous avez parlé à Suzanne au sujet de son divorce quand vous l'avez vue? (nous / entendre la nouvelle)

Non, _____

7. Est-ce que vous avez vu les Martin chez leurs parents? (ils / arriver)

Non, _____

8. Est-ce qu'on a célébré le succès de Jacqueline l'autre soir? (elle / apprendre les résultats de l'examen)

Non, _____

9. Est-ce que vous avez donné une bise à votre sœur avant de partir? (elle / se réveiller)

Non, _____

10. Est-ce que Jean-Luc était à l'hôpital quand vous lui avez rendu visite? (il / avoir son accident)

Non, _____

K. Quand nous sommes arrivés... En vous inspirant des dessins, indiquez la situation au moment où les actions suivantes se sont produites. Précisez si
a. on avait *déjà* fait quelque chose (plus-que-parfait)
b. une action était *en cours* (imparfait)
c. on **n**'avait *pas encore* fait quelque chose (plus-que-parfait)

E.O., ex. I, J, K, pp. 42–44. You will also find additional exercises on the **plus-que-parfait** on p. A 8 of this text **(E.E.)**.

MODÈLE: Quand nous sommes arrivés... (la soirée / commencer)
Quand nous sommes arrivés, la soirée avait déjà commencé.

1. Quand les parents de Marielle sont rentrés... soirée / commencer

2. Quand nous sommes arrivés au théâtre... acheter / billets

3. Lorsque Marie s'est levée... (le petit déjeuner / préparer)

4. Quand j'ai téléphoné à Pascale... (sortir pour aller au théâtre)

5. Quand André a laissé tomber ses affaires... (la péniche / passer sous)

6. Lorsque nous sommes arrivés à la table... (le chien / dévorer le rosbif)

Les prépositions **avant de** et **après**

Quand on raconte une histoire au passé, il est souvent utile de préciser le rapport temporel entre deux actions. On peut utiliser des adverbes— par exemple, **d'abord, ensuite, puis, enfin**—ou des prépositions—surtout, **avant de** et **après**.

Les adverbes ne posent pas de problèmes. Ils situent les actions, mais ils ne changent pas la structure grammaticale de la phrase. On les met d'habitude au début de la phrase:

> **D'abord** je suis allée à l'hôtel. **Ensuite** j'ai téléphoné à une amie. Nous nous sommes retrouvées au café. **Puis** nous sommes allées dîner au Quartier latin. **Enfin** je suis rentrée et je me suis couchée vers minuit.

Les prépositions, par contre, modifient la structure grammaticale de la phrase. **Avant de** et **après** sont suivies de deux formes différentes du verbe.

La préposition *avant de*

On utilise la préposition **avant de** pour indiquer qu'une action *a précédé* une autre. Remarquez qu'il faut que les deux actions aient *le même sujet*. La préposition **avant de** est toujours suivie d'un *infinitif*. Si c'est l'infinitif d'un verbe pronominal°, le pronom s'accorde avec le sujet.

pronominal: reflexive *or* reciprocal

> Je me suis habillé. Ensuite j'ai déjeuné.
> **Avant de déjeuner,** je me suis habillé.
> J'ai fini mes devoirs. Puis je me suis couché.
> J'ai fini mes devoirs **avant de me coucher.**

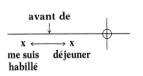

La Narration **41**

Les sujets des deux phrases sont les mêmes; on peut donc en faire une seule phrase avec **avant de**... Si les sujets sont différents, il faut utiliser **avant que** et le subjonctif: Nous sommes arrivés **avant qu'ils partent.** On parlera de la conjonction **avant que** à l'Unité Quatre.

La préposition *après*

On utilise la préposition **après** pour indiquer qu'une action *a suivi* une autre. Remarquez qu'il faut que les deux actions aient *le même sujet*. La préposition **après** est toujours suivie de l'*infinitif passé*. L'infinitif passé se forme avec l'infinitif du verbe auxiliaire (**avoir** ou **être**) et le participe passé: **avoir parlé, être sorti(e)(s), s'être amusé(e)(s).** Si c'est l'infinitif passé d'un verbe pronominal, le pronom s'accorde avec le sujet.

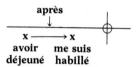

> J'ai déjeuné. Ensuite je me suis habillée.
> **Après avoir déjeuné,** je me suis habillée.
> Elle est partie, puis elle s'est rappelé le nom qu'elle cherchait.
> Elle s'est rappelé le nom qu'elle cherchait **après être partie.**
> Nous nous sommes couchés. Puis nous avons lu pendant une heure.
> **Après nous être couchés,** nous avons lu pendant une heure.

Si les deux sujets sont différents, il faut utiliser **après que** et l'indicatif: **Nous les avons vus** *après qu'*ils avaient vu le film. Remarquez l'emploi du *plus-que-parfait* avec **après que.**

Application

L. **L'infinitif passé.** Donnez la forme convenable de l'infinitif passé. Distinguez entre les verbes conjugués avec *avoir* et les verbes conjugués avec *être*. Attention aux verbes pronominaux!

1. (visiter) Après _____ le Louvre, nous sommes allés au musée d'Orsay.

2. (aller) Après _____ à Madrid, nous avons visité Lisbonne.

3. (se coucher) Après _____, nous avons eu de la difficulté à nous endormir.

4. (finir) Après _____ mes devoirs, j'ai téléphoné à une amie.

5. (se lever) Après _____, j'ai fait ma toilette.

6. (rentrer) Après _____, j'ai aidé ma mère à préparer le dîner.

7. (se réveiller)   Après _____, elles sont restées au lit pendant une demi-heure.

8. (voir)   Après _____ leurs amis, elles sont parties.

9. (descendre)   Après _____ du train, elles ont cherché un taxi.

M. Florence: avant et après. En vous inspirant des dessins, précisez ce que Florence a fait *avant* et *après* les actions mentionnées.

s'habiller   se maquiller   fermer à clef   aller à

se regarder   visiter (une galerie)   se brosser les dents   faire la vaisselle

1. Florence s'est maquillée.

Avant de se maquiller, _____

Après s'être maquillée, _____

2. Florence est allée au magasin de tabac.

_____

_____

3. Elle s'est acheté un nouveau chapeau.

_____

_____

4. Elle a visité une galerie.

_____

_____

5. Elle est rentrée chez elle.

_____

_____

6. Elle a fait la vaisselle.

_____

_____

Mise au point: les temps du passé

Quand on raconte une histoire au passé, on utilise d'habitude l'**imparfait**, le **passé composé** et le **plus-que-parfait.** Voici un résumé schématique de l'emploi de ces trois temps du passé.

E.O., ex. L, M, N, pp. 44–46. You will also find additional exercises on the prepositions **avant de** and **après** on p. A 9 of this text **(E.E.).**

L'imparfait décrit la situation au début de l'histoire: on l'utilise pour expliquer _où, quand, qui_ et pour désigner les conditions générales qui forment le contexte de l'histoire.

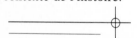

L'imparfait désigne deux actions parallèles en cours ou une action en cours qui sert de contexte à une autre action.

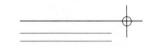

L'imparfait désigne une action habituelle dont la limite n'est pas précisée.

x x x x x x x

Le plus-que-parfait, c'est le «passé du passé»: il désigne une action qui a précédé le moment dont on parle.

x ⟵ x

Le passé composé désigne la ponctualité: une action-point ou une action dont la durée ou la fréquence sont limitées et spécifiées.

x

Le passé composé désigne deux ou plusieurs actions successives, ou deux actions simultanées.

Le passé composé désigne une condition ou une situation limitées.

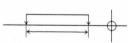

Application

N. La soirée chez Sophie et Yves. Regardez le tableau indiquant les activités de Sophie, d'Yves et de Gérard, puis répondez aux questions suivantes. Tout s'est passé hier; vous mettrez donc les verbes à l'_imparfait,_ au _passé composé_ ou au _plus-que-parfait._

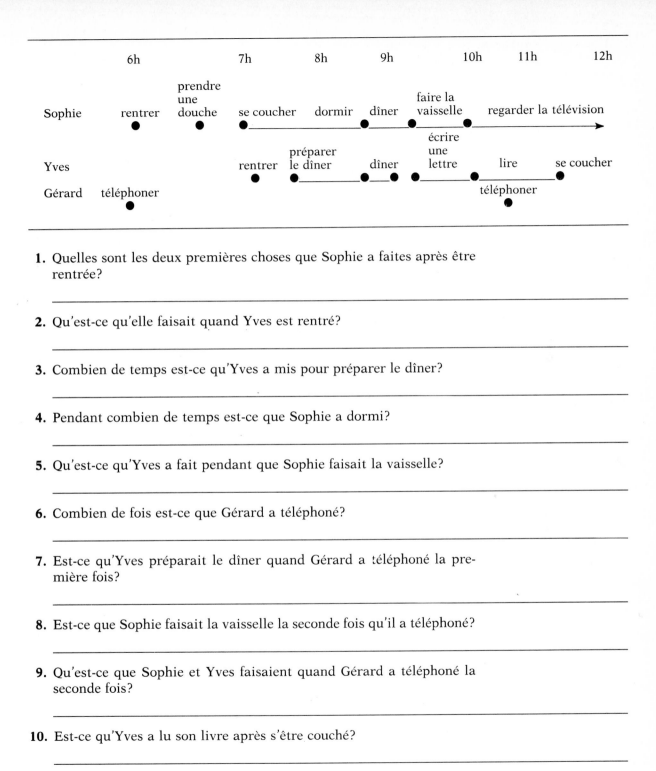

1. Quelles sont les deux premières choses que Sophie a faites après être rentrée?

_____

2. Qu'est-ce qu'elle faisait quand Yves est rentré?

_____

3. Combien de temps est-ce qu'Yves a mis pour préparer le dîner?

_____

4. Pendant combien de temps est-ce que Sophie a dormi?

_____

5. Qu'est-ce qu'Yves a fait pendant que Sophie faisait la vaisselle?

_____

6. Combien de fois est-ce que Gérard a téléphoné?

_____

7. Est-ce qu'Yves préparait le dîner quand Gérard a téléphoné la première fois?

_____

8. Est-ce que Sophie faisait la vaisselle la seconde fois qu'il a téléphoné?

_____

9. Qu'est-ce que Sophie et Yves faisaient quand Gérard a téléphoné la seconde fois?

_____

10. Est-ce qu'Yves a lu son livre après s'être couché?

_____

O. Une vieille histoire: version moderne. Racontez au passé l'histoire suggérée par les bandes dessinées en utilisant les verbes donnés. Attention aux choix du temps verbal: il faut employer l'*imparfait*, le *passé composé* et le *plus-que-parfait*. Vous pouvez ajouter des verbes, si vous voulez.

You will find additional general review exercises on p. A 10 of this text.

Personnages: la femme d'affaires
son mari
son assistant
l'agent de police

1. être dix heures du soir / travailler tard / téléphoner à son mari / signer des lettres / travailler à l'ordinateur

2. se lever / s'approcher de / embrasser / dire / l'aimer

3. entrer / voir / embrasser / être furieux

4. prendre un revolver / tirer deux coups / tomber / être mort / tuer

5. aller à l'aéroport / vouloir quitter le pays / oublier les billets / se disputer

6. se disputer / arriver / accuser / se confesser / arrêter / être coupable

■ *Activités écrites*

A. Composition dirigée: la matinée d'André. En vous inspirant des images 1, 2, 3 et 4 du «Paradis perdu», racontez la matinée d'André. Les questions suivantes vous serviront de guide ainsi que la première phrase de la composition qui vous est donnée.

Activities A, B and C are based on the picture story for this unit—**E.O.**, pp. 21–36.

Première phrase: *Il était sept heures moins le quart quand le réveil a sonné.*

Image 1

1. Quel était l'état de la chambre d'André?
2. Avait-il bien dormi?
3. Décrivez-le au réveil.

Image 2

4. Décrivez sa toilette (c'est-à-dire, qu'est-ce qu'il a fait après s'être levé?).
5. De quelle humeur était-il?
6. Après avoir quitté la salle de bains, qu'est-ce qu'il a fait?
7. À quoi pensait-il pendant qu'il déjeunait?

Image 3

8. Comment est-il allé à son travail?
9. Quel genre de travail faisait-il?
10. Aimait-il son travail? Pourquoi (pas)?

Image 4

11. Quelle décision a-t-il prise ce matin-là?
12. Comment a-t-il exécuté cette décision?

B. **Le Paradis perdu.** Vous commencez par faire la narration proposée dans l'Exercice A. Mais vous continuez l'histoire d'André en racontant ce qui lui est arrivé dans les images 5, 6, 7 et 8. Utilisez, si vous voulez, les questions posées pour chaque image comme guide. Vous pouvez finir votre histoire, peut-être, par le proverbe français: «*Plus ça change, plus c'est la même chose.*»

C. **Une lettre à son patron.** C'est le premier août et André (le héros du «Paradis perdu») écrit une lettre à son patron pour expliquer son absence. Rédigez (*write*) cette lettre en jouant le rôle d'André. Racontez l'histoire *au passé.* Utilisez les formules de politesse suivantes:

> Pour commencer la lettre: *Cher monsieur,*
> Pour terminer la lettre: *Veuillez croire, cher monsieur, à mes sentiments les plus distingués.*

D. Une lettre à un(e) ami(e). Vous écrivez une lettre à un(e) ami(e) dans laquelle vous racontez ce qui vous est arrivé le jour où «j'ai décidé de me libérer de ...». Vous pouvez vous inspirer de l'histoire d'André, si vous voulez, mais il s'agit surtout de raconter une histoire personnelle (vraie ou imaginée). Faites attention à l'emploi de l'*imparfait,* du *passé composé* et du *plus-que-parfait.* Utilisez les formules suivantes:

> Pour commencer la lettre: *Mon (ma) cher (chère) ...*
> Pour terminer la lettre: *Bien à toi* ou *Bises.*

E. Encore une lettre à un(e) ami(e). Vous écrivez une lettre à un(e) ami(e) que vous n'avez pas vu(e) depuis un certain temps. Dans votre lettre, vous lui racontez une histoire au sujet de quelque chose qui vous est arrivé ou de quelque chose qui est arrivé à un membre de votre famille ou à un(e) ami(e).

L'Interrogation

- *Expressions idiomatiques*
- *Structures grammaticales*
  - *Activités écrites*

■ *Expressions idiomatiques*

Le Petit chaperon rouge ne **se souvient** pas **de** son chemin dans le bois.

1. se rappeler + *quelqu'un* ou *quelque chose*: to remember

se souvenir de + *quelqu'un* ou *quelque chose*: to remember

Je ne **me rappelle** pas son nom.
Je ne **me souviens** pas **de** son nom.

Attention à l'emploi des pronoms. **Se rappeler** exige un complément d'objet direct (**le, la, les**). Avec **se souvenir**, on emploie **en** pour parler d'une *chose* et un pronom accentué (**moi, toi, lui, elle, nous, vous, eux, elles**) pour parler d'une *personne*.

Vous **rappelez-vous** sa sœur? Oui, je **me** la **rappelle**.
Vous **souvenez-vous de** sa sœur? Oui, je **me souviens d'**elle.
T'**es**-tu **rappelé** son adresse? Oui, je **me** la **suis rappelée**.
T'**es**-tu **souvenu de** son adresse? Oui, je **m'**en **suis souvenu**.

EXERCICES

A. Remplacez le tiret par la forme indiquée de l'expression convenable: *se rappeler* ou *se souvenir de*:

1. Je _____ bien de notre voyage en France. (*présent*)

2. Elle ne _____ pas notre première rencontre. (*présent*)
3. _____ -ils _____ le nom de l'hôtel? (*passé composé*)
4. _____ -ils de nous? (*futur*)

B. Remplacez le tiret par un complément d'objet direct (*le, la, les*), par un pronom accentué (*moi, toi, lui,* etc.) ou par *en*.

1. Vous souvenez-vous de mes promesses? Oui, je m'_____ souviens.
2. Te souviens-tu de Jean-Pierre? Non, je ne me souviens pas de _____ .
3. Est-ce qu'il s'est souvenu de nous? Non, il ne s'est pas souvenu de _____ .
4. Est-ce qu'elle s'est rappelé son numéro de téléphone? Non, elle ne se _____ est pas rappelé.
5. Vous rappelez-vous toujours les noms? Non, je ne me _____ rappelle jamais.

C. Répondez *négativement* aux questions suivantes en utilisant le verbe entre parenthèses.

1. Comment s'appelle le monsieur qui travaille à la librairie? (*se souvenir*)
2. Quel est le titre du livre que vous lisiez la semaine dernière? (*se rappeler*)
3. Vous connaissez Marie Daubrun, n'est-ce pas? Vous avez fait sa connaissance à Biarritz. (*se souvenir*)
4. Où est-ce que Jean-François habite? Rue Reynaud, n'est-ce pas? (*se rappeler*)
5. Vous avez été chez les Gonthier, n'est-ce pas? Ils ont la jolie maison blanche au coin de la rue. (*se souvenir*)

Il y a des souris qui ne **s'intéressent** point **au** fromage.

2. intéresser + *quelqu'un*: to interest someone
s'intéresser à + *quelque chose ou quelqu'un*: to be interested in, to get interested in

La musique m'**intéresse**.
Cela ne les **intéressait** pas.

Je m'**intéresse** à la musique.
Vous intéressez-vous aux sports? Oui, je m'**y intéresse**.
S'intéresse-t-elle à Jean-Pierre? Non, elle ne s'**intéresse** pas à lui.

Avec l'expression **intéresser**, on emploie un complément d'objet direct (**le, la, les, me, te, nous, vous**). Avec l'expression **s'intéresser à**, on emploie **y** pour parler de *choses* et un pronom accentué (**moi, toi, lui, elle, nous, vous, eux, elles**) pour parler de *personnes*.

EXERCICES

D. Remplacez le tiret par la forme indiquée de l'expression (*intéresser* ou *s'intéresser à*) qui convient.

1. Ils _____ la littérature moderne. (*présent*)
2. Le commerce nous _____ beaucoup. (*présent*)
3. Quand j'étais jeune, la politique ne _____ pas; je _____ à la politique après les élections de 1988. (*imparfait / passé composé*)
4. Pourquoi _____-vous au théâtre? (*présent*)
5. Ne montrez pas cela à Georges. Cela ne l' _____ pas. (*futur*)

E. Répondez aux questions suivantes en remplaçant les mots en italique par le pronom qui convient.

1. Est-ce que tu t'intéresses *au cinéma*? (*oui*)
2. La visite du musée a-t-elle intéressé *tes parents*? (*oui*)
3. Ton petit frère s'intéresse-t-il *aux cowboys*? (*non*)
4. Ta petite sœur s'intéresse-t-elle *aux poupées*? (*non*)

---

3. quelque chose de + *adjectif*: something + adj.
quelqu'un de + *adjectif*: somebody + adj.
(ne...) rien de + *adjectif*: nothing + adj., not anything + adj.
(ne...) personne de + *adjectif*: no one + adj., not anyone + adj.

Je voudrais **quelque chose de chaud** à manger.
Nous cherchons **quelqu'un d'intelligent** pour nous aider.
Je **n'**ai **rien** trouvé **d'intéressant** ici.
Personne d'autre ne peut entrer dans la salle de cinéma.

Notez que l'adjectif est toujours au *masculin*.

EXERCICES

F. Répondez aux questions suivantes en utilisant les adjectifs donnés:

MODÈLE: Qu'est-ce que vous voulez boire? (*froid*)

Je veux boire quelque chose de froid.

1. Quelle sorte de personne voudriez-vous comme ami? (*gentil*)
2. Qu'est-ce qui s'est passé? (*bizarre*)
3. Avez-vous acheté quelque chose en ville? (*non / intéressant*)

4. Y avait-il beaucoup de gens à la soirée? (*oui, mais / intéressant*)
5. Avons-nous autre chose à faire cet après-midi? (*non / autre*)

G. Réagissez aux situations en utilisant une forme de *quelque chose, quelqu'un, rien* ou *personne* qui convient et un adjectif.

1. Quand est-ce que vous vous ennuyez?

2. Avec quelle sorte de personne voudriez-vous vivre?
3. Quelle sorte de boisson aimez-vous prendre quand vous avez froid?
4. Dans quelles circonstances acceptez-vous d'aller au cinéma avec votre petit frère ou avec votre petite sœur?

des gens   le peuple français
une personne

4. les gens (*m. pl.*): an indefinite number of people
  les personnes (*f. pl.*): a definite number (*expressed or implied*) of people
  le peuple (*m. sing.*): the common people; a group of people belonging to the same social community, usually a nation

La plupart **des gens** sont d'accord avec moi.
Il y a **des gens** qui n'aiment pas boire le café.

Plusieurs **personnes** sont mortes dans l'accident.
Les **personnes** dont le nom de famille commence par un «A» sont priées de se présenter au bureau.

Les aristocrates et les bourgeois s'enrichissent; **le peuple** devient de plus en plus pauvre.
Ce soir, à la télévision, le président de la République va s'adresser **au peuple** français.

Le mot **peuple** s'emploie d'habitude avec l'article défini. Le mot **gens** s'emploie *toujours* au pluriel. Il est masculin lorsqu'il s'emploie seul ou avec un adjectif qui le suit: **Les gens sont heureux. Ce sont des gens importants.** Il est féminin lorsqu'il s'emploie avec un adjectif qui le précède: *Ce sont de vieilles gens.* Le mot **personne** peut être employé au singulier (*une personne extravagante*), mais il est *toujours* féminin, même s'il s'agit d'un homme.

EXERCICE

H. Remplacez le tiret par la forme convenable de *gens*, de *personnes* ou de *peuple*:

1. Ils connaissent beaucoup de _____ .
2. Il n'y avait qu'une trentaine de (*about thirty*) _____ au concert.
3. _____ français élit (*elects*) son président tous les sept ans.
4. Il y a beaucoup de _____ qui sont plus pauvres que nous.
5. _____ au pouvoir!
6. Il y avait une foule de _____ sur le trottoir.
7. _____ ayant un billet de deuxième classe monteront dans l'avion d'abord (*first*).
8. _____ présentes sont unies par leur désir de s'arrêter de fumer.
9. Les jeunes _____ se moquent parfois des traditions.
10. Combien de _____ ici parlent portugais?

■ *Structures grammaticales*

La plupart du temps, quand on pose une question, la réponse n'est pas entièrement inconnue de la personne qui pose la question. C'est-à-dire que cette personne sait déjà *le type d'information* désiré et que, par conséquent, la forme de sa question guide (et limite) la réponse qu'on peut donner. Par exemple, si vous demandez à un ami *Qui as-tu vu en ville?*, cet ami ne peut pas répondre *le musée* ou *une nouvelle Jaguar;* il faut qu'il donne comme réponse le nom d'une personne. Et si vous demandez à votre sœur *Laquelle de ces deux cravates est-ce que tu aimes mieux?*, elle ne peut pas répondre *oui;* il faut qu'elle choisisse *la cravate bleue* ou *celle qui est dans ta main gauche,* etc. La question indique si on cherche une confirmation ou une explication ou un renseignement; en plus, la question précise si la réponse doit être une personne ou une chose ou une idée, si la réponse va représenter un choix fait parmi plusieurs possibilités déjà mentionnées ou s'il va s'agir° de quelque chose de neuf. En somme, il est rare (sinon impossible) qu'une question soit vraiment générale; le fait même d'articuler la question implique déjà une limite imposée à la réponse. C'est pour cette raison que nous allons étudier les expressions interrogatives du point de vue des différentes sortes de réponses qu'elles suscitent° et puis, à l'intérieur de chaque catégorie de réponse, du point de vue de leur fonction grammaticale.

If you have difficulty with basic grammar and syntax, you may want to do the first part of the Supplementary Exercises for this unit *before* starting the regular written exercises. Beginning on page A 2, you will find explanations and exercises dealing with distinguishing *subjects*, *direct objects*, and *objects of a preposition*.

s'agir de: be a question of

suscitent: provoke

Les questions qui ont pour réponse une personne

Pour poser des questions auxquelles la réponse sera le nom d'une personne, on emploie *toujours* une forme du pronom interrogatif **qui**. La forme exacte de la question dépend des autres éléments de la phrase interrogative. La forme courte s'emploie surtout dans la langue écrite; dans la conversation on emploie très souvent la forme longue.

Questions à propos du sujet du verbe

Qui + verbe? *ou* **Qui est-ce qui** + verbe?

Le président m'a donné la permission.
  Comment? **Qui** t'a donné la permission?
Anne-Marie vient de sortir.
  Que dis-tu? **Qui est-ce qui** vient de sortir?

  (nous dit que c'est   (nous dit que
  une **personne**)   c'est le **sujet**)

Après les expressions interrogatives **qui** et **qui est-ce qui**, le verbe est toujours au singulier: *Qui va venir ce soir? Jacques, Pierre et leurs amies.*

Les pronoms interrogatifs **qui** et **qui est-ce qui** ont le même sens et la même fonction grammaticale. En général, on emploie **qui est-ce qui** si le groupe verbal est très court ou si on veut insister sur la question; on emploie **qui** si le groupe verbal comprend plusieurs mots.

Questions à propos du complément d'objet direct du verbe

Qui + verbe + sujet?   *ou*   **Qui est-ce que** + sujet + verbe?

Nous attendons *les cousins d'Amy.*
   Comment? **Qui** attendez-vous?

Martine a vu *M. Poulain* au concert.
   Qui est-ce qu'elle a vu au concert?

Les formes longues **qui est-ce qui** et **qui est-ce que** se ressemblent, mais on peut voir leurs différences facilement. La première partie de l'expression (**qui**) indique que la réponse doit être une personne; la dernière partie (**qui** ou **que**) a une fonction relative—c'est-à-dire qu'elle signale que l'expression est suivie d'un sujet (**qui**) ou d'un sujet et d'un verbe (**que**).

Qui + **est-ce** +
        qui + verbe?
        que + sujet + verbe?

Avec la forme courte (**Qui?**), il y a toujours une inversion. Le *pronom* sujet se met après le verbe: **Qui cherches-tu? Qui regarde-t-elle?** Le *nom* sujet reste devant le verbe et on ajoute le pronom convenable après le verbe: **Qui le directeur cherche-t-il?** Quand on parle, si le sujet est un nom, on emploie plutôt la forme longue: **Qui est-ce que le directeur cherche?**

Questions à propos de l'objet d'une préposition

Préposition + **qui** + verbe + sujet?
             ou
Préposition + **qui est-ce que** + verbe + sujet?

Je parlais *à ma sœur.*
   À qui parlais-tu?

Mes parents sont descendus *chez les Aubervillier.*
   Comment? **Chez qui est-ce qu**'ils sont descendus?

Style de la langue parlée

Dans la langue parlée, il est possible aussi de mettre la forme courte à la fin de la phrase: **Tu parlais à qui?** Pourtant, contrairement au style parlé de l'anglais courant, la préposition n'est jamais séparée du mot interrogatif.

Anglais: *Whom* were you talking *to*?

Français: **À qui** parlais-tu?   *ou*   Tu parlais **à qui**?

Dans une question avec une préposition, s'il y a un nom sujet, on emploie très souvent la forme longue: **Pour qui est-ce que ton père travaille?** Si le verbe n'a pas de complément autre que le pronom interrogatif, le nom sujet peut suivre le verbe: **Pour qui travaille ton père? À qui parlent tes cousins?** Si le verbe a un complément ou si le verbe est à un temps composé, on emploie la forme longue: **À qui est-ce que ta sœur va envoyer ce paquet?**

Dans la langue parlée, un nom sujet peut précéder ou suivre la phrase entière: **Et ton frère, avec qui est-il allé au cinéma?** ou **Chez qui est-ce qu'ils vont dîner, tes parents?**

Questions sans verbe

Qui?   *ou*   Préposition + **qui?**

Quelqu'un a téléphoné.   Ah, oui. **Qui?**

Nous avons vu *des amis* en ville.   C'est vrai? **Qui?**

Elle a reçu une lettre (de *quelqu'un*).   **De qui?**

Quand les pronoms interrogatifs s'emploient seuls (c'est-à-dire, sans verbe), on dit toujours **qui** pour les personnes; la fonction grammaticale n'a pas d'importance.

Application

A. **Comment?** Vous n'êtes pas sûr(e) d'avoir bien entendu ce qu'on vous a dit. Utilisez la forme convenable de **qui** pour poser des questions qui sollicitent les mots en italique.

MODÈLES: Il n'a pas parlé à *Marie*.

À qui est-ce qu'il n'a pas parlé? ou *À qui n'a-t-il pas parlé?*

1. *Madeleine* a refusé de venir.

---

2. Nous attendons *Jean-Claude.*

_____

3. Elle travaille pour *son père.*

_____

4. J'ai envie de faire la connaissance de *Julie.*

_____

5. *Mon professeur de français* parle six langues.

_____

6. Ils ont rencontré *Suzanne Verdier* à l'opéra.

_____

7. J'ai téléphoné à *Suzanne* pour parler avec elle.

_____

8. Henri ressemble à *sa tante.*

_____

9. Je ne comprends pas *Karine.*

_____

10. Jean-Luc est allé au cinéma avec *ses copains.*

_____

B. Des questions pour la bonne. Arrivé sur les lieux du crime, l'inspecteur interroge la bonne (voir **E.E.** page 63). Utilisez les expressions suggérées et une forme convenable de **qui** pour rétablir les questions de l'inspecteur. Mettez les verbes à l'*imparfait* et au *passé composé*.

MODÈLE: être / dans la salle d'armes à 8h
Qui était dans la salle d'armes à 8h?

1. découvrir / le corps du maître

_____

2. vous / être assis à côté de / dans la salle d'armes

_____

3. la maîtresse / regarder avec colère

_____

4. vous / observer à la porte cet après-midi-là

_____

5. vous / essayer de téléphoner à

_____

6. la maîtresse / surprendre en train de boire dans la salle à manger

_____

7. le maître / être vraiment amoureux de

_____

8. vous / voir monter l'escalier ce soir-là

_____

9. il / aller chez

_____

10. tuer le maître / à votre avis (_in your opinion_)

_____

C. Une interview. Utilisez les verbes suivants et une forme convenable de **qui** pour préparer des questions que vous poserez à un(e) camarade de classe. Attention: certains des verbes ont besoin d'une préposition!

> **MODÈLES:** avoir envie de sortir
>
> _Avec qui as-tu envie de sortir? (Avec qui est-ce que tu as envie de sortir?)_ ou
> _Qui a envie de sortir avec toi?_

Ex. C, D and E, **E.O.**, pp. 85–86.
You will find additional exercises on the different forms of **qui** on page A 11 of this text.

1. faire tes devoirs

_____

2. préparer les repas chez toi

_____

3. vouloir faire la connaissance

_____

4. téléphoner le plus souvent

_____

5. aimer aller au cinéma

_____

6. aimer le plus dans ta famille

_____

7. ressembler

_____

8. admirer beaucoup

_____

Questions qui ont pour réponse une chose

Pour poser des questions auxquelles la réponse sera une chose, on emploie toujours une forme du pronom interrogatif **que**. La forme exacte de la question dépend des autres éléments de la phrase interrogative.

Questions à propos du sujet du verbe

Qu'est-ce qui + verbe?

> **Qu'est-ce qui** se passe?
> _Les sports_ ne m'intéressent pas beaucoup.
> Comment? **Qu'est-ce qui** ne t'intéresse pas beaucoup?

Après l'expression interrogative **qu'est-ce qui**, le verbe est toujours au singulier: **Qu'est-ce qui** est tombé? Les livres de Madeleine.

Questions à propos du complément d'objet direct du verbe

Que + verbe + sujet? _ou_ **Qu'est-ce que** + sujet + verbe?

> Nous voulons _du papier à écrire._
> Comment? **Que** voulez-vous?
>
> Les enfants ont trouvé _un trésor caché._
> Dis donc. **Qu'est-ce qu'**ils ont trouvé?
>
> (Qu' = Que =   (qu' = que =
> une **chose**)   **objet direct**)

Les formes longues **qu'est-ce qui** et **qu'est-ce que** se ressemblent, mais on peut voir leurs différences assez facilement. La première partie de l'expression (**que**) indique que la réponse doit être une chose; la dernière partie (**qui** ou **que**) a une fonction relative—c'est-à-dire qu'elle signale que l'expression est suivie d'un sujet (**qui**) ou d'un sujet et d'un verbe (**que**).

Qu' + **est-ce** + **qui** + verbe?

que + sujet + verbe?

Si le groupe verbal est simple, on emploie souvent **que: Que veux-tu? Que regardent-elles?** Un nom sujet peut aussi suivre un verbe simple: **Que fait ton oncle?**

Mais en général, si le groupe verbal comprend plusieurs mots, on préfère utiliser **qu'est-ce que**; comme cela, on peut éviter l'inversion: **Qu'est-ce que tes parents t'ont donné pour ton anniversaire? Qu'est-ce que les spectatrices se sont dit?**

Pourtant, dans la langue parlée, on trouve souvent la construction suivante: **Qu'est-ce qu'ils aiment faire, tes amis?** ou bien: **Tes amis, qu'est-ce qu'ils aiment faire?**

Questions à propos de l'objet d'une préposition

Préposition + **quoi** + verbe + sujet?
ou
Préposition + **quoi est-ce que** + sujet + verbe?

> Je pensais à *l'examen.*
>> Que dis-tu? **À quoi** pensais-tu?
> Ma sœur a besoin *d'une nouvelle valise* pour son voyage.
>> Comment? **De quoi est-ce qu**'elle a besoin pour son voyage?

Le mot **quoi** est aussi une forme de **que.** Il représente une transformation phonétique pareille aux transformations de **me** en **moi** et de **te** en **toi** quand le mot occupe une place accentuée.

------ ■ **ATTENTION** ■ ------

Style de langue parlée

Dans la langue parlée, il est possible aussi de mettre la forme courte à la fin de la phrase: **Tu as besoin *de quoi*?**

L'emploi de la forme courte et de la forme longue est pareille à celui des expressions interrogatives avec une préposition + **qui**:

À quoi *pense ton frère?*
De quoi est-ce que *ta sœur va se servir?*

Et tes amis, **avec quoi** *vont-ils réparer la voiture? ou*
Avec quoi *vont-ils réparer la voiture, tes amis?*

Questions sans verbe

Quoi? *ou* Préposition + **quoi?**

Quelque chose de très amusant nous est arrivé.
—Ah, oui?—**Quoi?** Ils ont perdu *quelque chose.*
—Oh, non.—**Quoi?** J'ai grand besoin de *quelque chose.*
—Vraiment? **De quoi?**

Quand les pronoms interrogatifs s'emploient seuls (c'est-à-dire, sans verbe), on dit toujours **quoi** pour les choses; la fonction grammaticale n'a pas d'importance.

Application

D. Comment? Vous n'êtes pas sûr(e) d'avoir bien entendu ce qu'on vous a dit. Utilisez la forme convenable de **que** pour poser des questions qui sollicitent les mots en italique.

MODÈLE: Elle parlait de *ses vacances.*

De quoi est-ce qu'elle parlait? ou
De quoi parlait-elle?

1. Elle cherche *une pharmacie.*

_____

2. Je pensais à *ma composition.*

_____

3. Mon oncle et ma tante vont préparer *un gigot.*

_____

4. Nous avons besoin d'*une nouvelle voiture.*

_____

5. *La cafetière* est tombée.

_____

6. Il va s'occuper du *dessert.*

_____

7. Elles ont perdu *leurs billets.*

_____

8. Mon père écrit avec *un crayon.*

_____

9. *C'est un train qui* fait ce bruit.

_____

10. Elle met toujours de la confiture sur *ses tartines.*

_____

E. L'inspecteur poursuit son interrogatoire. L'inspecteur continue à interroger la bonne au sujet des incidents du jour du meurtre (voir **E.E.**
page 63). Utilisez les expressions données et une forme convenable de
que pour rétablir les questions de l'inspecteur. Mettez les verbes à
l'imparfait ou au passé composé.

MODÈLE: on / tuer le maître avec

Avec quoi est-ce qu'on a tué le maître? ou
Avec quoi a-t-on tué le maître?

1. le jardinier / regarder d'un air stupéfait

_____

2. tomber sur le tapis

_____

3. le corps / être entouré de

_____

4. le beau-frère / penser à

_____

5. l'inconnu / donner au beau-frère

_____

6. on / couper le fil du téléphone avec

_____

7. être écrit sur le papier à côté du téléphone

_____

8. vous / être en train de boire dans la salle à manger

_____

9. vous / s'occuper (de) la nuit du meurtre

_____

10. le maître / faire à 7h45

_____

F. Une interview. Utilisez les verbes suivants et une forme convenable de **que** pour préparer des questions que vous posérez à un(e) camarade de classe. Attention: certains des verbes ont besoin d'une *préposition!*

MODÈLE: avoir envie de faire ce soir
Qu'est-ce que tu as envie de faire ce soir?

1. avoir vraiment peur

_____

2. avoir besoin / pour être vraiment heureux(se)

_____

3. t'intéresser à l'école

_____

4. ne pas t'intéresser du tout

_____

5. vouloir faire l'été prochain

_____

6. faire (ton père)

_____

7. penser

_____

8. avoir envie d'acheter

_____

G. Des projets. Vous parlez avec un(e) camarade qui vous parle de sa sœur. Utilisez l'expression entre parenthèses et une forme convenable de **qui** ou de **que** pour poser des questions qui font continuer la conversation.

Ex. F–I, **E.O.**, pp. 87–89.

You will find additional exercises on the different forms of **que** and on the distinction between **qui** and **que** on page A 12 of this text.

> MODÈLE: Oh, là là! La semaine prochaine, c'est l'anniversaire de ma sœur. Il faut que je fasse quelque chose pour la fêter. (organiser)
>
> *Qu'est-ce que tu vas (veux) organiser?*

1. Une soirée peut-être. On peut danser et parler et manger, bien sûr. Mais il n'y a pas de place dans cet appartement pour beaucoup de gens. (inviter)

_____

2. Nous allons inviter quelques amis de ma sœur et quelques amis à moi. Oh, il faut absolument inviter son nouveau copain. (sortir en ce moment)

_____

3. Il s'appelle Henri Bernard. Il est très gentil et il a un travail très intéressant. (faire)

_____

4. Il est journaliste. Son ancien copain était journaliste aussi, mais le pauvre, tu ne sais pas ce qui lui est arrivé? (arriver)

_____

5. Il faisait un reportage en Nouvelle-Zélande et il a eu un accident. Il doit passer trois mois à l'hôpital. Mais revenons au sujet de cette soirée. Je peux faire des canapés. Tu voudrais bien m'aider, non? (servir comme boisson)

_____

6. Du vin, de la bière, des jus de fruits. Je pourrais faire un punch. (mettre le punch)

_____

7. C'est vrai. Il me faudrait un grand bol à punch. Tu en aurais un, par hasard? Oui? Ah! Ça, c'est très bien. Puis, quoi d'autre? Ah! oui. Il manque quelque chose de très important. (avoir besoin)

_____

8. Il faut des ballons et des banderoles pour décorer la maison. Tu pourrais m'en acheter, peut-être? Ça, c'est tout, non? Oh! Non. Il nous faut de la musique. (jouer de la guitare)

_____

9. Ton ami Lucien, il joue de la guitare, non? Tu pourrais l'inviter. Oui? Voilà. Je crois qu'on a tout réglé. Non, pas tout. Il faudra acheter un cadeau pour ma sœur.   (vouloir donner comme cadeau)

---

10. Je ne sais pas. Ma sœur est très difficile. Mais toi, tu as toujours de bonnes idées. Est-ce que tu voudrais bien chercher quelque chose, et puis, on pourrait lui donner un cadeau ensemble? Ça m'aiderait beaucoup. Écoute, un dernier détail. Je voudrais que la soirée soit une vraie surprise. Il faudrait que quelqu'un invite ma sœur et son ami à dîner au restaurant.   (demander de les inviter)

Mais toi, tu pourrais le faire? Elle t'aime bien, ma sœur. Tu dînes avec eux, puis tu les ramènes ici et nous autres, nous serons là à vous attendre. D'accord? Oh, là là! C'est vraiment du travail d'organiser une soirée!

Questions qui posent un choix

Dans certaines situations, on sait déjà quelle est la personne ou la chose dont on parle; il s'agit de *préciser* la qualité ou la nature ou l'identité exacte de cette personne ou chose. Par exemple, dans les questions: **Quel livre voulez-vous?** et **Lequel de ces livres voulez-vous?**, on sait qu'on parle d'un **livre**, mais il faut préciser si c'est **ce livre-ci** ou **le livre de Paul** ou **le livre sur l'art moderne** ou **le livre qui était sur la table,** etc. Pour offrir un choix à quelqu'un, vous pouvez utiliser la forme convenable des expressions interrogatives **quel** et **lequel.**

La forme adjectivale

Quel (quelle, quels, quelles) + nom + verbe + sujet?

ou

Quel (quelle, quels, quelles) + nom + **est-ce que** + sujet + verbe?

ou

Quel (quelle, quels, quelles) + **être** + nom?

Quel âge avez-vous?	**Quels** sont vos **livres** préférés?
J'ai 22 ans.	*L'Étranger* et *Moby Dick.*
Quelle heure est-il?	**Quelles villes** est-ce que vous avez visitées?
Il est midi cinq.	Paris, Lyon et Marseille.

Si la personne ou la chose sont mentionnées dans la même phrase, utilisez la forme convenable de **quel**. Puisque **quel** est un adjectif, il doit s'accorder avec le nom qu'il accompagne. En utilisant **quel,** vous limitez la réponse à la catégorie de personne ou de chose représentée par le nom—c'est-à-dire, **quel âge**, il faut *donner un âge* comme réponse; **quelles sont les plus grandes villes**, il faut *donner des noms de ville* comme réponse.

A propos de sommeil, quelle est votre recette pour dormir moins?

a) S'amuser

b) Travailler, travailler

c) Vous n'en n'avez pas

d) Etre bien dans sa peau.

La forme pronominale

(nom)   **Lequel (laquelle, lesquels, lesquelles)** + verbe + sujet?

ou

(nom)   **Lequel (laquelle, lesquels, lesquelles)** + **est-ce que** + sujet + verbe?

ou

(nom)   **Lequel (laquelle, lesquels, lesquelles)?**

ou

Lequel (laquelle, lesquels, lesquelles) + **de** + nom + verbe + sujet?

ou

Lequel (laquelle, lesquels, lesquelles) + **de** + nom + **est-ce que** + sujet + verbe?

Voici deux stylos. **Lequel** préférez-vous?
    Moi, je préfère *ce* stylo-*ci*.
Laquelle de ces robes veux-tu porter?
    Je veux porter la robe *verte*.
Aimez-vous ces chiens? **Lesquels?**
    Les chiens *qui sont derrière la grille, là, à votre droite.*
Lesquelles de mes réponses sont bonnes?
    Toutes vos réponses sont bonnes.

Si la personne ou la chose sont *mentionnées dans la phrase précédente* ou si elles sont *séparées* de l'expression interrogative par une préposition (normalement, **de**), utilisez la forme convenable de **lequel.** Puisque **lequel** est un pronom, il s'accorde avec le nom qu'il remplace. Comme avec **quel**, en utilisant **lequel**, vous limitez la réponse à la catégorie générale de personne ou de chose représentées par le nom: c'est-à-dire, après **laquelle de ces robes,** il faut signaler *une robe.*

Lequel et les prépositions *à* et *de*

Après *à* et *de,* certaines formes de **lequel** changent:

	à + lequel = **auquel**	de + lequel = **duquel**	
	à + lesquels = **auxquels**	de + lesquels = **desquels**	
	à + lesquelles = **auxquelles**	de + lesquelles = **desquelles**	
Mais:	à + laquelle = **à laquelle**	de + laquelle = **de laquelle**	

—Nous pensons à des films très intéressants.
—Ah, oui. **Auxquels?**
  —À *Casablanca,* à *La Règle du jeu* et aux *Quatre-cents coups.*

—**Desquels** de ces légumes as-tu besoin?
  —J'ai besoin de *tomates* et de *haricots verts.*

Cette construction s'emploie assez rarement.

Application

H. Posez des questions à partir des éléments suivants. Faites attention à la forme.

Présent

MODÈLES: quel / être / la question
Quelle est la question?

lequel (2) / de ces livres / tu / aimer mieux
Lesquels de ces livres aimes-tu mieux? ou
Lesquels de ces livres est-ce que tu aimes mieux?

1. quel / ligne aérienne / vous / préférer

_____

2. lequel (3) / de ces pantalons / tu / vouloir essayer

_____

3. quel / être / votre chambre

_____

4. lequel (1) / de ces cannes à pêche° / être en solde°

_____

5. quel / être / votre métier

_____

cannes à pêche: fishing rods   **en solde:** on sale

6. lequel (3) / de ces casseroles / vous / utiliser

_____

7. quel / tiroirs / l'avocat / mettre les dossiers / dans

_____

8. quel / pont / la péniche / passer / sous

_____

9. quel / raisons / tu / quitter / ton travail / pour

_____

10. quel / réponse / il / donner / à votre question

_____

I. **Précisez!** Remplacez le tiret par la forme convenable de **lequel** afin de chercher une précision. Attention aux prépositions.

> **MODÈLE:** Tu veux fumer une de ses pipes? _____Laquelle?_____

1. Tu vois ces livres? _____

2. Un de ces placards est vide. _____

3. Deux des caissières sont très gentilles. _____

4. Votre sœur va venir aussi? _____

5. Vous avez visité plusieurs pays? _____

6. Tu as perdu une clé? _____

7. Il ressemble à un de ses frères? _____

8. Tu as besoin de quelques-uns de mes outils? _____

J. **L'inspecteur interroge la vieille dame.** L'inspecteur commence par lui poser des questions au sujet de ce qu'elle sait à propos du crime (voir la page 75). Rétablissez les questions de l'inspecteur en utilisant la forme convenable de **quel**. D'abord, il voulait savoir:

Ex. J, K and L, **E.O.**, pp. 90–92

You will find additional exercises on **quel** and **lequel** on page A 14 of this text.

> **MODÈLE:** sa réaction en voyant le corps du maître
>
> _Quelle a été votre réaction en voyant le corps du maître (quand vous avez vu le corps du maître)?_

1. le titre du livre qu'elle lisait ce matin-là

_____

2. la sorte d'uniforme que portait le garde

_____

3. l'heure au moment où le conservateur est arrivé avec la caisse

_____

4. les tiroirs dans lesquels le beau-frère a fouillé

_____

5. la réaction de la maîtresse en voyant le corps de son mari

_____

6. le liquide que la vieille dame a ajouté au cognac

_____

7. la réponse du conservateur quand la vieille dame lui a demandé ce qu'il cherchait dans la bibliothèque

_____

8. les relations qu'avait le maître avec son beau-frère

_____

Ensuite l'inspecteur a demandé à la vieille dame de distinguer entre différentes personnes et choses. Utilisez la forme convenable de **lequel** pour rétablir les questions de l'inspecteur. Il voulait qu'elle choisisse:

MODÈLE: le maître ou le beau-frère / avoir l'air le plus nerveux

Le maître ou le beau-frère, lequel des deux avait l'air le plus nerveux le jour du crime?

9. la maîtresse ou la bonne / être la plus jalouse

_____

10. le cognac ou le vin / le maître / préférer

_____

11. le jardinier ou le conservateur / être le plus suspect

_____

12. les livres sur la toxicologie ou les livres sur les grands criminels / la vieille dame / préférer

_____

Questions qui demandent une définition ou une explication

La question varie selon qu'on veut simplement la définition ou si on demande une explication.

Questions qui demandent une définition

Que veut dire + mot?
Que signifie + mot?

> **Que veut dire** le mot «paresseux»?
> «Paresseux» veut dire *qui n'aime pas travailler, qui ne veut pas faire d'effort.*

> **Que signifie** le mot «trinquer»?
> «Trinquer,» c'est *boire en même temps avec quelqu'un, après avoir choqué les verres.*

Normalement, on emploie **que veut dire** ou **que signifie** pour demander la définition d'un verbe, d'un adjectif ou d'un adverbe. Il n'est pas nécessaire de dire «le mot»; on peut demander: **Que veut dire** «se tromper»? Les expressions **que veut dire** et **que signifie** sont des synonymes.

Questions pour demander une explication

Qu'est-ce que c'est que + nom?

> **Qu'est-ce que c'est qu'**une épée?
> C'est *une arme faite de métal. Elle a une lame longue. On l'utilise pour faire de l'escrime.*

> **Qu'est-ce que c'est que** le Concorde?
> Le Concorde? C'est *l'avion supersonique construit en coopération par les Français et les Britanniques. Il peut traverser l'Atlantique en moins de trois heures.*

On utilise **qu'est-ce que c'est que** pour demander l'explication d'un nom. Dans la langue écrite, on utilise aussi la forme courte **qu'est-ce que: Qu'est-ce que le matérialisme?** Dans la langue parlée, on utilise aussi la forme familière **c'est quoi: C'est quoi, le Concorde?**

Application

K. Je ne comprends pas. Utilisez les expressions **que veut dire...** (**que signifie**...) et **qu'est-ce que** (**c'est que**)... pour demander la définition ou une explication des expressions suivantes. Puis trouvez dans un dictionnaire *français-français* des réponses à vos questions.

1. un évier

_____

_____

_____

_____

2. mordre

_____

_____

_____

_____

3. avoir l'œil américain

_____

_____

_____

_____

4. les allocations familiales

_____

_____

_____

_____

5. le bois de Boulogne

_____

_____

_____

_____

L'équivalent anglais des expressions **qu'est-ce qui est...?**, **quel est...?** et **qu'est-ce que c'est**, c'est, pour toutes les trois, *what is...?* Par conséquent, les anglophones ont tendance à confondre ces expressions. Il vous sera peut-être utile de vous rappeler la catégorie à laquelle appartient chaque expression.

Qu'est-ce qui est... ? = une question qui a pour réponse une *identification*—tout ce que vous savez au sujet de la réponse, c'est qu'il s'agit d'une chose, mais il y a beaucoup de possibilités (mais pas d'une personne):

Qu'est-ce qui est sur la table?

Un livre ou *des fleurs* ou *un crayon* ou *un journal*, etc.

Quel est... ? = une question qui pose un *choix*—la réponse est limitée à la catégorie de choses représentée par le nom qui suit le verbe **être:**

Quel est ce livre sur la table?

C'est *un livre de français* ou c'est *un livre sur l'histoire africaine* ou c'est *un roman que mes parents m'ont donné pour mon anniversaire*, etc.

Qu'est-ce que c'est que... ? = une question qui demande une *explication:*

Qu'est-ce que c'est qu'un abécédaire?

C'est *un petit livre destiné aux enfants. Il leur apprend l'alphabet. D'habitude, il y a des lettres et des dessins.*

L. Remplacez le tiret par **qu'est-ce qui est, qu'est-ce que c'est que** ou la forme convenable de **quel** + la forme convenable d'**être**:

Ex. M, N and O, **E.O.,** pp. 92–94.

You can find additional exercises on **qu'est-ce qui, qu'est-ce que c'est que,** and **quel** on page A 15 of this text.

1. _____ votre nom?

2. _____ la douleur?

3. _____ derrière la maison?

4. _____ un interrogatoire?

5. _____ la capitale de la France?

6. _____ tes disques préférés?

7. _____ un chantier?

8. _____ les causes principales de la Révolution?

9. _____ sur le toit?

10. _____ le titre de ce livre?

Mise au point: les expressions interrogatives

Le tableau suivant résume les emplois des expressions interrogatives en français:

	Forme	Sujet	Objet direct	Objet d'une préposition
			Fonctions	
Personne	_Longue_	**Qui est-ce qui**	**Qui est-ce que**	De **qui** est-ce que
	courte	**Qui**	**Qui** (+ inversion)	Avec **qui** (+ inversion)
Chose	_Longue_	**Qu'est-ce qui**	**Qu'est-ce que**	De **quoi** est-ce que
	courte	— — —	**Que** (+ inversion)	Avec **quoi** (+ inversion)

Application

M. Comment? Je n'ai pas compris. L'inspecteur est en train d'interroger les témoins, mais ils sont très nerveux et ne parlent pas très clairement (voir la page 63). Par conséquent, l'inspecteur doit leur poser des questions. Rétablissez les questions de l'inspecteur afin de trouver les renseignements que vous n'avez pas compris.

> **MODÈLE:** Le conservateur: Non, je n'habite pas au château.
> J'habite ...
> L'inspecteur: _Où habitez-vous?_ ou
> _Où est-ce que vous habitez?_

1. LA BONNE: J'ai vu, au bout du couloir, ... qui parlait avec un étranger.

_____

2. LE BEAU-FRÈRE: Puis nous avons ouvert la caisse avec un ... .

_____

3. LA BONNE: Dans sa main gauche le maître avait des ... .

_____

4. LE JARDINIER: Je n'ai rien dit au maître parce que je ... .

_____

5. LA VIEILLE DAME: Bien, j'avais mon livre sur les toxicomanes. Vous ne connaissez pas les toxicomanes? Ce sont ... .

_____

6. LE JARDINIER: Puis j'ai regardé par la fenêtre ... était assis sur le lit.

_____

7. LE CONSERVATEUR: Moi, je travaille au musée de ... .

_____

8. LA BONNE: Puis j'ai essayé de téléphoner à ... , mais le fil était coupé.

_____

9. LE BEAU-FRÈRE: Non, il y avait deux revolvers au château. Le revolver ... était le revolver du maître; l'autre était à moi.

_____

10. LA MAÎTRESSE: Eh, bien. Mon mari m'a regardée, puis il a dit: ... .

_____

11. LE JARDINIER: Ensuite elle a versé du poison dans la ... .

_____

12. LA MAÎTRESSE: J'ai trouvé ... dans la salle à manger avec mon mari.

_____

N. Quelles questions leur a-t-on posées? Lisez l'interview suivante avec une jeune étudiante de danse à Paris. Puis faites une liste des questions que le(la) journaliste lui a probablement posées afin d'écrire son article.

Isabelle: un cœur de rockeuse

C'est rock parce que ça balance°. C'est roll parce que ça tourne. Mais ça peut être Swing, Boogie-woogie ou BeBop. Isabelle connaît tous les pas. Et virevolte° au rythme des Forbans, le plus rockabilly des groupes en vogue. «Le rock c'est avant tout un état d'esprit: l'envie de bouger. En l'espace de quelques mois, on peut passer du rock au sol°, qu'on croit tous connaître mais qui comporte beaucoup plus de jeux de jambes qu'on imagine, aux premières figures de rock acrobatique, en passant par le rock sauté qui se rapproche de la comédie musicale américaine. Depuis quelques temps, je fais mon petit effet en boîte°... D'autant que° ce sport a tendance à libérer à l'angoisse et les vieux fonds de timidité. On s'entraîne aussi à sourire constamment en dansant.» Comme Isabelle n'aime pas les demi-mesures, elle prend aussi des cours de cirque (pour les acrobaties), de jazz (pour la souplesse) et de claquettes° (pour le rythme). Comme elle n'a pas non plus les deux pieds dans le même chausson, elle s'arrange pour financer tout ça avec un système astucieux°. «Je fais un mi-temps° comme secrétaire pour payer les cours. Et je vis à moitié° chez mes parents, à moitié° chez mon jules°. Ainsi je dépense le moins possible.» Le rocker de son cœur c'est Arnaud, rencontré au Rock'n roll Dance Center. Un mec° à la hauteur°: il fait une tête de plus qu'elle. «C'est très important pour pouvoir réaliser toutes les figures dans de bonnes conditions»: explique cette

balance: swings back and forth

virevolte: spins around

sol: "soul"

je fais mon petit...: I show off in the discos

d'autant que: especially because

claquettes: tap dance
astucieux: clever
mi-temps: part-time work
à moitié: half...half
jules: boyfriend
mec: guy (_slang_)
à la hauteur: tall

championne de France au sol (catégorie débutants). Son objectif: devenir une pro. En attendant elle avoue être, en dehors de ses cours, adepte du farniente°. Sa seconde passion: les vacances.

farniente: taking it easy, doing nothing

Ses motivations: trouver une danse qui soit un sport en même temps; qui lui donne l'occasion de produire un effort soutenu et lui permette de travailler son souffle°.

souffle: breathing

Ses objectifs: atteindre un niveau de haute compétition. Isabelle est déjà championne de France au sol et voudrait enseigner et faire des spectacles.
Son entraînement: en moyenne sept à huit heures par semaine.

—*Jacinte* magazine

1. _____
2. _____
3. _____
4. _____
5. _____
6. _____
7. _____

O. Les notes de l'inspecteur. L'inspecteur se prépare à interroger encore une fois les témoins du crime. Faites une liste de cinq questions qu'il pourrait vouloir poser à chacun des suspects suivants: la maîtresse, le beau-frère, le conservateur du musée. Essayez de varier autant que possible la forme des questions.

You can find additional general review exercises on interrogative expressions on page A 16 of this text.

à la maîtresse du château

1. _____
2. _____
3. _____
4. _____
5. _____

au beau-frère

1. _____
2. _____
3. _____
4. _____
5. _____

au conservateur du musée

1. _____

2. _____

3. _____

4. _____

5. _____

■ *Activités écrites*

A. Une interview. On vous a demandé d'écrire un article pour une petite revue que va publier le Cercle français de votre université. Interviewez quelqu'un qui parle français—un professeur, un(e) étudiant(e) francophone, un(e) étudiant(e) américain(e) qui a passé du temps en France ou dans un pays francophone, etc. Puis rédigez votre article en reproduisant les questions que vous avez posées et en résumant les réponses qu'on vous a données.

B. Une lettre. Écrivez une lettre à un(e) ami(e) français(e) ou francophone que vous n'avez pas vu(e) depuis longtemps. Dans votre lettre, posez-lui des questions afin de vous informer sur ses activités, ses intérêts, ses projets, etc.

Suggestion, Act. B: Begin your letter with «Cher.../ Chère...» End your letter with one of the following: «Bises./Je t'embrasse./Bien à toi./Affectueusement.»

C. Le rapport de l'inspecteur. Après avoir interrogé tous les témoins, l'inspecteur rédige un rapport destiné au commissaire de police. Ce faisant, il essaie de rétablir la chronologie des événements de la journée et il donne ses idées sur l'identité du coupable. Rédigez le rapport de l'inspecteur en forme de narration. Proposez une solution du crime.

D. Le maître est mort. Vous êtes un des personnages du «Château dans le bois». Vous écrivez une lettre à un(e) ami(e) en lui annonçant la mort du maître. Dans votre lettre, vous racontez brièvement ce que vous savez au sujet des événements liés au meurtre. Ensuite vous parlez de trois autres personnages que vous trouvez suspects en posant toutes les questions que vous avez au sujet de leurs actions.

E. Encore une lettre. Un(e) jeune Français(e) va venir faire un séjour de plusieurs mois chez vous. Vous voulez vous renseigner au sujet de cette personne avant son arrivée. Vous lui écrivez une lettre en posant poliment des questions qui cherchent à vous faire connaître l'invité(e).

Suggestion, Act. E: Begin your letter with «Cher.../ Chère... .» End your letter with «J'attends avec impatience ton arrivée. À bientôt.»

F. Une interview. On vous a choisi(e) pour interviewer un(e) jeune francophone qui vient d'arriver aux États-Unis. Vous devez vous informer sur (1) sa vie passée et (2) ses premières réactions à la vie américaine. Préparez à l'avance les questions que vous allez lui poser.

La Désignation, la qualification, la différentiation

- *Expressions idiomatiques*
- *Structures grammaticales*
- *Activités écrites*

■ *Expressions idiomatiques*

Tout le monde **s'étonne qu**'il porte tant de vêtements à la plage.

1. étonner + *objet direct*: to surprise
  s'étonner de + *quelque chose*: to be surprised at
  s'étonner que + *subjonctif*: to be surprised that
  s'étonner de + *infinitif*: to be surprised to

Ta timidité l'**étonne**.
Il **s'étonne de** ta timidité.
Il **s'étonne que** tu sois si timide.
Il **s'étonne de** voir combien tu es timide.

Avec **étonner**, on emploie un complément d'objet direct (**le, la, les,** etc.).

EXERCICES

A. Remplacez le tiret par la forme indiquée de l'expression qui convient (*étonner, s'étonner de* ou *s'étonner que*).

1. Je _____ ils n'aient pas répondu. (*présent*)
2. Votre habileté nous _____ . (*présent*)
3. Elle _____ entendre la nouvelle de la mort de M. Charlus. (*passé composé*)
4. Il va quitter sa femme! Cela m'_____ . (*conditionnel*)
5. Les spectateurs _____ la beauté du spectacle. (*imparfait*)

B. Donnez une réaction possible aux situations suivantes; utilisez chaque fois une forme différente de (*s'*)*étonner*.

1. Il est très intelligent.
2. Elle a un grand appétit.
3. Ils font beaucoup de voyages.
4. Tu sors avec tes parents.

Harry **revient** de Tahiti au moment où Gaspar **retourne** à Paris.

2. revenir: to return, to come back
  retourner: to return, to go back
  rentrer: to return, to go or to come home, to come back in
  rendre: to return, to give back

M. Delbas n'est pas ici. **Revenez** dans une heure.
Allez-vous **retourner** en France l'été prochain?
Il faut **rentrer**. Ton père est malade.
Peux-tu me **rendre** le livre que je t'ai montré?

Les verbes **revenir, retourner** et **rentrer** se conjuguent avec *être*. Le verbe **rendre** se conjugue avec *avoir* parce qu'il prend un complément d'objet direct.

EXERCICES

C. Remplacez le tiret par la forme indiquée du verbe qui convient (*revenir, retourner, rentrer* ou *rendre*).

1. À quelle heure _____-tu _____ hier soir? (*passé composé*)
2. Je ne _____ jamais chez eux. (*futur*)
3. Quand vas-tu me _____ l'argent que je t'ai prêté? (*infinitif*)
4. J'espère que vous _____ bientôt chez vous. (*futur*)
5. Les Français _____ souvent chez eux pour déjeuner. (*présent*)
6. Le docteur est venu aujourd'hui et il a promis de _____ demain. (*infinitif*)
7. _____ -lui ses outils (*tools*) (*impératif*). Elle en a besoin.
8. Ont-ils l'intention de _____ en Guadeloupe? (*infinitif*)
9. Est-ce qu'il _____ l'appareil photo? (*passé composé*)

D. Répondez aux questions suivantes selon votre expérience personnelle.

1. À quelle heure rentrez-vous à la maison ou dans votre chambre d'habitude?
2. Nommez un objet que vous avez prêté à quelqu'un et qu'on ne vous a pas rendu.
3. Après avoir fini vos études universitaires, reviendrez-vous souvent à l'université?
4. Est-ce que vos parents retournent souvent là où ils sont nés?

---

3. le (la, les) plus (moins)... de: the most or the least

C'est le monsieur **le plus distingué de** la ville.
Quelle est **la plus grande** rivière **du** monde?
Les fruits **les moins chers du** marché se vendent ici.

EXERCICES

E. Remplacez le tiret par la forme convenable de l'article défini et de la préposition *de* + article défini.

1. C'est la jeune fille _____ plus sportive _____ classe.
2. Voilà _____ moins jolies fleurs _____ jardin.
3. Quel est le bâtiment _____ plus haut _____ ville?
4. Les hommes _____ plus riches sont souvent _____ plus tristes _____ monde.

F. Comparez les étudiants à toute la classe en utilisant les mots entre parenthèses.

	Taille (*height*)	Note globale	Effort général
Filles			
Dominique	1m50	10 sur (*out of*) 20	Faible
Isabelle	1m60	16 sur 20	Très bien
Pascale	1m45	13 sur 20	Très bien
Garçons			
Pierre	1m60	11 sur 20	Excellent
Fernand	1m70	9 sur 20	Assez bien
Thierry	1m85	15 sur 20	Très bien

1. Thierry (être grand)
2. Pascale (être petite)
3. Isabelle (être intelligente)
4. Fernand (être intelligent)
5. Pierre (être un étudiant sérieux)
6. Dominique (être une étudiante sérieuse)

S'il veut attirer les pigeons, il **aura besoin de** miettes de pain.

4. avoir besoin de: to need

J'**ai besoin d'**argent et **d'**amis.
Elle **avait besoin d'**un guide.
On **a besoin de** manger pour vivre.
Mais: Ils **auront besoin du** livre que je vous ai prêté.

Après **avoir besoin de,** on emploie seulement **de** *sauf* si le nom est modifié.

G. Remplacez le tiret par la forme convenable de *de*.

1. Elle a besoin _____ nouvelle perruque.
2. Ont-ils besoin _____ meubles?
3. As-tu besoin _____ travailler ce week-end?
4. J'avais besoin _____ cigarettes, donc je suis allé en ville.
5. On a besoin _____ témoins pour tirer au clair cette affaire criminelle.

H. Répondez aux questions suivantes en utilisant *avoir besoin de* et un infinitif avec *pour*.

1. Pourquoi voulez-vous de l'argent?
2. Pourquoi voulez-vous du temps libre?
3. Pourquoi voulez-vous un ordinateur?
4. Pourquoi voulez-vous une auto?

---

5. venir de + *infinitif*: have just (*au présent*) had just (*à l'imparfait*)

Où est ton père? Il n'est pas ici; il **vient de** sortir.
Quand vous êtes arrivé, nous **venions de** commencer à dîner.

L'expression **venir de** est employée presque toujours au **présent** ou à l'**imparfait.**

EXERCICES

I. Remplacez le tiret par la forme convenable de l'expression *venir de*.

1. Georges est-il arrivé la semaine dernière? Non, il _____ arriver ce matin.
2. Ils _____ s'asseoir quand Marie a commencé à jouer du piano.
3. As-tu écrit à Jean-Pierre? Non, je _____ apprendre son adresse.
4. Allez-vous sortir avec Annette? Non, elle _____ se marier.
5. Je _____ me mettre à table quand le téléphone a sonné.

J. Réagissez aux phrases suivantes en utilisant *venir de* et l'expression entre parenthèses.

1. Comment! Tu n'es pas prête à partir? (*finir mes devoirs*)
2. Pourquoi est-ce que tu n'étais pas habillée quand nous sommes arrivés? (*prendre une douche*)
3. Mais tu sais déjà ce qui s'est passé? (*voir Philippe qui m'a tout raconté*)
4. Pourquoi est-ce que les Molina n'étaient pas contents de gagner une voiture à la loterie? (*acheter une voiture toute neuve*)
5. Ta sœur et ses amies ne sont pas là? (*partir*)

■ *Structures grammaticales*

Dans cette unité nous allons étudier les noms ou, plus exactement, le **groupe nominal**—les mots et expressions qui environnent le nom et servent à l'introduire, à le qualifier ou à le limiter. Nous allons organiser notre présentation de ces mots et expressions d'après leur fonction communicative. C'est-à-dire qu'on va passer des mots qui servent à introduire ou à désigner un nom, aux mots et expressions qui le caractérisent et le qualifient, pour finir avec les mots et expressions qui ont pour fonction de différencier des noms qui réfèrent à des personnes ou à des objets pareils.

À la fin de cette partie grammaticale, nous montrerons comment on peut combiner les différents mots et expressions dans des contextes variés.

Les articles

Il y a trois sortes d'articles—l'article défini, l'article indéfini et l'article partitif. On peut les diviser en deux catégories. D'abord, l'article qu'on emploie avec un nom spécifique dont l'identité est connue (l'article défini): *le* **chapitre que vous lisez.** La deuxième catégorie est l'article qu'on emploie avec un nom non spécifique dont l'identité n'est pas toujours connue (l'article indéfini et l'article partitif): *un* **livre que nous devons lire,** *du* **travail à faire.**

L'article défini

L'article défini (**le, la, l', les**) s'emploie pour désigner un nom spécifique, c'est-à-dire, une personne ou une chose dont on connaît déjà l'identité. Son identité est connue parce que:

1. l'objet ou la personne sont mentionnés dans une phrase précédente.

> Un avocat, un médecin et un professeur se trouvaient ensemble à un dîner de fête. **L'**avocat a demandé **au** médecin et **au**[1] professeur: «Lequel de nous trois a le travail le plus difficile?» (*not just any lawyer, doctor, and teacher—but the ones, mentioned in the first sentence, who are at the dinner*)

2. le nom est suivi d'une préposition (**à, dans, de...**), d'un pronom relatif (**qui, que**) ou d'un adjectif qui le désignent.

> Où est **la** voiture **de** Luc? (*a specific car—the one belonging to Luc*)
> Voilà **le** revolver **qui** a causé la mort **de** Mme Lemaître. (*a particular revolver that was used to commit the crime in question*)
> Vous préférez **la** cravate bleue **que** porte ce monsieur-là? (*not just any tie, but the blue one that you can probably see*)

---

[1] Rappelez-vous que certaines formes de l'article défini se contractent avec les prépositions **à** et **de: à** + **le** = **au; à** + **les** + **aux; de** + **le** = **du; de** + **les** = **des.** Les autres formes—**à la, à l', de la, de l'**—ne changent pas.

3. le nom s'emploie dans un sens général que tout le monde connaît.

> **L'**argent ne fait pas **le** bonheur. (*money and happiness are used in a general, abstract sense with which everyone is familiar*)
> J'adore **les** pêches. (*all peaches; peaches considered as a general category of fruit that everyone knows*)

Notez qu'en anglais on n'emploie pas d'article dans ce cas-ci:

> *Money doesn't bring happiness.*
> *I love peaches.*

L'article indéfini et l'article partitif

L'article indéfini (**un, une, des**) et l'article partitif (**du, de la, de l', des**) s'emploient pour désigner un nom non spécifique—c'est-à-dire qu'on ne connaît pas toujours l'identité de l'objet ou de la personne dont on parle. Ils donnent au nom un sens indéterminé.

1. **L'article indéfini** désigne un être ou un objet qui n'ont pas encore été mentionnés ou dont l'identité exacte n'est pas précisée. On l'utilise donc pour introduire un nom pour la première fois. Il s'emploie avec des noms qu'on peut compter, qui ont un pluriel.

> Elle a acheté **une** horloge. (*one clock among many possible clocks*)
> Il parle avec **des** amis. (*some among a number of his friends*)
> J'ai **un** fusil. (*one example of a large category*)
> Elle porte **une** nouvelle robe. (*a new dress, being mentioned for the first time*)

Remarquez que dans chaque cas il serait possible de substituer un nombre—**deux horloges, dix** ou **douze amis, cinq fusils, trois nouvelles robes.**

2. **L'article partitif** désigne une quantité indéterminée du nom en question. Il s'emploie avec des noms qu'on ne peut pas compter, qui n'ont pas de pluriel—c'est-à-dire, dont on peut prendre une partie.

> Ils ont bu **du** cognac. (*a part of a bottle of cognac*)
> As-tu acheté **de la** viande? (*an unspecified part of the meat available*)
> Ils ont **de la** patience. (*some, but not all, of the patience in the world*)
> Je voudrais **du** sel. (*I'm going to use some salt, but not the entire supply*)

Remarquez qu'on ne peut pas mettre ces noms au pluriel et garder le même sens.[2]

---

[2] Quelques noms peuvent s'employer avec *l'article indéfini* ou avec *le partitif* selon la situation: Je voudrais **du** café. (*some of the coffee that is available*) Apportez-moi **un** café. (*one of the many cups of coffee the café can serve that day; if you were with a friend, you could order two coffees*)

Les articles et les phrases négatives

Dans certains cas, un article qui suit une expression négative change de forme.

1. Après une expression négative, l'*article défini* ne change pas.

J'aime **le** vin.   Je **n'**aime **pas le** vin.

2. Après une expression négative, l'*article indéfini* et l'*article partitif* sont généralement remplacés par **de**:

As-tu **un** stylo?   Non, je **n'**ai **pas de** stylo.
Tu veux **du** sucre?   Non, merci. Je **ne** prends **pas de** sucre dans mon café.
Elle a acheté **des** bonbons?   Non. Elle **n'**achète **jamais de** bonbons.

3. Quand il y a une proposition négative *et* une proposition affirmative dans une seule phrase, l'article indéfini et l'article partitif ne changent pas dans la proposition négative.

C'est **un** stylo? Mais non, ce **n'**est **pas un** stylo, c'est un crayon.
Elle t'a donné **des** pommes? Non, non, elle **ne** m'a **pas** donné **des** pommes, elle m'a donné des poires.

Quelques exceptions concernant l'usage des articles

1. On omet l'article après les verbes **être, rester** et **devenir** avec un nom *non qualifié* (c'est-à-dire, sans adjectif) indiquant *une profession, une relation entre personnes, un parti politique, une religion.*

Elle voudrait devenir médecin.
Ils sont cousins.
Elle est républicaine.

Mais si le nom est *qualifié*, on emploie l'article:

C'est **un** très bon médecin.[3]
Nous sommes **des** catholiques pratiquants.
Je voudrais devenir **une** actrice très célèbre.

2. On omet l'*article défini* ou le *partitif* après la préposition **sans**:

Avant la guerre j'avais **de l'argent** et **des amis**. Après la guerre j'étais **sans argent** et **sans amis**.
On nous avait dit d'apporter **des** documents, mais ils sont arrivés **sans documents**.

Mais si on désigne un objet ou une personne *spécifiques*, on utilise l'*article défini*:

Ils sont arrivés **sans *les* documents nécessaires**.

---

[3] Quand le verbe **être** est suivi d'un nom accompagné d'un article, on utilise **c'est** ou **ce sont**; c'est l'équivalent de l'anglais *he/she/it is, they are*.

3. On emploie **de** au lieu de l'article indéfini **des** quand un adjectif *précède* un nom *pluriel*[4]:

> Nous avons **de** bons amis.
> Elle porte **de** grosses lunettes.
> Il y avait **de** très jolies fleurs.

Application

A. Viande... meubles... verre... Répondez à toutes les questions en utilisant le mot indiqué. Dans chaque cas, employez un article défini (**le, la l', les**), un article indéfini (**un, une, des**) ou un article partitif (**du, de la, de l'**) en faisant les changements nécessaires.

MODÈLE: Que voulez-vous?   (viande)
   Je veux de la viande.

Viande

1. Qu'est-ce qui est délicieux?

_____

2. Qu'est-ce qu'il y a sur la table?

_____

3. Qu'est-ce que vous avez acheté?

_____

4. Quelle viande préfères-tu? (qu'on a achetée au marché en plein air)

_____

5. Tu manges de la viande à tous les repas?   (non)

_____

Meubles

6. Qu'est-ce que vous voulez acheter?

_____

7. Que cherche-t-elle?

_____

---

[4] Mais si l'adjectif forme un *mot composé* (une seule idée) avec le nom, on emploie **des**: Y avait-il **des** jeunes filles? (jeune fille = une expression fixe) Tu veux **des** petits pois? (petits pois = une expression fixe)

8. Qu'est-ce qui coûte cher?

_____

9. Ils ont acheté des meubles? (non / un réfrigérateur et un lave-vaisselle)

_____

10. Qu'est-ce qu'ils veulent vendre? (qu'ils ont hérités de leurs grands-parents)

_____

Verre

11. Qu'est-ce qu'il y a dans la salle à manger?

_____

12. Dans quoi est-ce qu'on peut mettre du vin?

_____

13. Qu'est-ce que vous avez cassé? (de cristal que nous avions acheté en Irlande)

_____

14. De quoi a-t-elle besoin?

_____

15. Marie a empoisonné son mari. Quelle preuve l'inspecteur a-t-il trouvée? (dans lequel elle avait mis le poison)

_____

B. Utilisez les mots donnés pour former une phrase. Ne changez pas l'ordre des mots, mais faites tous les accords nécessaires. Ajoutez des articles s'il y a lieu°.   **s'il y a lieu:** if appropriate

MODÈLE: vous / habiter / dans / maison / non
          Vous habitez dans une maison, non?

Présent

1. elle / être / journaliste / n'est-ce pas

_____

2. où / être / salle de séjour

_____

3. nous / avoir / bons / outils

_____

4. elle / connaître / gens / intéressants

_____

5. ils / être / ennemis

_____

6. ce / être / ancien / professeur

_____

Passé composé

7. elle / servir / repas / sans / vin

_____

8. nous / voir / petits / oiseaux

_____

9. il / ne pas demander / vin / il / demander / pain

_____

10. où / tu / mettre / nouvelle / cafetière

_____

11. elle / ne pas prendre / dessert

_____

Imparfait

12. il / être / avocat

_____

13. à cette époque-là / nous / ne pas aimer / légumes

_____

14. elle / répondre / à / questions / sans / difficulté

_____

15. ma / sœur / vouloir / devenir / actrice

_____

C. Claire Laurent. Répondez aux questions au sujet de Claire Laurent d'après les renseignements et l'illustration. Utilisez des articles s'il y a lieu.

Ex. A, B, and C, **E.O.,** pp. 128–129. You will find additional exercises on articles on page A 17 of this text **(E.E.).**

■ Explain that the grading system in France is based on 20.

MODÈLE: naissance: 8.5.72 (Paris)

—Quelle est sa nationalité?

—*Elle est française.*

profession: étudiante
études: droit
famille: père (professeur) / mère (femme d'affaires)
amis: Jacques Henric / Cécile Bayette
langues: anglais (excellent), espagnol
notes: 18 sur 20, 17 sur 20, 18 sur 20

1. Quel travail fait-elle? _____

2. Qu'est-ce qu'elle veut devenir? _____

3. Que fait son père? _____

4. Quelle sorte de travail fait sa mère? _____

5. Quels rapports a-t-elle avec Jacques Henri et Cécile Bayette? (utilisez **être**) _____
_____

6. Comprend-elle l'anglais avec difficulté? _____
_____

7. Comment sont ses notes? (utilisez **avoir**) _____

8. Qu'est-ce qu'elle prend d'habitude pour le déjeuner? _____
_____

9. Quels fruits est-ce qu'elle aime? _____
_____

10. Comment est-ce qu'un déjeuner français est différent d'un déjeuner américain? _____
_____

Les expressions de qualité: les adjectifs

Pour exprimer *les qualités* d'une chose ou d'une personne, on utilise normalement des adjectifs. L'adjectif pose deux problèmes: *son accord* et *sa place* par rapport au nom qu'il qualifie.

L'accord de l'adjectif avec le nom

Un adjectif s'accorde en genre et en nombre avec le nom ou le pronom qu'il qualifie.

Regarde ce**tte** voiture bleu**e**.   **Ils** sont très intelligent**s**.
Les port**es** sont fermé**es**.   Elle porte un chemisier vert.

1. Pour former le féminin d'un adjectif, on suit les règles suivantes:
   a. En général, on ajoute un **-e** à la forme masculine:

   un grand tableau / une grand**e** table
   un fauteuil vert / une lampe vert**e**

   Les adjectifs masculins qui se terminent en **-e** (*sans* accent) ne changent pas au féminin:

   un garçon timide / une fille timide
   l'homme moderne / une ville moderne

   b. Certains adjectifs doublent la consonne finale devant le **-e** du féminin:

l → **lle**	un meurtre rée**l** / une situation rée**lle**
	un genti**l** petit garçon / une genti**lle** petite fille
n → **nne**	un restaurant itali**en** / une voiture itali**enne**
	un b**on** mari / une b**onne** épouse
s → **sse**	un fleuve ba**s** / une maison ba**sse**
	un gro**s** problème / une gro**sse** tête
t → **tte**	un garçon so**t** / une fille so**tte**
	un logement coque**t** / une coiffure coque**tte**

   c. Certains adjectifs changent de consonne finale devant le **-e** du féminin:

f → **v**	un garçon acti**f** / une fille acti**ve**
	un complet neu**f** / une auto neu**ve**
x → **s**	un élève paresseu**x** / une élève paresseu**se**
	un cas sérieu**x** / une maladie sérieu**se**

   d. Certains adjectifs prennent un accent grave sur l'avant-dernier **-e** du féminin:

er → **ère**	un paquet lég**er** / une couverture lég**ère**
	le premi**er** jour / la premi**ère** leçon
et → **ète**	un repas compl**et** / une phrase compl**ète**
	un père inqui**et** / une mère inqui**ète**

e. Beaucoup d'adjectifs sont irréguliers au féminin; c'est-à-dire, ils n'entrent pas facilement dans les catégories dont on peut préciser les règles. Voici quelques exemples d'adjectifs irréguliers au féminin:

blanc / blan**che**	beau / be**lle**
franc / fran**che**	nouveau / nouve**lle**
public / publi**que**	vieux / vie**ille**
grec / gre**cque**	long / long**ue**
frais / fra**îche**	doux / dou**ce**
sec / s**èche**	faux / fau**sse**
favori / favori**te**	aigu / aig**uë**

2. Pour former le pluriel d'un adjectif, on suit les règles suivantes:

a. En général, on ajoute un **-s** aux formes du singulier:

un petit livre / de petit**s** livres
la main levée / les mains levée**s**

b. Les adjectifs qui se terminent en **s** et en **x** au masculin singulier ne changent pas au masculin pluriel. L'accord au féminin pluriel est toujours régulier.

le gouvernement français / les gouvernements françai**s**
un enfant heureux / des enfants heureu**x**
la maison française / les maisons française**s**
une fille heureuse / des filles heureuse**s**

c. Les adjectifs en **-eau** et en **-al** se terminent respectivement en **-eaux** et en **-aux** au masculin pluriel:

un b**eau** garçon / de b**eaux** garçons
un ami loy**al** / des amis loy**aux**

3. Quelques cas particuliers sur l'accord de l'adjectif: les adjectifs **beau, nouveau** et **vieux** ont une forme spéciale pour le masculin singulier; ces formes spéciales (**bel, nouvel, vieil**) s'emploient devant un nom qui commence par une voyelle ou par un **h** non aspiré.

un beau garçon / un **bel** homme
un nouveau disque / un **nouvel** achat
un vieux monsieur / un **vieil** ami

Devant un nom masculin au pluriel, l'adjectif pluriel est régulier (**beaux, nouveaux, vieux**):

les **beaux** arts / de **nouveaux** amis / de **vieux** ennemis

Les noms de fruits ou de fleurs employés comme adjectifs sont invariables (exception: **rose**).

les cheveux marron
des rubans **orange**
une robe **lilas**
Mais: des joues roses

Un adjectif de couleur qualifié d'un autre adjectif est *masculin singulier* et *invariable:*

> une chemise **bleu foncé°**
> une robe **vert clair°**

bleu foncé: dark blue
vert clair: light green

La place de l'adjectif

En règle générale, l'adjectif en français se met *après* le nom qu'il qualifie:

une fleur **rouge**	les écoles **américaines**
le mari **parfait**	des animaux **sauvages**

1. Certains adjectifs courts et courants qu'on emploie très fréquemment se mettent devant le nom:

autre	grand	long	petit
beau	gros	mauvais	vieux
bon	haut	méchant	vilain°
faux	jeune	meilleur	vrai
gentil	joli	nouveau	

vilain: ugly, nasty

> Elle a un **gros** mari et trois **petits** enfants.
> Il a une **jolie** moustache et de **beaux** yeux.

2. Certains adjectifs changent de sens selon leur place. D'ordinaire, lorsqu'ils se mettent *après* le nom, ils ont un sens plutôt **littéral** ou propre. Lorsqu'ils se trouvent *devant* le nom, ils prennent un sens plus **figuré:**

ancien	un monument **ancien**	*(old, ancient)*
	un **ancien** ami	*(former)*
brave	un soldat **brave**	*(courageous)*
	un **brave** homme	*(fine, worthy)*
certain	un succès **certain**	*(sure, definite)*
	un **certain** succès	*(some, particular)*
cher	un repas **cher**	*(expensive)*
	un **cher** ami	*(dear, beloved)*
dernier	l'année **dernière**	*(just passed)*
	la **dernière** leçon	*(final—i.e., in a series)*
grand	un homme **grand**	*(tall: only used for people)*
	un **grand** homme	*(great)*
même	le président **même**	*(even, himself)*
	le **même** président	*(same)*
nouveau	une voiture **nouvelle**	*(new model or style)*
	une **nouvelle** voiture	*(different, unlike the previous one)*
pauvre	une femme **pauvre**	*(without money)*
	une **pauvre** femme	*(to be pitied)*
prochain	la semaine **prochaine**	*(about to come)*
	la **prochaine** leçon	*(next—i.e., in a series)*

propre	les mains **propres** (*clean*)	
	mes **propres** mains (*own*)	
seul	un homme **seul** (*by himself*)	
	le **seul** homme (*only one, single*)	
simple	une histoire **simple** (*easy, not complicated*)	
	une **simple** histoire (*mere*)	

3. En général, si un nom est qualifié de deux (ou plusieurs) adjectifs, ceux-ci occupent leur place habituelle:

une **jolie petite** maison   un **autre grand** secret
une **jeune** femme **mariée**   de **jolies petites** fenêtres **rondes**

4. Si tous les adjectifs *suivent normalement* le nom, on les met tous *après* le nom. Si les adjectifs qualifient séparément le nom, on emploie **et.** Si un des adjectifs forme un groupe avec le nom, on le place tout de suite après le nom.

une maison **blanche** *et* **verte**
une cathédrale **gothique célèbre**

5. Le nom complément d'un autre nom. La plupart du temps, pour qualifier un objet ou une personne, on emploie des adjectifs. Mais il arrive parfois qu'on emploie une préposition et un nom pour caractériser l'objet ou la personne dont on parle. Dans ces cas-là, l'expression qualificative *suit toujours* le nom qu'elle qualifie.

un professeur **de français**   une robe **de soie**°   **soie:** silk
une montre **en or**   un verre **à vin**[5]

La comparaison

On peut utiliser des adjectifs pour comparer deux objets ou deux personnes (**la forme comparative**) ou pour comparer un objet ou une personne à tout un groupe d'objets ou de personnes (**la forme superlative**).

1. Pour comparer deux éléments à l'aide d'un adjectif, on met **plus** ou **aussi** ou **moins** devant l'adjectif et **que** devant le deuxième terme de la comparaison.

Cet exercice est **plus difficile que** celui que nous avons fait hier.
Janine est **aussi obstinée que** son frère.
Nos joueurs sont **moins habiles**° **que** ceux de l'autre équipe.   **habiles:** capable

2. Pour distinguer un élément de tout un groupe d'éléments, on met **le (la, les) plus** ou **le (la, les) moins** devant l'adjectif et **de** devant le deuxième terme de la comparaison.

Martine est **la plus intelligente de** la classe.
Les cours de maths sont **les moins populaires de** l'université.

---

[5] Remarquez la différence entre **un verre à vin** (*a wine glass*) et **un verre de vin** (*a glass of wine*).

Quand l'adjectif accompagne un nom, il y a deux possibilités:

a. Si l'adjectif *suit normalement* le nom, il continue à suivre le nom et on répète l'article dans le superlatif:

Martine est *l'*étudiante *la* **plus intelligente de** la classe.
Les cours de maths sont **les cours *les* moins populaires de** l'université.

b. Si l'adjectif *précède normalement* le nom, il précède le nom dans le superlatif et l'article n'est pas répété:

C'est **le plus haut bâtiment de** la ville.
Nous portons **les plus vieux vêtements** pour nettoyer la maison.

3. On ne peut pas utiliser **plus** avec l'adjectif **bon**. Il faut employer la forme spéciale **meilleur(e).**

Mon auto est **meilleure que** celle de Jean-Patrice.
Nous avons dîné dans **le meilleur restaurant de** la ville.
Mais: Le poulet est **aussi bon que** le bœuf.
Mes notes sont **moins bonnes que** celles de mon frère.

Application

D. Dites ce que vous aimeriez avoir. Mettez l'adjectif à la forme et à la place convenables.

1. (heureux) une vie

_____

2. (nouveau, en or) une montre

_____

3. (autre) des vêtements

_____

4. (vieux, de briques) une maison

_____

5. (gentil, petit) un enfant

_____

Maintenant, dites ce que vous et votre ami(e) avez vu.

6. (allemand, intéressant) un film

_____

7. (nouveau, canadien) nos amis

_____

8. (beau, impressionniste) des tableaux

_____

9. (beau, vert) des plantes

_____

10. (court, intéressant) une pièce

_____

Maintenant, dites ce que vous avez acheté.

11. (ancien) des outils°   **outils:** tools

_____

12. (joli, marron) un fauteuil

_____

13. (anglais, policier) un roman

_____

14. (blanc, jaune) des draps

_____

15. (bon, rouge) du vin

_____

Enfin, dites ce qu'on vous a montré.

16. (beau) un arbre

_____

17. (ennuyeux, gros) des livres

_____

18. (chinois, extraordinaire) des tableaux

_____

19. (long, de bois) une table

_____

20. (entier) la ville

_____

E. Les petites annonces. Récrivez les annonces suivantes en y ajoutant les adjectifs et les expressions entre parenthèses.

MODÈLE: Un Français désire correspondre avec une étudiante.

(jeune / de 18 ans // gentil / américain)

Un jeune Français de 18 ans désire correspondre avec une gentille étudiante américaine.

1. Une Française désire correspondre avec un étudiant.
(joli / 20 ans // jeune / intelligent / passionné)

_____

_____

2. Un homme rêve d'une amoureuse.
(63 ans // tendre / cultivé)

_____

_____

3. Une femme veut rencontrer un homme.
(37 ans / intelligent / doux // séduisant / beau)

_____

_____

4. Un homme recherche une compagne.
(36 ans / récemment divorcé // jeune / mince / joli / dynamique)

_____

_____

5. Un homme offre des soirées inoubliables à une femme.
(charmant / sympathique // vif / naturel)

_____

_____

6. Une femme cherche un compagnon.
(beau / mince // amusant / intellectuel)

_____

_____

F. Des statistiques. En utilisant les chiffres donnés, faites les comparaisons indiquées.

Les prénoms (proportion des 10 prénoms les plus fréquents) (pourcentage):
Garçons: Michel (2,92), Jean (2,84), Pierre (2,42), André (2,27), Philippe (1,87), Alain (1,78), Jacques (1,65), Bernard (1,65), René (1,53), Daniel (1,50)

populaire

MODÈLE: Pierre / André

Le prénom Pierre est plus populaire que le prénom André.

1. Alain / Daniel

_____

2. Philippe / Jean

_____

3. Jacques / Bernard

_____

4. Michel / tous les prénoms

_____

Le taux d'épargne (proportion d'argent qu'on met à la banque ou qu'on investit) (pourcentage):
Luxembourg (57,5), Japon (31,6), Suisse (28,6), Allemagne (21,9), France (18,6), Italie (17,7), Suède (17,5), États-Unis (17,0), Belgique (15,6)

économe

MODÈLE: les Japonais / les Italiens

Les Japonais sont plus économes que les Italiens.

5. Les Allemands / les Suisses

_____

6. les Français / les Américains

_____

7. les Luxembourgeois / tous les peuples de l'Occident

_____

8. les Belges / tous les peuples de l'Occident

_____

Cuisine (comment les Français évaluent la cuisine de pays différents)

la cuisine française *****   la cuisine italienne ***
la cuisine vietnamienne ***   la cuisine algérienne **
la cuisine grecque **   la cuisine américaine *
la cuisine anglaise —

bon

MODÈLE: la cuisine algérienne / la cuisine américaine

*Selon les Français, la cuisine algérienne est meilleure que la
cuisine américaine.*

9. la cuisine grecque / la cuisine française

_____

10. la cuisine vietnamienne / la cuisine italienne

_____

11. la cuisine française / les cuisines du monde

_____

12. la cuisine anglaise / les cuisines du monde

_____

G. **Qu'est-ce que vous voyez?** Décrivez les objets et les personnes que vous
voyez dans les dessins en utilisant au moins *deux* expressions choisies
de la liste donné ci-dessous.

Exercises E, F, and G, pp.
130–131.

You will find additional exercises on adjectives on
page A 19 of this text
(E.E.).

nouveau	joli	lisse	bas
jeune	laid	aigu	haut
vieux	rectangulaire	confortable	en porcelaine
grand	oval	large	riche
petit	sphérique	étroit	pauvre
long	moderne	dur	en métal
rugueux	traditionnel	mou	sportif
rond	épais	cher	intellectuel
carré	mince	noir	en cuir

MODÈLE:

Je vois une grande table de bois. ou
Je vois une table de bois rectangulaire. ou
Je vois une grande table de bois rectangulaire.

1. **2.** **3.** **4.**

5. **6.** **7.** **8.**

9. **10.** **11.** **12.**

Je vois...

1. _____
2. _____
3. _____
4. _____
5. _____
6. _____
7. _____
8. _____
9. _____
10. _____
11. _____
12. _____

Les expressions de quantité

On peut aussi caractériser ou limiter un nom en utilisant une expression de quantité. Ces expressions prennent trois formes grammaticales—adjectifs, adverbes ou noms.

Les adjectifs de quantité

Les adjectifs de quantité remplacent le déterminatif (**le** matin—**chaque** matin) sauf **tout**. Parmi les adjectifs de quantité les plus employés se trouvent:

chaque	quelques
plusieurs	tout[6]

Chaque matin je fais ma toilette avant de déjeuner.
Ils y sont allés **plusieurs** fois.
J'ai trouvé **quelques** articles de journal très intéressants.
Mais: **toute** *la* classe a répondu.

Les adverbes et les noms de quantité

Après une expression de quantité, on utilise d'habitude **de** sans article. Parmi les adverbes et les noms les plus employés se trouvent:

Adverbes	assez de	pas mal de (*quite a few*)	tant de (*so many*)
	beaucoup de	peu de[7]	trop de
	combien de		
Noms	une boîte de	une foule de	un peu de[7]
	une bouteille de	un kilo de	un tas de
	une douzaine de	un litre de	un verre de
		un morceau de	

Il gagne **beaucoup d'**argent.   Apportez-moi **un verre d'**eau.
Elle a **tant d'**énergie!   **Une foule de** gens nous attendaient.

---

[6] Rappelez-vous que l'adjectif **tout** s'emploie avec l'article défini: **tout** *le* monde, **toute** *la* chanson, **tous** *les* enfants, **toutes** *les* religions.

[7] **Peu de** a une valeur assez négative—**Nous avons** *peu de* **temps. Dépêche-toi!** (*We have **little time** left. Hurry up!*) **Un peu de** a un sens plutôt positif—**Nous avons** *un peu de* **temps. Nous pouvons regarder ces livres.** (*We have **a little bit of time** left. We can look at these books.*)

Ces expressions de quantité utilisent **de** plus l'article défini:

---

bien du (de la, des) (*a great many*)
encore du (de la, des) (*some more*)
la plupart du (des) (*most of*)
la majorité du (de la, des)

Bien des professeurs trouvent leur travail très satisfaisant.
Vous voulez **encore de la** soupe?
La plupart des femmes ont voté «oui».
La majorité des délégués ont voté «non».

The only singular noun that can ever follow *la plupart* is *du temps*.

La comparaison des expressions de quantité

1. On peut comparer deux ou plusieurs quantités en utilisant **plus de**, **moins de** ou **autant de** devant le nom et **que** devant le second terme de la comparaison.

    Elle a **plus de** talent **que** son mari.
    Elle a **autant d'**amis **que** son mari.
    Elle gagne **moins d'**argent **que** son mari.

2. La forme superlative utilise **le plus de... de** ou **le moins de... de**. Ces expressions sont invariables. On emploie **de** devant le second terme de la comparaison.

    Elle a **le plus de** talent **de sa** famille.
    Elle gagne **le moins d'**argent **de sa** famille.

Application

H. **À l'alimentation générale.** En choisissant un élément de chaque liste, indiquez ce que vous allez acheter à l'alimentation générale.

Articles: **café, eau minérale, fromage, jambon, œufs, pâté, pommes, sardines, vin.**

Quantités: **une boîte, une bouteille, une douzaine, un kilo, un litre, un morceau, un paquet, une tranche**

MODÈLE: *Une tranche de jambon*

1. _____   5. _____

2. _____   6. _____

3. _____   7. _____

4. _____   8. _____

I. Il a acheté... Monsieur Jacquet n'a pas l'habitude de faire les courses. Sa femme est malade, donc il a été obligé de les faire. Voici ce qu'il a acheté *pour le dîner de dimanche.* C'est à vous d'évaluer ses achats en utilisant les expressions: **beaucoup, trop, assez, pas assez, très peu, pas.** Il y a quatre personnes dans la famille Jacquet—Monsieur, Madame, leur fils Guillaume (11 ans), leur fille Annette (6 ans).

Ex. H, I and J, **E.O.** pp. 132–134.

You will find additional exercises practicing expressions of quantity on page A 21 of this text **(E.E.).**

Achats: **2 baguettes, 3 bouteilles de cidre, 50 grammes de Brie, un poulet, 5 kilos de tomates, 10 tranches de pâté**

MODÈLE: pain

Il y a assez de pain pour le dîner.

1. viande _____

2. tomates _____

3. dessert _____

4. cidre _____

5. pâté _____

6. beurre _____

7. fromage _____

J. Le confort moderne. Étudiez un extrait des statistiques qui montrent le pourcentage de cadres supérieurs (*top executives*), cadres moyens (*middle executives*), employés (*office workers*) et ouvriers (*factory workers*) qui ont certains appareils ménagers. Puis analysez les statistiques en utilisant les expressions suivantes: **tout, la plupart des, beaucoup de, la majorité des, moins de, la moitié des** (*half*), **peu de.**

	Réfrigérateur	Lave-vaisselle	Télé-couleur
Cadres supérieurs	100,0	54,6	79,5
Cadres moyens	99,2	38,2	73,8
Employés	97,9	20,4	71,6
Ouvriers	97,7	18,8	67,8

Francophonie, 1987

MODÈLE: les ouvriers / un lave-vaisselle

Peu d'ouvriers ont un lave-vaisselle.

1. les ouvriers / un réfrigérateur _____

_____

2. les cadres moyens / un lave-vaisselle _____

_____

3. les cadres supérieurs / un réfrigérateur _____

_____

4. les employés / un lave-vaisselle _____

_____

5. les ouvriers / un réfrigérateur _____

_____

6. les ouvriers / un téléviseur en couleur _____

_____

7. les Français / un réfrigérateur _____

_____

8. les Français / un téléviseur en couleur _____

_____

Les expressions pour indiquer la possession

La possession peut s'exprimer de plusieurs façons en français. On peut utiliser un article, un adjectif possessif, un pronom possessif ou, dans certains cas, un pronom accentué.

L'emploi de l'article défini pour exprimer la possession

On emploie **l'article défini** avec la préposition **de** comme l'équivalent de l'apostrophe et **s** en anglais.

> Je vais vous montrer **la** maison **de** Jeanne-Marie. (*Jeanne-Marie's house*)
> Où habitent **les** amis **du** professeur? (*the teacher's friends*)

On emploie très souvent l'article défini pour désigner les parties du corps. C'est parce que le possesseur est indiqué par le contexte ou par d'autres mots de la phrase. Cela se fait dans quatre types de phrases:

1. Avec le verbe **avoir** accompagné d'une partie du corps; c'est le sujet du verbe qui indique le possesseur:

> Il **a les** yeux bleus.   **As**-tu froid **aux** mains?
> Nous **avons** mal à **la** gorge.   Elle **a le** front bombé.

Avec **avoir**, si la partie du corps est qualifiée d'un adjectif *qui précède* le nom ou s'il s'agit d'une partie du corps que tout le monde n'a pas, on utilise **un** ou **une** au singulier et **de** au pluriel:

> Elle **a un grand** nez.   Il **a une** moustache.   Ils **ont de jolis** yeux.

2. Avec un verbe pronominal suivi d'une partie du corps; c'est le pronom réfléchi qui indique le possesseur.

> Elle **se lave les** mains.
> Nous **nous brossons les** dents.
> Tu **t'es coupé le** doigt?

3. Avec un verbe transitif suivi d'une partie du corps:

> Il **a baissé les** yeux.
> Elles **ont tourné la** tête.
> Garçons! **Levez la** main![8]

Dans certains cas très particuliers, il est nécessaire d'utiliser l'adjectif possessif (**mon, ta, ses,** etc.) pour éviter l'ambiguïté. En général, c'est avec des verbes de perception ou d'action où le possesseur n'est pas clair d'après le contexte: **Montre-moi tes mains! Il regardait ses cheveux.** (*If you said* **les mains** *ou* **les cheveux,** *it would not be clear to whom the hands or the hair belonged.*)

4. Avec un verbe transitif suivi d'une partie du corps et accompagné d'un complément d'objet indirect, c'est l'objet indirect qui indique le possesseur.

> Elle **me lave la** figure.   She is washing my face.
> Ils **lui ont serré la** main.   They shook his/her hand
> Est-ce que le médecin **t'a fait**   Did the doctor hurt your arm?
> **mal au** bras?

L'emploi de l'adjectif possessif pour indiquer la possession

En anglais, **l'adjectif possessif** s'accorde seulement avec le possesseur: *my book, his house, her records.* En français, l'adjectif possessif s'accorde avec le possesseur *et aussi* avec l'objet possédé. Voici le tableau des différentes formes de l'adjectif possessif:

Possesseur	*Possession*		
	Masculin	**Féminin**	**Pluriel (m. et f.)**
je	mon	ma	mes
tu	ton	ta	tes
il/elle/on	son	sa	ses
nous	notre	notre	nos
vous	votre	votre	vos
ils/elles	leur	leur	leurs

---

[8] **Levez la main!** (Chaque personne va lever *une* main.) **Levez les mains!** (Chaque personne va lever *les deux* mains.)

Georges cherche **sa valise**.
Je ne trouve pas **mes lunettes**.

Marie a perdu **son porte-cigarettes**.
Nous aimons bien **vos chaises**.

Rappel: **ma, ta, sa** deviennent **mon, ton, son** devant un nom qui commence par une voyelle ou par un **h** non aspiré: **mon amie, ton école, son autre robe, son héroïne.**

L'emploi du pronom possessif pour exprimer la possession

On peut utiliser un **pronom possessif** pour éviter la répétition quand on a déjà mentionné l'objet ou la personne en question. Comme l'adjectif possessif, le pronom possessif s'accorde, en nombre et en genre, avec le possesseur et avec l'objet possédé. Il peut représenter des personnes et des choses. Voici les formes du pronom possessif:

Possesseur	Possession			
	Masculin singulier	**Féminin singulier**	**Masculin pluriel**	**Féminin pluriel**
je	le mien	la mienne	les miens	les miennes
tu	le tien	la tienne	les tiens	les tiennes
il/elle/on	le sien	la sienne	les siens	les siennes
nous	le nôtre	la nôtre	les nôtres	les nôtres
vous	le vôtre	la vôtre	les vôtres	les vôtres
ils/elles	le leur	la leur	les leurs	les leurs

Voici mon frère. Où est **le tien**[9]?
Elle a apporté sa radio, mais nous avons oublié **la nôtre**.
Ils ont trouvé leurs outils, mais elle cherche toujours **les siens**.
Il a ses nouvelles chaussures, mais je ne porte pas **les miennes**.
Je me souviens de mes grands-parents, mais je ne me souviens pas **des vôtres**.[10]

> # UNE RENTRÉE RÉUSSIE
> ## LA FORMIDABLE AVENTURE DE CHRISTINE SA CHANCE EST LA VÔTRE

---

[9] En anglais, il est possible d'employer un pronom possessif après la préposition *of: a friend of mine, a cousin of yours*. En français, il faut transposer la phrase afin d'utiliser un adjectif possessif: **un(e) de mes amis, un(e) de tes cousin(e)s.** L'exception: avec le verbe **être** on peut dire: **C'est un(e) ami(e) à moi.**

[10] Quand le pronom possessif est précédé de la préposition **à** ou **de**, il fait une contraction avec **le** et **les**: **au mien, aux leurs, du sien, des nôtres.**

L'emploi du pronom accentué pour indiquer la possession

La possession peut être exprimée en français aussi avec l'expression **être à** suivie d'un *nom* ou d'un *pronom accentué* (**moi, toi, lui, elle, soi, nous, vous, eux, elles**). On utilise cette structure pour répondre à la question: **À qui est (sont)...?**

—**À qui** sont ces valises?
—Elles sont **à Jean-Pierre.**
—Elles sont **à lui?** Je ne savais pas.

—**À qui** est ce billet?
—Il est **à moi.**
—Il est **à toi?** Prends-le!

Application

K. Je ne savais pas. Vous visitez l'appartement de quelques amis. Vous demandez à qui sont certaines choses dans l'appartement. Écrivez les petits dialogues en imitant les modèles.

MODÈLES: appartement / je

—*À qui est l'appartement?*
—*C'est mon appartement.*
—*Il est à toi? (C'est le tien.) Je ne savais pas.*

peintures / Marc

—*À qui sont les peintures?*
—*Ce sont les peintures de Marc.*
—*Elles sont à Marc?*
—*Oui, elles sont à lui. (Ce sont les siennes.)*
—*Tiens! Je ne savais pas.*

1. disques compact / Annick

_____

_____

_____

_____

_____

2. table / les parents de Marc

_____

_____

_____

3. ordinateur / nous

_____

_____

_____

4. plantes / Marc

_____

_____

_____

_____

_____

5. la calculatrice / je

_____

_____

_____

L. La famille Bouvier. Vos amis vous écrivent pour vous poser des questions au sujet de la famille française chez qui vous habitez pendant votre séjour en France. Écrivez vos réponses à leurs questions en utilisant les expressions données.

MODÈLE: Qu'est-ce que Simone fait avant de se coucher? (se laver / figure)

Elle se lave la figure.

1. Qu'est-ce que vous faites le samedi soir avant de sortir? (se laver / tête)

_____

2. Est-ce que le petit Nicolas peut se laver la tête tout seul? (non / sa mère / laver / tête)

_____

3. De quelle couleur sont ses cheveux? (il / avoir / blond)

_____

4. Pourquoi est-ce que M. Bouvier porte toujours des gants? (il / avoir froid / mains)

_____

5. Et Mme Bouvier, pourquoi ne joue-t-elle plus au tennis? (elle / avoir mal / dos)

_____

6. Est-ce que M. Bouvier parle beaucoup? (il / ne jamais / ouvrir / bouche)

_____

7. Qu'est-ce qu'il faut que vous fassiez avant les repas?   (il faut / nous / se laver / mains)

_____

8. Comment Mme Bouvier était-elle sûre que c'était vous qui l'avez fait?   (elle / regarder / mains)

_____

9. Qu'est-ce que Nicolas a fait quand vous l'avez vu pour la première fois?   (il / serrer / main)

_____

10. Et toi, tu as serré trop fort, n'est-ce pas?   (oui / je / faire mal / doigts)

_____

M. Et le tien? Et les vôtres? Comparez les objets et les personnes de votre vie aux objets et aux personnes illustrés ci-dessous en utilisant des adjectifs et des pronoms possessifs.

Ex. K, L, and M, **E.O.,** pp. 134–136.

You will find additional exercises on possessive expressions on page A 22 **(E.E.).**

MODÈLES:

La mère de Philippe est assez âgée. Et ta mère?
Ma mère est moins (plus, aussi) âgée que la sienne.

1.   **2.**   **3.**

1. Les cours de Daniel sont assez difficiles. Et tes cours?

_____

2. La maison de Jean-Pierre et d'Élisabeth est assez grande. Et votre maison?

_____

3. Les vêtements de Martine coûtent assez cher. Et tes vêtements?

4. **5.** **6.**

4. Les meubles chez les parents de Daniel sont très modernes. Et vos meubles?

5. Le père de Marcelle est assez jeune. Et ton père?

6. La voiture de François est très belle. Et ta voiture?

Les expressions démonstratives

Les expressions démonstratives représentent une sorte de geste linguistique qui montre (directement ou indirectement) l'objet ou la personne dont on parle. Elles peuvent fonctionner comme adjectifs et comme pronoms.

L'adjectif démonstratif

L'adjectif démonstratif (**ce, cet, cette, ces**) sert à situer l'objet ou la personne par rapport à la personne qui parle. Il indique que l'objet ou la personne est à proximité de cette personne.

> **Cette** chaîne-stéréo ne marche plus.
> Donnez-moi **ce** calendrier, s'il vous plaît.
> Vous avez entendu **cet**[11]écho?
> Il ne faut pas manger **ces** fruits.

---

[11] La forme **cet** s'emploie devant des noms *masculins* et *singuliers* qui commencent par une voyelle ou par un **h** non aspiré: **cet enfant, cet ami, cet homme.** Si un nom *féminin* commence par une voyelle ou par un **h** non aspiré, on emploie **cette: cette école, cette héroïne.**

...néral, le français ne fait pas de distinction entre *this* et *that* ou *these* ...hose. Mais, s'il faut insister sur la distinction, on ajoute au nom **-ci** et **-là.**

> **Ces** modèles-**ci** sont meilleurs que **ces** modèles-**là**.
> Quelle lampe vas-tu acheter? Je vais acheter **cette** lampe-**ci**.

Le pronom démonstratif défini

Le pronom démonstratif défini s'accorde en nombre et en genre avec le nom qu'il remplace. Il peut représenter des personnes ou des choses.

	singulier	pluriel
masculin	celui	ceux
féminin	celle	celles

On emploie le pronom démonstratif:

1. Comme l'adjectif démonstratif, pour situer l'objet ou la personne dont on parle par rapport à la personne qui parle. **Celui-ci (celle-ci, ceux-ci, celles-ci)** désigne la chose ou la personne qui sont la plus proche de la personne qui parle; **celui-là (celle-là, ceux-là, celles-là)** désigne la chose ou la personne qui sont le plus loin de la personne qui parle. En utilisant le pronom démonstratif, on évite la répétition de l'adjectif démonstratif.

   > Aimes-tu cette cravate-ci? Oui, mais je préfère **celle-là**.
   > À mon avis, ces rideaux-là sont plus jolis que **ceux-ci**.

   Si on a besoin de plus de précision, on peut remplacer **-ci** ou **-là** par une des expressions suivantes: **de (à) droite, de (à) gauche, d'en haut, d'en bas, du milieu.**

   > Regarde ces tableaux. **Celui de (à) gauche** est un peu bizarre, non?
   > Attention! Il faut aligner les photos. **Celles d'en bas** sont un peu trop à droite.

2. Avec la préposition **de** et un nom pour indiquer la possession ou l'appartenance.

   > À mon avis, ces photos-ci sont moins belles que **celles de l'année dernière**.
   > Les skis de Carole sont trop petits pour moi. Montre-moi **ceux de Martin**, s'il te plaît.

3. Avec un pronom relatif (**qui, que, dont**) pour éviter la répétition.

   > Aimes-tu ma cravate? Oui, mais je préfère **celle que** Jeannette t'a donnée.
   > À mon avis, ces photos-ci sont plus réussies° que **celles qui** sont exposées au musée.   **réussies:** successful
   > Comment s'appelle ce garçon? Tu sais, **celui dont** ta mère parlait la dernière fois.

Application

P. Au musée des Beaux-Arts. Complétez les conversations suivantes en utilisant un pronom relatif et les renseignements donnés dans la phrase entre parenthèses. Voir page 111.

> **MODÈLE:** (Un monsieur et une femme attendent devant le musée.)
> —Lequel de ces bâtiments est le musée des Beaux-Arts?
> —C'est ce bâtiment là-bas.... Oui, le bâtiment...
> *... le bâtiment devant lequel attendent le monsieur et la femme.*

1. (Un petit garçon a grimpé sur une statue.)

   —Laquelle de ces sculptures est «Le Penseur» de Rodin?

   —C'est cette sculpture là-bas... Oui, la sculpture _____

   _____

2. (Le gardien regarde un petit garçon d'un air approbateur [*approving*].)

   —Qui est le gardien?

   —C'est ce monsieur au képi là-bas. Oui, le monsieur _____

   _____

3. (Un peintre du dimanche se sert d'un pinceau pour faire son tableau.)

   —Qu'est-ce que c'est qu'un pinceau?

   —C'est cet objet long et étroit _____

   _____

4. (La vendeuse de souvenirs parle au directeur du musée.)

   —Qui est le directeur du musée?

   —C'est ce monsieur-là.... Oui, le monsieur _____

   _____

5. (On peut voir «La Liberté guidant le peuple» dans la salle des Romantiques.)

   —Laquelle est la salle des Romantiques?

   —C'est cette salle là-bas, à droite.... Oui, la salle _____

   _____

6. (Mathieu indique du doigt un tableau.)

   —Quel est le portrait qui ressemble à M. Belœil?

   —C'est ce tableau-là.... Oui, le tableau _____

   _____

7. (Le père de Mathieu pose comme Louis XIV.)

—Qui est Mathieu?

—C'est ce petit garçon-là, oui, le petit garçon _____

_____

8. (Le gardien a saisi Mathieu au collet.)

—Qui est Mathieu?

—C'est ce petit garçon-là, oui, le garçon _____

_____

9. (Mme Belœil et l'inconnu parlent d'un tableau.)

—Quel est le tableau de Van Gogh?

—C'est ce tableau-là, oui, le tableau _____

_____

10. (Mme Belœil regarde un tableau.)

—Quel est le tableau de Magritte?

—C'est ce tableau-là, oui, le tableau _____

_____

11. (Mathieu est monté sur un piédestal pour se moquer de son père.)

—Quel est le moment le plus drôle de cette visite du musée?

—À mon avis, c'est le moment _____

_____

12. (Les Belœil vont dîner chez les Grosnez après avoir visité le musée.)

—Qui sont les Grosnez?

—Ce sont les gens _____

_____

Q. Qui est-ce? Qu'est-ce que c'est? Identifiez les personnes et les objets de l'histoire d'André en utilisant un pronom relatif et les mots suggérés.

MODÈLE:

André / garder

—Qu'est-ce que c'est?

—*C'est la serviette dans laquelle André gardait ses affaires.*

Ex. P, Q, and R, pp. 138–139.

You will find additional exercises on relative expressions on page A 24 of this text (**E.E.**).

Base your answers to Ex. Q on the picture story in **Unité Première** (pp. 21–36).

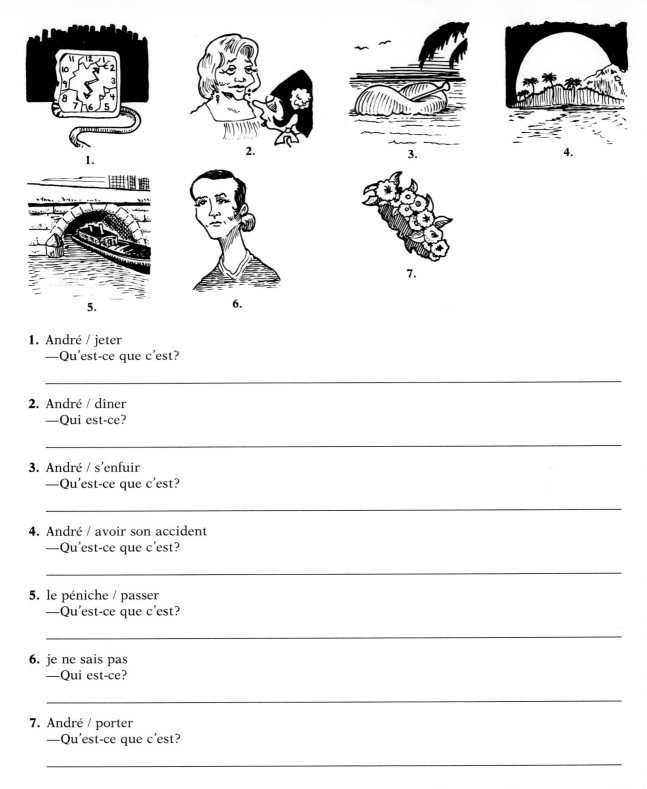

1. André / jeter
   —Qu'est-ce que c'est?

_____

2. André / dîner
   —Qui est-ce?

_____

3. André / s'enfuir
   —Qu'est-ce que c'est?

_____

4. André / avoir son accident
   —Qu'est-ce que c'est?

_____

5. le péniche / passer
   —Qu'est-ce que c'est?

_____

6. je ne sais pas
   —Qui est-ce?

_____

7. André / porter
   —Qu'est-ce que c'est?

_____

8.

9.

10.

11.

8. André / ne pas voir
—Qui est-ce?

_____

9. venir chercher
—Qui est-ce?

_____

10. je ne sais pas
—Qu'est-ce que c'est?

_____

11. le médecin / écouter

—Qu'est-ce que c'est?

_____

R. En regardant l'histoire en images... Voici quelques commentaires faits Voir page 111.
par des gens qui regardent l'histoire de la famille Belœil au musée.
Donnez l'équivalent français de ce qu'ils disent. Attention: _ne traduisez
pas mot à mot._ Identifiez le verbe, puis écrivez une phrase française!!

MODÈLE: I don't understand what's going on.
   Je ne comprends pas ce qui se passe.

1. I don't know what Mme Belœil and the stranger (**l'inconnu**) are
talking about.

_____

_____

2. Who can explain what the amateur painter is doing?

_____

3. What's the name of the lady whose son drew on the wall?

_____

_____

4. Where is the bench M. Belœil is sitting on (**être assis**)?

_____

_____

5. I don't know what Salvador Dali is looking for.

_____

6. Tell me what Mathieu is playing with.

_____

7. Tell me who this portrait looks like.

_____

8. What's the name of the man whose son the guard caught?

_____

_____

9. Will the guard have nice memories (**garder un bon souvenir**) of the day when the Belœil family visited the museum?

_____

_____

Mise au point: les expressions pour désigner, qualifier et distinguer

Il arrive très souvent qu'on trouve ensemble les différentes expressions qu'on a étudiées dans cette unité:

—_un déterminant_ et _des adjectifs_ (**un joli petit village, la capitale artistique, du bon pain**);
—_une expression de quantité_ et _des adjectifs_ (**beaucoup de vieux livres, une nouvelle bouteille de vin**);
—_un adjectif démonstratif_ et _un pronom possessif_ (**cette maison est plus grande que la nôtre**);
—_un adjectif possessif_ et _un pronom démonstratif_ (**ma chambre est moins sale que celle de mon frère**);
—_un pronom démonstratif_ et _un pronom relatif_ (**celui dont ils ont besoin**).

Par conséquent, les derniers exercices de cette partie mélangent les catégories et illustrent des façons différentes de les combiner.

Application

S. Le monde des objets. Répondez aux questions au sujet des objets illustrés ci-dessous. Dans chaque cas, il faut utiliser les mots entre parenthèses.

1. Qu'est-ce que c'est?   (c'est)

C'est une voiture. _____

2. À qui est-elle?   (Giancarlo)

_____

3. C'est une grosse voiture allemande, n'est-ce pas? (Mais non)

_____

4. Il y a de la place pour six ou sept personnes, non?   (assez)

_____

5. Où est-ce que cette voiture est fabriquée?   (Alfa-Roméo)

_____

6. Comparez cette voiture et la vôtre. Laquelle est plus grande? (*ne pas utiliser le mot* voiture)

_____

7. Qu'est-ce que c'est?   (C'est)

_____

8. On le fabrique en Europe? (américain)

_____

9. Il a de la mémoire? (640K octets = *bytes*)

_____

10. Lequel est meilleur—l'ordinateur que vous utilisez ou l'ordinateur
que vous voyez ici? (*ne pas utiliser le mot* ordinateur)

_____

11. Qu'est-ce que Marie veut vendre? (ordinateur)

_____

12. De quoi est-ce qu'elle a besoin? (nouveau)

_____

13. Qu'est-ce que Jacques prépare? (omelette)

_____

14. Avec quoi est-ce qu'on fait une omelette? (œufs / beurre / fromage / viande) _____

_____

15. Est-ce que vous mangez des omelettes? Pourquoi (pas)? (aimer)

_____

_____

16. Jacques mange trois ou quatre omelettes par semaine. Et vous?
(*comparaison:* que Jacques) _____

_____

17. Quelles omelettes aimez-vous mieux—vos omelettes ou les omelettes
que prépare votre mère? (*ne pas utiliser le mot* omelette)

_____

18. Les omelettes de Jacques sont délicieuses, n'est-ce pas? (*ne pas utiliser*

le mot Jacques) _____

_____

19. En quoi consiste ces meubles?   (il y a)

_____

20. Ces meubles sont-ils vieux ou modernes?   (ce sont)

_____

21. Les Desnoyers ont acheté une armoire aussi, n'est-ce pas?   (non)

_____

22. Pourquoi pas?   (coûter trop)

_____

23. Préférez-vous les meubles des Desnoyers ou les meubles de vos parents? (*ne pas utiliser le mot* meubles)

_____

24. Les Desnoyers ont un grand nombre de chaises, non?   (quelques)

_____

T. Des comparaisons. Faites les comparaisons indiquées en utilisant les mots et les expressions suggérés.

1. Comparez la maison (l'appartement) où vous habitez maintenant à celle (celui) où vous habitiez autrefois (*in the past*) ou à une maison (un appartement) que vous avez visité(e).

_____

_____

_____

_____

_____

_____

_____

2. Comparez vos possessions personnelles à celles de votre camarade de chambre ou d'un(e) ami(e).

_____

_____

_____

_____

_____

_____

U. Des mini-portraits. En vous inspirant des dessins, répondez aux questions au sujet des personnes illustrées.

1.

    a. Faites la description de cet étudiant (taille, visage, vêtements).

_____

_____

_____

    b. Parlez de son caractère, de ses goûts, de ses activités.

_____

_____

    c. Qu'est-ce qu'il y a dans sa chambre? (S'il y a un objet que vous ne savez pas nommer, vous pouvez le décrire.) _____

_____

_____

_____

2.

a. Faites la description de cette femme (taille, visage, vêtements).

_____

_____

_____

_____

b. Parlez de son caractère, de ses goûts, de ses activités.

_____

_____

_____

c. Qu'est-ce qu'il y a dans son bureau?   (S'il y a un objet que vous ne savez pas nommer, vous

pouvez le décrire.) _____

_____

_____

_____

■ *Activités écrites*

A. Composition dirigée: un vrai amateur d'art. Imaginez que M. Belœil est revenu du musée et qu'il est en train de parler avec des amis. Il leur raconte ses impressions du monde des artistes. Il parle surtout de la rencontre d'un artiste du dimanche avec qui M. Belœil s'est disputé. Il va sans dire que M. Belœil se considère comme un homme intelligent et cultivé. Jouez le rôle de M. Belœil et rédigez l'anecdote en utilisant **je** et le vocabulaire supplémentaire.

Activity A is based on the picture story in this unit (pp. 111–126).

Suggestions: Quelle opinion M. Belœil a-t-il de lui-même comme connaisseur de l'art? Qu'est-ce qu'il pense du peintre du dimanche? Comment décrit-il ce peintre à ses amis? Quels conseils est-ce que M. Belœil lui a donnés? Comment le peintre a-t-il réagi aux conseils de M. Belœil? Que faisait Mme Belœil pendant que son mari parlait avec le peintre? Comment est-ce que la dispute s'est terminée? Quelles sont les opinions de M. Belœil sur l'art (en général) et sur l'art moderne (en particulier)? sur le musée? sur les peintres?

Vocabulaire supplémentaire

M. Belœil
   de bon goût
   éberlué flabbergasted
   réaliste
   sans parti pris open-minded
   raisonnable

le peintre
   fainéant do-nothing, lazy
   sale dirty
   grognon grouchy
   têtu stubborn

le tableau
   sans intérêt
   ridicule
   sans valeur
   moche ugly
   inanimé lifeless

B. Un séjour en France. Vous allez passer quelques semaines en France chez une famille française. La famille ne vous connaît pas très bien. Vous écrivez donc une lettre dans laquelle vous vous présentez. Parlez de votre caractère, de vos goûts, de vos activités. La famille va venir vous chercher à l'aéroport. Par conséquent, il faut faire aussi votre description physique (taille, visage, vêtements) pour qu'on puisse vous reconnaître.

Reminder, Ex. B: Begin and end your letter with an appropriate formulaic expression.

C. Un tableau. Les tableaux peuvent évoquer des sentiments ou des idées. Choisissez un sentiment ou une idée—par exemple, la tristesse, la mélancolie, la joie, le bonheur, la paix, la violence, le désordre, etc.— puis imaginez un tableau qui pourrait évoquer ce sentiment ou cette idée chez les gens qui regarderaient ce tableau. Faites une description aussi détaillée que possible du tableau que vous avez imaginé *sans* nommer le sentiment ou l'idée.

D. Un portrait. On vous a demandé d'écrire un article pour une petite revue que va publier le Cercle français de votre université. Interviewez quelqu'un qui parle français. Cette fois rédigez votre article en forme de portrait—c'est-à-dire qu'il faut parler de son apparence, de l'impression qu'il/elle fait et de ses idées ou expériences *sans* reproduire les questions que vous lui avez posées. Vous pouvez choisir comme sujet du portrait la personne que vous avez interviewée à l'Unité Deux ou, si vous préférez, vous pouvez choisir un nouveau sujet.

E. Des descriptions. Décrivez: a) un objet qui se trouve dans votre chambre ou dans votre maison; b) une scène dans la nature (par exemple, un parc au coucher du soleil—*at sunset*); c) une scène dans une ville (une rue, un grand magasin, une usine).

F. Une anecdote. Racontez quelque chose qui vous est arrivé ou qui est arrivé à un membre de votre famille ou à un(e) ami(e). Votre sujet peut être quelque chose qui s'est passé plus récemment ou quand vous étiez jeune; il peut s'agir de quelque chose de vrai ou d'une histoire que vous avez vue ou lue. Choisissez une anecdote où il est important de décrire *en détail* un ou plusieurs personnages ainsi que la scène ou un objet qui joue un rôle important dans l'histoire.

UNITÉ DE RÉVISION B

Dans cette seconde unité de révision, vous allez revoir les structures grammaticales qui vous permettent de remplacer les noms. Les noms servent à désigner les personnes, les objets, les idées qui forment notre réalité. Bien entendu, il est possible de répéter le nom d'une personne, d'un objet ou d'une idée chaque fois qu'on veut parler de cette personne, de cet objet ou de cette idée. Pourtant, cette répétition contribue à un style lourd et monotone. C'est pourquoi, dans de nombreuses situations, on a tendance à remplacer les noms par des *pronoms* dans le but de simplifier le discours.

On peut diviser les pronoms en deux groupes: les pronoms qui font partie du groupe verbal et ceux qui ne dépendent pas de ce groupe. Ces premiers sont les *pronoms personnels*: ils jouent le rôle de sujet ou de complément d'objet (direct ou indirect). Ces derniers comprennent les pronoms possessifs (**le mien, la leur**, etc.), les pronoms démonstratifs (**celui, celles**, etc.) et les pronoms accentués. Puisque nous avons déjà étudié les pronoms possessifs et démonstratifs dans l'Unité Trois, nous allons insister ici, après une courte introduction grammaticale, sur les pronoms personnels et les pronoms accentués.

■ *Expressions idiomatiques*

Il **se plaint de** son auto.

1. se plaindre de + *quelque chose* ou *quel-qu'un:* to complain about

De quoi **te plains**-tu? Je **me plains** des prix.
Elle **s'est plainte de** lui.
Si nous faisons trop de bruit, les voisins vont **s'en plaindre.**

Pour remplacer un nom après l'expression **se plaindre de,** employez **en** si vous parlez d'une *chose* et un pronom accentué (**moi, toi, lui, elle, nous, vous, eux, elles**) si vous parlez d'une *personne.*

EXERCICES

A. Complétez les phrases en utilisant le pronom convenable.

1. Se plaint-elle de son travail? Oui, elle s'_____ plaint toujours.
2. Est-ce qu'ils se sont plaints du directeur? Non, ils ne se sont pas plaints de _____ .
3. Est-ce que tu t'es plainte de moi? Non, je ne me suis pas plainte de _____ .
4. Est-ce que les Parisiens se plaignent de la circulation? Oui, ils s'_____ plaignent constamment.

B. Répondez aux questions selon votre expérience personnelle.

1. Dans votre université, est-ce que les étudiants se plaignent de la nourriture qu'on leur sert?
2. Est-ce qu'ils se plaignent de leurs cours? des examens? de leurs professeurs?
3. De quoi vous plaignez-vous?
4. De qui vous plaignez-vous?

---

2. rendre + *adjectif:* to make ——

Cela me **rend triste.**
Le voyage les **a rendus malades.**
Nous tâcherons de **rendre** votre convalescence plus **confortable.**

En français on emploie **faire** suivi d'un infinitif. On emploie **rendre** suivi d'un adjectif. *Elle m'**a fait travailler.** Mon travail me **rend heureuse.***

EXERCICES

C. Complétez les phrases suivantes en utilisant la forme indiquée du verbe qui convient (*faire* ou *rendre*).

1. Il _____ un voyage. (*futur*)

2. Votre présence _____ le voyage plus agréable. (*futur*)
3. Cette invention les _____ célèbres. (*passé composé*)
4. Qui va _____ le dîner? (*infinitif*)

D. Répondez aux questions suivantes selon votre expérience personnelle en faisant des phrases complètes.

1. Nommez quelqu'un qui vous rend quelquefois la vie difficile.
2. Nommez quelqu'un qui vous rend heureux(se).
3. Qu'est-ce qui rend ce cours difficile?
4. Qu'est-ce qui rendrait ce cours plus facile?

APRÈS TOI, MON VIEUX!

Il **fait semblant d'**être son ami.

3. faire semblant de + *infinitif:* to pretend to, to make believe (in actions)
prétendre + *infinitif*
prétendre que + *sujet* + *verbe* } to pretend, to claim (in words)
prétendre à + *nom*

Elle **fait semblant d'**être heureuse, mais c'est une façade.
Il **faisait semblant d'**écouter, mais il pensait vraiment à autre chose.

Elle **prétend** être la meilleure danseuse du monde.
Le comte de Paris **prétend** toujours **au** trône.

EXERCICES

E. Remplacez le tiret par la forme indiquée de l'expression convenable (*faire semblant de* ou *prétendre*):

1. Quand elle était petite, elle _____ être médecin. (*imparfait*)
2. Copernic _____ que la Terre tournait autour du soleil. (*imparfait*)
3. Si tu essaies de lui dire la vérité, il _____ ne pas comprendre. (*futur*)
4. Ils _____ dormir, mais ils ont tout entendu. (*passé composé*)
5. Quand il était petit, il _____ être le fils d'un roi. (*imparfait*).

F. Expliquez en français la différence entre les phrases suivantes:

1. Elle prétend être américaine.
2. Elle fait semblant d'être américaine.

4. se mettre en colère (**contre** + *qqn.*):
se fâcher (**contre** + *qqn.*): } to get angry (*at somebody*)

être en colère (**contre** + *qqn.*):
être fâché(e) (**contre** + *qqn.*): } to be angry (*at somebody*)

être fâché(e) avec: to be on bad terms with somebody

Nous allons **nous mettre en colère.**
Elle **s'est fâchée contre** eux.
Je **suis en colère contre** lui.
Ils **seront** bien **fâchés.**
Il **est fâché avec** sa famille.

Après ces expressions, utilisez les pronoms accentués (**moi, toi,** etc.)

EXERCICES

G. Remplacez le tiret par la forme indiquée de *se mettre en colère* ou d'*être en colère*; ensuite refaites l'exercice en utilisant *se fâcher* ou *être fâché(e).*

1. Est-ce que ces garçons _____ facilement? (*présent*)
2. Elles _____ contre nous. (*imparfait*)
3. Je vais _____ dans un instant. (*infinitif*)
4. Pourquoi est-ce que tu _____ contre moi? (*passé composé*)

H. Répondez aux questions.

1. Est-ce que vous vous fâchez facilement?
2. Êtes-vous fâché(e) avec quelqu'un en ce moment?
3. Dans quelles circonstances vous êtes-vous mis(e) en colère récemment?
4. Pourquoi votre mère était-elle en colère l'autre jour?

Première partie

Les Compléments en français et en anglais

Dans la première unité de révision, nous avons travaillé sur les trois fonctions que peuvent exercer les noms par rapport à un verbe: sujet, complément d'objet direct, objet d'une préposition. Les pronoms aussi peuvent exercer ces trois fonctions:

Sujet:	**Je** vais partir maintenant.
	Elle est malade.
Complément d'objet direct:	Les autres **te** cherchent.
	Georges **les** aime beaucoup.
Objet d'une préposition:	Elle travaille pour **nous**.
	Je **lui** ai parlé hier soir.

Pourtant, une des principales difficultés éprouvées par les anglophones quand ils parlent français (ou par les francophones quand ils parlent anglais), c'est que les verbes des deux langues se construisent souvent de façon opposée. Par exemple, il y a de nombreux verbes en anglais qui sont suivis directement de leur complément mais dont l'équivalent français exige une préposition (très souvent, **à** ou **de**). C'est-à-dire que le verbe anglais est suivi d'un complément d'objet *direct* et le verbe français d'un complément d'objet *indirect*.

Complément direct (en anglais)	**Complément indirect (en français)**
She resembles *her mother.*	Elle ressemble **à sa mère.**
She resembles *her.*	Elle **lui** ressemble.
I answered *the phone.*	J'ai répondu **au téléphone**.
I answered *it.*	J'**y** ai répondu.

Quelques verbes de cette catégorie: **s'approcher de** (*to approach*), **changer de** (*to change*), **demander à** (*to ask (someone)*), **douter de** (*to doubt*), **entrer dans** (*to enter*), **jouer à** (*to play (a game)*), **jouer de** (*to play (an instrument)*), **obéir à** (*to obey*), **plaire à** (*to please*), **répondre à** (*to answer*), **ressembler à** (*to resemble*), **téléphoner à** (*to call, to phone*).

En même temps, il y a d'autres verbes qui sont suivis d'une préposition en anglais mais dont l'équivalent français est suivi d'un complément d'objet direct.

Complément indirect (en anglais)	Complément direct (en français)

They are looking *at her picture.*
    They are looking *at it.*
	Ils regardent **sa photo**.
	    Ils **la** regardent.

Don't wait *for us.*	Ne **nous** attendez pas!
How much did you pay *for your pen?*	Combien as-tu payé **ton stylo**?
How much did you pay *for it?*	Combien **l'**as-tu payé?

Quelques verbes de cette catégorie: **attendre** (*to wait for*), **chercher** (*to look for*), **demander** (*to ask for*), **écouter** (*to listen to*), **payer** (*to pay for*), **regarder** (*to look at*).

Application

A. **Exercice de traduction.** Avant d'étudier les pronoms, il est utile de vous familiariser avec la structure des verbes français les plus fréquents. Donnez l'équivalent français des phrases suivantes en faisant attention aux verbes français qui se construisent avec un complément d'objet direct et ceux qui se construisent avec un complément d'objet indirect.

You can also find additional exercises on direct and indirect objects on page A 29 of this text (**E.E.**).

1. We are looking for a restaurant.

   _____

2. I am going to call my parents.

   _____

3. How much did you pay for that shirt?

   _____

4. We want to wait for a taxi.

   _____

5. Did you always obey your parents when you were little? _____

   _____

6. Look at that painting.

   _____

7. They like to play basketball, but we prefer playing the piano. _____

   _____

8. She resembles her brother.

   _____

9. Where do we change trains?

_____

10. Did you answer this letter?

_____

11. They were approaching the old castle.

_____

12. He asked his mother for a soccer ball (**un ballon**). _____

_____

■ *Deuxième partie*

Les pronoms personnels

Les pronoms personnels sont les pronoms qui peuvent exercer une fonction à l'intérieur du groupe verbal. Le groupe verbal comprend° le verbe, son sujet et ses compléments d'objet direct et indirect. Le choix du pronom personnel dépend de la fonction syntaxique—sujet, complément d'objet direct, complément d'objet indirect—que le pronom doit jouer dans la phrase.

comprend: includes

1. Les pronoms sujets

singulier	pluriel
je	nous
tu	vous
il, elle, on	ils, elles

En général, les pronoms sujets posent très peu de difficulté.

a. Les pronoms **je, tu, nous, vous** servent à représenter les personnes qui sont en train de se parler.

> **Tu** vas à la soirée?
> —Non, **je** ne suis pas libre ce soir.
> Georges et toi, **vous** avez réussi aux examens?
> —Oui, **nous** y avons réussi tous les deux.

b. Les pronoms **il, elle, ils, elles** servent à représenter les personnes *ou* les choses dont on parle.

> Tu connais les sœurs de Christine? **Elles** habitent en Floride.
> Tu as vu le nouveau film de Claude Chabrol? **Il** est vraiment très bien.

134 *Unité de Révision B*

c. Le pronom **on,** qui se conjugue toujours à la troisième personne du singulier, peut désigner de différentes personnes.

> À Paris **on** parle français avec un certain accent. (Ici **on** désigne **les Parisiens, les gens en général.**)
>
> **On** nous attend à la gare. (Ici **on** veut dire **ils, les autres.**)
>
> **On** est passé par la maison, mais tu n'étais pas là. (Ici **on** veut dire **nous.**)[1]

2. Les pronoms compléments d'objet direct représentent des personnes (**me, te, nous, vous, le, la, les**) et des choses (**le, la, les**).

singulier	pluriel
me (m')	nous
te (t')	vous
le, la (l')	les

> *Vincent?* Oui, je **le** connais depuis longtemps.
> *Cette chemise?* Il **l'**a achetée en France.
> Tes amis? Je voudrais bien les voir demain.

Avec **avoir,** le participe passé s'accorde avec le complément d'objet direct quand celui-ci est placé *avant* le verbe.

3. Les pronoms compléments d'objet indirect se divisent en deux groupes: ceux qui représentent les personnes et ceux qui représentent les choses.

a. Les pronoms compléments d'objet indirect (personnes)

singulier	pluriel
me (m')	nous
te (t')	vous
lui	leur

> —Écrit-elle souvent *à ses parents*?
> —Oui, elle **leur** écrit très souvent.
>
> —As-tu parlé *à ta sœur* récemment?
> —Oui, je **lui** ai parlé hier.
>
> —Je n'aurai pas le temps de **te** téléphoner ce soir.

Rappelez-vous que le participe passé ne s'accorde jamais avec un complément d'objet indirect.

---

[1]C'est surtout dans la langue familière que le pronom **on** peut avoir le sens de **nous.** Dans ce cas-là, le participe passé d'un verbe conjugué avec **être** doit s'accorder avec le sujet pluriel. **Jean et moi, on est allés au cinéma ensemble.**

b. Les pronoms compléments d'objet indirect (choses)

y	en

Le pronom complément **y** s'emploie pour remplacer:
—la préposition **à** + nom de chose:

> A-t-il répondu *à la question*?
> —Oui, il **y** a répondu.
> Penses-tu *aux examens*?
> —Oui, j'**y** pense constamment.

—les prépositions **à, au(x), en** + nom géographique:

> Pourquoi vont-ils *au Japon*?
> —Ils **y** vont pour apprendre le japonais.
> As-tu habité *en Europe*?
> —Non, je n'**y** ai jamais habité.

—les prépositions qui indiquent un lieu (**dans, sur, sous, derrière, devant**) + nom de chose:

> Est-ce que mon livre est *sur la table*?
> —Non, il n'**y** est pas.
> Qu'est-ce qu'on a mis *dans le tiroir*?
> —On **y** a mis le carnet de chèques.

Le pronom complément **en** s'emploie pour remplacer:
—la préposition **de** + nom de chose:

> Mais vous ne doutez pas *de sa fidélité*?
> —Mais si, j'**en** doute.
> Est-ce qu'on a besoin *d'un permis*?
> —Non, on n'**en** a pas besoin.

—un nombre (**un, deux, trois,** etc.) + un nom de chose (ici la préposition est implicite—"*three **of** them*"):

> Ta famille a *une voiture*?
> —Oh, oui. Nous **en** avons **deux.**
> Tu veux *deux sucres* dans ton café?
> —Merci, je n'**en** prendrai qu'**un.**

—la préposition **de** + nom géographique:

> Arrive-t-il *de Rome*?
> —Oui, il **en** arrive.
> Est-elle déjà rentrée *des États-Unis*?
> —Non, elle **en** revient dans deux jours.

—un partitif ou l'article indéfini pluriel **des** + nom de chose:

Voulez-vous du *café*?
—Oui, j'**en** prendrai volontiers.
Va-t-il acheter *des cravates*?
—Non, il ne va pas **en** acheter.

—une expression de quantité (**beaucoup de, assez de, un kilo de,** etc.)
   + nom de chose:

A-t-elle *des vidéos*?
—Oh, oui. Elle **en** a beaucoup.
Combien de tomates as-tu achetées?
—J'**en** ai acheté un demi-kilo.

Rappelez-vous que le participe passé ne s'accorde jamais avec les pronoms compléments **y** et **en**.

■ **À NOTER** ■ ―――――

On doit employer le pronom complément **en** pour remplacer une personne dans les cas suivants:

—avec **des**:

—Tu as *des amis* à Londres? —Oui, j'**en** ai.

—avec un nombre:

—*Combien de frères* a-t-elle? —Elle **en** a trois.

—avec une expression de quantité:

—A-t-elle *des cousins?* —Oui, elle **en** a plusieurs.

---

4. La place des pronoms personnels. En général, les pronoms personnels *précèdent* directement le verbe dont ils sont compléments.
   a. Avec un verbe conjugué:

   Elle ne **nous** cherche pas.
   Me parliez-vous?
   Quand est-ce que vous **leur** avez rendu visite?

   b. Avec un verbe à l'infinitif:

   Je vais **le** voir.
   Elle ne voulait pas **y** aller.
   Nous avons oublié de **le** faire.

Rappelez-vous qu'on ne fait pas la contraction entre la préposition **de** et le pronom personnel **le** ou **les**: J'ai dit **de les** acheter.

Il arrive qu'on ait besoin de remplacer par un pronom le complément d'objet direct *et* le complément d'objet indirect. Dans ces cas-là, les pronoms suivent un ordre fixe. On peut combiner deux pronoms selon l'ordre suivant:

me	le	lui	y	en
te	la	leur		
se	les			
nous				
vous				

En français, on peut utiliser *deux* pronoms devant un verbe conjugué ou un infinitif; mais on ne peut pas employer plus de deux pronoms.

Elle **me les** montrera.
Je ne **vous la** dirai pas.
Nous **le leur** avons envoyé.
Elle va **nous y** conduire.
Ne **lui en** parle pas!
Il **m'en** a donné trois.
Elle va **s'en** occuper.

La seule exception à cet ordre se trouve à l'impératif affirmatif. Dans ce cas-là, le complément d'objet direct *précède toujours* le complément d'objet indirect.

le	moi	(y)	en
la	toi		
les	nous		
	vous		
	lui		
	leur		

Passez-**le-moi**!   Passe-**la-leur**, s'il te plaît!   Donnez-**lui-en**!

Quand **moi** et **toi** sont suivis d'**en**, ils deviennent **m'** et **t'**:

Donne-**m'en** tout de suite!   Souviens-**t'en**!

En général, on utilise assez rarement le pronom complément **y** avec un autre pronom à la forme impérative.

c. Avec certains verbes qui se construisent avec un infinitif (**dire à... de, permettre à... de, demander à... de, inviter... à,** etc.), le complément du verbe conjugué précède le verbe conjugué et le complément de l'infinitif précède l'infinitif:

> Je **lui** ai dit de **nous** téléphoner.
> Elle ne **m'**a pas permis de **les** acheter.
> Nous **vous** demandons de **lui** écrire.
> Il **t'**a invitée à **y** aller?

d. Il y a deux exceptions à ces règles:
—Avec **faire, laisser** et les verbes de perception comme **regarder, voir, écouter, entendre, sentir** suivis d'un infinitif, le pronom personnel précède le *verbe conjugué* et non pas l'infinitif:

> Il **m'**a fait attendre.
> Je **vous** laisserai partir.
> Elle **nous** a vus monter l'escalier.
> Ils **l'**ont entendue chanter.

—À l'**impératif affirmatif,** le pronom personnel *suit le verbe* et s'y rattache par un trait d'union:

> Attendez-**nous**! Écoute-**moi**![2] Goutes-**en**![3]
> Regardez-**la**! Allez-**y**! Vas-**y**![3]

Mais: Si l'impératif est *négatif,* le pronom personnel précède le verbe comme d'habitude:

> Ne **nous** attendez pas! Ne **lui** parle pas! N'**y** allez pas!
> Ne **la** regardez pas! Ne **m'**écoute pas! N'**y** va pas!

Application

B. Le pronom sujet *on*. Précisez, en anglais, le sens du pronom sujet **on** dans les phrases suivantes.

You will find an additional exercise on the subject pronoun **on** on page A 50 of this text (**E.E.**).

> **MODÈLE:** **On** se tait quand le professeur parle!
>
> *the members of the class, the students*

1. Il faut se dépêcher! **On** va être en retard. _____

2. En France **on** boit souvent du vin avec les repas. _____

3. **On** a laissé un paquet pour toi sur ton bureau. _____

4. Chez lui **on** dîne vers 6h ou 6h30. _____

---

[2]Pour faciliter la prononciation, **me** devient **moi** après une expression **affirmative;** de même, le **te** du verbe pronominal devient **toi: Regarde-toi! Lève-toi!**

[3]Avec **y** et **en,** si la forme impérative ne se termine pas en **-s** ou **-z,** il faut ajouter un **-s** pour faciliter la prononciation.

5. Je m'excuse. **On** n'a pas eu le temps d'écrire. _____

6. **On** emploie l'imparfait pour désigner une action habituelle non limitée. _____

_____

7. C'est pour toi. **On** veut savoir à quelle heure commence le concert. _____

_____

8. **On** peut aller en ville ou **on** peut rester ici. _____

C. **Des questions personnelles.** Répondez aux questions suivantes selon votre expérience personnelle en utilisant le pronom personnel convenable.

Ex. G and H, **E.O.,** pp. 161–163.

You will find additional exercises on personal pronouns on pages A 30–A 32 of this text (**E.E.**).

MODÈLE: Aimez-vous vos professeurs?

Oui, je les aime bien. ou *Non, je ne les aime pas vraiment.*

1. Ressemblez-vous à votre mère?

_____

2. Combien de frères votre père a-t-il?

_____

3. Est-ce que votre premier(première) petit(e) ami(e) vous reconnaîtrait aujourd'hui?

_____

4. Est-ce que vous obéissiez à vos parents quand vous étiez petit(e)?

_____

5. Est-ce que vous répondez toujours aux lettres que vous recevez?

_____

6. Jouez-vous de la guitare? du piano?

_____

7. Connaissez-vous bien les parents de votre meilleur(e) ami(e)?

_____

8. Est-ce que vous allez souvent au théâtre?

_____

9. Avez-vous donné des cadeaux à votre ami(e) récemment?

_____

10. Est-ce que vos parents vous ont écrit récemment?

_____

11. Êtes-vous jamais allé(e) en Europe?

_____

12. Quand vous sortez, est-ce qu'en général vous attendez vos amis ou est-ce que c'est le contraire?

_____

13. Depuis combien de temps êtes-vous à l'université?

_____

14. Est-ce que vous avez vu votre meilleur(e) ami(e) ce matin?

_____

15. Avez-vous envie d'acheter une voiture?

_____

16. Avez-vous l'intention de faire vos devoirs ce soir?

_____

17. Voudriez-vous voir le nouveau film de Steven Spielberg?

_____

18. Avez-vous beaucoup de cousins?

_____

19. Est-ce que vous pouvez me dire la capitale de la Yougoslavie?

_____

20. Est-ce que vous donnez des cadeaux aux autres membres de votre famille de temps en temps?

_____

Des amis !
On en a plein de petits.

■ *Troisième partie*

Les pronoms accentués

Il y a d'autres pronoms qui ne font pas partie du groupe verbal—c'est-à-dire qu'on peut les employer seuls ou à l'extérieur du groupe sujet-verbe-complément. Parmi ces pronoms sont les *pronoms accentués* (qu'on appelle aussi les *pronoms disjoints*—c'est-à-dire, non joints au verbe).

singulier	pluriel
moi	nous
toi	vous
lui	eux
elle	elles
soi[4]	

Les pronoms accentués représentent uniquement les personnes; ils ne remplacent jamais un nom de chose. On les emploie dans les cas suivants:

1. Quand il n'y a *pas de verbe*:

> Qui a répondu? **Lui**.
> À qui veux-tu parler? **À toi**.
> Qui va commencer? **Eux**.

2. Quand le verbe a un *pronom sujet ou complément pluriels* qu'il faut expliquer; on peut utiliser deux pronoms accentués ou un seul pronom accentué et un nom:

> **Marie et moi, nous** allons le faire.
> Je **les** ai vus, **lui et elle**.
> Est-ce que tu **leur** as parlé, **à lui et à son frère**?

3. Après une préposition autre que **à**:

> Nous te verrons **chez eux**.
> Il a préparé ce dîner spécialement **pour toi**.
> Tu pourrais le faire **sans elle**.

4. Après les expressions **c'est** et **ce sont**; on emploie **c'est** avec **moi, toi, lui, elle, nous, vous**; on emploie **ce sont** seulement avec **eux** et **elles**.

> Qui est là?—**C'est moi**.
> **Ce sont eux** qui ont gagné le match.
> Qui veut parler?—**C'est nous**.

Remarquez qu'un verbe qui suit **C'est (Ce sont)** + pronom accentué s'accorde avec le pronom accentué: **C'est nous qui l'avons dit**.

---

[4]**Soi** s'emploie avec **on** dans son sens impersonnel: **On** est toujours heureux chez **soi**.

5. Quand on veut *mettre l'accent* sur un pronom, on peut le faire de deux façons—en employant le pronom accentué seul ou avec **c'est (ce sont)**:

Moi, j'ai peur.	ou:	**C'est moi** qui ai peur.
Nous avons des idées, **nous.**	ou:	**C'est nous** qui avons des idées.
Je **les** ai vus, **eux.**	ou:	**Ce sont eux** que j'ai vus.
Il **te** parle, **à toi.**	ou:	**C'est à toi** qu'il parle.

■ **À NOTER** ■

La préposition **à**

D'habitude, on n'emploie pas de pronom accentué après la préposition **à**. Pour remplacer un nom de chose ou de lieu, on utilise **y**. Pour remplacer un nom de personne, on utilise un complément d'objet indirect (**me, te, nous, vous, lui, leur**) (voir page 132):

> Pense-t-elle souvent *à sa jeunesse?*
> —Oui, elle **y** pense souvent.
> Tu as déjà parlé *à Jeanne-Marie?*
> —Oui, je **lui** ai parlé ce matin.

Pourtant, après certains verbes—par exemple, **être à, penser à, tenir à, faire attention à, courir à**—et un grand nombre de verbes pronominaux suivis d'**à** (c'est-à-dire, où le pronom réfléchi joue le rôle de complément d'objet direct—par exemple, **s'intéresser à, s'adresser à, se fier à**)—on emploie un pronom accentué pour remplacer un nom de personne:

> Elle est **à toi**, cette serviette?
> —Oui, elle est **à moi**.
> Pense-t-elle souvent *à sa mère?*
> —Oui, elle pense souvent **à elle**.
> Tu fais attention *au professeur?*
> —Oui, je fais attention **à lui**.
> Vous vous fiez *à vos amis?*
> —Non, je ne me fie pas **à eux**.
>   Mais:
> Tu tiens *à ta voiture?*
> —Oui, j'**y** tiens.   (nom de chose)

La préposition **de**

Après la préposition **de,** on emploie le pronom **en** pour remplacer un nom de chose et un pronom accentué pour remplacer un nom de personne spécifique:

> Tu as besoin *d'argent?*
> —Oui, j'**en** ai besoin.
> Vous parliez *de Mlle Albo?*
> —Oui, nous parlions **d'elle**.

Application

D. Moi, j'en ai... Les élèves d'une école élémentaire parlent du nombre de cousins qu'ils ont. Suivez les modèles et utilisez des pronoms accentués pour reproduire les déclarations de chaque élève.

Ex. I and J., **E.O.**, pp. 163–164.

MODÈLES: Mireille a trois cousins. Et Jacques? (4)

Lui, il en a quatre.

Et toi? (5)

Moi, j'en ai cinq.

1. Et Henri? (6) _____

2. Et les Albertini? (7) _____

3. Et toi? (8) _____

4. Et Françoise? (9) _____

5. Et vous deux? (plusieurs) _____

E. Lui ou elle? Répondez aux questions suivantes en utilisant des pronoms accentués.

MODÈLE: Est-ce que vous aimeriez mieux dîner avec Jack Nicholson ou avec Jane Fonda?

J'aimerais mieux dîner avec lui (avec elle).

1. Quand vous étiez petit(e), est-ce que vous passiez plus de temps avec votre père ou avec votre mère? _____

_____

2. Est-ce que vous aimeriez mieux dîner avec Michael Jackson ou avec Whitney Houston? _____

_____

3. Est-ce que vous vous fiez davantage à votre meilleur(e) ami(e) ou à vos parents? _____

_____

4. Aimeriez-vous mieux travailler pour les sénateurs de votre état ou pour les sœurs de la charité? _____

_____

5. Est-ce que vos parents pensent souvent à vous? Est-ce que vous pensez souvent à vos parents? _____

_____

F. C'est Lulu qui parle. En vous inspirant des dessins, répondez aux questions comme si vous étiez Lulu. Utilisez des pronoms accentués.

MODÈLE: Qu'est-ce que vous avez fait hier?

Gaspar et moi, nous sommes allés au zoo.

You will find additional exercises on the **pronoms accentués** and exercises that combine personal pronouns and **pronoms accentués** on page A 32 of this text (**E.E.**).

1. Est-ce que le frère de Gaspar est resté à la maison?

_____

_____

2. Vous et Gaspar, vous avez préparé un pique-nique?

_____

_____

3. Gaspar a beaucoup aimé les tigres et les lions, n'est-ce pas?

_____

_____

4. Les chimpanzés se sont moqués de Gaspar et de son frère, non?

_____

_____

5. Le gardien a montré au frère de Gaspar les bébés giraffes?

_____

_____

6. Gaspar et son frère se sont bien amusés au zoo, n'est-ce pas?

_____

_____

UNITÉ QUATRE

L'Expression des rapports spatiaux et temporels

- **Expressions idiomatiques**
- **Structures grammaticales**
- **Activités écrites**

■ *Expressions idiomatiques*

Elle ne **se rend** pas **compte de** ce qui l'attend.

1. se rendre compte de (que) + *quelque chose*: to realize something, to understand something

réaliser *quelque chose*: to accomplish a result, goal; to carry out, to attain

Ils ne **se sont** pas **rendu compte de** la situation.
Est-ce que tu **te rends compte qu'**il faudra travailler dur?
Après trente ans j'**ai réalisé** mon rêve de jouer à la Salle Pleyel.
Elle **a réalisé** un véritable exploit en étant la première femme à être nommée juge.

Le participe passé de **se rendre compte** est invariable.

EXERCICES

A. Remplacez le tiret par la forme indiquée de *se rendre compte* ou *réaliser*.

1. Elle ne _____ pas ce qui s'était passé. (*passé composé*)
2. J'espère que vous _____ tous vos projets. (*futur*)
3. Est-ce qu'ils _____ la difficulté? (*présent*)
4. Elle avait du mal à _____ qu'elle avait réussi son bac. (*infinitif*)

B. Répondez aux questions selon votre expérience personnelle.

1. Avant de commencer ce cours, est-ce que vous vous rendiez compte du travail qu'il faudrait faire?
2. Quel rêve espérez-vous réaliser un jour?
3. À votre avis, le président des États-Unis se rend-il compte des complexités de la politique internationale?
4. À votre avis, quelle est la personne qui a réalisé l'exploit le plus impressionnant cette année?

2. Il s'agit de + *nom* ou *infinitif*: it's a question of; it deals with, it's a matter of

Il s'agira de trois ou quatre heures de travail par jour.
Il s'agit de penser avant de répondre.
De quoi **s'agit-il** dans ce livre? Dans ce livre **il s'agit d'**une histoire d'amour entre une journaliste et un officier de marine.

Le sujet grammatical de **s'agir** est toujours **il** impersonnel (*it*).

EXERCICE

C. Donnez l'équivalent français des phrases suivantes.

1. What is this film about?
2. The film *Casablanca* is about a man and a woman who meet again in North Africa.
3. *War and Peace* deals with Napoleon's war against Russia.
4. It's a matter of writing two or three letters.

Si Gaspar continue à faire de telles choses, il va **se faire mal.**

3. **avoir mal à** + *partie du corps*: to have a pain in—, to have a sore—, to have a — ache

   faire mal à + *partie du corps* ou *personne*: to hurt

   se faire mal (*à* + *partie du corps*): to hurt oneself (*a part of the body*)

J'**ai mal à** la tête.
Elle **avait mal au** dos.
Cela **m'a fait mal.**
La musique **leur fait mal aux** oreilles.
Elle **s'est fait mal au** dos en jouant au tennis.

Avec l'expression **faire mal à,** employez un pronom complément d'objet indirect (**me, lui, leur,** etc.) pour la personne et un article défini avec une partie du corps.

EXERCICES

D. Répondez aux questions en utilisant les mots entre parenthèses.

1. Où as-tu mal? (*la jambe*)
2. A-t-elle mal à la tête? (*non / les dents*)
3. Pourquoi n'est-elle pas venue en classe hier? (*l'estomac*)
4. Quand on a la grippe, où a-t-on mal? (*la gorge*)
5. Pourquoi ne joue-t-elle plus au golf? (*le dos*)

E. Répondez aux questions en utilisant un pronom et, dans certains cas, le nom entre parenthèses.

1. Cela vous fait mal?
2. Où est-ce que cela te fait mal? (*les doigts*)
3. La lumière fait-elle mal à Jean-Pierre?
4. Où la lumière fait-elle mal à Jean-Pierre? (*les yeux*)
5. Où est-ce que vous vous êtes fait mal quand vous êtes tombé(e)? (*le genou*)

Elle **s'efforce de** rester calme.

4. **essayer de**
   tenter de
   s'efforcer de
   tâcher de
   } + *infinitif:* to try to

Je vais **essayer d'**ouvrir la boîte.
Il **a tenté de** s'échapper de prison.
Nous **nous efforçons de** comprendre, mais c'est difficile.
Elle **tâchera de** terminer son travail.

EXERCICES

F. Récrivez chaque phrase quatre fois en employant *essayer, tenter, s'efforcer* et *tâcher.*

1. Ils restent calmes.
2. Nous avons gagné.
3. Je le ferai.

Répondez aux questions selon votre expérience personnelle.

1. Est-ce que vous vous efforcez de vous brosser les dents trois fois par jour?
2. Est-ce que vous essayez de tout comprendre pendant les cours?
3. Est-ce que vous tentez de répondre à toutes les questions que le professeur vous pose?
4. Est-ce que vous tâchez de faire toujours de votre mieux?

Il **se charge des** valises de la dame pendant qu'elle **s'occupe de** ses chiens.

5. **prendre soin de:** to take care of, to care for
s'occuper de: to deal with, to look after
se charger de: to take care of, to take responsibility for

Elle **prend soin des** enfants.
Il **s'occupait du** ménage.
Ils **se chargeront de** notre éducation.

Ces expressions s'emploient avec le pronom **en** quand on parle de *choses* et avec un pronom accentué (**moi, toi,** etc.) quand on parle de *personnes*.

Ces expressions sont interchangeables. Toutefois, elles ont des connotations légèrement différentes. **Prendre soin:** *to care for someone's comfort or well-being;* **se charger:** *to take on an obligation or load;* **s'occuper:** *to be busy with.*

EXERCICES

H. Répondez aux questions suivantes remplaçant *de* + objet avec le pronom qui convient.

> **MODÈLE:** Prends-tu soin de ta santé? (*oui*)
>
> *Oui, j'en prends soin.*

1. Qui va s'occuper de nos affaires? (*mon père*)
2. Qui s'est chargé des valises? (*moi, je*)
3. Prenais-tu soin de ton petit frère? (*oui*)
4. Vous êtes-vous occupé des malades? (*oui*)
5. Qui s'est chargé des enfants après la mort de leur père? (*nous*)

I. Répondez aux questions suivantes selon votre propre expérience.

1. Qui s'occupe du ménage (*household*) chez vous?
2. Qui se charge de votre éducation?
3. Qui s'occupait de vous quand vous étiez petit(e)?
4. Qui prenait soin de vous quand vous étiez malade?

Elle **me manque** beaucoup.

6. manquer + *nom*: to miss, not to arrive at all

manquer de + *quelque chose*: to lack, not to have enough of

manquer à + *quelqu'un*: to miss, to be sad due to absence

Il manque + *quelque chose* + (à): someone (something) is missing or lacking

J'ai manqué le train.
Elle **a manqué** son cours de français.

Ils **manquent de** talent.
Mes enfants **me manquent.**
Est-ce que ton frère **te manque** quand tu es seul?

Est-ce que tu **manques à** ton frère?

Il me **manque** un bouton. (*I am missing a button.*)
Il me **manque** un bouton **à** ma chemise. (*My shirt is missing a button.*)
Il manque à cette équipe un bon gardien de but. (*This team is lacking a good goalkeeper.*)

Notez que les équivalents anglais des expressions **manquer à** + *quelqu'un* et **il manque** + *quelque chose* ont des constructions grammaticales très différentes du français.

EXERCICE

J. Donnez l'équivalent français des phrases suivantes.

1. We miss our parents.
2. Does he miss his sister?
3. Do you miss your friends?
4. I missed the bus.
5. They missed the concert.
6. I am missing a shoe.
7. My shoe is missing a lace (*corde, f.*).
8. Our apartment is missing a kitchen (*cuisine, f.*).
9. They lack intelligence.
10. She lacks confidence.

■ *Structures grammaticales*

On peut localiser dans l'espace et dans le temps une personne, une chose ou un événement de façon *absolue*—**à Paris, au mois de mai 1985, sur le boulevard des Italiens, à dix heures du matin**—ou bien de façon *relative*—c'est-à-dire, par rapport à la personne qui parle et à la personne qui écoute (**ici, ce soir**) et aussi par rapport à d'autres lieux, à d'autres moments, à d'autres événements: **en face de la boulangerie, trois jours avant mon anniversaire, juste après être arrivé à la gare**.

Quand on veut situer quelque chose dans l'espace, les prépositions et les adverbes jouent un rôle principal. Et pour situer quelque chose dans le temps, les prépositions et les adverbes ainsi que les conjonctions sont aussi très importants. Mais quand il s'agit du temps, les temps du verbe ont une fonction absolument fondamentale. En anglais on fait une distinction entre les mots *time* et *tense*, mais en français on utilise un seul mot: **le temps.** C'est ainsi que la langue française souligne le rapport direct entre l'idée abstraite du temps (*time*) et la notion grammaticale de temps (*tense*) verbal. Dans cette unité, après avoir étudié le rôle des prépositions et des adverbes dans la localisation dans l'espace et dans le temps, nous allons considérer de façon détaillée le fonctionnement des temps verbaux— d'abord, tout seuls; ensuite, avec l'aide des conjonctions—dans l'expression des rapports temporaux. À la fin de cette partie grammaticale, nous montrerons comment on peut utiliser tous ces moyens pour préciser les rapports spatiaux et temporels.

Comment localiser dans l'espace et dans le temps de façon absolue

Pour localiser quelque chose de façon *absolue*, on le considère *sans* rapport à autre chose. On peut préciser le *lieu* (**où**) et le *temps* (**quand**).

Le lieu: expressions géographiques

Pour situer un lieu géographique par rapport à un autre ou pour indiquer qu'un lieu géographique est la destination de quelqu'un ou de quelque chose, on utilise une préposition.

> Barcelone se trouve **en Espagne.**
> Nous voudrions aller **à Istanbul.**

Le choix de préposition varie selon la nature du lieu (pays, continent, etc.) et le genre de son nom.

1. Avec les continents, on utilise **en:**

> **en Amérique du Nord, en Afrique, en Asie**

2. Avec les pays dont le nom est féminin,[1] on utilise **en**:

> **en France, en Espagne, en Colombie**

Avec les pays dont le nom est masculin ou pluriel, on utilise **au**:

> **au Brésil, aux États-Unis, au Liban, au Mexique**

Avec les pays dont le nom est masculin et qui commence par une voyelle, on utilise **en**:

> **en Iran, en Irak, en Israël**

3. Avec les régions dont le nom est féminin, on utilise **en**:

> **en Bretagne, en Alsace, en Champagne**

Avec les régions dont le nom est masculin, on utilise **dans**:

> **dans le Midi, dans le Nord, dans le Limousin**

4. Avec les états dont le nom français est féminin, on utilise **en**:

> **en Floride, en Californie, en Caroline du Nord, en Virginie.**[2]

Avec les états dont le nom commence par une voyelle, on utilise **en** ou **dans l'**:

> **en Ohio (dans l'Ohio), en Illinois (dans l'Illinois)**

Avec les états de New York et de Washington, on utilise **dans l'état de**:

> **dans l'état de New York, dans l'état de Washington**

Avec l'état de Texas, on utilise **au: au Texas.**
Avec tous les autres états, **au** ou **dans le**:

> **au Michigan (dans le Michigan), au Minnesota (dans le Minnesota), au Connecticut (dans le Connecticut)**

5. Avec les villes, on utilise **à**:

> **à Paris, à New York, à Copenhague, à Mexico**

Le nom de certaines villes, mais très peu, comprend un article; dans ce cas-là, on utilise **à** + l'article:

> **au Havre, au Caire, à la Nouvelle-Orléans**[3]

---

[1]Les lieux géographiques dont le nom se termine en **-e** sont généralement féminins: **l'Afrique, la Belgique, la Normandie, la Loire.** Les lieux géographiques dont le nom se termine par une lettre *autre que* **-e** sont généralement masculins: **le Brésil, le Midi, le Massif Central.** Exceptions: **le Mexique, le Cambodge, le Rhône, le Zaïre, le Maine.**

[2]Certains états des États-Unis, dont le nom en anglais se termine en **-a**, ont une forme française: **la Californie, la Floride, la Virginie.** Les noms des autres états sont généralement les mêmes dans les deux langues (e.g., **Nouveau-Mexique**).

[3]Pour indiquer la provenance ou l'origine (*from*), on utilise une forme de **de**: **à Paris / de Paris   en France / de France   au Canada / du Canada   dans l'état de New York / de l'état de New York   dans le Michigan / du Michigan.**

Autres lieux

1. Pour les lieux de passage, on utilise **dans** ou **sur**:

> dans la rue, dans (sur) l'avenue, sur la place, sur le boulevard, sur la route

2. Pour les lieux dont on délimite l'intérieur, on utilise **dans**:

> dans le jardin, dans l'appartement, dans le sixième arrondissement, dans le train, dans la voiture

3. Pour les lieux associés à une personne ou à une entreprise, on utilise **chez**:

> chez Martine, chez les Duvalier, chez Renault, chez le médecin

4. Pour les autres lieux, on utilise généralement **à**:

> à la pharmacie, au musée, au deuxième étage, à la maison

Le temps

Pour préciser le temps, on utilise souvent les prépositions **à** et **en**.

1. Pour indiquer le siècle, on utilise toujours **au**:

> au dix-neuvième siècle, au treizième siècle, au vingt et unième siècle

2. Pour indiquer l'année, on utilise d'habitude **en: en 1968, en 1625, en 1990**. On peut utiliser aussi **en l'an: en l'an 2000**. Rappelez-vous qu'on peut dire, pour 1968, **mil neuf cent soixante-huit** ou bien **dix-neuf cent soixante-huit**.

3. Pour indiquer la saison, on utilise **en: en été, en automne, en hiver**, mais: **au printemps**. On peut localiser davantage en disant: **au début du printemps, à la fin de l'hiver**.

4. Pour indiquer les mois, on peut utiliser **en** ou **au mois de**:

> en janvier (au mois de janvier), en octobre (au mois d'octobre)

On peut également préciser en disant: **au début de février (au début du mois de février), à la fin (d') août (à la fin du mois d'août)**.

5. Pour indiquer la date en français, on n'utilise pas de préposition. On met d'abord **le**, puis le numéro du jour, puis le mois (et, si on veut, l'année):

> le 17 avril (1935), le 30 septembre (1995)

Rappelez-vous que le mois commence par **le premier: le 1ᵉʳ mars = le premier mars**.

S'il est nécessaire de préciser le jour de la semaine, on dit: **le lundi dix-sept avril, le dimanche vingt-six février**.

6. Pour indiquer le jour de la semaine, on n'utilise pas de préposition:

> **lundi, mardi soir, jeudi après-midi, dimanche matin**

Rappelez-vous qu'on utilise **le** devant un jour de la semaine pour indiquer la répétition:

> **Nous irons au cinéma vendredi soir.** (une fois)
> **Généralement nous allons au cinéma le vendredi soir.** (d'habitude)

7. Pour indiquer l'heure, on utilise d'habitude la préposition **à**:

> **à six heures, à midi moins le quart, à dix-sept heures quarante-cinq**

Pour indiquer l'heure *approximative,* on substitue la préposition **vers**:

> **vers cinq heures, vers onze heures ou onze heures et demie**

Ex. B, C, and D, **E.O.**, pp. 192–193.

Application

You can find additional exercises on expressions of place on pages A 34–A 36 of this text (**E.E.**).

A. Où iront-ils? Les gens suivants font des projets de voyage. Complétez leurs projets en répondant aux questions et en utilisant les renseignements donnés.

1. Les Baptizet visiteront l'Italie, le Maroc et le Japon. Dans quels continents iront-ils? Ils iront _____

_____.

2. Jean-Claude Maréchal ira à Lisbonne, à Alger et à Madrid. Dans quels pays sera-t-il? Il sera

_____.

3. Annick Bonney visitera Montréal, New York, Mexico et Buenos Aires. Dans quels pays passera-t-elle du temps? Elle passera du temps _____

_____.

4. Gérard Lemoine passera par Strasbourg, par Reims et par Paris en route pour Nice. Dans quelles régions de la France sera-t-il? Il sera _____

_____.

5. Les Baudoyer visiteront les États-Unis; ils verront Las Vegas, San Francisco, Portland et Seattle. Dans quels états iront-ils? Ils iront _____

_____.

6. Les Ménétrier seront aux États-Unis aussi. Ils voudraient voir la statue de la Liberté, la capitale et le Mardi Gras. Quelles villes devraient-ils visiter? Ils devraient aller _____

_____.

B. Quand? En vous inspirant des dessins, complétez les phrases suivantes pour localiser les événements dans le temps.

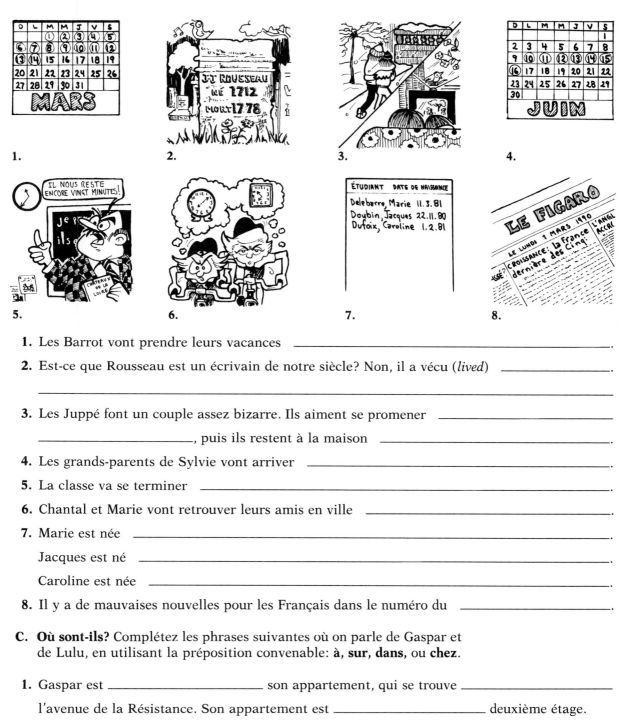

1.
2.
3.
4.

5.
6.
7.
8.

1. Les Barrot vont prendre leurs vacances _____.

2. Est-ce que Rousseau est un écrivain de notre siècle? Non, il a vécu (*lived*) _____

_____.

3. Les Juppé font un couple assez bizarre. Ils aiment se promener _____

_____, puis ils restent à la maison _____.

4. Les grands-parents de Sylvie vont arriver _____.

5. La classe va se terminer _____.

6. Chantal et Marie vont retrouver leurs amis en ville _____.

7. Marie est née _____.

Jacques est né _____.

Caroline est née _____.

8. Il y a de mauvaises nouvelles pour les Français dans le numéro du _____.

C. Où sont-ils? Complétez les phrases suivantes où on parle de Gaspar et de Lulu, en utilisant la préposition convenable: **à, sur, dans,** ou **chez**.

1. Gaspar est _____ son appartement, qui se trouve _____

l'avenue de la Résistance. Son appartement est _____ deuxième étage.

2. Lulu est _____ sa sœur Marie-Chantal. Celle-ci a une petite maison _____ le boulevard Albigot.

3. Cet après-midi Gaspar doit aller _____ le dentiste, qui a son cabinet (*office*) _____ la rue Saint-Omer.

4. Ce soir Gaspar et Lulu vont aller _____ cinéma. Ils ont pris rendez-vous pour six heures _____ café de la Régence, _____ la place des Martyrs.

5. _____ l'autobus qu'il prendra pour aller en ville, Gaspar consultera le journal pour voir les films qui passent actuellement.

Comment localiser dans l'espace et dans le temps de façon relative

Pour localiser quelque chose de façon *relative*, on le considère par rapport à autre chose—par exemple, par rapport à la personne qui parle (où elle est dans l'espace ou dans le temps) ou par rapport à un autre lieu.

Le lieu

1. Quand on veut situer quelque chose dans l'espace par rapport à la personne qui parle, on utilise l'opposition entre **ici** et **là (là-bas, par là)**.[4]

>Le bureau de poste est tout près d'**ici**.
>Si vous voulez des pêches, il faut aller à l'épicerie, **là-bas**. Nous n'en avons pas **ici**.
>Non, non. Vous vous trompez de route. Ce n'est pas **par ici**, c'est **par là**.
>Oui, il faut prendre le petit chemin, **là**, à votre gauche.

2. Il y a un grand nombre de prépositions (déjà étudiées dans l'Unité Trois) qui servent à situer un lieu par rapport à un autre:

devant	**dans**	**en face de**	**au bout de**
derrière	**entre**	**à côté de**	**au fond de**
sur	**près de**	**autour de**	**au-dessus de**
sous	**loin de**	**au coin de**	**au-dessous de**

En plus, plusieurs de ces expressions peuvent servir d'adverbes aussi—c'est-à-dire qu'on peut les employer sans nom (et sans **de**).[5] Elles peuvent être précédées par l'adverbe *juste* et parfois *tout*.

---

[4]Dans la langue parlée, la distinction entre **ici** et **là** disparaît souvent; on emploie **là** pour parler du lieu où on se trouve. **Allô? Simone? Non, je suis désolé. Elle n'est pas là.** (*She isn't here.*) **Qu'est-ce que tu fais là?** (*What are you doing here?*)

[5]Les expressions **sur, sous** et **entre** ne peuvent pas jouer le rôle d'adverbes. Ils fonctionnent toujours comme prépositions: **sur le lit, sous la table, entre la maison et la rue.**

—Le parking est devant l'église? —Non, il est **juste derrière**.
—Tu as garé la voiture près du café? —Oui, **(juste) en face**.
—Le musée est loin d'ici? —Non, non. Il est **tout près**.

Si on veut préciser la distance entre deux lieux, on utilise les prépositions **à** et **de**:

> Notre maison est **à trois kilomètres du** village.
> Brest est **à 490 kilomètres** à l'ouest **de** Paris; Lyon est **à 460 kilomètres** au sud-est **de** Paris.

Le temps

La localisation relative dans le temps est un peu plus compliquée. Il faut établir son point de repère°—par rapport au moment où l'on parle ou par rapport à un autre moment dans le passé (ou dans l'avenir).

point de repère: reference point

1. Voici quelques expressions temporelles qu'on peut utiliser pour situer un événement par rapport au moment où l'on parle:

Passé	Présent	Futur
à ce moment-là	en ce moment	à ce moment-là
à cette époque-là	maintenant	à cette époque-là
en ce temps-là	à l'heure actuelle	à l'avenir
	actuellement	
hier	aujourd'hui	demain
avant-hier		après-demain
il y a... jours		dans... jours
(mercredi) dernier		(mercredi) prochain
la semaine dernière	cette semaine	la semaine prochaine
il y a... semaines[6]		dans... semaines[6]
le mois dernier	ce mois-ci	le mois prochain
il y a... mois		dans... mois
l'année dernière	cette année	l'année prochaine
il y a... ans		dans... ans

---

[6]Quand il s'agit d'*une* semaine, on préfère dire **huit jours**; quand il s'agit de *deux* semaines, on dit souvent **quinze jours. Je suis allée à Montréal il y a huit jours. Nous serons à Fort-de-France dans quinze jours.**

Aujourd'hui nous sommes à Paris. Nous sommes arrivés ici **il y a trois jours**. **Avant-hier** nous avons visité le Louvre. **Hier** nous sommes allés à Montmartre. **Demain** nous allons voir le Quartier latin. **Après-demain** nous devons partir pour les États-Unis. **Dans trois jours** nous serons de retour chez nous.

2. Les expressions temporelles changent quand on veut situer un moment du passé par rapport à un autre moment du passé (c'est-à-dire, *avant* ou *après* ce moment) ou quand on veut situer un moment du futur par rapport à un autre moment du futur (encore une fois, *avant* ou *après* ce moment). Les expressions sont les mêmes si le premier moment est au passé ou au futur.

Avant	Après
la veille (*the day before*)	le lendemain (*the next day*)
l'avant-veille (*two days before*)	le surlendemain (*two days later*)
(trois) jours avant (*three days before*)	(trois) jours après (*three days later*)
le (mercredi) précédent / le mercredi d'avant (*the preceding Wednesday*)	le (mercredi) suivant / le mercredi d'après (*the following Wednesday*)
huit jours avant / une semaine avant (*a week before*)	huit jours après / une semaine après (*a week later*)
la semaine précédente / la semaine d'avant (*the preceding week*)	la semaine suivante / la semaine d'après (*the following week*)
deux mois avant (*two months before*)	deux mois après (*two months later*)
le mois précédent / le mois d'avant (*the preceding month*)	le mois suivant / le mois d'après (*the following month*)
dix ans avant (*ten years before*)	dix ans après (*ten years later*)
l'année précédente / l'année d'avant (*the preceding year*)	l'année suivante / l'année d'après (*the following year*)

Passé: Nous sommes arrivés à Paris le matin du 17 juin. Nous avions quitté New York **la veille** dans l'avion de nuit. **La semaine précédente** nous avions été en Californie. **Le lendemain** de notre arrivée à Paris nous avons visité le Louvre. **Quatre jours après** nous sommes repartis pour les États-Unis.

Futur: Nous arriverons à Paris le matin du 25 mai. Nous aurons quitté (*we will have left*) Boston **l'avant-veille** après avoir passé **les deux mois précédents** au Canada. **Le surlendemain** de notre arrivée à Paris nous prendrons le train pour aller à Bruxelles. Et **la semaine suivante** nous serons en Russie.

Application

D. C'est où, exactement? En vous inspirant du plan dans **E.O.** (voir page 200) situez aussi clairement que possible les lieux suivants.

> MODÈLE: l'hôpital
>
> *L'hôpital se trouve au coin de la rue Voltaire et du boulevard Carnot, tout près du parc.*

1. l'église _____

_____

2. rue de la Gare _____

_____

3. les stations de taxi _____

_____

4. l'arrêt d'autobus _____

_____

5. la gare _____

_____

6. rue de la Victoire _____

_____

E. Le voyage de Gaspar et de Lulu. Gaspar et Lulu aiment beaucoup voyager. Complétez le récit de leurs voyages en consultant le calendrier donné ci-dessous et en utilisant une expression temporelle convenable.

Ex. E, **E.O.**, p. 194.

You can find additional exercises on expressions of time on page A 36 of this text (**E.E.**).

1983—deux mois en Afrique

1986—trois semaines aux États-Unis: 5–12 mai (New York, Boston, Washington), 12–19 mai (Chicago), 19–26 mai (Arizona, Californie, Nevada)

1987—voyages en Europe: 1er juin (départ pour Madrid), 2–6 juin (Madrid), 6–9 juin (Genève), 9–16 juin (Rome), 17 juin (retour à Paris); 19 juin (projet de voyage en Allemagne); 5–19 juillet (la région autour de Munich)

2001—réserver une place dans le premier vol interplanétaire touristique

1. En 1987 Gaspar et Lulu ont voyagé en Europe. Au mois de juin ils ont visité l'Espagne, la Suisse et l'Italie. Ils sont arrivés à Madrid le 2 juin. Ils avaient quitté Paris _____ dans le train de nuit. Ils ont passé quatre jours à Madrid. _____ de leur départ pour Genève ils ont vu une course de taureaux. Leur dernier jour à Genève ils ont dîné avec de vieux amis de Lulu. _____ ils ont pris le train pour Rome. Il faisait très chaud à leur arrivée, le 9 juin. Leur séjour à Rome est passé très rapidement. _____ après leur arrivée dans la capitale italienne, ils se trouvaient à la Stazione Termini, attendant le train pour Paris. De retour à Paris le 17 juin, ils étaient fatigués, mais _____, après deux nuits de repos, ils étaient prêts à repartir. Par conséquent, ils ont fait des projets pour aller en Allemagne. Et, effectivement, _____ ils ont passé quinze jours en Bavière.

2. _____ ils avaient visité les États-Unis. Gaspar a des cousins qui habitent à Chicago. Lui et Lulu avaient passé une semaine avec eux. _____ ils avaient vu les villes de Boston, de New York et de Washington. _____ ils étaient allés dans l'ouest des États-Unis.

3. Le voyage aux États-Unis n'était pas leur premier voyage ensemble. _____ _____ ils avaient passé deux mois en Afrique.

4. Et ils avaient toujours envie de voyager. _____ ils se sont inscrits pour être parmi les premiers gens à faire un voyage interplanétaire.

L'emploi des temps verbaux pour exprimer les rapports temporels

Comme nous l'avons déjà vu, il est possible de dire que le seul temps qui existe, c'est le présent—le passé et le futur étant pensés uniquement par rapport au présent. Les divisions du temps sont donc mobiles, changeantes: les dimensions du passé et du futur dépendent du présent, qui change constamment. Par conséquent, parler du passé ou du futur, c'est (re)créer, (re)construire quelque chose qui n'existe pas—sauf comme une construction mentale. Puisque c'est une construction de l'esprit, on a une grande liberté en la construisant. Un exemple de cette liberté, c'est le choix d'un point de vue ou d'un point de repère temporels. La personne qui parle a la possibilité de situer ce qu'elle dit par rapport au moment actuel ou par rapport à un moment (imaginaire) du passé ou de l'avenir. Le choix de point de repère détermine, pourtant, les temps verbaux qu'on peut utiliser. Nous allons donc étudier les temps de verbe qu'on utilise quand le point de repère est le présent ou le passé ou le futur.

Le présent comme point de repère

> *Maintenant—Je me parle:*
> Il **est** sept heures. Il **fait** très froid. Je **suis** fatiguée mais je **fais** mon lit. J'**ai** très peu **dormi** hier soir. Il **était** déjà deux heures quand je **suis rentrée**. Je **serai** très fatiguée pendant toute la journée mais je **me coucherai** tôt ce soir.

La narratrice, située dans le présent, raconte son histoire du point de vue du *présent* (ici, sept heures du matin). Elle fait allusion au moment actuel (au *présent*), à des événements qui ont précédé ce moment (au *passé*) et à des moments qui suivront le moment actuel (au *futur*). Pour exprimer ces trois moments du temps, elle utilise quatre temps verbaux—**le présent, le passé composé, l'imparfait,** et **le futur**.

1. Le présent (du présent)

a. Le temps verbal qu'on emploie pour parler du présent est, bien entendu, **le présent**; ce temps désigne une action qui se passe ou une condition qui existe *au moment où on parle*:

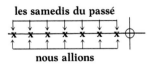

> Il **pleut** en ce moment.
> Je **suis** heureux de vous voir.
> Elle **répare** sa voiture.

Si on veut insister sur le fait que l'action est en cours (*in process*), on peut utiliser **être en train de** + présent:

> Nous **sommes en train de** faire la vaisselle; ne nous dérangez pas!

b. Rappelez-vous que le présent désigne aussi une action qui a commencé dans le passé, mais *qui continue dans le présent*. Pour exprimer cette idée, on se sert des expressions **depuis (voilà... que, il y a... que, cela fait... que)**.

> Depuis combien de temps **êtes**-vous aux États-Unis?[7]
> Nous **sommes** aux États-Unis depuis dix ans.
> Voilà dix ans que nous **sommes** aux États-Unis.
> Il y a dix ans que nous **sommes** aux États-Unis.
> Cela fait combien de temps que tu **attends** l'autobus?
> Cela fait une demi-heure que je l'**attends**.
> Je l'**attends** depuis une demi-heure.

c. Le présent désigne aussi une *action* ou une *condition habituelles* ainsi qu'une *vérité générale* ou une *condition permanente*:

> Le samedi (tous les samedis) nous **allons** en ville.
> D'habitude je n'**ai** pas le temps de faire mon lit.
> En été il **fait** très chaud dans la région.
> Le soleil **se lève** le matin et **se couche** le soir.

---

[7]**Depuis combien de temps?** s'emploie pour apprendre la *durée* d'une action; pour apprendre le *moment où l'action a commencé dans le passé*, on utilise **depuis quand?** Modèles: **Depuis combien de temps étudiez-vous le français? Depuis deux ans. / Depuis quand étudiez-vous le français? Depuis septembre de l'année dernière.**

2. Le passé (du présent)

   a. Pour désigner des actions ou des conditions qui se sont terminées avant le moment où on parle, on emploie le plus fréquemment l'**imparfait** ou le **passé composé**. (Voir l'Unité Première pour une révision de leur emploi.)

   b. Si on veut insister sur le fait qu'une action s'est terminée *juste avant* le moment où on parle, on peut utiliser l'expression **venir de** + infinitif en conjuguant **venir** au **présent** :

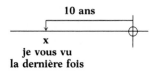

      Les Martin **viennent de partir**. (Il est 7h; ils sont partis à 6h50.)
      Je **viens de recevoir** ce télégramme... il y a deux minutes.[8]

   c. On utilise le **passé composé** avec **depuis (il y a... que, voilà... que, cela fait... que)** pour désigner une action qui *s'est arrêtée* dans le passé et, par conséquent, *n'a pas continué* jusqu'au moment actuel. On utilise un verbe au négatif pour exprimer cette situation.

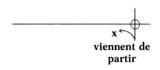

      Je **ne** vous **ai pas vu** depuis dix ans.
      Voilà trois jours qu'il **n'est pas allé** à son bureau.
      Nous **n'avons pas regardé** la télévision depuis plusieurs mois.

3. Le futur (du présent)

   a. Pour insister sur le fait qu'une action ou une condition doivent commencer *juste après* le moment où on parle, on utilise l'expression **être sur le point de** + infinitif en conjuguant le verbe au **présent**.

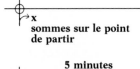

      Nous **sommes sur le point de partir**.
      Elle **est sur le point de prendre** une décision importante.

   b. Pour désigner une action ou une condition dans le *futur immédiat* ou *assez proche*, on emploie le **présent** du verbe **aller** + infinitif.

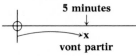

      Ils **vont partir** dans cinq minutes.[9]
      Je **vais** lui **téléphoner** immédiatement.
      Elle **va arriver** bientôt.
      Qu'est-ce qu'on **va faire** ce soir?

   c. Pour indiquer une action qui se passera dans l'avenir ou une condition qui n'existe pas encore, on emploie le **futur** :

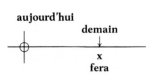

      Demain il **fera** beau.[10]
      L'année prochaine vous **viendrez** nous rendre visite.
      En l'an 2000, j'**aurai** 46 ans.

---

[8]Il faut distinguer entre **il y a** (*ago*), qui s'emploie avec le *passé composé*, et **il y a... que** (*for*), qui s'emploie avec le *présent*: **Elle est arrivée il y a dix minutes**. (*She arrived ten minutes ago.*) / **Par conséquent, il y a dix minutes qu'elle est ici**. (*She has been here for ten minutes.*)

[9]Il faut distinguer entre **dans** et **en** quand ces prépositions sont suivies d'une expression temporelle. **Dans** indique le moment où une action ou une condition commenceront; on emploie toujours un temps du futur après **dans**. **En** indique la durée (*duration*); on l'utilise souvent avec un verbe au présent. **Nous pouvons faire le voyage en six heures**. (*The trip takes six hours.*) **Ils seront ici dans six heures**. (*Six hours from now they will be here.*)

[10]On peut dire également **Il va faire beau demain**. C'est la personne qui parle qui distingue entre le futur immédiat et le futur.

Application

F. La famille de Pascale Didier. Utilisez les verbes et les expressions suggérés pour écrire des phrases au sujet de Pascale Didier et de sa famille.

MODÈLES: C'est maintenant 1993. Les grands-parents de Pascale ont acheté la maison des Didier en 1953. (la famille / habiter / depuis)

La famille habite dans cette maison depuis 40 ans. ou
La famille habite dans cette maison depuis 1953.

1. M. Didier est directeur d'une succursale (*branch office*) de la BNP (Banque Nationale de Paris). Il a commencé à travailler à la BNP en 1973.   (travailler / depuis)

_____

2. Mme Didier est italienne. Mais sa famille est venue en France en 1953.   (voilà... que / Mme Didier / être en France)

_____

3. Autrefois (*at one time*) M. Didier fumait beaucoup. Mais il a cessé de fumer en 1983. Il ne fume plus aujourd'hui.   (ne pas fumer / depuis)

_____

4. Le père de M. Didier est mort il y a quelques jours.   (venir de)

_____

5. Pascale parle très bien l'anglais. Elle a commencé à étudier l'anglais en 1987.   (il y a... que / étudier)

_____

6. La sœur de Pascale ne s'entend pas très bien avec son mari. Ils se disputent constamment. Elle a l'intention de lui dire demain qu'elle veut divorcer.   (la sœur de Pascale / sur le point)

_____

7. Ils se sont mariés en 1980.   (se marier / il y a)

_____

8. La famille passe toujours le mois de juillet en Bretagne. Les Didier ont acheté une maison de campagne en Bretagne en 1973.   (depuis / la famille / passer les vacances)

_____

9. La mère de Mme Didier va passer l'été avec sa fille. C'est aujourd'hui le premier juin. Elle a réservé des places dans le train pour le 5 juin.   (la mère de Mme Didier / arriver / dans)

_____

10. C'est aujourd'hui le 5 juin. M. et Mme Didier sont à la gare. Le train de la mère de Mme Didier devait arriver à 13h. Il est maintenant 13h30 et le train n'est pas encore arrivé. (M. et Mme Didier / attendre / depuis)

_____

G. Encore un dimanche au musée. Chaque fois que la famille Belœil va au musée, le gardien se raconte à l'avance ce qui va se passer. Recréez son histoire en mettant les verbes au futur immédiat ou au futur.

Ex. F, G, H, and I, **E.O.**, pp. 194–195.

Oh, là, là. Voilà la famille Belœil. Je sais exactement ce qui (se passer) _____. Avant qu'ils entrent dans le musée, le petit garçon (grimper) _____ sur «le Penseur». Dans le hall du musée, Mme Belœil (se maquiller) _____. Mathieu (vouloir) _____ que son père lui achète un souvenir. Il (tirer) _____ son père par la main et le père lui (acheter) _____ quelque chose pour le faire taire (*to shut him up*). Dans la salle des Romantiques, M. Belœil (ne pas comprendre) _____ le tableau du peintre du dimanche. Mme Belœil (être) _____ surprise que son fils ait dessiné sur le mur encore une fois. J'(attraper) _____ le petit par le collet et Mme Belœil et moi, nous (se disputer) _____ pendant quelques moments. Puis je leur (dire) _____ : «Vous (devoir) _____ faire attention!» Dans la salle des Surréalistes, M. Belœil n'en (pouvoir) _____ plus. Il (se mettre) _____ sur un banc pendant que sa femme (regarder) _____ les tableaux. Dans la salle des Cubistes, M. et Mme Belœil n'en (croire) _____ pas leurs yeux. Ils (ne pas savoir) _____ expliquer toutes ces choses bizarres. Enfin, ils (finir) _____ par quitter le musée. Je (pouvoir) _____ me reposer. Je (ne pas voir) _____ la famille Belœil pendant la semaine. Mais, hélas, dimanche prochain ils (revenir) _____!

H. Le pauvre André. En vous inspirant des dessins reproduits ci-dessous, racontez l'histoire d'André. Écrivez au moins cinq phrases au sujet de chaque image. La première image représente le *présent*.

(Utilisez dans ce premier paragraphe les expressions suivantes: **en ce moment** / **en train de** / **depuis** / **venir de** / **sur le point de**)

_____

_____

_____

_____

_____

(Commencez en disant: **Ce matin...**)

_____

_____

_____

_____

_____

(Commencez en disant: **Demain...**)

_____

_____

_____

_____

_____

You can find additional exercises on the present as reference point on page A 37 of this text (**E.E.**)

Le passé comme point de repère

Samedi dernier—Je raconte ce qui s'est passé:

Il **était** sept heures. Il **faisait** très froid. J'**étais** fatiguée mais j'**ai fait** mon lit. J'**avais** très peu **dormi** la veille. Je n'**étais rentrée** qu'à deux heures. Je **serais** fatiguée pendant toute la journée mais je **me coucherais** tôt le soir.

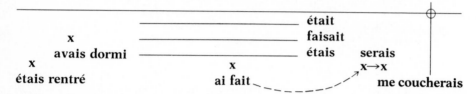

La narratrice commence au présent, mais son point de repère est un moment du *passé* (samedi dernier, sept heures du matin). Elle fait aussi allusion à des événements qui ont *précédé* ce moment du passé et à quelques événements qui le *suivraient*. Pour exprimer ces trois moments du temps (le *passé*, le *passé du passé* et le *futur du passé*) elle utilise quatre temps verbaux—**le passé composé, l'imparfait, le plus-que-parfait** et **le conditionnel.**

passé (du passé)	**(présent du) passé**	**futur (du passé)**
←———————————	x ——————————→	
←———		———→
vers le passé		**vers le présent**

1. Le (présent du) passé comme point de repère
   a. Le **passé composé** et l'**imparfait** servent à désigner le *présent du passé*. Ils peuvent indiquer un moment ou une suite de moments (voir l'Unité Première). C'est par rapport à ces moments «présents» que les autres temps prennent leur valeur.
   b. Si on veut insister sur le fait qu'une action était en cours au moment passé dont on parle, on peut utiliser l'imparfait de l'expression **être + en train de**:

   Nous **étions en train de dîner** quand elle est arrivée.
   Elle **était en train de coucher** les enfants; par conséquent, nous ne l'avons pas vue.

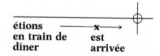

2. Le passé du passé comme point de repère
   a. Le **plus-que-parfait** s'emploie pour exprimer *le passé du passé*. Il sert à désigner une action passée qui a eu lieu *avant une autre action passée* (c'est-à-dire, *avant le présent du passé*). On peut trouver cette situation dans une phrase:

   Hier j'**ai perdu** la montre que mon grand-père m'**avait donnée** pour mon anniversaire. (perdre = *présent du passé* = passé composé; donner = *passé du passé* = plus-que-parfait)
   Ils **étaient** déjà **partis** quand nous **sommes arrivés.** (partir = *passé du passé* = plus-que-parfait; arriver = *présent du passé* = passé composé)

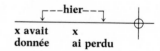

Ou bien on peut la trouver dans une narration:

> Mercredi soir je **suis parti** pour l'Afrique. La semaine précédente j'**avais fait** les préparatifs suivants: lundi j'**avais pris** mon billet d'avion, mardi j'**avais vendu** mon appartement et mercredi matin j'**étais allé** dire au revoir à ma famille. (partir = *présent du passé* = passé composé; faire, prendre, vendre, aller = *passé du passé* = plus-que-parfait)

b. Si on veut insister sur le fait qu'une action s'est terminée *juste avant* le moment dont on parle dans le passé, on peut utiliser l'expression **venir de** (à l'imparfait):

> Nous **venions de nous endormir** quand le téléphone a sonné.
> Quand elle est arrivée, je **venais de rentrer** de l'école.

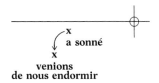

c. Pour désigner une action *qui a commencé dans le passé* et *qui a continué dans le passé jusqu'à ce qu'elle soit interrompue par une autre action dans le passé*, on utilise **l'imparfait** et les expressions **depuis, voilà... que, il y avait... que, cela faisait... que.**

> —Depuis quand **étiez**-vous à Paris quand vos amis **sont arrivés**?
> —Nous **étions** à Paris depuis le 15 avril.
> —Cela faisait combien de temps que vous **voyagiez** quand vous **avez eu** votre accident?
> —Nous **voyagions** depuis plusieurs semaines.

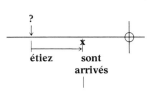

Quand le verbe indiquant l'action est au négatif, on utilise le **plus-que-parfait**:

> Quand nous l'avons vu pour la première fois, cela faisait trois ou quatre ans qu'il **n'avait pas pris** de boisson alcoolique.

3. Le futur du passé comme point de repère
a. On emploie le **conditionnel** pour exprimer le *futur du passé*. Il sert à désigner une action qui a eu lieu *après une autre action passée*—c'est-à-dire, *après le présent du passé*. On peut trouver cette situation dans une phrase:

> J'**étais** sûre qu'il **arriverait** en retard. (être = *présent du passé* = imparfait; arriver = *futur du passé* = conditionnel)

On la trouve aussi dans une narration:

> Mercredi soir je **suis parti** pour l'Afrique. Dans l'avion j'**ai imaginé** ce qui **se passerait** quand j'**arriverais** à Dakar: je **téléphonerais** tout de suite à Marie-Claire, qui m'**aiderait** à trouver un hôtel. (partir, imaginer = *présent du passé* = passé composé; se passer, arriver, téléphoner, aider = *futur du passé* = conditionnel)

b. Si on veut insister sur le fait qu'une action passée a eu lieu *juste après* le présent du passé, on peut utiliser (à l'imparfait) l'expression **être sur le point de** ou bien l'imparfait d'**aller** + infinitif.

> Quand tu as téléphoné, nous **étions sur le point de sortir**.
> Elle **allait partir**, mais nous l'avons persuadée de rester.

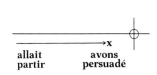

L'Expression des rapports spatiaux et temporels   **167**

Application

I. La vie d'André: avant... Utilisez les expressions suggérées pour parler de la vie d'André. Vous prenez comme point de repère le jour où il a décidé de se libérer.

    MODÈLES: Son aventure a eu lieu en 1989. Il avait commencé à travailler au bureau en 1979.   (travailler là / depuis)

                   Il travaillait là depuis 10 ans. ou
                   Il travaillait là depuis 1979.

1. Au début, il avait aimé son travail. Mais après deux années devant l'ordinateur, il avait commencé à s'ennuyer. (s'ennuyer / depuis)

    _____

2. Au début, le patron avait augmenté son salaire tous les ans. Mais la dernière fois qu'il avait reçu une augmentation, c'etait en 1987. (le patron / ne pas augmenter son salaire / depuis)

    _____

3. Généralement, il se levait de bonne heure. Mais huit jours avant son aventure, il avait commencé à rester au lit le matin. (cela faisait... que / rester au lit le matin)

    _____

4. Il avait toujours eu l'habitude d'arriver au travail à l'heure. Mais huit jours avant son aventure, il avait commencé à arriver en retard. (voilà... que / arriver au travail en retard)

    _____

5. Il avait aussi l'habitude de faire son lit le matin. Mais la dernière fois qu'il l'avait fait, c'était trois jours avant son aventure. (il y avait... que / ne pas faire son lit)

    _____

6. Sa collègue Suzanne avait commencé à travailler au bureau en 1985. (elle / travailler là / depuis)

    _____

7. Normalement, ils s'entendaient (*got along*) très bien. Mais ils s'étaient disputés l'avant-veille de son départ. (elle / être fâchée contre lui / depuis)

    _____

8. Ils s'étaient disputés mardi après-midi vers 17h. André était parti jeudi matin vers 10h. (cela faisait... que / elle / refuser de lui parler)

    _____

J. Bien entendu. Confirmez les faits suivants en utilisant le conditionnel pour parler d'événements futurs par rapport à un moment du passé.

    MODÈLE: —Janine est venue aussi.
               —Bien entendu, j'étais sûr(e)... *qu'elle viendrait.*

1. —Les Marigot ont acheté la maison.

   —Mais j'étais certain(e) _____.

2. —Carole ne s'est pas mariée.

   —Bien sûr que non. Elle a dit _____.

3. —Il a fait très chaud en Floride en juillet.

   —Je savais bien _____.

4. —Les Italiens ont gagné le match.

   —Mais oui. Il était évident _____.

5. —Christine et Valérie sont arrivées hier soir.

   —Bien sûr. Elles nous avaient écrit _____.

6. —Il veut aller au concert avec nous.

   —Mais oui. J'étais certain(e) _____.

7. —Ce voyage leur a coûté les yeux de la tête (*an arm and a leg*).

   —Eh, oui. J'avais pensé _____.

8. —Raphaël vient de téléphoner. Il va être en retard.

   —J'étais sûr(e) _____.

K. ... déjà... pas encore... bientôt. Regardez l'image 9 du «Château dans le bois». En prenant comme point de repère le moment où les conspirateurs se sont retrouvés dans la salle d'armes à midi, utilisez les expressions suivantes pour écrire des phrases au sujet de l'histoire. Voir **E.E.**, p. 79.

MODÈLES: les conspirateurs / être ensemble (cela faisait un quart d'heure)

Cela faisait un quart d'heure que les conspirateurs étaient ensemble dans la salle d'armes.

la maîtresse / découvrir le maître avec la bonne (pas encore)

La maîtresse n'avait pas encore découvert le maître avec la bonne dans la salle à manger (en train de boire du champagne).

1. ils / ouvrir la caisse (venir de)

   _____

2. ils / boire un verre ensemble (sur le point de)

   _____

3. le conservateur du musée / livrer   (déjà)

_____

4. la statuette / être au château   (voilà plus de trois heures que)

_____

5. le beau-frère / faire sa valise   (pas encore)

_____

6. le maître / être mort   (huit heures plus tard)

_____

Maintenant, regardez l'image 2 (page 65). En utilisant comme point de repère le moment où la bonne a essayé de téléphoner (vers 3h30), employez les expressions suggérées pour écrire des phrases au sujet de l'histoire. Cette fois c'est à vous, en regardant les autres images, de choisir le sujet et le verbe.   (Il *n'est pas* nécessaire de vous limiter aux personnages de cette image.)

7. venir de

_____

8. en train de

_____

9. depuis

_____

10. aller bientôt + *infinitif*

_____

11. pas encore

_____

12. pas encore   (sujet différent)

_____

13. déjà

_____

14. plus tard cet après-midi

_____

15. ... heures après

_____

L. Le voyage de Mlle Martin. En utilisant les expressions suggérées, racontez le voyage de Mlle Martin. Prenez comme point de repère le moment où elle a compris qu'elle était dans le train pour Besançon. Parlez aussi de ce qu'elle avait fait plus tôt et de ce qu'elle ferait plus tard.

Ex. J, K, and L, **E.O.**, p. 196.

You can find additional exercises on the past as reference point on p. A 39 of this text (**E.E.**).

Voir **E.O.**, p. 177.

Expressions: **vouloir prendre le train pour aller / avoir rendez-vous avec / arriver à la gare / devoir courir pour attraper le train / montrer son billet / expliquer... ne pas composter / demander de voir son passeport / laisser à son hôtel à Paris / dire... se tromper de train / aller à Chambéry / perdre la tête / offrir de l'aider / expliquer... avoir quatre choix / pouvoir prendre un avion / mettre sa vie dans les mains d'un ivrogne** (*drunkard*) **/ pouvoir s'adresser à la SNCF / remplir des fiches / pouvoir faire de l'autostop** (*hitchhike*) **/ être dangereux / pouvoir s'adresser à la paysanne / aider peut-être à trouver Mlle Chantier**

Mlle Martin a eu une drôle d'aventure. Elle _____

_____

_____

_____

_____

_____

_____

Le futur comme point de repère

Samedi prochain—J'imagine ce qui va se passer:
Il **sera** sept heures du matin. Il **fera** très froid. Je **serai** fatiguée, mais je **ferai** mon lit. J'**aurai** très peu **dormi** la veille. Je ne **serai rentrée** qu'à deux heures. Je **serai** très fatiguée pendant la journée, mais je **me coucherai** tôt le soir.

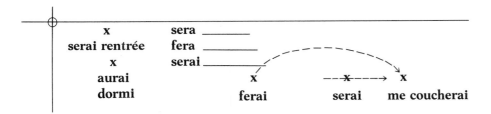

La narratrice est toujours située au présent. Mais cette fois elle imagine ce qui va se passer dans l'avenir. Son point de repère est donc un moment du *futur*—samedi prochain, sept heures du matin. Elle fait allusion à des événements qui précéderont ce moment futur (*au passé du futur*) ainsi qu'à quelques événements qui le suivront (au *futur du futur*).

Il arrive beaucoup moins souvent qu'on adopte un moment futur comme point de repère. D'ailleurs, le français ne fait pas de distinction entre le présent du futur et le futur du futur: dans les deux cas, on emploie le futur simple. Par conséquent, pour exprimer ces trois moments temporels (le *futur*, le *passé du futur*, le *futur du futur*), la narratrice n'utilise que deux temps verbaux—le **futur** et le **futur antérieur**.

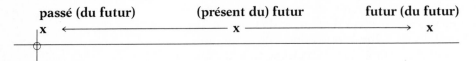

1. Le (présent du) futur et le futur du futur: Le **futur** sert à désigner le *présent du futur* (c'est-à-dire le point de repère) et aussi le *futur du futur* (tous les moments qui suivent le point de repère).

> Je **saurai** mercredi si nos amis **pourront** venir l'été prochain.
> Tu **recevras** dans deux ou trois jours une lettre que Georges **mettra** à la poste demain.

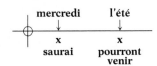

2. Le passé du futur: On emploie le **futur antérieur**[11] pour exprimer le *passé du futur*. Il sert à désigner une action future qui aura été ***complétée*** *avant une autre action future*—c'est-à-dire, avant le présent du futur:

> Je **jouerai** du piano quand elle **sera partie**. (jouer = *présent du futur* = futur; partir = *passé du futur* = futur antérieur)
> Après que vous **aurez payé** toutes les factures°, vous **serez** pauvre. (payer = *passé du futur* = futur antérieur; être = *présent du futur* = futur)

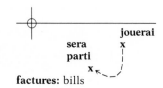

factures: bills

Application

M. Un spectacle Dada. Les Dadaïstes organisaient des spectacles théâtraux illogiques et anarchiques destinés à dérouter° les spectateurs bourgeois qui venaient y chercher quelque chose de raisonnable et d'artistique. Voici la description (imaginaire) d'un spectacle d'inspiration Dada. Lisez cette description, puis récrivez-la en mettant tous les verbes au futur.

dérouter: baffle

> Le rideau se lève. Un homme et une femme entrent en scène. L'homme lit silencieusement un journal pendant deux minutes. Puis la femme coupe le journal en petits morceaux. Ensuite, l'homme fait une danse japonaise. Après la danse, la femme va dans les coulisses°. L'homme récite un poème tout en consonnes de Kurt Schwitters. La femme revient. L'homme et la femme voient un deuxième homme portant un masque. Celui-ci chante (très mal) pendant deux minutes. Un autre homme dessine une seule ligne en craie° sur un tableau noir. Un autre type° le suit et efface la ligne au fur et à mesure° que le premier

coulisses: offstage

craie: chalk
type: guy
au fur... : while, as

---

[11]Le **futur antérieur** comprend le futur du verbe auxiliaire (**avoir** ou **être**) et le participe passé: **j'aurai fini / elle sera partie / nous nous serons couchés.** Voir **l'Appendice** pour une explication plus détaillée.

la dessine. Le dessinateur s'adresse aux spectateurs. Ces derniers° hurlent des injures° contre l'artiste. Celui-ci leur demande ce qu'ils veulent voir. À ce moment-là, le rideau descend et les spectateurs partent.

derniers: the latter
hurlent... : shout insults

Le rideau se lèvera. _____

_____

_____

_____

_____

_____

_____

_____

_____

_____

_____

N. Un spectacle Dada (suite). Cette fois, récrivez la description du spectacle en précisant le rapport temporel entre chaque action. Utilisez les expressions **quand, après que, dès que**.

Dès que le rideau se sera levé, l'homme et la femme entreront en scène. Après qu'ils _____

_____

_____

_____

_____

_____

_____

_____

_____

_____

_____

O. La vie d'André: l'île. En route vers son île «déserte», André, le héros du «Paradis perdu», imaginera la vie qu'il aura au Paradis. Mais il y a certaines réalités qu'il n'imaginera pas. Utilisez les expressions suggérées pour parler d'abord des rêves d'André et ensuite des réalités qu'il trouvera dans l'île. Mettez les verbes au futur ou, si c'est nécessaire, au futur antérieur.

Ex. M, N, and O, **E.O.**, p. 197.

You can find additional exercises on the future as a reference point on p. A 40 of this text (**E.E.**).

Ce qu'il imaginera

Expressions: **voir des palmiers et des cocotiers / aller tout nu / s'amuser à poursuivre des papillons / pouvoir nager à toute heure du jour ou de la nuit / être tout seul pour toujours**

Dans quelques heures j'aborderai dans l'île de mes rêves. Je _____

_____

_____

_____

_____

_____

Ce qu'il ne saura pas

Expressions: **y avoir des ouvriers / (déjà) construire un hôtel touristique / être en train de préparer le terrain pour un deuxième hôtel / (déjà) planter une forte charge de dynamite / (bientôt) faire sauter le terrain / être blessé**

Hélàs! L'île ne correspondra pas aux rêves d'André. Dans cette île _____

_____

_____

_____

_____

_____

L'emploi des prépositions et des conjonctions pour exprimer les rapports de temps

Comme nous venons de le voir, les temps verbaux servent à indiquer les rapports temporels entre actions. Pourtant, il est possible de renforcer et de préciser davantage les rapports de temps en utilisant des prépositions et des conjonctions. En particulier, on peut les employer pour souligner les rapports de *simultanéité*, d'*antériorité* et de *postériorité*.

Préposition ou conjonction?

En anglais, les prépositions et les conjonctions ont souvent exactement la même forme—par exemple, *before, after, while.*

> I left *before* dawn.   (préposition)
> I left *before* they woke up.   (conjonction)

En français, il faut souvent distinguer entre la forme prépositionnelle (**avant, après, en**) et la conjonction (**avant que, après que, pendant que**).

> Je suis parti **avant** l'aube.   (préposition)
> Je suis parti **avant qu'**ils se réveillent.   (conjonction)

En général, si deux actions (verbes) ont le même sujet, on emploie une *préposition;* si deux actions (verbes) ont des sujets différents, on emploie une *conjonction.*[12] Cette distinction a de l'importance parce qu'*une conjonction* est toujours suivie d'*un verbe conjugué*, tandis qu'*une préposition* est suivie d'*un infinitif* (ou, dans le cas d'**en**, d'*un participe présent*).

> Elle est contente **que tu chantes**.   (conjonction + verbe conjugé)
> Elle est contente **de chanter**.   (préposition + infinitif)
> Elle est contente **en chantant**.   (en + participe présent)

En plus, si on emploie une conjonction, il faut décider si le verbe sera conjugué à l'*indicatif* ou au *subjonctif.*[13] Par conséquent, en étudiant les rapports temporels qui suivent, il faut faire bien attention à la distinction préposition-conjonction.

The subjunctive will be reviewed and studied in much greater detail in **Unité Cinq.** If you need to review the forms of the subjunctive, you will find an explanation on p. 195 of this text (**E.E.**).

Un rapport de simultanéité

Des actions *simultanées* sont des actions qui se produisent, au moins partiellement, en même temps, au même moment. Elles peuvent avoir lieu au passé, au présent ou au futur. Pour souligner un rapport de *simultanéité* on peut utiliser les expressions suivantes qui varient selon leur emploi grammatical et aussi selon leur sens précis.

Prépositions	Conjonctions + *indicatif*
en (*while*)	pendant que (*while*)
—	quand (*when*)
—	lorsque (*when*)
—	dès que (*as soon as*)
—	aussitôt que (*as soon as*)

---

[12]Il y a certaines conjonctions qui n'ont pas d'équivalent prépositionnel (par exemple, **jusqu'à ce que, quoique**). Dans ces cas-là, qu'il y ait un ou deux sujets, on emploie toujours la conjonction.

[13]Pour une discussion de la distinction indicatif-subjonctif ainsi qu'une révision des formes du subjonctif, voir la page 195.

1. La préposition **en**. Quand la préposition **en** est suivie d'un verbe, il faut utiliser le *participe présent* du verbe.[14] On peut utiliser **en** + participe présent seulement si le sujet des deux verbes de la phrase est le même et que l'action des deux verbes se fait en même temps.

> **En attendant,** je lirai le journal.
> On peut voir beaucoup de choses **en voyageant.**

Dans le cas d'un verbe pronominal, le pronom s'accorde avec le sujet.

> *Nous* avons cassé deux verres **en nous dépêchant.**

2. La conjonction **pendant que**. La conjonction **pendant que** s'emploie généralement si les verbes ont deux sujets différents. Elle est toujours suivie d'un verbe conjugué à un temps de l'indicatif. Elle peut indiquer deux actions parallèles, ou elle peut indiquer une action un peu plus longue interrompue par une action un peu plus courte. Dans le cas de deux actions parallèles, les verbes des deux actions sont au même temps:

> **Pendant que** tu **seras** chez le dentiste, je **m'occuperai** de la voiture.
> **Pendant que** je **préparais** le dîner, les enfants **jouaient** dans la salle de séjour.

Quand il s'agit de deux actions inégales (l'une servant de fond° à une autre—voir page 22), on utilise deux temps différents. **Pendant que** sert à signaler l'action de fond (l'action plus longue). Cette situation se produit souvent au passé et l'action de fond est toujours à l'imparfait.

> **Pendant que** nous **voyagions** en France, Paul **a eu** un accident.
> **J'ai fait** sa connaissance **pendant qu'**elle **était** chez les Rambler.

3. Les conjonctions **quand, lorsque, dès que, aussitôt que**. Ces conjonctions n'ont pas d'équivalent prépositionnel; par conséquent, on les emploie avec un seul sujet et aussi avec deux sujets différents. Elles servent surtout à relier deux actions qui se produisent *au même moment* ou presque; par conséquent, les temps des deux verbes sont souvent les mêmes.[15]

> **Quand** je l'**ai vue**, je **me suis présenté** à elle.
> Elle **rêvait** de Paris **quand** elle **était** jeune.
> **Lorsqu'**il **commence** à pleuvoir, je **mets** tout de suite mon imperméable°.
> **Quand** je les **verrai**, je leur **dirai** bonjour de ta part.
> Nous te **téléphonerons dès que** nous **rentrerons.**
> **J'achèterai** de nouvelles chaussures **aussitôt qu'**elles seront en solde.

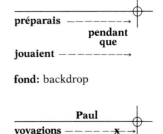

fond: backdrop

imperméable: raincoat

---

[14]Le *participe présent* se termine toujours en **-ant**. Pour une explication de la formation du participe présent, voir **l'Appendice**.

[15]En français, l'emploi du **futur** est obligatoire quand on parle du futur. Cela pose un problème aux anglophones, car en anglais on utilise le présent: *When I **see** them, I will say hello for you.* Mais en français il faut dire: **Quand je les verrai...** . On trouve cette structure après les conjonctions **quand, lorsque, dès que, après que** et **aussitôt que**.

Quand et **lorsque** peuvent s'employer aussi dans des phrases où les temps des verbes diffèrent. En général, il s'agit d'une action passée qui interrompt une autre action passée.

> Je **lisais quand** le téléphone **a sonné.**
> **Lorsque** nous **avons vu** les enfants, ils **jouaient** dans la cour.

Un rapport d'antériorité

L'*antériorité* indique qu'une action s'est produite *complètement* **avant** une autre action—c'est-à-dire, la première action a été terminée avant le commencement de la seconde action. Pour souligner un rapport d'antériorité, on peut utiliser les expressions suivantes, qui varient selon leur emploi grammatical et selon leur sens précis.

Prépositions	Conjonctions + *subjonctif*
avant de (*before*)	avant que (*before*)
jusqu'à	jusqu'à ce que (*until*)

1. Les expressions **avant de** et **avant que.** Nous avons déjà étudié l'expression **avant de**, qui s'emploie quand les deux verbes ont le même sujet. Si les verbes ont des sujets différents, il faut utiliser **avant que** et le *présent du subjonctif.*

> Elle chantera **avant de partir.**
> Elle chantera **avant que nous partions.**

> **Avant de nous coucher,** nous avons embrassé tous les invités.
> **Avant que nous nous couchions,** maman nous a lu une histoire.

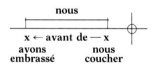

2. La conjonction **jusqu'à ce que:** La conjonction **jusqu'à ce que** est toujours suivie du *présent du subjonctif.*

> Nous serons ici **jusqu'à ce que tu reviennes.**
> Elle nous a dit de rester chez nous **jusqu'à ce qu'elle téléphone.**

Jusqu'à ce que, comme **avant que**, utilise le *présent du subjonctif* même si on parle du passé.

Un rapport de postériorité

La postériorité, comme l'antériorité, indique qu'une première action a été terminée avant le commencement d'une seconde action. Les expressions de postériorité parlent du point de vue de la seconde action en soulignant qu'elle s'est produite *complètement* **après** l'autre action. Pour souligner un rapport de postériorité, on peut utiliser les expressions suivantes, qui varient selon leur emploi grammatical et selon leur sens précis.

Prépositions	Conjonctions + indicatif
après (*after*)	après que (*after*)
—	quand (*when*)
—	lorsque (*when*)
—	dès que (*as soon as*)
—	aussitôt que (*as soon as*)

1. Nous avons déjà étudié la préposition **après** (page 42), qui s'emploie quand les deux verbes ont le même sujet. **Après** est suivi du passé de l'infinitif.

> **Après avoir fini**, il ira en ville.
> Nous regardons les actualités° tous les soirs **après être rentrées** de l'école.
> **Après m'être levée**, j'ai fait ma toilette.

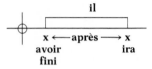

actualités: news

2. La conjonction **après que** s'emploie quand les deux verbes ont des sujets différents. On l'emploie très souvent pour parler de l'avenir. Dans ce cas-là, elle est suivie du *futur antérieur*.

> **Après qu**'elle **aura fini** ses devoirs, nous pourrons sortir.
> Je leur parlerai **après qu**'ils **se seront installés**.

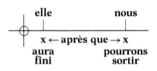

Quand on l'emploie pour parler du passé, il est suivi du passé composé.

> **Après qu**'il **est parti**, nous avons commencé à parler de sa proposition.

3. Les conjonctions **quand, lorsque, dès que, aussitôt que** peuvent indiquer des rapports de simultanéité *ou* des rapports de postériorité. Cela pose un problème quand on parle de l'avenir. Si elles désignent un rapport de simultanéité et que l'une des actions est au futur, l'autre est au futur aussi.

> **Quand** je **recevrai** la lettre, je te **téléphonerai** tout de suite.
> Je leur en **parlerai dès qu**'ils **arriveront**.

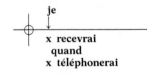

Si elles désignent un rapport de postériorité (c'est-à-dire qu'elles insistent sur le fait que l'une des actions *précède* l'autre, que la deuxième action commence seulement *après la fin de la première*), la première action est au **futur antérieur**:

> **Quand** j'**aurai fini** la lettre, je te la **montrerai**.
> Nous **dînerons dès qu**'ils **seront partis**.

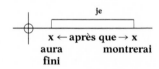

Si elles désignent un rapport de postériorité et que l'une des actions soit au passé, l'autre est au passé aussi.

> **Quand** je **suis rentrée**, mon frère m'**a donné** mon courrier.

Application

P. Les Tiger. M. et Mme Tiger ont un mariage non traditionnel. Mme Tiger va au travail; M. Tiger reste à la maison avec leurs deux enfants (Jean-Pierre et Nicolas). Combinez les deux phrases (ou les deux propositions) qui parlent des activités de la famille Tiger en utilisant l'expression convenable et en faisant tous les changements nécessaires.

> **MODÈLE:** Jean-Pierre regardait jouer son petit frère. Ses parents se disaient au revoir. (en / pendant que)
>
> *Jean-Pierre regardait jouer son petit frère pendant que ses parents se disaient au revoir.*

1. M. Tiger doit faire la vaisselle. Ensuite sa femme rentrera. (avant de / avant que)

   _____

2. Mme Tiger s'est maquillée. Ensuite elle s'est habillée. (avant de / avant que)

   _____

3. Vendredi matin M. Tiger s'est réveillé. Ensuite il est resté au lit pendant une demi-heure. (après / après que)

   _____

4. M. Tiger faisait les lits. En même temps, il pensait au roman qu'il lisait. (en / pendant que)

   _____

5. M. Tiger s'occupera des enfants. Finalement sa femme rentrera. (jusqu'à ce que)

   _____

6. Les invités partiront. Ensuite M. Tiger passera l'aspirateur (*vacuum cleaner*) dans la salle de séjour (*living room*). (après / après que)

   _____

7. M. Tiger jouait avec Jean-Pierre. Nicolas a eu un accident. (quand / pendant que)

   _____

8. Mme Tiger est rentrée. M. Tiger a servi le dîner tout de suite. (après que / dès que)

   _____

9. M. Tiger voulait arrêter Jean-Pierre. Autrement il verserait toute une boîte de détersif (*detergent*) dans la machine à laver. (avant de / avant que)

   _____

10. M. Tiger regardait la télé. En même temps il pensait à ce qu'on mangerait le lendemain. (en / pendant que)

    _____

Q. Quand? Répondez aux questions suivantes en indiquant *quand* l'action ou la condition se réaliseront ou se seront réalisées. Utilisez le *futur* ou le *futur antérieur* et une des conjonctions suivantes: **quand, lorsque, dès que, aussitôt que.**

MODÈLES: Quand verras-tu le film? (je / avoir du temps libre)
Quand (dès que) j'aurai du temps libre.

Quand regarderont-ils la télé? (ils / finir leurs devoirs)
Quand (aussitôt qu') ils auront fini leurs devoirs.

1. Quand feras-tu tes devoirs? (je / rentrer)

_____

2. Quand pourrons-nous partir? (Jean-Luc / arriver)

_____

3. Quand pourrons-nous sortir? (nous / faire la vaisselle)

_____

4. Quand te coucheras-tu? (je / être trop fatiguée pour lire)

_____

5. Quand est-ce que tes parents pourront se reposer? (le bébé / s'endormir)

_____

6. Quand saurons-nous les résultats? (le professeur / les annoncer)

_____

7. Quand est-ce que tu téléphoneras? (je / avoir des nouvelles)

_____

8. Quand est-ce que vous lui en parlerez? (il / revenir)

_____

9. Quand est-ce que nous pourrons fumer? (l'avion / décoller—*take off*)

_____

10. Quand aura-t-elle le droit de conduire? (elle / avoir 18 ans)

_____

R. Au musée. Combinez les deux phrases en utilisant une préposition ou une conjonction pour exprimer le rapport suggéré:

MODÈLES: (le gardien) passer une mauvaise heure / (Mathieu) être au musée (simultanéité, futur)

Le gardien passera une mauvaise heure pendant que (quand) Mathieu sera au musée.

(les Belœil) visiter plusieurs salles / (les Belœil) quitter le musée (antériorité, passé)

Les Belœil ont visité plusieurs salles avant de quitter le musée.

1. (le gardien) surveiller Mathieu / (il) quitter le musée (antériorité, futur)

_____

2. (M. Belœil et son fils) manger une pomme / (ils) regarder une nature morte de Cézanne (simultanéité, passé)

_____

3. (la famille Belœil) quitter la salle des Impressionnistes / (le gardien) trouver par terre un trognon de pomme (postériorité, futur)

_____

4. (Mme Belœil) regarder un tableau de Magritte / (son mari) se frotter le pied (simultanéité, présent)

_____

5. (la famille) visiter la salle des Cubistes / (la famille) sortir du musée (postériorité, futur)

_____

6. (Mathieu) monter sur une statue / (la famille) entrer dans le musée (antériorité, passé)

_____

7. (Mme Belœil) voir le portrait de son mari / (elle) s'esclaffer (simultanéité, futur)

_____

8. (Mathieu) embêter son père / (il) lui acheter un cadeau (antériorité, passé)

_____

9. (Mathieu) dessiner sur le mur / (le gardien) le saisir au collet (simultanéité, passé)

_____

10. (Mathieu) faire tourner la roue de bicyclette / (Mathieu) aller dans la salle des Cubistes (antériorité, futur)

_____

S. Une journée typique. Utilisez les expressions données pour parler de ce que vous faites pendant une journée typique. Il n'est pas nécessaire de suivre l'ordre chronologique.

Ex. P, Q, and R, **E.O.**, pp. 198–199.

You can find additional exercises on prepositions and conjunctions of time on p. A 41 of this text (**E.E.**)

MODÈLES: avant de

Avant de me lever, j'écoute la radio pendant quelques minutes. ou

Avant d'aller au cours, je prends le petit déjeuner.

1. avant de _____

_____

2. après _____

_____

3. en _____

_____

4. pendant que _____

_____

5. quand _____

_____

6. dès que _____

_____

7. avant que _____

_____

8. après _____

_____

9. jusqu'à ce que _____

_____

10. après que _____

_____

11. lorsque _____

_____

12. aussitôt que _____

_____

Mise au point: résumé des temps verbaux

Les tableaux suivants organisent les différents moments temporaux:

		PRÉSENT		
Passé du présent ⟵		**Présent du présent**	⟶	**Futur du présent**
passé composé	**venir de** (*présent*) **depuis (voilà... que, il y a... que, cela fait... que)** (*présent*)	présent	**être sur le point de** (*présent*) **aller** + inf. (*présent*)	futur

		PASSÉ		
Passé du passé ⟵		**Présent du passé**	⟶	**Futur du passé**
plus-que-parfait	**venir de** (*imparfait*) **depuis (voilà... que, il y avait... que, cela faisait... que)** (*imparfait*)	passé composé, imparfait	**être sur le point de** + inf. (*imparfait*) **aller** + inf. (*imparfait*)	conditionnel

	FUTUR	
Passé du futur ⟵	**Présent du futur** ⟶	**Futur du futur**
futur antérieur	futur	futur

Application

T. Les vacances de Gaspar. Répondez aux questions d'après le calendrier. Le présent, c'est le 22; le point de repère se déplacera selon la question. Utilisez des expressions temporelles autant que possible.

Juillet

1. C'est aujourd'hui le mercredi 22. Depuis combien de temps est-ce que Gaspar est en vacances?

   _____

2. Il a commencé ses vacances le premier. Qu'est-ce qu'il a fait le lendemain?

   _____

3. Quand est-ce qu'il a fait du vélo? Était-ce le jour où il est allé à la discothèque?

   _____

4. Quel jour a-t-il fait de la peinture?

_____

5. Est-ce qu'il a fait de la peinture avant d'aller à la discothèque?

_____

6. Est-ce que Gaspar a aidé Lulu à construire sa cabane dimanche après-midi? Qu'a-t-il fait?

_____

7. Pourquoi est-ce que Gaspar ne s'est pas levé de bonne heure lundi matin?

_____

8. Le dimanche 12 Gaspar a fait de l'alpinisme. Est-ce que Anne a fini sa cabane après que Gaspar avait fait de l'alpinisme?

_____

9. Quel dimanche est-ce que Gaspar a joué au golf avec Anne?

_____

10. Est-ce que Gaspar et Anne ont dîné au restaurant pour célébrer la fête nationale française? Quand ont-ils été au restaurant?

_____

11. Sont-ils allés au restaurant avant l'accident de Gaspar? (*venir de*)

_____

12. Est-ce que Gaspar est allé au restaurant après avoir fait de la pêche?

_____

13. Ils ont regardé le feu d'artifice (*fireworks*) le mardi 14 juillet. Quel jour est-ce que Gaspar a eu son accident?

_____

14. Gaspar et Anne ont joué au golf le 19. Est-ce qu'il a commencé à pleuvoir ce jour-là?

_____

15. Ils ont joué au golf l'après-midi. Pourquoi ne sont-ils pas allés au cinéma le soir? (*3 jours*)

_____

16. C'est aujourd'hui le 22. Gaspar va chercher sa voiture. Ça fait combien de temps qu'elle est au garage?

_____

17. Quel temps a-t-il fait avant-hier?

_____

18. Quand est-ce que Gaspar et Anne iront à la fête foraine (_fair_)?

_____

19. Quel jour est-ce que Gaspar ira chez le dentiste?

_____

20. Quand est-ce que Gaspar ira à la plage? (_faire du soleil_)

_____

21. Est-ce que Gaspar et Anne feront du bateau avant que Gaspar aille chez le dentiste? (_après que_)

_____

22. Et avant que Gaspar répare la télévision? (_déjà_)

_____

23. Pourquoi Gaspar sera-t-il de mauvaise humeur le 31 juillet?

_____

24. Pourquoi Anne sera-t-elle heureuse le 1ᵉʳ août?

_____

U. Deux histoires. Faites un court résumé des histoires indiquées. Suivez les indications données et faites attention aux temps verbaux.

1. «Le Château dans le bois»: Racontez _au passé_ les activités de la bonne en prenant comme point de référence l'image 2 (page 65):

Il était quatre heures moins vingt. La bonne essayait de _____

_____ _quand elle a vu_ _____

_____

Quelques heures avant _____

_____

_____

Trois heures après _____

_____

_____

2. «Le Paradis perdu»: Racontez *au présent* les aventures d'André en prenant comme points de référence le 3 février et le moment où il a jeté sa serviette:

C'est aujourd'hui le 3 février. André est à l'hôpital. _____

_____

_____

Il y a huit jours il a jeté _____

_____

_____

Ce matin-là _____

_____

_____

La semaine prochaine _____

_____

_____

■ *Activités écrites*

A. Une lettre. Arrivée enfin à Chambéry, Élizabeth (l'héroïne de «Débrouillez-vous, Mademoiselle!»), écrit une lettre à un(e) ami(e) américain(e). Dans cette lettre, elle raconte son voyage, puis elle parle de ce qui se passera demain quand elle verra enfin Mme Chantier.

B. Un voyage inoubliable. Racontez un voyage que vous avez fait—avec votre famille, avec des amis, seul(e). Précisez où et quand vous avez fait ce voyage. Parlez non seulement du voyage, mais des préparatifs et des résultats. Prenez comme point de repère le moment du départ.

C. Les Français et les Américains. Votre famille va recevoir un(e) étudiant(e) français(e) pour un séjour de quelques mois. Vous lui écrivez une lettre pour le(la) familiariser avec ce qu'il(elle) trouvera chez vous. En particulier, vous lui racontez ce que sera une journée typique—pour lui(elle) et les autres membres de votre famille, en comparant cette journée à une journée typiquement française (voir l'extrait reproduit ci-dessous). Prenez comme point de repère le futur—quand votre invité(e) sera chez vous.

Suggestion, Act. C: First, read the description of a typical day in France (**Une journée pour les Français**), then pick out points of similarity and difference on which to base your letter.

Une journée avec les Français

7 h: quelquefois une demi-heure avant, rarement une demi-heure après, le réveil sonne... Sauf le mercredi pour les enfants bien sûr: jour sans école où ils peuvent faire la grasse matinée° jusqu'à 8 h, 9 h ou plus. C'est souvent le père qui est debout le premier: il aime bien avoir la salle de bains à lui tout seul pour se raser°. Après lui, elle est libre et ouverte au plus courageux. Pendant ce temps-là, il va préparer le petit déjeuner dans la cuisine. À moins que la mère ne l'y ait précédé. Le petit déjeuner: c'est le plus souvent une tasse de café noir ou un bol de café au lait avec une ou deux tartines de pain beurré. Les enfants ajoutent, selon leurs goûts, de la confiture ou du miel.

8 h, 8 heures et demie: heure d'ouverture des écoles, des collèges et des lycées. Il faut partir à temps pour ne pas être en retard. À la campagne, les enfants prennent le car de ramassage,° en ville l'autobus. Les autres vont à pied ou sont conduits en voiture — soit par le père, soit par la mère si elle travaille (ou plutôt si elle travaille à l'extérieur, car de tout façon, à la maison, le travail ne manque pas).

Midi, 13 h: le système de la journée continue est fréquemment appliqué aujourd'hui dans les villes, et les enfants déjeunent à la «cantine» de l'école, les parents au «restaurant d'entreprise» ou à un petit restaurant voisin. Beaucoup d'ouvriers emportent un léger repas froid (un «casse-croûte») ou, mais de plus en plus rarement, un plat à réchauffer dans une «gamelle».°

16 h–17 h: les jeunes enfants, s'il y a quelqu'un à la maison pour le leur préparer, aiment bien avoir un goûter: pain et confiture ou chocolat, par exemple.

18 h–19 h: tout le monde, le plus souvent, est rentré du bureau, de l'usine, de l'école, etc. Les enfants ont des devoirs à faire, les parents du courrier ou des rangements... On dîne en général vers 20 heures. C'est la demi-heure du journal télévisé.° Assez souvent on le regarde en mangeant... Au menu du dîner: quelque chose pour commencer, un plat de viande ou de poisson,° accompagné de légumes verts ou secs, souvent une salade verte, un fromage, un dessert et/ou des fruits.

Mais quelquefois, il y a un (ou plusieurs) invité(s). Il est venu un peu plus tôt pour l'apéritif et il passera la soirée avec eux. Si c'est un étranger qui, pour la première fois, «dîne en ville», ce sera pour lui une épreuve.°

D. Un petit mot. Vous avez invité un(e) ami(e) à venir passer le week-end chez vous. Ce sera la première fois qu'il(elle) aura visité votre maison. Vous lui écrivez un petit mot pour confirmer l'invitation, pour fixer tous les détails et pour lui indiquer exactement où se trouve votre maison.

E. Bon voyage! Vous écrivez à un(e) ami(e) québecois(e) que vous allez rejoindre à New York; de là, vous allez tous les deux partir passer l'automne en Europe. Arrangez les dates, le vol, l'arrivée. Racontez les préparatifs de voyage que vous avez déjà faits, ce qui vous reste à faire et ce que votre ami(e) doit faire avant le départ. Puis, proposez un itinéraire en indiquant ce que vous voudriez voir, visiter et faire en Europe.

faire la grasse matinée: to sleep late
se raser: to shave

car de ramassage: schoolbus

gamelle: mess-kit, bowl

journal télévisé: TV news
poisson: fish

épreuve: an ordeal

L'Expression des désirs, des sentiments et des opinions

- *Expressions idiomatiques*
- *Structures grammaticales*
  - *Activités écrites*

■ *Expressions idiomatiques*

Je ne **m'attendais** pas **à** te voir ici, mon frère.

1. attendre *quelqu'un* ou *quelque chose:* to wait for someone or something

s'attendre à *quelque chose*
s'attendre à + *infinitif*
s'attendre à + **ce que** +
sujet + *verbe au subjonctif* } to expect

J'**attends** l'autobus depuis un quart d'heure.
Ils **ont attendu** Chantal, mais elle n'est pas venue.
Je **m'attends à** tout.
S'attendait-il **à** être reçu à l'examen? Oui, il **s'y attendait**.
Nous **nous attendons à ce que** vous veniez.

Attendre est suivi d'un complément d'objet direct. **S'attendre à** peut être suivi d'un nom, d'un infinitif ou de **ce que** + *subjonctif*. On emploie le pronom **y** pour remplacer le complément.

EXERCICES

A. Composez une phrase au temps indiqué en employant les éléments donnés:

1. je / attendre / les autres / jusqu'à midi (*futur*)
2. elle / s'attendre / un public / plus grand (*imparfait*)
3. nous / s'attendre / trouver / un bon emploi (*présent*)
4. pendant combien de temps / attendre / tu / le train (*passé composé*)
5. ils / s'attendre / tu / leur / dire / la vérité (*présent*)
6. vous / s'attendre / cela / d'elle? (*imparfait*)

---

2. avoir *quelque chose* **à** + *infinitif*: to have something + *infinitive*

Elle **a** deux livres **à** *lire*.
Qu'est-ce qu'ils vont devenir? **Ils** n'**ont** rien **à** *manger*.
Nous n'**avons** pas de devoirs **à** *faire*.

EXERCICES

B. Complétez la phrase en ajoutant *à* et un infinitif.

1. Le peintre a deux façades...
2. Avez-vous des devoirs...
3. L'inspecteur a trois crimes...

4. As-tu soif? Oui, mais, je n'ai rien...
5. Écoutez-les; ils ont quelque chose...

C. Réagissez aux situations suivantes en utilisant une forme convenable d'*avoir... à.*

1. Est-ce que tu veux sortir ce soir?
   Non, je ne peux pas, _____ .
2. Veux-tu aller à la bibliothèque avec nous?
   Oui, je voudrais bien, _____ .
3. Pourquoi as-tu besoin de timbres?
   _____ .
4. Est-ce que nous allons dîner au restaurant ce soir?
   Oui, je n'ai pas eu le temps de faire les courses, _____ .

Son travail? **N'importe qui** pourrait le faire mieux que lui.

3. n'importe qui: anyone, no matter who
n'importe quoi: anything, no matter what
n'importe où: anywhere, no matter where
n'importe quand: anytime, no matter when
n'importe comment: no matter how, in any way
n'importe quel(le) + *nom*: just any...

N'importe qui peut apprendre à parler français.
Il fera **n'importe quoi** pour réussir.
J'irais **n'importe où** pour trouver une bonne tasse de café.
À quelle heure voulez-vous que nous venions? Venez **n'importe quand**.
Ne faites pas vos devoirs **n'importe comment**.
On peut acheter ces articles dans **n'importe quelle** épicerie.

On emploie l'*indicatif* après toutes ces expressions.

EXERCICES

D. Remplacez le tiret par une forme de *n'importe* qui convient. Il y a parfois plus d'une réponse possible.

1. Je vais partir. J'irai _____ , mais je vais partir.
2. Achetez ces disques à _____ prix.
3. _____ pourrait trouver la solution.
4. Il ferait _____ pour ne pas perdre sa situation.
5. Vous pourrez me téléphoner à _____ heure du soir.
6. C'est curieux! Il travaille _____ mais les résultats sont souvent très bons.
7. Qu'est-ce que tu veux comme boisson? _____ .
8. Je vous aiderai _____ .

E. En vous inspirant de votre expérience personnelle, écrivez des phrases qui utilisent les expressions suivantes:

n'importe qui	n'importe quel(le)
n'importe quoi	n'importe où
n'importe quand	n'importe comment

Le bûcheron **n'en peut plus**.

4. ne plus en pouvoir: to be worn out, not to be able to do or have or take any more

Je **n'en peux plus**.
Ils **n'en pouvaient plus**.

EXERCICE

F. Remplacez le tiret par la forme indiquée de *ne plus en pouvoir*.

1. Je voudrais continuer, mais je _____ . (*présent*)
2. Elle a quitté son travail. Elle _____ . (*imparfait*)
3. Ils _____ . Ils faut qu'ils prennent des vacances. (*présent*)
4. Nous _____ , alors nous avons décidé de rentrer. (*imparfait*)

Le général **emmène** Gaspar à la fusée qui doit **l'emporter** vers la lune.

5. prendre *quelque chose*: to take in one's hand; to eat or drink; to use for transportation

emporter *quelque chose*: to take or carry s.th. away

emmener *quelqu'un*: to take or lead s.o. away

enlever *quelque chose*: to take off or away

Il **a pris** son couteau.
Elle va **prendre** un fruit comme dessert.
Prenons le métro.
Nous allons **emporter** des provisions pour un pique-nique.
Le vent **a emporté** tous nos arbustes.
Cet homme est fou; **emmenez**-le!
Tu dois **enlever** ton chapeau.
Je frotte la table pour **enlever** cette tache d'huile.

EXERCICE

G. Remplacez le tiret par la forme indiquée du verbe qui convient (*prendre, emporter, emmener* ou *enlever*).

1. Qu'est-ce que vous voulez comme hors-d'œuvre, Madame? Je _____ une assiette de crudités. (*futur proche*)
2. Quand il _____ ses lunettes, il ne voyait absolument rien. (*imparfait*)
3. Si tu es libre, je t'_____ au cinéma. (*présent*)
4. N'oubliez pas d'_____ des vêtements chauds quand vous irez en Écosse. (*infinitif*)
5. Comment va-t-elle _____ son maquillage? (*infinitif*)
6. On _____ les blessés à l'hôpital dans une ambulance. (*passé composé*)
7. Elles _____ le train pour aller à La Baule. (*passé composé*)
8. _____ tes coudes de la table; ce n'est pas poli! (*impératif*)
9. Quand ils font une promenade, les Gautier _____ souvent leurs enfants par la main. (*présent*)
10. Le courant _____ le petit canot loin du rivage. (*passé composé*)

6. Si + *imparfait* + ?: how about...?; why not...?; what if...? (suggestion)

Si on allait au cinéma ce soir?
Si tu me donnais encore une boisson?
Si nous prenions le métro?

EXERCICE

H. Inventez une phrase en utilisant *si* et les éléments donnés:

MODÈLE: nous / faire une promenade

Si nous faisions une promenade?

1. on / attendre ici
2. je / faire des sandwichs
3. tu / me donner un coup de main
4. vous / lui téléphoner
5. on / aller en ville ce soir
6. nous / prendre quelque chose à boire

■ *Structures grammaticales*

On peut exprimer un désir (un sentiment, une opinion, un jugement) à propos de ses propres activités ou à propos des activités de quelqu'un d'autre. Par conséquent, il faut savoir distinguer entre l'emploi d'un infinitif ou l'emploi d'un verbe conjugué. Et dans ce dernier cas, il faut faire une distinction entre l'indicatif et le subjonctif.

Les mots *indicatif* et *subjonctif* ne désignent pas de temps verbaux, mais plutôt des *modes* grammaticaux. L'indicatif, qui comprend la plupart des temps que vous avez étudiés, présente l'action ou la condition décrites par le verbe comme un fait. Le subjonctif présente l'action ou la condition décrites par le verbe à travers un «filtre», c'est-à-dire, à travers la réaction du locuteur (la personne qui parle). Cette réaction peut prendre des formes variées. Elle peut exprimer les *sentiments* d'une personne à l'égard° d'une condition ou d'une activité qui concerne une autre personne: **Je regrette que tu sois malade. Elle est contente qu'il ne pleuve pas.** Ou bien, cette réaction peut prendre une forme plus active en exprimant le *désir* qu'a le locuteur d'influencer les actions ou la condition d'une autre personne: **Je veux qu'elle fasse ses devoirs. Il faut que tu sois au lit dans cinq minutes.** Ou bien, elle peut exprimer du *doute* à l'égard de la certitude ou de la réalité d'une action ou d'une condition: **Il est possible qu'elle vienne. Je ne pense pas que Georges soit à Paris.** Avec un peu de pratique, vous vous habituerez aux différences subtiles entre l'indicatif et le subjonctif, et leur emploi deviendra presque automatique. Pour le moment, pourtant, il faut apprendre à associer certaines expressions au subjonctif et d'autres à l'indicatif.

à l'égard de: toward

Pour cette raison, après une révision de la syntaxe de la phrase française, nous allons vous présenter plusieurs catégories de verbes et d'expressions, en vous montrant comment choisir entre l'infinitif, l'indicatif et le subjonctif.

La syntaxe de la phrase

L'emploi de l'infinitif

Pour relier deux verbes qui ont le même sujet, en général, on *conjugue* le premier verbe tandis que le second est *à l'infinitif.*[1]

> Elle **veut partir** demain.   (verbe conjugué + infinitif)
> Il **hésite à parler**. (verbe conjugué + préposition + infinitif)
> Nous **avons décidé de ne pas rester**.   (verbe conjugué + préposition + infinitif)

---

[1]S'il y a plus de deux verbes ayant le même sujet, le premier verbe est conjugué et tous les autres sont à l'infinitif: **Je voudrais pouvoir commencer à travailler.**

Remarquez que dans les deux derniers exemples, les verbes conjugués sont suivis d'une préposition (à, de). Cette préposition n'ajoute pas de sens à la phrase et ne se traduit pas. Elle est associée au verbe qui le précède et s'emploie chaque fois que ce verbe est suivi d'un infinitif. Certains verbes sont suivis de la préposition à, d'autres de la préposition de et d'autres sont suivis *directement* de l'infinitif. Voici une liste de verbes très fréquents qui se construisent souvent avec un infinitif.

Verbe + infinitif

aimer	espérer	savoir
aimer mieux	faire	sembler
aller	penser	valoir mieux
compter	pouvoir	vouloir
devoir	préférer	

You will find a more complete list of verbs and prepositions in the Appendix.

Verbe + à + infinitif

s'amuser à	s'habituer à	penser à
apprendre à	hésiter à	se préparer à
arriver à	s'intéresser à	réussir à
commencer à	inviter à	travailler à
continuer à	se mettre à	

Verbe + de + infinitif

accepter de	empêcher de	refuser de
(s')arrêter de	essayer de	regretter de
cesser de	finir de	se souvenir de
choisir de	oublier de	venir de
se dépêcher de		

L'emploi du verbe conjugué

Pour relier deux verbes qui n'ont pas le même sujet, on conjugue les deux verbes et on utilise la conjonction **que**.

> Elle **sait que** je **pars** demain. (verbe conjugué + **que** + verbe conjugué à l'indicatif)
> Il **faut que** nous le **fassions**. (verbe conjugué + **que** + verbe conjugué au subjonctif)
> Je **pense qu'**elle est très intelligente.
> Je **suis** surprise **qu'**il **n'ait pas réussi** à l'examen.

Vous remarquerez que le premier verbe est *toujours* à l'indicatif. Il faut déterminer si le second verbe va être à l'*indicatif* ou au *subjonctif*. Ce choix dépend du sens du premier verbe.

1. **L'indicatif.** L'indicatif est le mode grammatical de base du verbe. Il indique qu'on présente ce qu'on dit comme un énoncé° sans interprétation. L'indicatif comprend une série de temps simples (**présent, imparfait, futur**) et une série correspondante de temps composés (**passé composé, plus-que-parfait, futur antérieur**). Ce sont les temps que vous avez étudiés à l'Unité Quatre.[2]

   énoncé: statement

2. **Le subjonctif.** Le subjonctif est le mode de *la subjectivité*. Ses temps principaux sont un temps simple (**le présent du subjonctif**) et un temps composé (**le passé du subjonctif**). Nous avons déjà utilisé le présent du subjonctif après quelques conjonctions temporelles (Unité Quatre). Dans cette unité, nous allons apprendre à former le passé du subjonctif, et ensuite nous allons étudier d'autres emplois du présent et du passé du subjonctif.

   a. **La formation du présent du subjonctif.** Le présent du subjonctif a les terminaisons suivantes pour tous les verbes (sauf **être** et **avoir**):

-e	-ions
-es	-iez
-e	-ent

   Vous remarquerez que les terminaisons pour **je, tu, il/elle/on** et **ils/elles** sont celles du présent de l'indicatif des verbes réguliers en **-er**; les terminaisons pour **nous** et **vous** correspondent à celles de l'imparfait.

   —Le radical du subjonctif de la plupart des verbes correspond à celui du présent de l'indicatif de la troisième personne du pluriel:

Infinitif	3e personne du pluriel du présent de l'indicatif	Radical	Subjonctif
parler	ils/elles parlent	**parl-**	que je **parle**, que nous **parlions**
choisir	ils/elles choisissent	**choisiss-**	que je **choisisse**, que nous **choisissions**
partir	ils/elles partent	**part-**	que je **parte**, que nous **partions**
descendre	ils/elles descendent	**descend-**	que je **descende**, que nous **descendions**
dire	ils/elles disent	**dis-**	que je **dise**, que nous **disions**

---

[2]Le **conditionnel** et le **passé du conditionnel** font partie d'un troisième mode grammatical, le **conditionnel,** qui présente l'action ou la condition décrites par le verbe comme un éventualité, une hypothèse.

—Beaucoup de verbes qui sont irréguliers au présent de l'indicatif forment le subjonctif de cette façon régulière. Pourtant, il y a quelques verbes dont la forme subjonctive a un radical *irrégulier*. Par exemple:

Infinitif	Radical	Subjonctif
falloir	**faill-**	qu'il **faille**
faire	**fass-**	que je **fasse**, que nous **fassions**
pleuvoir	**pleuv-**	qu'il **pleuve**
pouvoir	**puiss-**	que je **puisse**, que nous **puissions**
savoir	**sach-**	que je **sache**, que nous **sachions**

—D'autres verbes ont deux radicaux—l'un pour **nous** et **vous**, l'autre pour les autres formes. Le radical pour **nous** et **vous** correspond à celui de la première personne du pluriel de l'indicatif présent.

Infinitif	Radicaux	Subjonctif
aller	**aill-, all-**	que j'**aille**, que nous **allions**
croire	**croi-, croy-**	que je **croie**, que nous **croyions**
devoir	**doiv-, dev-**	que je **doive**, que nous **devions**
envoyer	**envoi-, envoy-**	que j'**envoie**, que nous **envoyions**
mourir	**meur-, mour-**	que je **meure**, que nous **mourions**
prendre	**prenn-, pren-**	que je **prenne**, que nous **prenions**
recevoir	**reçoiv-, recev-**	que je **reçoive**, que nous **recevions**
valoir	**vaill-, val-**	que je **vaille**, que nous **valions**
venir	**vienn-, ven-**	que je **vienne**, que nous **venions**
vouloir	**veuill-, voul-**	que je **veuille**, que nous **voulions**

—Seulement les verbes **être** et **avoir** ont des radicaux **et** des terminaisons irréguliers.

	être		avoir
que je	**sois**	que j'	**aie**
que tu	**sois**	que tu	**aies**
qu'il/qu'elle/qu'on	**soit**	qu'il/qu'elle/qu'on	**ait**
que nous	**soyons**	que nous	**ayons**
que vous	**soyez**	que vous	**ayez**
qu'ils/qu'elles	**soient**	qu'ils/qu'elles	**aient**

b. La formation du passé du subjonctif. Le passé du subjonctif est un temps composé. Il comprend le présent du subjonctif d'**avoir** ou d'**être** et le participe passé. Le participe passé s'accorde avec le sujet ou le complément d'objet direct comme pour le passé composé de l'indicatif.

parler	aller	se lever
que j'**aie parlé**	que je **sois allé(e)**	que je **me sois levé(e)**
que tu **aies parlé**	que tu **sois allé(e)**	que tu **te sois levé(e)**
qu'il/elle/on **ait parlé**	qu'il/elle/on **soit allé(e)**	qu'il/elle/on **se soit levé(e)**
que nous **ayons parlé**	que nous **soyons allé(e)s**	que nous **nous soyons levé(e)s**
que vous **ayez parlé**	que vous **soyez allé(e)(s)**	que vous **vous soyez levé(e)(s)**
qu'ils **aient parlé**	qu'ils **soient allés**	qu'ils **se soient levés**
qu'elles **aient parlé**	qu'elles **soient allées**	qu'elles **se soient levées**

c. L'emploi du présent et du passé du subjonctif. Dans la conversation, on emploie seulement deux temps du subjonctif: le présent du subjonctif ou le passé du subjonctif.[3] Le choix entre le présent et le passé du subjonctif dépend du rapport temporel entre le verbe principal et le second verbe.

—On emploie le *présent du subjonctif* quand l'action ou la condition décrites par le second verbe ont lieu *en même temps* ou *après* l'action du verbe principal. C'est-à-dire qu'il n'y a pas de futur du subjonctif; on utilise plutôt le présent du subjonctif.

Je suis content qu'elle **vienne**.   *(I am happy that she is coming (now). ou I am happy that she will come (tomorrow).)*

J'étais content qu'elle **vienne**.   *(I was happy that she was coming (at that moment). ou I was happy that she would be coming (soon).)*

Il est possible d'utiliser le *présent* du subjonctif pour parler d'une action *passée*—si cette action passée s'est produite en même temps que ou après l'action du verbe principal.

—On emploie le *passé du subjonctif* quand l'action du second verbe a lieu *avant* l'action du verbe principal.

Je suis content qu'elle **soit venue**.   *(I am happy that she came.)*
J'étais content qu'elle **soit venue**.   *(I was happy that she had come.)*

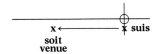

Le temps du verbe principal n'a pas d'importance en choisissant le temps du verbe de la proposition subordonnée. Ce qui compte, c'est le *rapport temporel* entre le verbe principal et le second verbe.

---

[3]Dans les textes littéraires, on trouve deux autres temps du subjonctif—l'**imparfait du subjonctif** et le **plus-que-parfait du subjonctif**.

Deux exceptions principales aux règles données ci-dessus.

1. Quand on emploie les verbes d'information—**penser, dire, savoir**—pour rapporter quelque chose, on utilise **que** *même s'il n'y a qu'un seul sujet*:

> Je **pense que** je suis assez intelligente.
> Il **a dit qu'**il aimait le film.
> Nous **savons que** nous sommes un peu fous.

Pourtant, quand ces verbes ont un sens particulier—par exemple, **penser** (*to intend*) et **savoir** (*to know how*)—dans ce cas-là, on emploie l'infinitif:

> Je **pense** y **aller** demain.
> Nous **savons nager**.

2. Quand il y a deux sujets différents, certains verbes peuvent se construire avec l'infinitif. Il faut apprendre les constructions suivantes:

   a. sujet + verbe conjugué + **à** + second sujet + **de** + infinitif

   > J'ai demandé à **Marie de faire** la salade.
   > Je **lui ai demandé de faire** la salade. (**lui** = complément d'objet indirect, à cause de la préposition **à**)
   > Elles **ont dit aux autres d'attendre.**
   > Elles **leur ont dit d'attendre.** (**leur** = complément d'objet indirect, à cause de la préposition **à**)

   Les verbes les plus fréquents de cette catégorie:

conseiller à... de...[4]	**écrire à... de...**
défendre à... de...	**interdire à... de...**
demander à... de...	**ordonner à... de...**
dire à... de...	**permettre à... de...**

   b. sujet + verbe conjugué + nom (pronom) complément d'objet direct + **de** + infinitif

   > J'**empêcherai Janine de partir.**
   > Je **l'empêcherai de partir.** (**l'** = **la** = complément d'objet direct)

   Les verbes les plus fréquents de cette catégorie:

   empêcher... de...
   persuader... de...
   soupçonner... de...

   c. sujet + verbe conjugué + second sujet + **à** + infinitif

   > J'**ai aidé ma sœur à préparer** le repas.
   > Je **l'ai aidée à préparer** le repas (**l'** = **la** = complément d'objet direct)

   Les verbes fréquents de cette catégorie:

   aider... à...   **inviter... à...**

---

[4]Les expressions **promettre à... de...** et **proposer à... de...** se construisent de la même façon. Il y a pourtant un seul sujet: J'**ai promis à Alain de faire la vaisselle.**

Application

A. Gaspar, encore une fois. Décrivez les activités de Gaspar en utilisant le verbe donné et un infinitif. Distinguez entre les verbes qui peuvent être suivis directement d'un infinitif et ceux qui ont besoin d'une préposition.

MODÈLE:

permettre

Gaspar permet à Lulu de payer l'addition.

1. aimer

2. ne pas aimer

3. oublier

4. apprendre

5. refuser

6. venir

7. se préparer

8. savoir

9. regretter

10. hésiter

11. inviter

12. défendre

L'Expression des désirs, des sentiments et des opinions   **199**

B. Un cocktail mondain. Un homme et une jeune femme font des commentaires sur les autres invités à un cocktail auquel ils assistent (*which they are attending*). Tous ces commentaires exigent l'emploi du subjonctif. Complétez-les en mettant la forme convenable du *présent* ou du *passé* du subjonctif.

1. Je ne pensais pas qu'André (revenir) _____, mais le voilà!

2. Oui, je suis surpris que Lulu (ne pas rester) _____ chez elle.

3. Tiens! Voilà Mlle Martin. La dernière fois que je l'ai vue, elle était furieuse que ses collègues (ne pas prendre) _____ au sérieux cette histoire du train.

4. Oui, il est possible qu'ils (être) _____ jaloux. Après tout, son père gagne un argent fou.

5. Tu vois cette vieille dame là-bas? Elle veut que nous (louer) _____ un appartement au dernier étage d'un immeuble sans ascenseur.

6. Oh, je ne sais pas. Il semble qu'elle (se disputer) _____ plusieurs fois avec les étudiants qui ont loué l'appartement l'été dernier.

7. Oh! Regarde. Voilà la maîtresse du château. Je suis désolé qu'elle (ne pas pouvoir) _____ venir chez nous le week-end dernier.

8. Moi aussi. Mais elle a beaucoup d'ennuis en ce moment. Son mari la divorce et elle n'est pas sûre que son avocat (savoir) _____ faire son métier.

9. Oh, non. Voilà Nancy. Elle est fâchée contre moi à cause de l'incident de mardi dernier. Mais, franchement, j'étais vraiment étonnée qu'elle (ne pas comprendre) _____ ce que je lui disais.

10. Ah, ma chère Anne, il faudra que tu (faire) _____ attention la prochaine fois. Il y a des gens qui ne sont pas raisonnables.

Les expressions de volonté

Les expressions de volonté servent à exprimer le désir du sujet. Elles sont suivies d'un infinitif si le sujet désire ou ne désire pas quelque chose *pour lui-même* et d'un verbe au subjonctif si le sujet désire ou ne désire pas quelque chose *pour quelqu'un ou quelque chose d'autre*. Puisque le désir concerne normalement l'avenir, on emploie presque toujours le présent du subjonctif.

> **Je voudrais voir** le nouveau film de Godard.
> **Ils voudraient** que **je voie** le nouveau film de Godard.

Voici quelques expressions de volonté qu'on emploie assez souvent:

aimer	désirer	souhaiter (*to wish*)
aimer bien	détester	vouloir
aimer mieux	exiger	vouloir bien
	préférer	

Application

C. **Un vieux château, des désirs cachés.** Utilisez les expressions entre parenthèses pour compléter les phrases suivantes qui expriment les désirs cachés des personnages du «Château dans le bois». Distinguez entre les phrases à un sujet et les phrases à deux sujets.

> **MODÈLES:** La vieille dame aimait (elle lit ses romans policiers)
> *La vieille dame aimait lire ses romans policiers.*
>
> Le maître aurait préféré (elle lit des livres plus sérieux)
> *Le maître aurait préféré qu'elle lise des livres plus sérieux.*

1. Le maître voulait (il s'enfuit avec la bonne)

_____

2. La maîtresse n'aimait pas (le maître est seul avec la bonne)

_____

3. Le jardinier ne voulait pas (la vieille dame voit la cave)

_____

4. Le beau-frère souhaitait (il profite des actions illégales du maître et de la maîtresse)

_____

5. Le maître aurait préféré (le beau-frère ne fait pas partie du complot)

_____

6. La bonne ne voulait pas (la maîtresse découvrira sa liaison avec le maître)

_____

7. Le conservateur voulait bien (il achète la statuette volée aux conspirateurs)

_____

8. La vieille dame n'aimait pas (son fils reçoit de la marchandise de contrebande)

_____

9. L'inspecteur a exigé (les conspirateurs se réunissent dans la salle d'armes)

_____

10. Il voulait (il voit leurs réactions)

_____

D. Le petit Mathieu. La principale difficulté avec les expressions de volonté vient de l'influence de l'anglais. En anglais, le verbe **to want** se construit toujours avec un infinitif, même s'il y a deux sujets différents: *I want to go home. I want you to go home.* En français, il *faut* utiliser **que** et le subjonctif quand il y a deux sujets. Donnez l'équivalent des phrases suivantes au sujet du petit Mathieu des «Amateurs d'art» en distinguant clairement entre les phrases à un sujet et les phrases à deux sujets.

Voir «Les amateurs d'art», page 111.

Ex. A, B, and C, **E.O.**, pp. 235–237.

You will find additional exercises on the expressions of volition on p. A 45 of this text (**E.E.**).

MODÈLE: I like to climb on statues.
J'aime grimper sur les statues.

My parents don't like me to climb on statues.
Mes parents n'aiment pas que je grimpe sur les statues.

1. I want to go back to the museum next Sunday with my parents.

_____

2. The people who work at the museum want us to stay home.

_____

3. I would love to draw on the walls.

_____

4. But I don't want my father to act silly.

_____

5. If I play with the sculptures, the museum guard will demand that I leave.

_____

6. I would like my parents to be less traditional.

_____

7. I would like to be a painter some day (**un jour**).

_____

8. My parents would prefer me to become a doctor.

_____

Les expressions d'émotion

Les expressions d'émotion servent à traduire les *sentiments* du sujet. Elles peuvent exprimer toute une gamme d'émotions: le bonheur, la tristesse, la surprise, la peur, la colère, l'espoir. Comme les expressions de volonté, les expressions d'émotion sont généralement suivies d'un infinitif si le sujet éprouve le sentiment à son propre égard.

> Nous sommes heureux **d'être** ici.
> Je suis contente **de** vous **voir**.

Les expressions d'émotion sont suivies de **que** + un verbe conjugué au subjonctif s'il éprouve le sentiment à l'égard de quelqu'un ou de quelque chose d'autre. Puisque les émotions peuvent porter sur ce qu'on *fait*, sur ce qu'on *a fait* et sur ce qu'on *va faire*, il faut distinguer entre le présent et le passé du subjonctif.

> Nous sommes heureux **que vous puissiez venir**.
> Nous sommes ravis **que vous ayez pu venir**.
> Nous sommes surprises **qu'ils soient en retard**.

Voici quelques expressions d'émotion qu'on emploie assez souvent. Remarquez que devant un infinitif un grand nombre de ces expressions sont suivies de la préposition **de**.

être content (de)	être désolé (de)	avoir peur[5]
être heureux (de)	regretter (de)	craindre[5]
être ravi (de)	être surpris (de)	être fâché (de)
être triste (de)	être étonné (de)	être furieux (de)

Le verbe **espérer** fait exception. Quand on l'emploie avec deux sujets, le deuxième verbe *n'est pas* au subjonctif mais à l'indicatif. Puisque l'espoir porte surtout sur l'avenir, **espérer** est généralement suivi d'un verbe au futur ou au conditionnel (le futur du passé).

> J'**espère** que **tu pourras** m'accompagner.
> Nous **espérions** qu'**ils pourraient** venir.

Quand il n'y a qu'un sujet, on emploie l'infinitif pour le second verbe.

> J'**espère aller** en France l'année prochaine.

---

[5]Dans le langage littéraire, on emploie **ne** (seul, sans **pas**) après les expressions **avoir peur** et **craindre**. Ce **ne** n'est pas négatif: **J'ai peur qu'elle ne soit malade.** = *I am afraid she is sick*. Il n'est pas nécessaire d'utiliser ce **ne** dans la conversation.

Application

E. **En lisant les journaux.** Vos amis français aiment lire les journaux le matin et le soir. Précisez quelques réactions aux nouvelles du jour en utilisant les expressions données. Distinguez entre les phrases à un sujet et les phrases à deux sujets.

MODÈLES: La Sécurité sociale a refusé de payer la pension d'un homme jugé trop gros. (Marcel est surpris)

Marcel est surpris que la Sécurité sociale ait refusé de payer la pension de cet homme.

1. Un jeune Parisien de 25 ans, nommé Patrice, a gagné 100.000 francs au *Cash*, la nouvelle loterie française. (Antoinette est ravie)

_____

2. Patrice est le premier Parisien à gagner le gros lot. (Patrice est étonné)

_____

3. Le musée Beaubourg est fermé depuis le 20 mars en raison d'une grève du personnel de sécurité. (François regrette beaucoup)

_____

4. Le magasin *Jack* de New York vend des vêtements de grandes marques (Corrèges, Bidermann, Luc Saint-Alban) à des prix raisonnables. (Jacqueline est contente)

_____

5. Le nouveau film de Meryl Streep aura l'honneur d'être présenté au festival de Cannes cette année. (Jean-Pierre est ravi)

_____

6. Meryl Streep gagnera peut-être le prix de la meilleure actrice. (Je sais que Jean-Pierre espère)

_____

7. Meryl Streep gagnera peut-être le prix de la meilleure actrice. (Meryl Streep serait heureuse)

_____

8. Dix-huit jeunes du Sud-Ouest pourront passer huit jours en Bretagne. (Denis est content)

_____

9. On a recommencé à lancer des obus (*artillery shells*) à Beirut.   (Le père de Sylvie est furieux)

_____

10. Les candidats de droite vont peut-être perdre les élections.   (Les candidats de droite ont peur)

_____

F. Dans ma vie... Utilisez les expressions suivantes pour exprimer vos sentiments à l'égard de ce qui se passe dans votre vie. Distinguez entre les phrases à un sujet et les phrases à deux sujets.

Ex. D, E, and F, **E.O.**, pp. 237–239.

You will find additional exercises on the expressions of emotion on p. A 46 of this text (**E.E.**).

> **MODÈLES:**   Je serai content(e) de...
> *Je serai content(e) de revoir ma famille à la fin du semestre.*
> Je crains que...
> *Je crains que ma note en maths soit mauvaise.*

1. Je suis surpris(e) que...

_____

2. Je serai heureux(se) de...

_____

3. J'espère que...

_____

4. Je suis désolé(e) que...

_____

5. J'avais peur de...

_____

6. Je suis fâché(e) que...

_____

7. Je suis content(e) que...

_____

8. Je regrette de...

_____

9. Je suis triste que...

_____

10. J'ai été étonné(e) de...

_____

Les expressions d'opinion

Les expressions d'opinion servent à indiquer le degré de réalité ou d'irréalité que le sujet accorde à ce qu'il dit. Elles indiquent s'il est sûr de ce qu'il dit ou s'il a des doutes. On utilise l'indicatif pour exprimer la *certitude* et la *probabilité;* on emploie le subjonctif pour exprimer la *possibilité, l'incertitude* et le *doute.*

> **Il est clair que** Marcelle **est** la meilleure.
> **Il est probable que** Marcelle **est** la meilleure.
> **Il est possible que** Marcelle **soit** la meilleure.
> **Êtes-vous sûre que** Marcelle **soit** la meilleure?
> **Je doute fort que** Marcelle **soit** la meilleure.

1. La plupart du temps, on exprime une opinion à l'égard de quelqu'un ou de quelque chose d'autre. Par conséquent, la majorité de ces expressions sont suivies d'un verbe conjugué à l'indicatif ou au subjonctif, même s'il n'y a qu'un sujet.

> **Je** pense que **vous** pourrez le faire.   **Je** doute que **vous** puissiez le faire.
> **Je** pense que **je** pourrai le faire.   **Je** doute que **je** puisse le faire.

Dans certains cas, pourtant, il y a la possibilité d'utiliser l'infinitif dans des phrases à sens général ou dans des phrases où il n'y a qu'un sujet.

> **Il est possible d'y aller** sans billets.   (sens général)
> **Je ne suis pas sûr de savoir** la réponse.   (un sujet)

Ces expressions sont indiquées dans les listes ci-dessous par un astérisque (*).

a. Voici des expressions affirmatives qui utilisent l'indicatif pour exprimer la *certitude* ou la *probabilité*:

savoir que	il est vrai que	être sûr que (de)*
penser que	il est clair que	être certain que (de)*
croire que	il est évident que	
trouver que	il me semble que	
	il est probable que	

> **Nous savons qu'**elle **va** venir.
> **Il est évident qu'**il n'y **comprend** absolument rien.
> **Je suis sûr que** tu **réussiras.**   (Mais: **Je suis sûr de réussir.**)
> **Il est probable qu'**ils ne **seront** pas là.

b. Voici des expressions qui utilisent le subjonctif pour exprimer la *possibilité*:

il est possible que	il se peut que	il semble que[6]

Il est **possible que** nous **soyons** en retard.
  Mais: **Il est possible de** bien **manger** ici pour très peu d'argent.
Il se peut que tu **te sois trompé** d'adresse.
Il semble que les jeunes **aient** plus d'énergie que leurs parents.[6]

c. Voici des expressions qui utilisent le subjonctif pour exprimer l'*incertitude*:

ne pas penser que	penser que?[7]	ne pas être sûr que
ne pas croire que	croire que?[7]	ne pas être certain que
ne pas trouver que	être sûr que?[7]	il n'est pas clair que
il n'est pas probable que	être certain que?[7]	il n'est pas évident que
il est peu probable que	est-il vrai que?[7]	il n'est pas vrai que
il est impossible que		

Je ne pense pas qu'ils y **aillent.**
Il est peu probable que je le **fasse.**
Êtes-vous sûr qu'elle **veuille** nous accompagner?
Il n'est pas évident que notre équipe **soit** la plus forte.
  Mais: **Je ne suis pas certaine d'avoir** bien **répondu à la question.**

d. Enfin, l'expression **douter** est *toujours* suivie du subjonctif (même dans ses formes négatives et interrogatives).

Il doute que nous **sachions** où aller.
Je ne doute pas qu'elles viennent.

Application

G. Anne et Nancy. Les deux étudiantes américaines du «Dragueur», Anne et Nancy, ne voient pas toujours le monde de la même façon. Utilisez les expressions données pour souligner la différence de perspective entre elles.   Voir page 219.

MODÈLES: Le dragueur est sincère. (Nancy ne pense pas / Anne est sûre)

Nancy ne pense pas que le dragueur soit sincère. Anne est sûre qu'il est sincère.

1. Leur séjour à Paris sera magnifique.   (Anne est certaine / Pour Nancy, il est possible)

_____

_____

[6]Vous remarquerez la différence entre **il me semble** (certitude) et **il semble** (possibilité):
Il me semble que tu as tort. Il semble qu'elle ait tort.
  [7]Puisqu'une question négative suggère plus de certitude que d'incertitude, on utilise l'indicatif après les expressions **ne pensez-vous pas? / ne croyez-vous pas? / n'est-il pas évident?**, etc. **Ne pensez-vous pas que Janine est plus ambitieuse que sa sœur? N'est-il pas évident que nous allons gagner?**

2. Le dragueur est amoureux d'Anne.   (Nancy doute / Anne croit)

_____

_____

3. Le dragueur veut les inviter à dîner.   (Selon Anne, il se peut / Nancy ne pense pas)

_____

_____

4. Le dragueur fait du charme à toutes les filles.   (Il semble à Nancy / Anne ne croit pas)

_____

_____

5. Le dragueur viendra à la gare pour leur dire au revoir.   (Nancy demande à Anne: penses-tu? / Anne répond: je suis sûre)

_____

_____

Maintenant, continuez l'exercice en donnant votre opinion à l'égard des phrases suivantes.

MODÈLE: Anne profitera de son expérience à Paris.

Je pense (suis sûr(e)) qu'elle profitera de son expérience à Paris.
ou
Je ne pense pas (il n'est pas évident) qu'elle profite de son expérience à Paris.

6. Le dragueur est le premier petit ami d'Anne. _____

_____

_____

7. Nancy a peur des hommes. _____

_____

8. Anne écrira au dragueur après son retour aux États-Unis. _____

_____

_____

9. Nancy a réussi à son examen de français. _____

_____

10. Anne se souviendra toujours du dragueur. _____

_____

H. Qu'en pensez vous? Donnez votre avis sur les sujets suivants en utilisant une expression d'opinion et l'indicatif ou le subjonctif.

Ex. G, H, and I, **E.O.**, pp. 239–241.

You will find additional exercises practicing expressions of opinion on page A 47 of this text (**E.E.**).

> **MODÈLE:** La France se modernisera plus vite que les autres pays européens.
>
> *Il se peut que la France se modernise plus vite que les autres pays européens.* ou
> *Je ne pense pas (Je doute) que la France se modernise plus vite...*

1. Le stress est la maladie la plus dangereuse de notre époque.
2. La France dépense trop d'argent pour préserver la culture du passé et trop peu pour stimuler les recherches et les affaires nécessaires à la santé future.
3. Les femmes françaises sont bien différentes des femmes américaines.
4. Les gens sont motivés surtout par leurs passions.
5. Seul le travail peut garantir à la femme une liberté concrète.

Les expressions de jugement

Les expressions de jugement servent à évaluer ce qui se passe autour du sujet. Dans certains cas, il s'agit tout simplement de donner une opinion favorable ou défavorable. Dans d'autres cas, vous jugez dans le but d'influencer quelqu'un; vous voulez encourager ou décourager une certaine action. Enfin, vous pouvez aussi porter un jugement après coup (*after the fact*).

1. Voici des expressions qui utilisent le subjonctif pour *approuver* ou *désapprouver* une action:

il est bon que (de)	il est mauvais que (de)
il est formidable que	il n'est pas bon que
	il est étrange que
	il est bizarre que

> **Il est bon que** les autres **soient restés** à la maison.
> *Mais*: **Il est bon de s'amuser** de temps en temps. (sens général)
> **Il est mauvais que** certaines personnes **ne sachent pas** rire.

L'expression **faire bien de** s'emploie au passé composé comme expression d'approbation. Elle est suivie d'un infinitif.

> **Tu as bien fait d'acheter** cette voiture; elle est en très bon état.

2. Voici des expressions qui utilisent le subjonctif pour *encourager* ou *décourager* des actions.

il faut (que)	il ne faut pas (que)[8]
il est nécessaire que (de)	il n'est pas nécessaire que (de)[8]
il est important que (de)	il n'est pas important que (de)
il vaut mieux que	il vaut mieux ne pas

> **Il faut que** tu y **ailles.**
> *Mais:* **Il faut y aller** d'abord. (sens général)
> **Il n'est pas important que** les autres **aient** les mêmes réponses.
> *Mais:* **Il n'est pas important d'avoir** la bonne réponse. (sens général)

3. Le verbe **devoir** et l'expression **faire bien de** s'emploient au conditionnel pour *encourager* ou *décourager* des actions. Ils sont suivis d'un infinitif.

Tu **devrais** y **aller.**	Tu **ferais bien d'**y **aller.**
Il ne **devrait** pas **acheter** cette voiture.	Il **ferait bien (mieux) de** ne pas **acheter** cette voiture.

Le verbe **devoir** et l'expression **faire bien de** s'emploient au passé du conditionnel pour faire des *reproches* à quelqu'un.

Tu **aurais dû rester** chez toi.	Tu **aurais bien (mieux) fait de rester** chez toi.
Je n'**aurais** pas **dû suivre** ce cours.	J'**aurais mieux fait de** ne pas **suivre** ce cours.

Application

I. **Les jugements de Nancy.** Pendant qu'Anne se laisse distraire par le dragueur, Nancy observe ce qui se passe. Complétez les jugements de Nancy en utilisant les expressions données. Distinguez entre les phrases qui exigent le subjonctif et celles qui ont besoin d'un infinitif.

MODÈLES: Nous devons assister aux cours. (il est important)
> *Il est important d'assister aux cours.* ou
> *Il est important que nous assistions aux cours.*

1. Tu as bien dormi dans l'avion. (il est bon)

_____

2. Nous avons pris un vol direct. (faire bien de)

_____

---

[8]À l'affirmatif, **il faut** et **il est nécessaire** sont des synonymes. Pourtant, au négatif, ces expressions ont des sens différents: **il ne faut pas** = *one must not, it is not allowed;* **il n'est pas nécessaire** = *it is not necessary, it is not required.* **Il ne faut pas interrompre la personne qui est en train de parler. Il n'est pas nécessaire de mettre une cravate.**

3. Notre appartement doit être propre et ensoleillé.   (il est important)

_____

4. Nous profiterons de notre séjour pour apprendre la culture française.   (il faut)

_____

5. Tu te laisses distraire par cet homme qui te fait de l'œil.   (ne pas devoir)

_____

6. Tu es très généreuse à l'égard de cet homme.   (il ne faut pas)

_____

7. Cet hippie nous suit partout.   (il est étrange)

_____

8. Tu ne fais pas attention à tes études.   (il vaudrait mieux)

_____

9. Tu es toujours dans les nuages.   (il n'est pas bon)

_____

10. Tu n'as pas compris qu'il a le cœur volage.   (devoir)

_____

J. **Des jugements et des recommandations.** Utilisez les expressions de jugement que vous venez d'apprendre pour réagir aux actions des personnes indiquées ci-dessous. Variez vos réactions: approuvez, désapprouvez, encouragez, découragez, faites des reproches.

Ex. J, K, and L, **E.O.**, pp. 242–243.

You will find additional exercises on expressions of judgment on p. A 48 of this text **(E.E.).**

    MODÈLE: Votre professeur de français

              Il est bon que vous répondiez à nos questions.

              Vous devriez nous donner des examens moins difficiles.

              Il n'est pas nécessaire que nous fassions tant de devoirs.

              Vous auriez dû diviser la classe en deux.

  1. Votre professeur

    a. _____

    b. _____

    c. _____

  2. Votre meilleur(e) ami(e)

    a. _____

    b. _____

    c. _____

3. Les membres de votre famille

    a. _____

    b. _____

    c. _____

4. Le président (des États-Unis ou de votre université)

    a. _____

    b. _____

    c. _____

5. Vous-même

    a. _____

    b. _____

    c. _____

Mise au point: résumé des temps verbaux

Voici un tableau récapitulatif qui résume les différentes constructions pour exprimer des réactions.

Réaction	+ **Infinitif**	+ **Phrase à l'indicatif**	+ **Phrase au subjonctif**
désir	aimer (bien, mieux)		aimer (bien, mieux) que
	désirer		désirer que
	exiger		exiger que
	souhaiter		souhaiter que
	vouloir (bien)		vouloir (bien) que
émotion	avoir peur de		avoir peur que
	craindre		craindre que
	espérer	espérer que	
	être content de		être content que
	être désolé de		être désolé que
	être étonné de		être étonné que
	être fâché de		être fâché que
	être furieux de		être furieux que
	être heureux de		être heureux que
	être ravi de		être ravi que
	être surpris de		être surpris que
	être triste de		être triste que
	regretter de		regretter que

Réaction	+ Infinitif	+ Phrase à l'indicatif	+ Phrase au subjonctif
opinion		savoir que	
		penser que	ne pas penser que
		croire que	ne pas croire que
		trouver que	ne pas trouver que
		il est vrai que	il n'est pas vrai que
		il est évident que	il n'est pas évident que
		il est clair que	il n'est pas clair que
		il me semble que	il semble que
	être sûr de	être sûr que	ne pas être sur que
	être certain de	être certain que	ne pas être certain que
		il est probable que	
	il est possible de		il est possible que
			il se peut que
			penser que
			croire que... ?
			trouver que... ?
			(ne pas) douter que... ?
jugement	il (n')est (pas) bon de		il (n')est (pas) bon que
			il est formidable que
	il (n')est (pas) mauvais de		il est mauvais que
			il est bizarre que
			il est étrange que
	il (ne) faut (pas)		il (ne) faut (pas) que
	il (n')est (pas) nécessaire de	———	il (n')est (pas) nécessaire que
	il (n')est (pas) important de		il (n')est (pas important que)
	il vaut mieux (ne pas)		il vaut mieux que
	faire bien de (*passé composé*)		
	devoir (*conditionnel*)		
	faire bien de (*conditionnel*)		
	devoir (*passé du conditionnel*)		
	faire bien de (*passé du conditionnel*)		

Voici donc des exercices qui mélangent les constructions que vous avez étudiées dans cette unité.

Application

K. Des réactions variées. Complétez les réactions aux situations suivantes en utilisant une structure appropriée.

MODÈLES: —Elle part?

—Oui, et nous regrettons beaucoup...

Nous regrettons beaucoup qu'elle parte.

—Vous allez venir demain?

—Oui, nos parents nous ont demandé...

Nos parents nous ont demandé de venir.

1. —Tu feras la vaisselle?

—Oui, Maman veut _____.

2. —Ta sœur nettoiera toute la maison?

—J'espère _____.

3. —Marie nous accompagnera?

—Oui, et nous sommes ravis _____.

4. —Je connais le chemin, moi.

—Es-tu sûr _____?

5. —Est-ce que certains étudiants ont triché (*cheated*)?

—Je ne sais pas, mais il est possible _____.

6. —Maman est rentrée tard hier, n'est-ce pas?

—Oui, et nous sommes surpris _____.

7. —Tu feras la lessive (*laundry*)?

—Oui, il faut _____.

8. —Est-ce que le feu est rouge?

—Je ne vois pas très clair, mais je pense _____.

9. —Est-ce que tu feras les courses avec moi?

—Oui, si tu veux _____.

10. —Est-ce qu'elle sortira avec nous?

—Non, son père ne lui permettra pas _____.

11. —Ma sœur va prendre mon vélo ce week-end.

—Oh, nous regrettons _____.

12. —Elle a de très jolis cheveux, n'est-ce pas?

—Oui, il est vrai _____.

13. —Le pauvre Jean-Jacques! Il ne peut pas le faire.

—Oui, il est évident _____.

14. —Est-ce que tes cousins ont trop bu?

—Oui, il se peut _____.

15. —Pourquoi est-ce que tu te dépêches?

—Parce qu'on m'a dit _____.

16. —Je prends un whisky ou un Coca?

—Oh, il vaut mieux _____.

17. —Nos résultats seront bons.

—Crois-tu vraiment _____?

18. —Est-ce que le match va recommencer?

—Oui, il me semble _____.

19. —Je ne sais pas quoi faire. J'ai la possibilité de passer l'été ici ou en Europe.

—À mon avis, tu ferais bien _____.

20. —Pourquoi est-ce que tu vas à ce concert?

—Parce que mes parents veulent _____.

L. Les parents de Nancy. Les parents de Nancy reçoivent une lettre de leur fille qui fait un séjour en France avec son amie Anne. Le père lit la lettre et la mère réagit à ce que font Nancy et Anne. Complétez les réactions de la mère en utilisant une structure appropriée.

MODÈLES: LE PÈRE: Nancy fait de son mieux.
LA MÈRE: Mais oui. Je suis certaine...
Je suis certaine qu'elle fait de son mieux.

LE PÈRE: Les filles ont cherché un appartement ensoleillé.
LA MÈRE: Bien sûr. Je leur ai dit...
Je leur ai dit de chercher un appartement ensoleillé.

1. —Mais elles ont loué une chambre minuscule au dernier étage d'un immeuble.

—Je suis surprise _____.

2. —Elles sont près du Jardin du Luxembourg.

—Je suis contente _____.

3. —Nancy se renseignera sur Paris pour bien profiter de son séjour.

—Mais oui. Je lui ai conseillé _____.

4. —Tiens! Anne a trouvé un petit ami.

—Oh, je n'aime pas _____.

5. —Nancy dit qu'elle se fera couper les cheveux pour être plus à la mode.

—Oh, je ne veux pas _____.

6. —Elle dit aussi qu'elle s'achètera des vêtements français.

—Pourquoi pas? Rien ne l'empêche _____.

7. —Il y a un hippie qui habite à côté.

—Il est mauvais _____.

8. —Anne ne va pas souvent en classe.

—Pourtant ce n'est pas une étudiante brillante. Il faut absolument

_____.

9. —Nancy travaille dur. Elle espère réussir à ses examens.

—Moi aussi, j'espère _____.

10. —Selon Nancy, Anne n'écrit pas à ses parents.

—Et pourtant sa mère lui avait demandé _____.

11. —Anne parle de se marier avec son nouvel ami.

—Oh, elle peut en parler, mais je ne pense pas _____.

12. —Anne dit que Nancy est trop timide.

—Et toi, quelle est ton opinion? Penses-tu _____?

13. —Nancy passe son temps à étudier. Elle sort rarement.

—Ce n'est pas bien. Il vaut mieux _____.

14. —Et Nancy n'aime pas parler aux gens qu'elle ne connaît pas.

—C'est vrai. Elle a toujours eu peur _____.

15. —Anne veut rester à Paris à la fin de la session. Nancy veut aller en Italie.

—Moi, je préfère _____.

M. Moi, je... Complétez les phrases suivantes en parlant de vous et de vos
opinions.

1. Un jour je voudrais _____.

2. Tous les matins il faut que _____.

3. Mes parents (ne) me permettent (pas) _____.

   4. J'espère que _____.

   5. À mon avis, il est important que _____.

   6. Je regrette que _____.

   7. J'ai promis à mes parents _____.

   8. Je pense que _____.

   9. Je suis surpris(e) que _____.

   10. Je suis sûr(e) que _____.

   11. Il est (im)possible que _____.

   12. J'aimerais _____.

   13. Mon père m'a dit _____.

   14. Je doute que _____.

   15. Je devrais _____.

■ *Activités écrites*

You will find additional review exercises on p. A 49 of this text **(E.E.)**.

A. **Des lettres.** Rédigez une ou plusieurs des lettres suivantes. Insistez sur les réactions des personnages à ce qui se passe autour d'eux.

Reminder, Act. A: Use the appropriate opening and closing expressions.

1. Nancy écrit à ses parents en racontant son séjour à Paris.
2. Anne écrit à ses parents en racontant son aventure avec le dragueur.
3. De retour aux États-Unis, Anne écrit au dragueur, puis le dragueur répond à sa lettre.

B. **Le journal intime d'Anne.** Tous les soirs Anne note dans un petit carnet les événements et ses réactions à ce qui s'est passé. Rédigez plusieurs entrées de son journal. Elles peuvent représenter ce qu'elle a écrit au cours d'une semaine ou vous pouvez choisir des entrées dispersées.

Suggestion, Act. B: Begin each entry with the date— for example, **7 juillet. Nous sommes arrivées à Paris à 8h du matin...**

C. **Votre journal personnel.** Notez vos activités au cours d'une semaine, puis donnez vos réactions à ce qui s'est passé et à ce qui va se passer dans votre vie.

D. **Moi et les dragueurs.** Racontez une expérience que vous avez eue avec un dragueur ou une dragueuse—en tant qu'observateur (observatrice), en tant que victime ou en tant que dragueur(se). Insistez sur les réactions des différents personnages de votre anecdote.

UNITÉ SIX

Les Explications et les raisonnements

- Expressions idiomatiques
- Structures grammaticales
- Activités écrites

■ *Expressions idiomatiques*

L'homme qu'elle a trouvé là n'était pas celui à qui elle **avait donné rendez-vous.**

1. **faire la connaissance de** + *quelqu'un*: to meet, to make the acquaintance of s.o.
   rencontrer + *quelqu'un*: to meet, to run into
   retrouver + *quelqu'un*: to meet (on purpose)
   se retrouver: to meet each other again (on purpose or by chance)
   rejoindre + *quelqu'un*: to meet (on purpose), to join
   donner (fixer) rendez-vous à + *quelqu'un*: to arrange a meeting with

As-tu jamais **fait la connaissance de** Marc Antal? Oui, j'**ai fait sa connaissance** l'année dernière à Marienbad.

Où **as**-tu **rencontré** les autres? Je les **ai rencontrés** au café, comme d'habitude.

On **s'est retrouvés** après une séparation de trois mois.

Je vais **rejoindre** ma famille aussitôt que la réunion sera terminée.

J'**ai donné rendez-vous à** Jean-Patrice ce soir à six heures.

EXERCICES

A. Remplacez le tiret par la forme indiquée de l'expression qui convient.

1. Quand est-ce que tu _____ Michel et Marie-Jo? Il y a sept ans. (*passé composé*)
2. Quelle surprise! Nous _____ tes parents à Venise. Je ne savais même pas qu'ils avaient quitté Paris. (*passé composé*)
3. Mes parents et mes beaux-parents _____ tous les étés au bord de la mer. (*présent*)
4. À la fin de l'année scolaire, elle _____ son mari et ses enfants à Pau. (*futur*)
5. Ils nous _____ rendez-vous pour ce soir à la Rotonde. (*passé composé*)
6. Je _____ ces trois messieurs vêtus en noir tous les jours à la même heure; je me demande qui ils sont. (*présent*)
7. Après être sorti de prison, il a décidé de ne pas _____ sa femme. (*infinitif*)
8. Voulez-vous _____ François Mitterrand? (*infinitif*)
9. Nous nous _____ avant la fin de l'année. (*futur*)

B. Répondez aux questions suivantes selon votre expérience personnelle.

1. Quand avez-vous fait la connaissance de votre meilleur(e) ami(e)?
2. Qui est-ce que vous allez rejoindre après vos cours aujourd'hui?
3. Avez-vous rencontré quelqu'un en venant au cours ce matin?
4. Où est-ce que vous et vos amis vous retrouvez d'habitude?
5. Est-ce que vous avez un rendez-vous ce soir?

Dis-moi, mon amour, pourquoi
est-ce que les femmes **en veulent
aux** hommes?

2. en vouloir à *quelqu'un*: to bear a grudge, to
hold it against s.o.

Il **en veut à** sa sœur.
Pourquoi **nous en veulent**-ils?
Elle **m'en veut d'**avoir épousé son ancien fiancé.
Ne **lui en veux** pas.

Avec l'expression **en vouloir à,** on emploie un
complément d'objet indirect (**lui, leur,** etc.).
Pour indiquer *la cause* du ressentiment, on
emploie **de** et un infinitif.

Pour exprimer l'impératif dans la langue
parlée, on emploie **veux** et **voulez** à la place
des formes impératives habituelles **veuille** et
veuillez.

EXERCICES

C. Complétez les phrases suivantes en utilisant la forme indiquée d'*en vouloir à.*

1. Pourquoi _____-tu à ta sœur? (*présent*)
2. Il y avait dix ans qu'il _____ ses parents
   quand ils se sont réconciliés. (*imparfait*)
3. Pardon, Monsieur. Ce n'était pas de ma
   faute! Ne _____ pas. (*impératif*)
4. Il nous _____ d'avoir tué leur chien. (*présent*)
5. Attention! Si tu lui dis la vérité, il _____ .
   (*futur*)

D. Vous en voulez à quelqu'un. Dites à qui,
pour quelles raisons, depuis combien de
temps, si c'est réciproque, etc. Utilisez
l'expression *en vouloir à.*

Elle **doute de** son intelligence.

3. douter que + *sujet* + *verbe*
   au subjonctif
   douter de + *quelque chose* } to doubt
   ou quelqu'un
   se douter que + *sujet* + *verbe* } to suspect,
   se douter de + *quelque chose* } to surmise

Elle **doute que** tu puisses le faire.
Il ne **doute** pas **que** vous ayez raison.

Je **doute de** son intelligence.
Je **me doutais qu'**ils feraient un gros effort.
—Il sera bien fâché, tu sais.
—Je **m'en doute.**
Il **se doute d'**un piège.

Douter a un sens négatif; **se douter** a un sens
positif. Avec les deux expressions, employez
de + *une chose* ou le pronom **en. Douter** est
suivi du *subjonctif* si la phrase est *affirmative*
ou si elle est *négative.* **Se douter** est *toujours*
suivi de l'*indicatif.*

EXERCICES

E. Mettez l'infinitif à la forme qui convient.

1. Je doute qu'il (*savoir*) la réponse.
2. Il se doute qu'elles (*être*) fâchées.
3. Elle ne doute pas que vous (*dire*) la vérité.
4. Je doutais qu'elle (*venir*) avec lui.
5. Je me doutais qu'elle (*venir*) avec lui.

F. Réagissez aux situations suivantes en utilisant la forme qui convient de *douter* ou de *se douter* et les expressions entre parenthèses.

1. Pourquoi ne vous fiez-vous pas à Jean-Jacques? (*sa sincérité*)
2. Êtes-vous surpris(e) que ce restaurant soit si cher? (*non*)
3. Allez-vous accepter la recommandation de Mme Floriot? (*non / avoir raison*)
4. C'est demain l'anniversaire de Papa et nous essayons d'organiser un dîner en son honneur. Mais pourquoi nous écoute-t-il quand nous essayons de téléphoner? (*quelque chose*)
5. La météo dit qu'il pleuvra demain. (*mais non*)

Vous **vous trompez,** Monsieur. Je ne m'appelle pas d'Artagnan; je m'appelle de Bergerac.

4. se tromper: to make a mistake, to be wrong
se tromper de + *nom de chose*: to do the wrong thing

Mais non, tu **te trompes**! Deux et deux font quatre, pas cinq.
Elle **s'est trompée de** route.

Ne confondez pas les expressions **avoir tort** et **se tromper de.** En anglais, c'est l'adjectif **wrong** qui exprime l'action d'**avoir tort:** par exemple, *I went to the **wrong** house; she took the **wrong** train.*

En français, c'est le verbe **se tromper** qui exprime cette idée: *Je **me suis trompé de** maison. Elle **s'est trompée de** train.*

EXERCICE

G. Donnez l'équivalent français des phrases suivantes.

1. He took the wrong train.
2. They went to the wrong address.
3. You've got the wrong number.
4. She's got the wrong dress.
5. I got off at the wrong subway stop (*station*).
6. We went there at the wrong time (*heure*).
7. I'm never wrong!

■ *Structures grammaticales*

Jeune Normand tué dans la rue. Ce titre de journal, tout en rapportant un événement, demeure incomplet; il demande des explications. D'abord, on peut vouloir savoir les détails: Qui? (*Jean-Jacques Duault, 20 ans, originaire d'Évreux.*) Quand? (*Dans la nuit du 7–8 avril.*) Où? (*Dans la rue d'Orsel, dans le 18ᵉ arrondissement.*) Par qui? (*Par deux jeunes malfaiteurs,° habitués du quartier.*) Comment? (*Violemment, d'un coup de poignard.°*) Pourquoi? (*Les deux voyous° avaient voulu dérober le portefeuille de la victime.*) Qu'est-ce que ce jeune Normand faisait à Paris? (*Il était venu à la capitale dans le but de trouver du travail.*)

malfaiteurs: delinquents
poignard: dagger
voyous: thugs

Or, de telles questions trouveront sans doute une réponse dans l'article qui accompagne ce titre. Mais cet événement peut évoquer tout une autre catégorie de questions: celles, plus complexes et plus abstraites, qui proviennent de notre capacité de raisonner. Par exemple, le lecteur de journal peut se demander ce qui arrivera aux meurtriers si on les attrappe. Les parents de la victime peuvent faire des hypothèses (*si Jean-Jacques était resté à Évreux, il ne serait pas mort*) ou bien ils peuvent se consoler (*bien qu'il soit mort, il vivra toujours dans nos cœurs*). Les uns peuvent essayer de comprendre les malfaiteurs (*la victime est issue d'une bonne famille bourgeoise de province, tandis que les deux Parisiens ont été abandonnés par leurs parents et élevés° dans la rue*); par contre, d'autres voudront rouvrir la discussion de la peine de mort.° Bref, tout événement, toute situation peut susciter° toute une série d'explications et de raisonnements. Dans cette unité, nous allons étudier quelques structures grammaticales qu'on utilise souvent pour faire des explications et des raisonnements.

élevés: raised
peine de mort: death penalty
susciter: raise

Le sujet, **on** et la voix passive

Dans la plupart des phrases, le sujet désigne la personne ou la chose qui font l'action du verbe, et la structure de la phrase suit le schéma suivant: sujet + verbe (+ complément). Par exemple: **André a préparé le petit déjeuner. Le beau-frère parlait avec un inconnu. La vieille dame lisait.** Parfois, pourtant, on ne peut pas, on ne veut pas ou il n'est pas important de préciser le sujet. Ou bien le sujet n'est pas l'élément par lequel on veut commencer, sur lequel on veut insister. Dans ces cas, il y a trois structures qu'on peut utiliser: **on** + *un verbe*, un verbe pronominal ou la voix passive.

On + verbe

Dans les cas où *la personne* qui fait l'action du verbe n'est pas connue (ou qu'on ne veut pas l'exprimer), le français tend à employer **on** et un verbe conjugué.

On a construit la cathédrale au 15e siècle.
On annoncera les résultats demain.
On emploie le subjonctif après les verbes d'émotion.

Puisque l'anglais utilise le sujet indéfini *one* assez rarement, on a tendance à traduire ces phrases par une structure passive (c'est-à-dire, avec le verbe *to be*): The cathedral *was built*... The results *will be announced*... The subjunctive *is used*...

Le verbe pronominal

Dans les cas où le *sujet* qui fait l'action du verbe n'est pas exprimé et le verbe exprime une action habituelle, le français tend à employer un verbe pronominal. Ces verbes sont toujours à la *troisième* personne et le sujet est toujours une *chose*.

Lille se trouve au nord-est de Paris.
Cela ne **se fait** pas.
Le subjonctif s'emploie après les verbes d'émotion.

Encore une fois, l'équivalent anglais utilise souvent une structure passive: *Lille is located... That is not done... The subjunctive is used...*

Quelquefois, on peut utiliser **on** ou un verbe pronominal. Dans ces cas-là, on a tendance à employer **on** pour parler d'un fait particulier et un verbe pronominal pour exprimer une action habituelle:

On vend les tomates quatre francs le kilo (*le prix peut changer demain*).
Les tomates **se vendent** au kilo (*toujours*).

La voix passive

Il arrive qu'on ne veuille pas (ou qu'on ne puisse pas) commencer la phrase par la personne ou la chose qui font l'action du verbe. Dans ces cas-là, on peut utiliser une construction passive—c'est-à-dire qu'on commence la phrase par la personne ou la chose qui *reçoivent* l'action du verbe. La voix passive se forme avec le verbe **être** et le participe passé du verbe d'action. Le participe passé joue le rôle d'un *adjectif* et s'accorde en nombre et en genre avec le sujet de la phrase.

La statuette **est cassée.**
La cathédrale **a été construite** au 15e siècle.
Les résultats **seront annoncés** demain.

Dans les exemples donnés ci-dessus, *l'agent* (la personne ou la chose qui *font* l'action du verbe) n'est pas indiqué. Dans une phrase passive, l'agent de l'action est indiquée à l'aide de la préposition **par** ou de la préposition **de.** On utilise **par** si le verbe exprime une action physique:

La statuette a été cassée **par** les voleurs.
Les résultats seront annoncés **par** le professeur.

On utilise **de** (au lieu de **par**) avec des verbes de sentiment et d'émotion ainsi qu'avec des descriptions:

> Elle est respectée **de** ses collègues.
> Nous étions surpris **de** sa visite.
>
> La maison est entourée **d'**arbres.
> Son chemisier était couvert **de** taches.

La distinction entre **par** et **de** se voit clairement dans les phrases suivantes:

> La ville est entourée **de** montagnes. (description)
> La ville a été entourée **par** les soldats de Napoléon. (action)

En employant la voix passive, on met l'accent sur la personne ou la chose qui reçoivent l'action du verbe:

> Le maître a été tué vers huit heures du soir. (*On s'intéresse surtout au maître et peut-être qu'on ne sait même pas l'identité du meurtrier.*)
> Le président est élu par le peuple. (*On décrit le rôle du président.*)

Remarquez que, si on connaît l'agent de l'action, il est toujours possible de transformer une phrase passive en phrase active, mettant ainsi l'accent sur cet agent.

> La ville a été entourée par les soldats de Napoléon. (*voix passive*)
> Les soldats de Napoléon ont entouré la ville. (*voix active*)

■ NOTE GRAMMATICALE ■

Une des difficultés qui se posent aux anglophones en parlant français, c'est qu'en anglais, les verbes qui reçoivent à la fois un complément d'objet direct et un complément d'objet indirect ont *deux équivalents* du passif tandis qu'en français, il n'y en a qu'*un seul*.

Voix active
> My father gave *Marie* a *present*. (*Marie* = complément d'objet indirect; *present* = complément d'objet direct)

Voix passive
> *A present was given to Marie by my father.*
> *Marie was given a present by my father.*

En français, seul *le complément d'objet direct* peut jouer le rôle du sujet dans une phrase passive.

Voix active
> Mon père a donné *un cadeau* à Marie. (*un cadeau:* complément d'objet direct)

Voix passive
> *Un cadeau a été donné à Marie par mon père.*

Si on n'exprime pas l'agent, on peut utiliser **on** + un verbe actif:
On a donné un cadeau à Marie.

Il faut faire particulièrement attention aux verbes qui se construisent *sans* préposition en anglais mais *avec* préposition en français.

> She was not allowed to go out at night by her father.
> > **Son père ne lui permettait pas de sortir la nuit.** (*permettre à qqn.*)
>
> The question was answered by the new student.
> > **Le nouvel étudiant a répondu à la question.** (*répondre à*)

Dans ces cas-là, il faut souvent utiliser **on** ou la voix active.

Application

Ex. A, B, and C, **E.O.**, pp. 278–280.

You will find additional exercises on reflexive verbs, and the passive voice on pp. A 50–A 52 of this text (**E.E.**).

A. En France... Les coutumes et habitudes varient de pays en pays. Utilisez les expressions données pour répondre aux questions suivantes au sujet de ce qu'on peut faire et ne pas faire en France. Distinguez entre les verbes pronominaux et les verbes construits avec **on.**

> **MODÈLES:** Est-il vrai que les Français qui habitent en province sont plus aimables que les Parisiens? (dire cela)
>
> *On dit cela.*
>
> Où est-ce que je peux acheter une brosse à dents?
> (se vendre dans toutes les pharmacies)
>
> *Les brosses à dents se vendent dans toutes les pharmacies.*

1. À quelle heure est-ce que je dînerai chez ma famille française? (dîner vers huit heures)

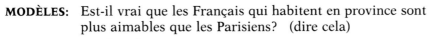

2. Pourquoi est-ce que les Français ne mangent pas leur salade avant la viande comme chez nous? (en France / servir après la viande)

3. Est-ce que je peux manger avec mes doigts? (ne pas se faire)

4. Êtes-vous surprise que les hommes en France aiment aider à la maison? (cela / se comprendre)

5. Pourquoi faut-il dire «J'espère qu'il viendra» au lieu de «qu'il vienne»? (ne pas employer le subjonctif après **espérer**)

6. Où est-ce qu'on peut acheter du fromage en France? (se vendre au marché, dans les supermarchés, dans les laiteries)

_____

7. Est-ce que les bureaux de poste sont difficiles à trouver? (se trouver dans toutes les villes)

_____

8. Quelle sorte de vin est-ce que je devrais servir avec le poisson? (boire vin blanc)

_____

9. Pour aller en France, il faut un visa, n'est-ce pas? (devoir simplement avoir un passeport)

_____

B. **Les grands titres.** Les titres qui se trouvent en tête des articles parus dans un journal sont des abrégés (*summaries*) de phrase. Complétez les titres suivants en utilisant la voix passive.

MODÈLES: PLUSIEURS POLICIERS BLESSÉS (*wounded*) (par des manifestants)

Plusieurs policiers ont été blessés par des manifestants.

TROUVÉ MORT DANS UN IMMEUBLE ABANDONNÉ (un vieux clochard)

Un vieux clochard a été trouvé mort dans un immeuble abandonné.

1. CORSE: LE DIALOGUE RÉTABLI

En Corse _____ entre le gouverne-ment et les syndicats.

2. LE LEADER DE L'RPR° ACCUSÉ DE FRAUDE

RPR: a French political party

_____
par le député nationaliste Léo Battisti.

3. ÎLE DE GROIX: LA POPULATION INVITÉE À RÉDUIRE SA CONSOMMATION D'EAU

Sur l'Île de Groix _____

_____

4. TROIS ENFANTS ABANDONNÉS

_____

mardi soir par une éducatrice près de Châteauroux.

5. **DIX-SEPT CAMBRIOLAGES À VANNES DANS LE WEEK-END / LES DEUX AUTEURS AR-RÊTÉS ET ÉCROUÉS** (*put in jail*)

   À Vannes il y a eu dix-sept cambriolages dans le weekend. _____
   _____ dimanche matin.

6. **ACCORD BUSH-SHAMIR SIGNÉ**

   Un accord entre les États-Unis et Israël _____ hier par le président
   George Bush et le premier ministre Yitzhak Shamir.

7. **DES PÂTES DE VERRE** (*molten glass*) **ET DES CRISTAUX VOLÉS EN LORRAINE**

   Des pièces d'art dont la valeur de remplacement devrait approcher un million de francs
   _____ près de Bitche.

8. **SAMEDI PLACÉ SOUS LE SIGNE DU SOLEIL**

   Le premier jour du week-end _____ sous le signe du soleil. Même si,
   le matin, les nuages sont encore assez abondants, un temps bien ensoleillé prédominera l'après-midi.

9. **VACLAV HAVEL ÉLU PRÉSIDENT**

   L'auteur dramatique tchèque Vaclav Havel _____
   à l'unanimité par l'assemblée fédérale de Tchécoslovaquie.

10. **LA SALLE ENFIN ÉQUIPÉE DE FAUTEUILS** (*seats*)

    La façade du nouvel Opéra Bastille reste toujours inachevée (*unfinished*). Mais à l'intérieur la

    salle et ses cinq travées (*rows*) de balcons _____
    de leurs fauteuils.

C. **Au château dans le bois.** Donnez l'équivalent français des phrases
   suivantes. Ne traduisez pas directement; utilisez **on**, un verbe pronominal ou une construction passive.

1. The master's body was discovered by the maid.

   _____

2. It was covered with blood.

   _____

3. He had been killed around eight o'clock.

   _____

4. That afternoon the telephone wire had been cut.

   _____

5. The name of the stranger at the door is not known.

_____

6. That afternoon the master had been discovered in the dining room with the maid.

_____

7. The maid was embarrassed by the mistress's accusations.

_____

8. Around 5 P.M. the museum curator was caught (surprised) in the library by the old lady.

_____

9. Smugglers (**des contrebandiers**) are found in every country.

_____

10. All of the witnesses were told to be at the police station (**le commissariat de police**) at 9 A.M. the next day.

_____

Maintenant, relisez toutes les phrases que vous avez écrites. Lesquelles peuvent être tranformées en phrases à la voix active (sujet – verbe – complément)? _____

Les adverbes de manière

Nous avons déjà étudié les adverbes de quantité (Unité Trois) et les adverbes de lieu et de temps (Unité Quatre). Pour faire des explications détaillées, on a aussi besoin d'adverbes de manière—c'est-à-dire, d'adverbes qui répondent à la question «Comment?».

La formation des adverbes

Un grand nombre d'adverbes se terminent par **-ment** (l'équivalent de *-ly* en anglais). Il y a aussi des adverbes courts ainsi que des expressions adverbiales formées d'une préposition et d'un nom et des **adjectifs qui peuvent jouer le rôle d'adverbes**.

1. Les adverbes réguliers. Les adverbes réguliers se forment en ajoutant la terminaison **-ment** à un adjectif.

    a. Si le masculin de l'adjectif se termine par une *voyelle*, on y ajoute directement la terminaison:

        simple ⟶ **simplement**   poli ⟶ **poliment**

        vrai ⟶ **vraiment**   absolu ⟶ **absolument**

b. Si le masculin de l'adjectif se termine par une *consonne*, on ajoute la terminaison à la forme *féminine* de l'adjectif:

léger ⟶ légère ⟶ **légèrement**   actif ⟶ active ⟶ **activement**
doux ⟶ douce ⟶ **doucement**   sérieux ⟶ sérieuse ⟶ **sérieusement**

c. La plupart des adjectifs qui se terminent par **-ent** ou **-ant** ont une forme adverbiale qui se termine par **-emment** ou **-amment**. Les deux se prononcent de la même façon.

évident ⟶ **évidemment**   élégant ⟶ **élégamment**
Exception: lent ⟶ lente ⟶ **lentement**

d. Quelques adverbes se terminent par **-ément**:

précis ⟶ **précisément**   énorme ⟶ **énormément**

e. D'autres adverbes sont irréguliers:

gai ⟶ **gaiement**   gentil ⟶ **gentiment**

2. Les adverbes courts
  a. Certains adverbes fréquemment employés ont des formes irrégulières qui ne se terminent pas par **-ment.**

bon, bonne ⟶ **bien**   meilleur(e) ⟶ **mieux**
mauvais(e) ⟶ **mal**   petit(e) ⟶ **peu**

  b. D'autres adverbes n'ont pas de forme adjectivale:

très   presque   déjà   vite[1]

3. Les expressions adverbiales. En français, il existe un nombre assez important d'expressions adverbiales—c'est-à-dire, formées d'une préposition et d'un nom; leur équivalent anglais est souvent un adverbe en -*ly*.

avec plaisir (*gladly*)   **de façon bizarre** (*strangely*)
avec confiance (*confidently*)   **de façon élégante** (*elegantly*)
en général (*generally*)   **d'habitude** (*usually*)

4. Les adjectifs qui jouent le rôle d'adverbes. Dans certaines expressions, un adjectif peut jouer le rôle d'un adverbe. Puisque l'adjectif a une fonction adverbiale, il ne fait pas l'accord.

chanter faux (*to sing off key*)   **travailler dur** (*to work hard*)
coûter cher (*to cost a lot*)   **voir clair** (*to see clearly*)

La place des adverbes

1. Un adverbe portant sur un verbe se met généralement *après* le verbe.

Nous parlons **rapidement.**   Elle comprend **mal** le français.

---

[1] Ne confondez pas **vite** et **rapidement** (adjectif: **rapide**).

Lorsque le verbe est conjugué à un temps composé, l'adverbe se met le plus souvent *après* le participe passé.

> Il a parlé **longuement.**
> Vous m'avez aidé **énormément** avec ce projet.

Mais les adverbes courts fréquemment employés (par exemple: **bien, mal, vite, presque, déjà**) ainsi que les adverbes de quantité (**beaucoup, assez, trop, peu**) se placent généralement *entre* le verbe auxiliaire et le participe passé.

> Elles ont **bien** compris.   Nous avons **vite** changé d'avis.

2. Un adverbe portant sur la phrase entière se met *en tête* ou *en fin* de la phrase:

> **Malheureusement,** ils ne pourront pas nous accompagner.
> Elle n'a pas été blessée, **heureusement.**

3. Un adverbe portant sur un adjectif ou un autre adverbe se met *devant* l'adjectif ou l'adverbe qu'il qualifie.

> Elle est **vraiment** active.
> J'ai travaillé **très** diligemment.

4. Les expressions adverbiales se mettent généralement à la *fin* de la phrase:

> Il regardait les passants **d'un air méfiant.**
> Elle fait son travail **sans enthousiasme.**

Application

D. Un moment de terreur. Les histoires d'épouvante (*horror stories*) utilisent souvent des adverbes pour augmenter la tension chez le lecteur. Complétez l'histoire suivante en mettant les adverbes à la place convenable.

MODÈLE: Je ne savais pas pourquoi nous étions là. (exactement)
> *Je ne savais pas exactement pourquoi nous étions là.*

1. Mon frère m'avait réveillé au milieu de la nuit. (brusquement)

_____

2. «Notre cousine Annette vient de téléphoner. Elle est affolée (*very upset*). Elle veut que nous allions chez elle tout de suite.» (complètement)

_____

_____

3. Je me suis habillé et dix minutes plus tard nous étions devant la maison d'Annette. (vite)

_____

4. Elle a eu beaucoup de mal à nous raconter ce dont elle avait peur. Elle semblait avoir entendu des bruits étranges au grenier (*attic*).   (clairement)

_____

5. Une fois à l'intérieur de la maison, mon frère et moi, nous avons monté l'escalier.   (lentement)

_____

6. Nous avons pénétré dans le grenier.   (avec prudence)

_____

7. Tout d'un coup j'ai entendu un bruit très fort. Mon cœur s'est mis à battre.   (rapidement)

_____

8. Puis j'ai vu quelque chose au coin (*in the corner*).   (indistinctement)

_____

9. Le monstre s'est levé, s'est approché de nous, nous avons crié... et puis nous avons compris. C'était un ami d'Annette, déguisé en ours.   (bien)

_____

10. Il y a des gens qui aiment faire peur aux autres.   (apparemment)

_____

E. **Le monsieur qui s'appelle André.** Choisissez des adverbes et des expressions adverbiales dans la liste donnée pour écrire des phrases au sujet d'André, le héros du «Paradis perdu».

d'un air content	bien	rapidement	probablement
d'un air mécontent	mal	lentement	distraitement
d'un air méfiant	déjà	brusquement	consciencieusement
avec plaisir	toujours	sérieusement	évidemment
sans plaisir	peu	tristement	

MODÈLE: depuis quelques semaines / se plaindre

Depuis quelques semaines André se plaint constamment.

1. une nuit / dormir

_____

2. le matin / faire sa toilette

_____

3. autrefois / travailler

_____

4. depuis quelques semaines / travailler

_____

5. ce jour-là / décider

_____

6. à l'aéroport / regarder

_____

7. au Club Med / écouter

_____

8. sur l'île / commencer à construire

_____

9. dans quelques jours / reprendre son travail

_____

10. dans quelques semaines / essayer de s'enfuir encore une fois

_____

F. Comment... ? Utilisez les verbes donnés et un adverbe ou une expression adverbiale de votre choix pour expliquer ce qui se passe dans chaque image.

Ex. D, E, and F, **E.O.**, pp. 280–282.

You will find additional exercises on adverbs of manner on p. A 52 of this text **(E.E.)**.

MODÈLE:

répondre

Il répond confusément aux questions du professeur. ou
Il répond mal aux questions du professeur. ou
Il répond d'une façon amusante aux questions du professeur.

1. chanter   **2.** étudier   **3.** conduire   **4.** voir

5. franchir la haie   **6.** regarder   **7.** travailler   **8.** commencer

1. _____
   _____

2. _____
   _____

3. _____
   _____

4. _____
   _____

5. _____
   _____

6. _____
   _____

7. _____

8. _____

Les expressions de cause et de conséquence

En donnant des explications, on doit souvent préciser la cause (**pour-quoi?**) ou la conséquence (**quel effet?**) d'une action. Les expressions de cause et de conséquence posent très peu de difficulté du point de vue grammatical.

Les expressions causales

Si on veut insister sur la cause d'un événement, on utilise une des conjonctions suivantes:

parce que	**car** (*because*)	**étant donné que** (*given that*)
puisque (*since*)	**comme** (*as, since*)	**vu que** (*seeing that*)

Comme se trouve d'habitude au commencement de la phrase et **car** au milieu de la phrase. **Parce que, puisque, étant donné que** et **vu que** peuvent commencer la phrase ou se mettre au milieu. **Car** s'emploie surtout dans la langue écrite. Remarquez que toutes ces conjonctions sont suivies d'un verbe conjugué à l'*indicatif*.

> Elle s'est couchée de bonne heure **parce qu**'elle avait mal au cœur.
> **Puisque** vous êtes fatigués, nous allons rentrer.
> L'étoile politique de Valéry Giscard d'Estaing brille aujourd'hui, **car** il vient de gagner le soutien de François Léotard.
> **Comme** les animaux me font peur, je préfère ne pas en avoir à la maison.
> **Étant donné que** vous n'avez que quatorze ans, vous devrez commander une boisson non-alcoolisée.
> Je suis surpris qu'il sorte tous les soirs, **vu qu**'il s'est récemment marié.

Les expressions de conséquence

Si on veut insister sur les conséquences d'une action, on peut utiliser une des conjonctions suivantes:

alors	**c'est pourquoi**	**voilà pourquoi**
donc	**par conséquent**	**c'est la raison pour laquelle**

Normalement, la première phrase (ou la première partie de la phrase) annonce l'action; la seconde phrase (ou la seconde partie de la phrase), en tête de laquelle se trouve une expression de conséquence, en précise l'effet. Ces expressions sont suivies aussi d'un verbe conjugué à l'*indicatif*.

> Je suis très fatiguée, mes enfants; **alors,** ne faites pas de bruit!
> Jeanne ne pouvait pas venir; nous avons **donc** décidé de remettre l'excursion jusqu'à la semaine prochaine.[2]
> Il y a un match à la télé. **C'est** (**Voilà**) **pourquoi** il préfère rester à la maison.
> On a découvert que les autres avaient triché (*cheated*). **Par conséquent,** c'est nous qui avons gagné le premier prix.
> Jeanne-Marie vient de gagner une course à vélo; **c'est la raison pour laquelle** elle est à la fois si heureuse et si fatiguée.

Les prépositions *à cause de* et *grâce à*

Les prépositions **à cause de** et **grâce à** servent aussi à exprimer la causalité. **À cause de** (*because of*) exprime une cause générale; **grâce à** (*thanks to*) introduit toujours une cause à effet favorable. Les deux prépositions sont toujours suivies d'un nom ou d'un pronom accentué.

> Nous avons perdu **à cause de** notre manque d'entraînement.
> **À cause de** mon père, j'ai décidé de faire des études de droit.
> **Grâce à** ses millions, elle peut acheter tout ce qu'elle veut.
> **Grâce à toi**, nous pourrons y aller.

---

[2] L'expression **donc** peut se placer après le verbe ou entre l'auxiliaire et le participe passé: **Je n'ai pas envie de me promener; je vous attendrai** *donc* **ici. Ils ne parlent pas français; ils n'ont** *donc* **rien compris.**

Application

Ex. G, H, and I, **E.O.**, pp. 282–284.

You will find additional exercises on expressions of cause and effect on p. A 53 of this text (**E.E.**).

G. La jeunesse de Gaspar. Combinez les phrases en mettant les expressions entre parenthèses à la place convenable et en faisant les changements nécessaires. Faites attention au sens des phrases.

> **MODÈLE:** Mes parents étaient très pauvres. Nous habitions dans un tout petit appartement.   (parce que)
>
> *Parce que mes parents étaient très pauvres, nous habitions dans un tout petit appartement.*

1. Nous n'avions qu'un lit. Mon frère et moi, nous devions dormir sur le plancher.   (étant donné que).

_____

2. Ma mère et mon père travaillaient. Mon frère et moi, nous étions souvent seuls à la maison.   (par conséquent)

_____

3. Mes parents travaillaient très dur. Ils étaient toujours fatigués. (comme)

_____

4. Il y avait très peu à manger. Mon frère et moi, nous avions toujours faim.   (donc)

_____

5. Les enfants à l'école se moquaient de mon frère et de moi. Nous avions des vêtements usés (*worn-out*).   (à cause de)

_____

6. Je n'aimais pas l'hiver. Il faisait toujours très froid dans l'appartement.   (parce que)

_____

7. Puis un jour tout a changé. Nous avons hérité de l'argent d'une tante de ma mère.   (grâce à)

_____

8. Nous étions riches. Nous avons pu déménager (*move*).   (alors)

_____

9. Quel luxe! J'avais une chambre à moi. Notre nouvelle maison avait trois chambres.   (puisque)

_____

10. Mais je n'ai jamais oublié les jours où nous n'avions pas d'argent. Je donne toujours de l'argent aux pauvres.   (c'est pourquoi)

_____

Les Explications et les raisonnements   **235**

H. De cause à effet. Élizabeth, l'héroïne malheureuse de «Débrouillez-vous, Mademoiselle!», s'est trouvée dans le pétrin (*in trouble*) à cause d'une série d'actions enchaînées (*connected*). Pour chacun des faits mentionnés ci-dessous, donnez une cause et aussi une conséquence. Variez autant que possible les expressions que vous utilisez.

Do this exercise on a separate sheet of paper, then compare your sentences with those of your classmates.

MODÈLE: Élizabeth a laissé son passeport à l'hôtel.

(cause) *Comme (Puisqu') elle se précipitait pour attraper son train, elle a laissé son passeport à l'hôtel.*

(conséquence) *Elle a laissé son passeport à l'hôtel; par conséquent, (c'est la raison pour laquelle) elle n'a pas pu prouver son identité.*

1. Élizabeth n'a pas composté son billet.
2. Elle a dû se dépêcher pour attraper le train.
3. Le contrôleur s'est fâché.
4. Le contrôleur s'est radouci.
5. Elle est enfin arrivée à Chambéry.

Les expressions de but et de finalité

Quand on veut expliquer les intentions de quelqu'un, les raisons pour lesquelles quelqu'un fait ou ne fait pas quelque chose, il y a plusieurs expressions qu'on peut utiliser. L'important, c'est de distinguer, d'un côté, entre l'emploi d'une *préposition* suivie d'un *infinitif* (deux verbes ayant le même sujet) et de l'autre celui d'une *conjonction* suivie d'un verbe conjugué au *subjonctif* (deux verbes ayant deux sujets différents).

Les expressions de but

Pour exprimer les intentions, utilisez une des expressions suivantes:

Préposition + infinitif	Conjonction + verbe au subjonctif
pour (*in order to*)	pour que (*in order that*)
afin de (*in order to*)	afin que (*in order that*)

Elle va en France **pour** perfectionner son français.

Je nettoierai la maison **pour que** tout soit en ordre quand nos invités arriveront.

Elle reste à la maison **afin de** ne pas être obligée de parler à son ancien petit ami.

Nous sommes restés chez nous **afin que** vous ayez le temps de tout préparer.

Les expressions de finalité négative

Les expressions de but expriment une finalité positive, voulue. Mais il arrive qu'on veuille exprimer une finalité négative—c'est-à-dire une fin qu'on ne désire pas. Dans ces cas-là, on peut utiliser:

de peur de + *infinitif*	**de peur que** + *verbe au subjonctif*
de crainte de + *infinitif*	**de crainte que** + *verbe au subjonctif*

Les quatre expressions ont le sens de *for fear of / that.*

> Ils se sont levés à 6 heures **de peur de** manquer leur avion.
> Ils se sont levés à 6 heures **de peur que** nous manquions notre avion.[3]

Application

I. Le dragueur et ses victimes. Complétez les phrases suivantes en choisissant une des expressions entre parenthèses et en faisant les changements nécessaires. Il s'agit de distinguer entre les phrases à un sujet et les phrases à deux sujets.

MODÈLE: Le dragueur s'arrête de travailler. Il veut regarder Anne. (afin de / afin que)

Le dragueur s'arrête de travailler afin de regarder Anne.

1. Anne et Nancy viennent à Paris. Elles ont l'intention d'apprendre le français. (pour / pour que)

_____

2. Nancy et Anne vont garder leur porte fermée à clé. Comme ça, le hippie ne pourra pas entrer. (afin de / afin que)

_____

3. Nancy et Anne vont garder leur porte fermée à clé. Elles ne veulent pas que le hippie entre. (de peur de / de peur que)

_____

4. Au parc, le dragueur fait son numéro. Il pense qu'Anne sera impressionnée. (pour / pour que)

_____

5. En allant au magasin de vêtements, Anne regarde derrière elle. Comme ça, elle voit le dragueur. (afin de / afin que)

_____

[3]On utilise souvent après **de peur que** le **ne** explétif—c'est-à-dire un **ne** qui n'est pas un vrai négatif. Il souligne l'attitude mentale du locuteur à l'egard de ce qu'il dit: **Elle ferme à clé de peur qu'un voleur *n*'y entre.** C'est-à-dire qu'elle ne veut pas qu'un voleur y entre. L'emploi de ce **ne** n'est pas obligatoire; dans la langue parlée elle tend à disparaître de plus en plus.

6. Anne et Nancy vont à la banque. Nancy pourra y toucher un chèque de voyage.   (pour / pour que)

_____

7. Anne étudie sérieusement. Elle ne veut pas échouer à ses examens. (de peur de / de peur que)

_____

8. Le dragueur accompagne Anne et Nancy à la gare. Il espère trouver une nouvelle victime.   (afin de / afin que)

_____

J. **Dans quel but?** Expliquez les buts de vos actions et de celles des personnes mentionnées ci-dessous en complétant les phrases.

    MODÈLES: J'ai un job afin de...
                J'ai un job afin de payer mes frais d'inscription.

                J'ai un job afin que...
                J'ai un job afin que mes parents ne soient pas obligés de payer tous mes frais.

1. Je vais à l'université pour...

_____

_____

2. Mes parents veulent que j'habite sur le campus (à la maison) pour que...

_____

_____

3. J'étudie consciencieusement le français afin de...

_____

_____

4. Le professeur nous fait passer des examens afin que...

_____

5. Mes parents ferment la porte à clé tous les soirs de peur que...

_____

6. Quand je rentre très tard à la maison, j'essaie de ne pas faire de bruit de peur de...

_____

_____

K. Des slogans publicitaires. Les gens qui font de la publicité essaient de nous faire voir l'avantage des articles qu'ils nous proposent. Créez des slogans publicitaires en suivant les modèles. Distinguez entre les phrases à un sujet et les phrases à deux sujets.

Ex. J, K, and L, **E.O.**, pp. 284–286.

You will find additional exercises on expressions of purpose and intention on p. A 53 of this text (**E.E.**).

MODÈLES: Achetez une télévision en couleurs...

Achetez une télévision en couleurs pour regarder vos émissions préférées. ou

Achetez une télévision en couleurs pour que vos amis soient heureux de vous rendre visite.

1. Achetez un magnétoscope... _____

2. Achetez un téléphone sans fil... _____

_____

3. Achetez une (marque de voiture—Peugeot, Renault, etc.)... _____

_____

4. Achetez... _____

5. Achetez... _____

6. Achetez... _____

7. Achetez... _____

8. Achetez... _____

Les expressions de condition et d'hypothèse

Il est important de distinguer entre les expressions de condition, qui parlent d'un fait qui va *peut-être* se réaliser, et les expressions d'hypothèse, qui parlent d'un fait qui demeure imaginaire.

Les expressions de condition

Les conditions sont liées à l'idée de conséquences. Ici il s'agit de conséquences possibles, futures, et les conditions dans lesquelles une action ou une situation pourront se réaliser. Il y a deux groupes d'expressions qu'on peut utiliser.

1. **La conjonction *si*.** Normalement, on utilise le présent de l'indicatif après **si**; la proposition principale de la phrase est souvent au présent ou au futur. La phrase peut avoir un ou deux sujets.

> Tu pourras le faire toi-même **si tu as** le temps.
> **Si tu n'as pas** le temps, je m'en occuperai.

2. D'autres conjonctions. On peut préciser des conditions aussi en utilisant une des expressions suivantes; cette fois il s'agit de distinguer entre les phrases à un sujet et les phrases à deux sujets.

Préposition + infinitif	Conjonction + verbe au subjonctif
à condition de	à condition que
à moins de (*unless*)	à moins que (*unless*)

> Nous nous en occuperons **à condition d'**avoir le temps.
> Je te prêterai ma caméra-vidéo **à condition que** tu me la rendes en bon état.
> Je le ferai moi-même **à moins de** ne pas être chez nous.
> Georges préparera le dîner **à moins que** sa femme rentre avant lui.[4]

Les expressions **pourvu que** et **au cas où** font exception. **Pourvu que** n'a pas de forme prépositionnelle; elle s'emploie donc toujours avec un verbe conjugué *au subjonctif*, même s'il n'y a qu'un seul sujet.

> Je serai là **pourvu que** j'aie fini tout mon travail.

L'expression **au cas où** est suivie normalement d'un verbe conjugué au *conditionnel* (*à l'indicatif*).

> **Au cas où** il pleuvrait, nous resterions chez nous.   (*Should it rain, we'll / we would stay home.*)

Les expressions d'hypothèse

On peut employer la conjonction **si** pour exprimer non seulement une condition mais une hypothèse. Dans ce dernier cas, il s'agit de quelque chose qui pourrait se produire (mais la probabilité n'est pas grande) ou de quelque chose qui aurait pu se produire dans le passé (mais qui ne s'est pas produit). Bref, nous sommes ici dans l'imaginaire.

1. Pour exprimer une hypothèse future, on utilise **si** + l'*imparfait* et le verbe principal au conditionnel.

> **Si j'avais** le temps, **je lirais** davantage.   (mais je n'ai pas le temps)
> **Elle viendrait si elle était** moins occupée.   (mais elle est très occupée)

2. Pour exprimer une hypothèse passée, on utilise **si** + le *plus-que-parfait* et le verbe principal au passé du conditionnel.

> **Si nous avions acheté** une maison il y a vingt ans, **nous aurions été** riches aujourd'hui.   (mais nous n'avons pas acheté de maison, par conséquent nous ne sommes pas riches)
> **Je serais allé(e)** au bal **si on** m'**avait invité(e).**   (mais personne ne m'a invité(e), je n'y suis donc pas allée)

---

[4]On utilise souvent après **à moins que** le **ne** explétif—comme après **de peur que** et **avant que. Nous le ferons à moins qu'elles *n*'arrivent avant nous.** Son emploi n'est pas obligatoire.

Application

L. Les conditions de Robert. Francine invite Robert à l'accompagner à un voyage en Europe. Robert n'est pas très enthousiaste, il pose donc des conditions. Complétez les réponses de Robert en mettant le verbe à la forme convenable.

Je t'accompagnerai...

1. si / nous / ne pas prendre nos vélos

Je t'accompagnerai si nous ne prenons pas nos vélos.

2. pourvu que / nous / coucher dans des hôtels

_____

_____

3. à condition que / nous / pouvoir manger dans des restaurants

_____

_____

4. à moins que / tu / vouloir faire les vendanges

_____

_____

5. à condition / je / être de retour avant le premier août

_____

6. si / je / pouvoir apporter des livres

_____

7. à moins de / je / être obligé de faire de l'alpinisme

_____

Mais... je resterai à la maison.

8. si / tu / vouloir faire du camping

_____

9. au cas où / tu / préférer faire le voyage en moto

_____

_____

10. au cas où / je / pouvoir se retrouver dans un champs avec des vaches

_____

_____

M. Des hypothèses. Nous avons tous la possibilité de rêver à une vie différente. Que feriez-vous si les conditions suivantes se réalisaient? Complétez les phrases suivantes selon vos rêves personnels.

> MODÈLE: Si j'avais...
>
> *Si j'avais une voiture, je pourrais rester au lit plus longtemps avant de me lever. Je ne serais pas obligé(e) de prendre l'autobus.*

1. Si j'avais...

_____

2. Si j'étais...

_____

3. Si j'habitais...

_____

4. Si je savais...

_____

5. Si...

_____

6. Si...

_____

7. Si...

_____

8. Si...

_____

N. Des regrets. Il nous arrive parfois de regretter quelques aspects de notre passé. Nous aimons imaginer ce qui se serait passé dans des conditions différentes. Dans la première partie de cet exercice, André, le héros du «Paradis perdu» (voir page 21), propose une autre version de son aventure. Complétez la chaîne d'événements en mettant les verbes à la forme convenable.

Ex. M, N, O, and P, **E.O.**, pp. 286–288.

You will find additional exercises on conditions and hypotheses on p. A 54 of this text (**E.E.**).

1. mieux dormir cette nuit-là / être de meilleure humeur le matin
Si j'avais mieux dormi cette nuit-là, j'aurais été de meilleure humeur le matin.

2. être de meilleure humeur le matin / ne pas décider de quitter mon travail

_____

3. ne pas décider de quitter mon travail / ne pas aller au Club Méditerranée

_____

4. ne pas aller au Club Méditerranée / ne pas s'enfuir vers cette île déserte

_____

5. ne pas s'enfuir vers cette île déserte / ne pas être à l'hôpital aujourd'hui

_____

Maintenant, faites de même en pensant à votre vie. Écrivez cinq phrases _qui s'enchaînent_ à la manière des phrases à propos d'André.

6. _____

7. _____

8. _____

9. _____

10. _____

Les expressions d'opposition et de concession

En raisonnant, on a souvent l'occasion de rapprocher° des faits de la même nature afin d'insister sur les différences entre eux; c'est ainsi qu'on établit des oppositions. La concession est une forme d'opposition: vous indiquez qu'une condition qui semble s'opposer à ce que quelqu'un veut faire n'a ou n'aura pas d'influence sur cette action. Voici quelques expressions qu'on utilise pour constater° des oppositions et pour faire des concessions.

rapprocher: to bring together

constater: to state

Les expressions d'opposition

1. La préposition **au lieu de** (_instead of_) est suivie d'un _infinitif_. On l'emploie pour relier deux verbes ayant le même sujet.

Au lieu de chercher un hôtel, vous pouvez descendre chez nous.

2. Les expressions **mais** et **tandis que** sont suivies d'un verbe conjugué à l'_indicatif_. On les emploie dans des phrases à un ou à deux sujets.

L'inspecteur a interrogé les témoins, **mais** il n'a rien appris.
J'ai les yeux bleus **tandis que** ma sœur a les yeux bruns.[5]

---

[5]Il faut distinguer entre **pendant que** (_while_), qui a un sens _temporel_, c'est-à-dire, qui insiste sur le fait que deux actions se passent au même moment (**Je regardais la télévision _pendant que_ ma femme lisait le journal.**), et **tandis que** (_while_), qui a un sens _concessif_—c'est-à-dire, qui oppose les deux actions (**J'aime le ski _tandis que_ ma femme préfère le tennis.**).

Les expressions de concession

1. Les conjonctions **pourtant** (*however*) et **cependant** (*nevertheless*) sont suivies d'un verbe conjugué à l'*indicatif*. Elles s'emploient dans des phrases à un ou à deux sujets.

> Nous sommes arrivés en retard; nous étions **pourtant** partis à l'heure.
> Elle joue très mal au tennis; **cependant**, elle passe des heures au club.

2. Ces conjonctions sont suivies d'un verbe conjugué au *subjonctif*.

bien que	(*although*)
quoique	(*although*)
sans que	(*without*)

   a. Les expressions **bien que** et **quoique** s'emploient dans des phrases à un ou à deux sujets.

> **Bien qu'il** soit intelligent, **il** a de mauvaises notes.
> **Bien qu'il** soit intelligent, **je** n'aime pas lui parler.
> **Quoiqu'on** ait fait beaucoup de progrès, **il** reste encore du travail à faire.

   b. L'expression **sans que** a une forme prépositionnelle, **sans.** On utilise **sans que** + *subjonctif* pour relier deux verbes ayant des sujets différents. S'il n'y a qu'*un sujet*, il faut employer **sans** + *infinitif*.

> Je voulais le faire **sans que** mes parents le *sachent*.
> Il le fera **sans** *faire* de bruit.

3. La préposition **malgré** (*in spite of*) est suivie d'un nom ou d'un pronom.

> **Malgré** ses bonnes intentions, il a très mal fait.
> Je réussirai **malgré** toi.

Application

O. Au musée de la ville. Quand la famille Belœil visite le musée de la ville, les employés ont toujours beaucoup d'observations à faire à l'égard de ces visiteurs. Reliez les phrases suivantes en utilisant l'expression entre parenthèses et en faisant les changements nécessaires. S'il y a deux expressions entre parenthèses, choisissez l'expression appropriée.

Voir **E.O.**, page 111.

MODÈLES: Les Belœil viennent souvent au musée. C'est toujours la même histoire.   (mais)

Les Belœil viennent souvent au musée, mais c'est toujours la même histoire.

Mathieu dessine sur le mur. Le gardien ne le voit pas. (sans / sans que)

Mathieu dessine sur le mur sans que le gardien le voie.

1. Les Belœil ne comprennent ni la peinture classique ni la peinture moderne. Ils viennent au musée tous les mois. (cependant)

_____

_____

2. M. Belœil aime beaucoup les portraits. Sa femme veut toujours voir les paysages et les natures mortes. (pendant que / tandis que)

_____

_____

3. Mathieu court partout. Il n'écoute pas ses parents. (sans / sans que)

_____

4. Il dessine sur le mur. Le gardien ne le sait pas. (sans / sans que)

_____

5. Les tableaux de Delacroix sont assez réalistes. M. Belœil ne les aime pas. (bien que)

_____

6. M. Belœil enlève ses chaussures et se frotte les pieds. Sa femme regarde les tableaux Surréalistes. (pendant que / tandis que)

_____

_____

7. Mme Belœil a mal aux pieds aussi. Elle continue à regarder les tableaux. (bien que)

_____

8. Le guide du musée offre des commentaires sur les différents tableaux. Les Belœil ne comprennent pas ce qu'ils regardent. (malgré)

_____

_____

9. Mathieu se moque de son père quand il pose comme Louis XIV. M. Belœil continue à prendre cette pose. (pourtant)

_____

_____

10. Mathieu ne vient pas au musée tous les dimanches. Le gardien du musée a toujours mal à la tête le dimanche matin. (quoique)

_____

_____

P. Deux vedettes de rock. Il n'est pas surprenant de trouver des contradictions chez les gens qui gagnent des milliers de dollars en chantant pour des publics de jeunes. Soulignez les contradictions chez Suzanne Vega et Jean-Louis Aubert en reliant les deux phrases à l'aide d'une conjonction ou d'une préposition. N'utilisez pas la même expression plus de deux fois.

MODÈLES: Suzanne Vega ne mesure que cinq pieds et quelques pouces (*inches*). Elle a un grand talent.

Suzanne Vega ne mesure que cinq pieds et quelques pouces. Elle a pourtant un grand talent. ou

Bien que Suzanne Vega ne mesure que cinq pieds et quelques pouces, elle a un grand talent.

1. Suzanne Vega a l'air jeune et innocent. Ses chansons expriment la peur et l'aliénation.

   _____

   _____

2. Son père est portoricain et sa mère suisse-allemande. Elle est née en Californie.

   _____

3. Elle avait seulement sept ans quand sa famille a déménagé à New York. Elle a commencé à écrire des histoires et des poèmes.

   _____

   _____

4. Elle a fait ses débuts en chantant de la musique folk dans les clubs de Greenwich Village. On la traite souvent de rocker.

   _____

5. Elle a beaucoup de succès avec ses chansons. Elle a envie de monter une troupe théâtrale.

   _____

6. «Téléphone» était le groupe de rock-pop français numéro un. Les membres du groupe ont décidé de se séparer.

   _____

7. La presse se demande s'il s'agit de vacances ou d'une séparation définitive. Un des ex-membres du groupe, Jean-Louis Aubert, vient de sortir un disque solo.

   _____

   _____

8. Ce disque, où il chantait seul, a eu du succès. Jean-Louis Aubert est en train de former un nouveau groupe.

_____

9. Selon Jean-Louis, les répétitions (*rehearsals*) avec «Téléphone» étaient devenues très ennuyeuses. Les répétitions avec le nouveau groupe **sont** beaucoup plus agréables.

_____

10. Maintenant il peut répéter huit heures de suite. Il ne se fatigue **pas**.

_____

Q. Un être singulier et contradictoire: moi. Nous sommes tous des invididus avec nos particularités et nos contradictions. Utilisez les expressions suggérées pour exprimer quelques-uns des aspects contradictoires de votre vie et de votre personnalité.

Ex. Q, R, and S, **E.O.**, pp. 288–290.

You will find additional exercises on opposition and concession on p. A 56 of this text (**E.E.**).

> **MODÈLE:** mais
>
> *J'ai vingt ans, mais je mange des «Fruit Loops» pour le petit déjeuner.*

1. bien que

_____

_____

2. pourtant

_____

_____

3. malgré

_____

_____

4. quoique

_____

_____

5. cependant

_____

_____

6. tandis que

_____

_____

Mise au point: l'infinitif, l'indicatif et le subjonctif

Le tableau suivant récapitule les constructions à utiliser avec les prépositions et les conjonctions que vous avez étudiées dans cette unité.

	+ infinitif	+ proposition à l'indicatif	+ proposition au subjonctif
cause		parce que puisque car comme	
conséquence		alors donc c'est pourquoi par conséquent	
but	pour afin de		pour que afin que
finalité	de peur de de crainte de		de peur que de crainte que
condition		si (+ *present*) au cas où (+ *conditionnel*)	
	à condition de à moins de		à condition que à moins que
hypothèse		si (+ *imparfait*) si (+ *plus-que-parfait*)	
opposition	au lieu de	mais tandis que	
concession	sans		sans que
		cependant pourtant	bien que quoique

Voici donc des exercices qui mélangent les constructions que vous avez étudiées dans cette unité.

Application

R. Mais non! La famille Belœil! Encore une fois! Le gardien du musée commence à bien connaître la famille Belœil. Combinez ses phrases en utilisant un intermédiaire convenable, selon le rapport suggéré.

MODÈLE: J'ai passé une mauvaise journée dimanche dernier.
Mathieu et ses parents sont revenus au musée.   (cause)

J'ai passé une mauvaise journée dimanche dernier parce que Mathieu et ses parents sont revenus au musée.

1. M. Belœil n'aime pas l'art. Il a accompagné sa femme au musée. (concession) _____

_____

2. Mme Belœil s'intéresse beaucoup à l'art. Son mari aime mieux les sports.   (opposition) _____

_____

3. En arrivant au musée, Mathieu a grimpé encore une fois sur la statue devant le musée. La visite a mal commencé, comme d'habitude. (conséquence) _____

_____

4. Le tableau du peintre du dimanche n'est pas compliqué. M. Belœil ne le comprend pas.   (concession) _____

_____

5. J'étais dans la salle des Surréalistes. Mathieu a dessiné sur le mur de la salle des Romantiques.   (conséquence) _____

_____

6. M. Belœil a pris une pose ridicule. Mathieu s'est moqué de lui. (cause) _____

_____

7. Dans la salle des Impressionnistes, Mathieu et son père ont jeté des trognons de pommes par-dessus leurs épaules. Ils n'ont pas regardé derrière eux.   (concession) _____

_____

8. Mme Belœil est allée dans la salle des Surréalistes. Elle voulait revoir des tableaux de Magritte.   (but) _____

_____

Les Explications et les raisonnements   **249**

9. Mathieu n'a pas regardé les œuvres de Duchamp. Il a commencé à jouer avec ces œuvres.   (opposition) _____

_____

10. M. Belœil n'y comprenait pas grand-chose. Il a décidé de se reposer un peu.   (cause) _____

_____

11. Je savais que Mathieu venait au musée. Je suis resté chez moi.   (hypothèse) _____

_____

12. Mathieu reviendra au musée. Je deviendrai fou.   (condition) _____

_____

13. Ses parents feraient bien de le garder chez eux. J'aimerais le battre.   (finalité) _____

_____

_____

S. **Il faut expliquer.** Pour chaque image, expliquez ce qui se passe en utilisant l'expression indiquée.

MODÈLE:

bien que
Bien que Gaspar ait perdu tout leur argent, Lulu l'aime toujours.

1. à condition que   **2.** afin que   **3.** de crainte que (de)   **4.** quoique

5. sans   **6.** au lieu de   **7.** par conséquent   **8.** à moins que

■ *Activités écrites*

A. Des cartes postales. Francine et Robert, les protagonistes de «La France à bicylette» ont l'habitude d'écrire tous les soirs des cartes postales. Choisissez une des situations suivantes et rédigez une carte postale pour chaque étape de leur voyage.

1. Robert écrit à ses parents.
2. Francine écrit à une amie.
3. Francine écrit à sa mère.

B. Un article. Imaginez que vous êtes Francine ou Robert. De retour à l'université, vous écrivez un article dans le journal des étudiants. Choisissez un titre attirant, racontez ce qui vous est arrivé pendant le voyage, puis faites des recommandations aux étudiants qui voudraient faire un voyage pareil l'été prochain.

C. Un autoportrait (*self-portrait*). Écrivez un essai autobiographique dans lequel vous expliquez qui vous êtes et comment vous êtes arrivé(e) à cette période de votre vie.

D. Des conseils. Écrivez une lettre à un(e) ami(e) qui a des ennuis ou des difficultés en ce moment. Résumez la situation et les activités de cet(te) ami(e), puis faites des suggestions à propos de ce que votre ami(e) pourrait faire pour améliorer (*improve*) sa situation.

E. Un dialogue. Choisissez deux personnes ou deux personnages que vous connaissez bien. Imaginez une conversation entre elles (eux) à l'occasion de leur première rencontre.

Reminder, Act. A–E: In each of the activities, make an effort to use the structures and expressions studied in this Unit—**on,** pronominal verbs, passive voice, adverbs of manner; expressions of causality, intention, conditions and hypotheses, opposition and concession.

■ *Appendices*

Table des matières

■ *Exercices supplémentaires*

Unité de Révision A

Première partie: Trois notions grammaticales

A. Sujet, complément d'objet direct, objet d'une préposition. D'abord, trouvez le *sujet* des phrases suivantes.

1. Alain est parti.
2. D'abord, Jean-Michel et sa sœur veulent visiter l'Espagne.
3. Pourquoi est-ce que les Italiens sont si agressifs?
4. Où va ton cousin?
5. À la fin de l'année les élèves doivent passer des examens.

Ensuite, trouvez tous les *compléments d'objet direct* dans les phrases suivantes.

6. Il nous a envoyé une carte postale.
7. Gérard aime bien ses petits cousins.
8. Je vais montrer cet album à mes parents.
9. S'il te plaît, passe-moi le sel et le poivre.
10. Comment s'appellent les deux filles que nous avons rencontrées au parc?

Enfin, trouvez tous les *objets d'une préposition* dans les phrases suivantes.

11. Émilie voudrait bien sortir avec Jean-Jacques.
12. Nous allons nous retrouver à deux heures chez Christine.
13. Le bureau de mon père se trouve dans un bâtiment en face de la gare.
14. Il faut donner ces papiers à ma tante.
15. Pour qui est-ce que ta mère travaille?

Deuxième partie: Le présent

B. Mettez l'infinitif des verbes suivants à la forme convenable du *présent*.

1. visiter (nous)	8. servir (elle)	15. aller (je)
2. se coucher (ils)	9. dormir (vous)	16. aller (ils)
3. regarder (je)	10. attendre (je)	17. aller (elle)
4. réussir (vous)	11. entendre (il)	18. prendre (tu)
5. obéir (tu)	12. défendre (nous)	19. prendre (vous)
6. remplir (elles)	13. mettre (tu)	20. comprendre (ils)
7. sortir (je)	14. permettre (vous)	21. avoir (il)

22. avoir (elles)	**32.** vouloir (tu)	**42.** venir (ils)
23. avoir (vous)	**33.** vouloir (vous)	**43.** connaître (je)
24. dire (tu)	**34.** vouloir (ils)	**44.** connaître (elles)
25. dire (nous)	**35.** pouvoir (je)	**45.** voir (tu)
26. dire (vous)	**36.** pouvoir (nous)	**46.** voir (vous)
27. faire (je)	**37.** pouvoir (elles)	**47.** devoir (je)
28. faire (ils)	**38.** écrire (il)	**48.** devoir (ils)
29. faire (vous)	**39.** écrire (vous)	**49.** devoir (vous)
30. lire (elle)	**40.** venir (tu)	**50.** pleuvoir (il)
31. lire (nous)	**41.** venir (nous)	

C. Posez les questions qui provoquent les réponses suivantes. Utilisez les *expressions interrogatives* qui correspondent aux mots soulignés.

MODÈLES: Non, nous n'aimons pas les escargots. (inversion)
Aimez-vous les escargots?

J'ai une dizaine de livres dans mon sac à dos. (est-ce que)
Combien de livres est-ce que tu as dans ton sac à dos?

1. Ils descendent de l'autobus à la place de la Concorde. (inversion)
2. Elle veut me rendre les photos lundi prochain. (est-ce que)
3. Oui, Alain comprend toute la leçon. (est-ce que)
4. Nous restons chez nous parce qu'il fait mauvais. (inversion)
5. Le bureau du médecin se trouve près de la gare. (inversion)
6. Avec l'aide de ses deux frères, Maurice peut monter les meubles au troisième étage. (est-ce que)
7. Le rapide pour Paris part de Rennes à trois heures précises. (est-ce que)
8. Oui, ils aiment beaucoup le théâtre. (inversion)
9. Je prends trois cours ce semestre. (est-ce que)
10. Mais oui, elle est vraiment extraordinaire. (n'est-ce pas)

D. Répondez avec une *expression négative* ou avec **ne. . . que** aux questions suivantes.

MODÈLE: Vous allez quelquefois au théâtre?
Non, nous n'allons jamais au théâtre.

1. Qu'est-ce que vous voulez?
2. Ton grand-père, il a toujours toutes ses dents?
3. Qui veut faire la vaisselle?
4. Au Sénat américain il y a trois sénateurs représentant chaque état, n'est-ce pas?
5. De quoi est-ce qu'elle a peur?
6. Tu vas souvent aux concerts de rock?
7. Qui cherches-tu?
8. À qui parlez-vous?
9. Aux États-Unis on choisit un nouveau président tous les deux ans, n'est-ce pas?
10. Qu'est-ce qu'ils font?

Troisième partie: Le passé composé

E. Mettez l'infinitif à la forme convenable du *passé composé*.

1. étudier (il)	**9.** écrire (elle)	**17.** naître (je)
2. comprendre (je)	**10.** devoir (je)	**18.** se lever (elle)
3. être (nous)	**11.** voir (nous)	**19.** s'amuser (nous)
4. avoir (tu)	**12.** pouvoir (ils)	**20.** se dépêcher (ils)
5. réussir (elles)	**13.** partir (ils)	**21.** se fâcher (je)
6. dire (il)	**14.** venir (nous)	**22.** se réveiller (tu)
7. pleuvoir (il)	**15.** retourner (il)	**23.** se perdre (vous)
8. vouloir (nous)	**16.** mourir (ils)	

F. Mettez les verbes soulignés au *passé composé*.

1. Il me remercie.
2. Philippe apprend le français à Caroline.
3. Elle va au café.
4. Je reste en France pendant deux mois.
5. Je lis un excellent roman.
6. Il fait très froid.
7. Elle doit attendre longtemps.
8. Elles ont de la difficulté à y arriver.
9. Je me couche avant minuit.
10. Nous partons sans eux.
11. Il ne se rase pas avant de sortir.
12. Marie et Suzanne, à quelle heure arrivez-vous?
13. Tu ranges ta chambre?
14. Ils s'amusent?
15. Elle revient à une heure du matin.
16. Nous recevons beaucoup de lettres.
17. Elle met sa nouvelle jupe.
18. Il ouvre la porte.
19. Elles tombent.
20. Ils ne réussissent pas.

G. Mettez l'infinitif des verbes suivants au *passé composé* en faisant attention à l'accord du participe passé.

1. Elle (sortir) après nous.
2. Les pommes? Je les (manger) ce matin.
3. Nous (se lever) de bonne heure ce matin.
4. Est-ce qu'ils (aller) au concert la semaine dernière?
5. Nelly et Anne-Marie (se téléphoner) deux fois hier.
6. Quels cours (suivre)-tu le semestre dernier?
7. Elle (se laver) la figure.
8. Elle (se laver) avant de sortir.
9. Jean-Paul, à quelle heure (rentrer)-tu hier soir?
10. À quelle heure les autres (rentrer)-ils?

11. Ils (s'écrire) des lettres passionnantes.
12. Elles (se souvenir) de leurs devoirs au dernier moment.
13. Voilà les fleurs que Martin m'(apporter).
14. Nous (se rencontrer) devant la pharmacie.
15. Avant de sortir, elle (se brosser) les cheveux.
16. Marie, est-ce que tu (s'amuser) hier soir?
17. Des livres? Georges en (vendre) plusieurs.
18. (Prendre)-tu des photos?
19. Elle (sortir) son mouchoir de son sac.
20. Nous (monter) dans le train.
21. Hélène (descendre) du taxi.
22. Ils (passer) deux mois à Chamonix.
23. Nous (rester) au Havre pendant huit jours.
24. Sophie (monter) l'escalier.
25. Marie (se casser) la jambe.

H. Reposez les questions suivantes en utilisant l'*inversion*.

1. Vous avez vu le match?
2. Tu as bien compris?
3. Est-ce qu'elle a déjà fini?
4. Où est-ce que tu as trouvé ces photos?
5. Ils se sont disputés?
6. Est-ce qu'elle s'est bien amusée?
7. Elles sont déjà parties?
8. Est-ce qu'il a préparé le dîner?

I. Répondez aux questions suivantes en utilisant le *passé composé* et les *expressions négatives* entre parenthèses.

1. As-tu écouté un orchestre symphonique?   (ne... jamais)
2. Est-ce que le train est déjà arrivé?   (ne... pas encore)
3. Qu'est-ce que vous avez pris comme dessert?   (ne... rien)
4. Qui as-tu invité au bal?   (ne... personne)
5. Qu'est-ce qu'on t'a donné comme cadeau?   (ne... rien)
6. À qui as-tu parlé ce matin?   (ne... personne)
7. Vous avez passé trois jours à Marseille?   (ne... que / deux)
8. Elle s'est réveillée avant toi?   (ne... pas)

Quatrième partie: Le futur immédiat

J. Récrivez les phrases au *futur immédiat* en utilisant les expressions entre parenthèses.

MODÈLE: Nous sortons ce soir.   (aller)
         Nous allons sortir ce soir.

1. Je rentre de bonne heure.   (aller)
2. Nous passons l'après-midi à la maison.   (avoir l'intention de)

3. Est-ce que tu te lèves? (aller)
4. Il n'achète rien. (aller)
5. J'ai de ses nouvelles. (espérer)
6. Ils ne parlent plus de l'accident. (aller)
7. Nous nous dépêchons. (devoir)
8. Tu ne vois personne. (aller)
9. Se fâche-t-il? (aller)
10. Nous repartons tôt le matin. (compter)

Unité Première: La Narration

L'imparfait

A. Les formes de l'imparfait. Mettez les verbes suivants à l'*imparfait*.

1. étudier (il)	6. venir (vous)	11. dire (elle)	16. falloir (il)
2. tomber (elles)	7. sortir (je)	12. écrire (tu)	17. faire (je)
3. répondre (ils)	8. finir (nous)	13. lire (vous)	18. savoir (tu)
4. prendre (nous)	9. ouvrir (vous)	14. avoir (elles)	19. devoir (nous)
5. être (elle)	10. mourir (il)	15. pleuvoir (il)	20. recevoir (ils)

L'imparfait et le passé composé

B. L'imparfait ou le passé composé? Et pourquoi? Mettez le verbe à la forme convenable de l'*imparfait* ou du *passé composé*. Puis choisissez dans la liste suivante la justification du temps que vous avez employé.
a. une condition générale (imparfait)
b. une condition limitée (passé composé)
c. une action-point (passé composé)
d. une action limitée (passé composé)
e. une action en cours (imparfait)
f. une répétition limitée (passé composé)
g. une répétition habituelle (imparfait)

1. Il me remercie.
2. Philippe apprend le français à Caroline.
3. Valérie est blonde.
4. Elle va au café.
5. Je resterai en France jusqu'au mois de juillet.
6. Elle va souvent au musée le samedi.
7. À l'université je lis rarement l'après-midi.
8. Sylvie peint ces deux tableaux.
9. Il fait humide.
10. À midi elle attend son amie à la gare.
11. Elles décident de prendre le train.
12. Je lui parlerai plusieurs fois.
13. Nous passerons trois mois en Angleterre.

14. Je me couche à minuit tous les soirs.
15. D'habitude, elles rentrent entre cinq heures et six heures.
16. Ils portent de nouveaux vêtements.
17. Il ne se rase pas avant d'aller à la soirée.
18. Elles sont contentes des résultats.
19. Est-ce que tu nettoies ta chambre?
20. Nous pensons toujours à nos examens.

C. **L'imparfait ou le passé composé? Encore une fois.** Mettez l'infinitif à l'*imparfait* ou au *passé composé*. Puis trouvez dans la liste suivante la justification des temps que vous avez choisis.
   a. des actions successives (passé composé—passé composé)
   b. des actions simultanées (passé composé—passé composé)
   c. des actions parallèles (imparfait—imparfait)
   d. des actions inégales (imparfait—passé composé)

   1. Hélène (se réveiller) _____ à 8h30, (faire) _____ sa toilette et (quitter) _____ la maison avant 9h.
   2. Ils (découvrir) _____ qu'ils (ne pas avoir) _____ assez d'argent quand ils (voir) _____ l'addition.
   3. Au moment où sa cousine (arriver) _____ il (prendre) _____ un bain.
   4. Lorsque nous (entendre) _____ un bruit dans la rue, nous (sortir) _____ pour voir ce qui (se passer) _____.
   5. Il (faire) _____ nuit, il y (avoir) _____ beaucoup de gens sur la terrasse du café. Je (penser) _____ à ce que nous (aller) _____ faire le lendemain matin quand tout d'un coup des hommes masqués (descendre) _____ d'un camion.
   6. Pendant que tu (être) _____ au bureau de poste, nous (regarder) _____ les nouvelles collections de mode dans les vitrines.
   7. Elle (s'approcher) _____ de moi aussitôt qu'elle (me voir) _____.
   8. Ils (remarquer) _____ deux hommes qui (attendre) _____ devant l'immeuble.

D. **Les aventures d'André.** Utilisez les mots donnés pour exprimer le rapport temporel indiqué entre parenthèses. Employez les expressions **quand, pendant que, qui, ensuite** pour faire la liaison entre les deux verbes. Les phrases s'inspirent des images du «Paradis perdu».

   MODÈLE: l'infirmière / prendre le pouls à / le médecin / consulter la feuille (*deux actions parallèles*)

   Pendant que l'infirmière prenait le pouls au malade, le médecin consultait la feuille.

   1. le médecin / rire / regarder (*deux actions simultanées*)
   2. André / voir / un infirmier / pousser une table roulante (*deux actions simultanées*)
   3. le soleil / se lever / André / dormir (*deux actions inégales*)

4. le réveil / sonner / André / arrêter   (*deux actions simultanées*)
5. André / s'habiller / penser à   (*deux actions parallèles*)
6. André / s'habiller / lire le journal /quitter la maison   (*trois actions successives*)
7. André / ne pas regarder / le piéton / se disputer avec le camionneur (*deux actions inégales*)
8. André / arriver au travail / s'installer devant   (*deux actions successives*)
9. André / laisser tomber / une péniche / passer sous   (*deux actions inégales*)
10. André / passer par / l'inspecteur / regarder d'un œil méfiant   (*deux actions simultanées*)

E. **Deux étés.** Françoise et Jean-Jacques, deux étudiants universitaires français, ont passé des étés très différents. En vous servant des expressions suggérées, racontez ce que chacun a fait. Faites attention aux choix du temps verbal—l'*imparfait* ou le *passé composé*.

1. l'été dernier / Françoise / travailler dans une banque
   tous les matins / se lever vers 7h30 / faire sa toilette / mettre une robe / aller à la banque à pied
   cet été-là / gagner 8.000 francs
   vouloir une voiture / s'acheter une Renault 5
2. l'été dernier / Jean-Jacques / aller en Corse
   deux amis / l'accompagner / prendre le bateau de Jean-Jacques
   faire très beau en Corse au mois de juillet / s'amuser bien
   tous les matins / nager / l'après-midi / faire le tour de l'île ou se reposer sur la plage / y passer quinze jours / dépenser 500 francs chacun

Le plus-que-parfait

F. **Le plus-que-parfait.** Mettez l'infinitif à la forme convenable du *plus-que-parfait*.

1. oublier (ils)
2. rendre (nous)
3. finir (je)
4. aller (elle)
5. rentrer (vous)
6. monter (tu)
7. gagner (nous)
8. se coucher (je)
9. se tromper (elles)
10. se disputer (nous)

G. **Encore des faits divers.** Complétez les nouvelles parues dans le journal en utilisant les expressions entre parenthèses. Mettez les verbes au *plus-que-parfait*.

MODÈLE: On a fait payer une amende de 200 francs à un camionneur.   (se disputer avec un piéton)
   Il s'était disputé avec un piéton.

1. Les médecins ont pu ranimer une jeune fille de 16 ans.   (essayer de se suicider)
2. Les clients du restaurant La Frézelle sont tous tombés malades. (manger de la viande pourrie)
3. L'accident s'est produit juste avant l'entrée dans le village de St-Cloud.   (le conducteur / s'endormir)
4. Soixante-deux personnes ont été tuées par l'ouragan Gérald. (refuser de quitter leurs maisons)
5. Le footballeur a très mal joué.   (recevoir un télégramme menaçant juste avant le début du match)
6. Un père et une mère sont rentrés pour trouver leurs trois chiens morts.   (sortir avec des amis)
7. On a rendu à la princesse ses bijoux.   (perdre trois mois avant)
8. Un monsieur de trente ans a été blessé dans un accident de chantier.   (aller dans une île tropicale pour recommencer sa vie)

Les prépositions *avant de* et *après*

H. Après... Mettez les verbes entre parenthèses à l'*infinitif passé* en distinguant entre les verbes conjugués avec **avoir** et les verbes conjugués avec **être**. Faites attention aux pronoms quand il s'agit d'un verbe pronominal.

1. (visiter) Après _____ l'hôtel des Invalides, nous sommes allés voir la Tour Eiffel.
2. (finir) Après _____ son travail, elle est allée retrouver des amis dans un café près de son bureau.
3. (recevoir) Après _____ la lettre de leur fils, ils ont décidé d'aller lui rendre visite.
4. (rentrer) Après _____, ils se sont couchés tout de suite.
5. (aller) Après _____ en Suisse, elle a visité l'Allemagne et les Pays-Bas.
6. (monter) Après _____ à notre chambre, nous avons défait nos valises.
7. (se lever) Après _____, j'ai pris une douche.
8. (s'habiller) Après _____, nous sommes descendus pour prendre le petit déjeuner.
9. (se coucher) Après _____, elle a lu son roman policier pendant une demi-heure.

I. Qu'est-ce que tu fais? Vous voulez vous renseigner sur les activités d'un(e) de vos amis. Vous lui demandez ce qu'il(elle) fait *avant* et *après* chacune des activités suggérées.

MODÈLE: manger son petit déjeuner
  Qu'est-ce que tu fais avant de manger ton petit déjeuner?
  Qu'est-ce que tu fais après avoir mangé ton petit déjeuner?

1. se lever
2. faire sa toilette
3. s'habiller
4. aller en classe
5. sortir de son cours de français
6. retrouver ses amis au restaurant
7. rentrer
8. dîner
9. se coucher

Mise au point: les temps du passé

J. A-t-on perdu un franc? Transformez cette histoire au passé en mettant les verbes à l'*imparfait*, au *passé composé* ou au *plus-que-parfait*. L'histoire a eu lieu à l'époque où un franc avait beaucoup plus de valeur que de nos jours!

C'est[1] une belle journée de printemps, mais il fait[2] encore assez frais. Trois hommes en manteaux qui portent[3] des valises descendent[4] le boulevard. Ils s'arrêtent[5] devant un hôtel et y entrent.[6] Ils vont[7] à la réception où ils trouvent[8] un petit homme maigre qui est[9] en train d'écrire dans un gros livre. Sans interrompre son travail, celui-ci demande[10] aux trois hommes ce qu'ils veulent.[11] Ceux-ci disent[12] qu'ils désirent[13] une chambre à trois lits, confortable et pas chère. L'hôtelier, derrière son bureau, réfléchit[14] un moment, puis sourit[15] et répond[16] qu'il y a[17] encore une chambre à trois lits. Un des clients demande[18] le prix de la chambre. «Trente francs,» répond[19] l'hôtelier. À en juger au prix, et étant donné que le petit déjeuner est[20] compris, les trois hommes décident[21] de prendre la chambre. Ils payent[22] la chambre, prennent[23] leurs valises et se dirigent[24] vers l'ascenseur. Quelques moments plus tard, ils sont[25] installés dans une grande chambre à trois lits qui donne[26] sur un beau jardin.

Pendant ce temps, en bas, l'hôtelier réalise[1] soudain que la chambre ne coûte[2] que vingt-cinq francs. Il est[3] fâché d'avoir fait une erreur car il se considère[4] comme un homme méticuleux. Résigné, il fait[5] signe de la main à François, le garçon d'hôtel, qui est[6] debout près de la porte d'entrée. François fait[7] souvent des courses pour l'hôtelier et, toujours fatigué et mal payé, il n'aime[8] pas se dépêcher. Quand il arrive[9] à la réception, l'hôtelier lui explique[10] pourquoi il veut[11] rendre les quelques francs aux trois messieurs. Le garçon se dit[12] que l'hôtelier est[13] bien trop honnête, que les clients semblent[14] satisfaits du prix de la chambre. Mais l'hôtelier insiste[15] et le jeune homme quitte[16] la réception avec cinq pièces d'un franc dans la main.

François prend[1] donc l'ascenseur, et tout en montant il se rend compte[2] qu'on ne peut[3] pas diviser également cinq pièces de un franc par trois. Très vite, les portes de l'ascenseur s'ouvrent[4] et François se trouve[5] devant la porte de la chambre où logent[6] les trois hommes. En l'espace d'une seconde, il met[7] deux pièces dans sa poche. Puis il reprend[8] contenance et frappe[9] à la porte. On ouvre[10] et il donne[11] à chacun des trois hommes un franc tout en expliquant la situation. Il leur dit[12] que l'hôtelier a[13] envie de corriger l'erreur. Les hommes le remercient[14] de son honnêteté. François leur répond[15]: «Oh, c'est tout naturel, messieurs!» et il fait[16] immédiatement demi-tour et disparaît[17] dans l'ascenseur.

Considérons maintenant les faits: chaque homme—et il y en a trois[1]—a payé[2] dix francs pour la chambre. Mais en réalité, le prix de la chambre est[3] seulement de vingt-cinq francs. L'hôtelier a donné[4] cinq pièces d'un franc à François qui a gardé[5] deux francs et a rendu[6] les trois autres francs aux trois clients. Donc, chaque client a payé[7] neuf francs pour la chambre, soit vingt-sept francs en tout. Et François a gardé[8] deux francs! Vingt-sept francs plus deux francs font vingt-neuf francs! Et alors qu'est-ce qui est arrivé[9] au dernier franc?!

Unité Deux: L'Interrogation

Questions qui ont pour réponse une personne

A. Donnez l'équivalent anglais des questions suivantes.

1. Qui cherches-tu?
2. Qui te cherche?
3. Qui est-ce que tu cherches?
4. Pour qui travailles-tu?
5. Qui est-ce qui a fait cela?
6. Qui vous a téléphoné?
7. À qui est-ce que vous avez téléphoné?
8. Qui est-ce que vous avez vu au stade?
9. Qui vous a vu au stade?
10. De qui parlaient-ils?

B. L'aventure d'André. Posez des questions qui ont pour réponse une personne. Employez **qui, qui est-ce qui** ou **qui est-ce que.**

1. _____ tamponne les passeports? (*sujet*)
2. _____ tu cherches? (*objet direct*)
3. _____ te cherche? (*sujet*)
4. De _____ êtes-vous accompagné? (*objet direct*)
5. _____ s'est embarqué dans le canot pneumatique? (*sujet*)
6. Avec _____ l'homme d'affaires a dîné la première soirée au Club Méditerranée? (*objet d'une préposition*)
7. _____ a oublié de se lever? (*sujet*)
8. À _____ l'hôtesse de l'air souriait? (*objet d'une préposition*)
9. _____ avez-vous vu appuyé contre la balustrade? (*objet direct*)
10. À _____ il a dit au revoir? (*objet d'une préposition*)

C. En utilisant les éléments suivants, construisez des questions qui ont pour réponse une personne.

MODÈLE: (*présent*) tu / attendre
Qui attends-tu? ou *Qui est-ce que tu attends?*

1. (*présent*) faire la cuisine chez toi
2. (*passé composé*) Jean-Pierre / montrer son passeport
3. (*présent*) ton frère / ressembler / à
4. (*imparfait*) elles / chercher

5. (*futur immédiat*)   tu / aller au match / avec
6. (*passé composé*)   les autres / voir en ville
7. (*imparfait*)   votre oncle / parler / de
8. (*passé composé*)   écrire cette lettre

Questions qui ont pour réponse une chose

D. Donnez l'équivalent anglais des questions suivantes.

1. Que voulez-vous?
2. Qu'est-ce que vous voulez?
3. Qu'est-ce qui vous intéresse?
4. À quoi est-ce que vous vous intéressez?
5. De quoi parlaient-ils?
6. Qu'est-ce qu'ils disaient?
7. De quoi est-ce que vous vous préoccupez?
8. Qu'est-ce qui vous préoccupe?
9. Que fait ta sœur?
10. Qu'est-ce qu'elle fait, ta sœur?

E. Le pauvre André! Posez des questions qui ont pour réponse une chose. Employez **qu'est-ce qui, qu'est-ce que, que, quoi** ou **quoi est-ce que.**

1. _____ a réveillé André le matin du 28 juillet?   (*sujet*)
2. _____ il avait jeté par terre le jour avant?   (*objet direct*)
3. À _____ pensait-il en faisant sa toilette?   (*objet d'une préposition*)
4. _____ il s'est dit quand il a vu son visage dans la glace?   (*objet direct*)
5. _____ il a jeté dans la Seine?   (*objet direct*)
6. Sur _____ est-elle tombée?   (*objet d'une préposition*)
7. _____ est arrivé à André au Club Med?   (*sujet*)
8. Par _____ André a été blessé?   (*objet d'une préposition*)
9. _____ fera-t-il l'année prochaine?   (*objet direct*)
10. De _____ André avait vraiment peur?   (*objet d'une préposition*)

F. En utilisant les éléments donnés, construisez des questions qui ont pour réponse une chose.

MODÈLE: (*present*)   Marie / chercher

Qu'est-ce que Marie cherche? ou *Que cherche Marie?*

1. (*présent*)   se passer
2. (*imparfait*)   tu / regarder
3. (*présent*)   Hervé / mettre dans son café
4. (*passé composé*)   vous / oublier
5. (*présent*)   on / mettre de la confiture / sur
6. (*passé composé*)   le cuisinier / faire chauffer
7. (*imparfait*)   polluer l'air

8. (*présent*) elle / écrire / avec

9. (*présent*) ton père / penser / à

G. **Les prépositions «cachées».** Dans certains cas, un verbe français est suivi d'une préposition tandis que son équivalent anglais ne l'est pas—par exemple: **ressembler à** (*to resemble*), **obéir à** (*to obey*), **jouer à** (*to play a game*), **avoir besoin de** (*to need*), **se servir de** (*to use*), **se souvenir de** (*to remember*). Dans d'autres cas, un verbe français n'a pas de préposition, mais son équivalent anglais en a une—par exemple, **demander** (*to ask for*), **chercher** (*to look for*), **regarder** (*to look at*), **écouter** (*to listen to*). Il faut tenir compte des prépositions en posant les questions. Pour commencer, utilisez les mots donnés pour poser des questions qui ont pour réponse *une personne*.

MODÈLES: tu / demander de venir
À qui est-ce que tu as demandé de venir? ou À qui as-tu demandé de venir?

elle / regarder
Qui est-ce qu'elle regarde? ou Qui regarde-t-elle?

1. tu / chercher

2. ton frère / ressembler

3. vous / regarder

4. ils / écouter

5. il faut / obéir

Ensuite, utilisez les mots donnés pour poser des questions qui ont pour réponse *une chose*.

MODÈLES: tu / chercher
Qu'est-ce que tu cherches? ou Que cherches-tu?

elle / avoir besoin
De quoi est-ce qu'elle a besoin? ou De quoi a-t-elle besoin?

6. tu / regarder

7. ils / se servir

8. vous / avoir besoin

9. Martine / jouer

10. elles / se souvenir

H. **Des questions à un(e) ami(e).** Vous voulez vous renseigner sur les activités d'un(e) ami(e) et de sa famille. Utilisez les expressions données pour poser des questions qui ont pour réponse *une personne* ou *une chose*.

MODÈLES: te téléphoner hier soir (*passé composé*)
Qui (qui est-ce qui) t'a téléphoné hier soir?

tu / vouloir faire ce soir (*présent*)
Que veux-tu faire ce soir? ou Qu'est-ce que tu veux faire ce soir?

1. te donner cette montre (*passé composé*)

2. tu / faire hier soir (*passé composé*)

3. tu / rencontrer au cinéma samedi dernier (*passé composé*)

4. ta sœur / avoir besoin / pour finir son projet (*présent*)

5. ton père / préparer pour le dîner hier soir   (*passé composé*)

6. tu / donner ce cadeau   (*futur immédiat*)

7. tes parents / parler / quand je suis arrivé(e)   (*imparfait*)

8. arriver à ton oncle   (*passé composé*)

9. tu / se servir / pour réparer ton vélo   (*passé composé*)

10. ta mère / penser de ta nouvelle coiffure   (*présent*)

Questions qui posent un choix

I. Complétez les phrases suivantes en utilisant la forme convenable de **quel** ou de **lequel.** Déterminez si le mot interrogatif va qualifier un nom (donc, l'adjectif **quel**) ou s'il remplace un nom (donc, le pronom **lequel**).

1. _____ est la date aujourd'hui?

2. _____ heure est-il?

3. _____ temps fait-il?

4. _____ est la température?

5. _____ sont tes sports préférés?

6. Voici deux maillots de bain. _____ préfères-tu?

7. _____ de ces deux journaux est-ce que vos parents lisent?

8. Voilà tous mes disques compacts. Vous pouvez en emprunter (*borrow*) trois ou quatre. _____ allez-vous choisir?

9. _____ est ton chanteur préféré?

10. Michael Jackson ou Prince? _____ veux-tu écouter?

11. _____ de ces deux villes est la plus grande?

12. _____ est la plus grande ville de Suisse?

13. _____ est le nom de ton meilleur(e) ami(e)?

14. Tu as trois sœurs. _____ est la plus âgée?

15. Voici deux dictionnaires. _____ parlais-tu?

J. **Des précisions.** Un de vos camarades vous annonce quelque chose. Vous réagissez en lui posant une question avec une forme de **quel** et les mots suggérés.

MODÈLE: Nous allons voir ma cousine.   (nom)

Quel est son nom?

1. Nous allons nous retrouver chez Bertrand.   (adresse)

2. Il faut que tu téléphones à Chantal.   (numéro de téléphone)

3. Paris et Marseille sont les deux premières villes de France. (troisième)

4. Je vais fêter l'anniversaire de ma sœur ce soir.   (âge)

5. Je n'aime pas les carottes.   (légumes)

6. Est-ce que tu connais Antoine?   (nom de famille)

Continuez en posant des questions avec une forme convenable de **lequel.**

MODÈLE: Je ne peux pas me décider. Il y a deux voitures que j'aime—
la Renault 9 et la Toyota Celica.   (acheter)

Laquelle vas-tu (est-ce que tu vas) acheter?

7. On vend ces deux ordinateurs très bon marché.   (de meilleure qualité)
8. Voici trois vidéos que j'ai déjà regardées.   (la plus intéressante)
9. Nous avons des oranges d'Espagne et des oranges du Maroc. (moins chères)
10. J'ai vu deux films ce week-end—«Rouges baisers» et «Les Compères».   (recommander)

Questions qui demandent une définition ou une explication

K. Complétez les questions en utilisant **que veut dire (que signifie)**, **qu'est-ce que c'est que** ou une forme convenable de **quel + être**. La réponse qui suit la question vous aidera à faire votre choix.

1. _____ «galimatias»? Du charabia, des mots inintelligibles.
2. _____ Marseille? C'est le port le plus important de France. Il se trouve dans le Midi, près de l'embouchure du Rhône.
3. _____ sa nationalité? Elle est nigérienne.
4. _____ un truc? C'est un machin ou n'importe quelle chose.
5. _____ «se pieute»? C'est de l'argot pour «se coucher».
6. _____ l'Adémir? C'est un club français pour les gens qui s'intéressent à la programmation des ordinateurs.
7. _____ l'adresse de Florence? C'est 47, rue de Rennes.
8. _____ «passif»? Sans énergie, sans activité.

L. Posez des questions qui demandent une définition, qui posent un choix ou qui ont pour réponse une chose. Employez **que, qu'est-ce qui, qu' est-ce que, qu'est-ce que c'est que,** une forme de **quel (quel est)** ou de **lequel.**

1. _____ cherches-tu dans ta valise?
2. _____ les chemises que tu veux acheter?
3. _____ un tuyau?
4. À _____ de ces solutions pensiez-vous?
5. _____ pyjama préfères-tu?
6. Il faut porter un veston. _____ vas-tu mettre?
7. _____ ses cigares préférés?
8. _____ «en avoir marre de»?
9. _____ de ces casseroles faut-il utiliser?
10. De _____ ordinateur se sert-elle d'habitude?
11. _____ fait tout ce bruit? C'est la radio?
12. _____ tu veux lui donner comme cadeau?

Mise au point: les expressions interrogatives

M. Le château dans le bois. Trouvez des questions qui pourraient provoquer les réponses suivantes. Les mots soulignés correspondent à l'objet spécifique de la question.

1. Monsieur Dufort est le conservateur du musée <u>Grévin</u>.
2. Le maître du château, c'est <u>le comte de Guizot</u>.
3. Maurice est le beau-frère du <u>maître du château</u>.
4. On a tué le maître avec <u>du poison</u>.
5. La maîtresse tenait <u>un revolver</u> dans la main.
6. Son mari était étendu <u>sur le canapé</u>.
7. Elle le regardait <u>avec indifférence</u>.
8. <u>Une bouteille de vin que quelqu'un avait renversée</u> avait laissé des taches sur le plancher.
9. La vieille dame avait posé <u>une boîte de chocolats</u> sur la table.
10. La bonne portait <u>un tablier</u>.
11. Le beau-frère avait l'air <u>suspect</u>.
12. L'inspecteur est arrivé sur les lieux du crime à <u>dix heures</u>.
13. Le jardinier observait <u>le beau-frère</u> du coin de l'œil.
14. <u>La bonne</u> venait d'essayer de téléphoner à l'aéroport.
15. Le maître faisait la cour à <u>la bonne</u>.
16. Ce jour-là le maître avait mis son pantalon <u>à carreaux</u>.
17. <u>Des toiles d'araignées</u> recouvraient les bouteilles de vin à la cave.
18. Une araignée, c'est <u>un petit animal qui construit des toiles pour attraper des insectes</u>.
19. Le maître avait mis un pull à col roulé <u>parce qu'il devait sortir</u>.
20. Le maître avait monté l'escalier <u>à pas feutrés</u>.
21. La maîtresse était fâchée contre <u>son mari et la bonne</u>.
22. Le conservateur s'intéressait à <u>l'art oriental</u>.
23. La vieille dame s'est approchée du <u>conservateur</u>.
24. Le beau-frère a fouillé dans <u>le bureau</u> pour trouver de l'argent.
25. La bonne a vu <u>l'inconnu à qui le beau-frère avait donné l'argent</u>.

N. L'inspecteur pose des questions. Jouez le rôle de l'inspecteur et préparez des questions pour trouver les renseignements suivants. *Ne traduisez pas directement de l'anglais:* trouvez des expressions françaises pour poser les questions. Employez **vous** en vous adressant au beau-frère et à la bonne.

MODÈLE: Find out from the old woman who(m) she saw in the library.

> *Qui avez-vous vu dans la bibliothèque?* ou
> *Qui est-ce que vous avez vu dans la bibliothèque?*

Find out from the brother-in-law:

1. who(m) he was talking to at the door.
2. the man's name and address.

3. what the man gave him.

4. why he was searching in the desk.

5. what he needed to pay (**régler**) his bills.

6. who, in his opinion, killed the **maître.**

Find out from the maid:

7. who(m) she works for.

8. what happened when she tried to make a phone call.

9. how many times she tried to call.

10. what she was doing at 7:45.

11. what the murderer used to kill the **maître.**

12. which of the suspects, in her opinion, was guilty.

Unité Trois: La Désignation, la qualification, la différentiation

Les articles

A. Complétez les phrases suivantes en utilisant l'article défini (**le, la, l', les**) et indiquez si on emploie l'article dans un sens général (G) ou dans un sens spécifique (S). Faites les contractions avec **à** ou **de** si c'est nécessaire.

MODÈLE: Jeannette a lu ____*le*____ livre d'histoire. (____*S*____)

1. _____ vie est comme ça.

2. Il s'est chargé (de) _____ valises que vous lui aviez données.

3. _____ chiens haïssent souvent les chats.

4. Gaspar n'a pas tué _____ insecte qui l'attaquait.

5. Était-elle amoureuse (de) _____ voisin d'en face?

6. Elles se sont assises dans _____ fauteuils Louis XIV.

7. Il prendra soin (de) _____ chiens de Madame Legrand.

8. Elle s'intéresse beaucoup (à) _____ langues.

9. Elle aime beaucoup _____ haricots verts, mais elle déteste _____ petits pois.

B. Répondez aux questions en utilisant l'article défini (**le, la, l', les**) et un des verbes suivants: **aimer, adorer, préférer, détester.**

MODÈLE: Voulez-vous du vin? (oui)

Oui, j'aime le vin.

1. Veux-tu un bifteck? (oui)

2. A-t-elle pris du café? (non)

3. A-t-il planté des fleurs? (oui)

4. Lui as-tu donné des cigarettes? (non)

5. As-tu acheté une chaîne stéréo (oui / musique)

6. Est-ce qu'elle mange des croissants pour le petit déjeuner? (oui)

7. Est-ce que tu bois de la bière? (non / vin)

8. Vas-tu acheter une Porsche? (oui / voitures allemandes)

C. Complétez les phrases suivantes en utilisant l'article défini (**un, une, des, de**) ou le partitif (**du, de la, de**). Mettez un **X** dans les cas où la phrase n'a pas besoin d'article.

   1. Pour le petit déjeuner, Gaspar a pris _____ beurre, _____ confiture, _____ tasse de café et _____ croissants.
   2. Il a fouillé dans le bureau pour trouver _____ lettres et _____ documents.
   3. Il veut écrire _____ billet doux à sa petite amie.
   4. Sa fiancée lui a acheté _____ cravate à rayures et _____ chaussettes.
   5. Oui, l'année dernière, le beau-frère a contracté _____ dettes.
   6. Elle a jeté _____ feuilles de papier en l'air.
   7. Il a sorti de la cabane à outils _____ râteau, _____ pelle et _____ fourche.
   8. Elle a laissé le dossier sur _____ table.
   9. Georges veut devenir _____ infirmier, mais je crois qu'il va rester _____ garagiste.
  10. Ce n'est pas _____ râteau, c'est _____ fourche à foin.
  11. D'abord, il fera _____ jardinage et puis il cherchera _____ bois à brûler.
  12. Lulu ne prend pas _____ sucre dans son café.
  13. Non, il n'a pas _____ carnet.
  14. Il n'a pas vu _____ oiseaux sur le toit.

D. Répondez *négativement* aux questions.

MODÈLE: Ont-ils des meubles?

   Non, ils n'ont pas de meubles.

   1. L'inspecteur a-t-il découvert le coupable?
   2. Les enfants avaient-ils les yeux grands ouverts?
   3. Voyez-vous un tire-bouchon?
   4. Le jardinier va-t-il planter des arbustes?
   5. La vieille dame a-t-elle utilisé du poison?
   6. Aimes-tu les chocolats?
   7. Est-ce que Jean-Pierre porte une ceinture?
   8. A-t-il des cigarettes?
   9. Est-ce un verre à vin?

E. Répondez aux questions en utilisant le(s) mot(s) suggéré(s). Faites attention à l'article.

vin
MODÈLES: Qu'est-ce que vous aimez?
   J'aime le vin.

   Qu'est-ce qu'elle a commandé?   (un verre)
   Elle a commandé un verre de vin.

   1. Qu'est-ce qu'il veut prendre?

2. Quel vin préfères-tu? (rouge)

3. Voulez-vous du vin? (non)

lunettes

4. Qu'est-ce qu'elle porte?

5. Aimes-tu les lunettes? (non)

6. Qu'est-ce que c'est?

7. Qu'est-ce que vous cherchez? (de mon frère)

8. Qu'est-ce qui vous aide à voir?

enveloppe

9. Qu'est-ce que c'est?

10. Dans quoi a-t-on mis la lettre? (qui était sur la table)

11. Qu'est-ce qu'il y a dans votre poche?

12. De quoi as-tu besoin?

13. Qu'est-ce que vous avez perdu? (de cette lettre)

médecin

14. Qui a téléphoné?

15. Que fait ton oncle?

16. Qu'est-ce qu'on cherche?

17. Pourquoi est-ce que vous allez chez le docteur Roussin? (très bon)

18. À qui parliez-vous quand nous sommes arrivés?

Les expressions de qualité: les adjectifs

F. Substituez le nom entre parenthèses en changeant la forme de l'adjectif (si c'est nécessaire).

MODÈLE: un drapeau américain (une chanson)

une chanson américaine

1. un vent frais (des œufs)

2. un garçon sportif (une jeune fille)

3. le dernier chapitre (la scène)

4. un vieux monsieur (une armoire)

5. le métro parisien (la société)

6. un endroit secret (une réunion)

7. un étudiant sérieux (une étudiante)

8. un nouveau meuble (des meubles)

9. un tapis sale (une serviette)

10. un gentil garçon (une fille)

11. un beau portrait (des portraits)

12. un beau tableau (un enfant)

13. le personnage principal (les personnages)

14. un long couloir (des épées)

15. un vent frais (de l'eau)

16. le masque blanc (la maison)

17. un fauteuil vert pomme (une robe)

18. son cours favori (sa chanson)

19. un enfant doux (de l'eau)

20. ma nouvelle chaîne stéréo (mon tournevis)

21. un vieux type (un arbre)

22. un monument grec (une ville)

23. une fausse identité (un pas)

24. un enfant malheureux (des enfants)

25. le beau Victor (Hélène)

26. une jupe et une blouse bleues (une robe et un manteau)

G. Accordez les adjectifs donnés entre parenthèses aux noms suivants en mettant les adjectifs à la place convenable.

MODÈLE: une robe (joli, bleu)

une jolie robe bleue

1. une baïonnette (long, aigu)

2. une jupe (jaune, de coton)

3. des garçons (petit, ennuyeux)

4. une chanson (beau, sentimental, français)

5. des amis (loyal, bon)

6. un mur (lisse, épais)

7. un béret (basque, noir, rond)

8. une conférence (de presse, intéressant)

9. une dame (désagréable, prétentieux)

10. des joues (rond, pendant)

11. de l'eau (minéral, frais)

12. des médailles (vieux, militaire)

H. Certains adjectifs changent de sens selon leur place dans la phrase. Mettez les adjectifs donnés à la place suggérée par le contexte de la phrase, puis donnez leur équivalent anglais.

seul

MODÈLES: André est le garçon qu'on a invité à la soirée. On n'a pas invité les autres garçons.

André est le seul garçon qu'on a invité. (*the only boy*)

Je vois une jeune fille dans la salle de classe. Les autres élèves ne sont pas encore arrivés.

Je vois une jeune fille seule dans la salle de classe. (*all alone*)

grand

1. Les historiens pensent que Napoléon était un homme qui a réussi beaucoup d'exploits militaires et politiques.

2. Kareem Abdul-Jabbar était un homme qui a battu tous les records de basket.

cher

3. Si vous voulez une voiture, achetez une Mercédès.

4. J'adore ma fiancée.

ancien

5. Athènes est une ville que les touristes aiment visiter.

6. Voilà mon professeur de russe. Je ne l'ai pas vu depuis que j'ai fini mes études à l'université.

certain

  7. Il y a une ressemblance entre ce chien et son maître.
  8. Comment? Les Yankees vont jouer contre l'équipe de notre univer-
       sité. Voilà une victoire pour les Yankees.

pauvre

  9. Les familles dans les grandes villes ont beaucoup de difficulté à
       trouver du logement.
  10. Cette famille a tout perdu quand leur maison a brûlée.

I. Faites les comparaisons indiquées. Choisissez entre le *comparatif* et le
      superlatif.

  MODÈLES: Théophile et Florence + grand _____ Victor
             Théophile et Florence sont plus grands que Victor.

             Florence + jeune _____ tous (*everybody*)
             Florence est la plus jeune de tous.

  1. Monsieur Lalou + sportif _____ Florence
  2. Florence + beau _____ Madame Fichu
  3. Théophile − intellectuel _____ Monsieur Lalou
  4. Madame Fichu + âgé _____ Florence
  5. Théophile + fort _____ tous
  6. Florence = sportif _____ Victor
  7. Victor − musclé _____ Théophile
  8. Madame Fichu + petit _____ tous
  9. Madame Fichu = vieux _____ Monsieur Lalou
  10. Victor + bon coureur _____ tous
  11. Monsieur Lalou + homme / intellectuel _____ tous
  12. Théophile + homme / spirituel (*witty*) _____ tous

Les expressions de quantité

J. Complétez les phrases suivantes en utilisant **de** ou **du (de la, de l', des)**
      ou **X** (quand le nom ne nécessite pas d'articles).

  1. Chaque _____ invité a reçu une invitation imprimée.
  2. La grande majorité _____ gens ont répondu par téléphone.
  3. Adèle a préparé plusieurs _____ omelettes.
  4. Son frère a réchauffé un grand pot _____ soupe.
  5. Georgette a apporté beaucoup _____ tartelettes.
  6. Mais la plupart _____ invités ont très bien mangé.
  7. Quelques _____ invités ne sont pas venus; ils sont allés au match
       de football.
  8. Il y avait trop _____ monde en ville. Nous n'avons pas pu station-
       ner la voiture.
  9. La moitié _____ spectateurs étaient pour l'équipe opposée.
  10. Combien _____ gens ont assisté au match?
  11. On a vendu plus _____ 10.000 «hot dogs».

12. Et les spectateurs ont consommé 5.000 litres _____ bière.

13. Bien _____ spectateurs sont partis avant la fin du match.

14. Ils ont laissé derrière eux un tas _____ ordures.

K. Complétez les phrases suivantes par une des expressions suivantes: **peu de** (*few*), **un peu de** (*a little bit of*), **quelques** (*some, a few*).

1. Je vais apporter _____ pommes.

2. _____ étudiants comprennent tout ce que dit le professeur.

3. Nous avons très _____ temps.

4. Je prendrais volontiers _____ sucre dans mon café.

5. Nous serons ici pendant _____ jours.

6. Il n'a pas plu depuis longtemps et il reste _____ eau dans notre lac.

7. Il te faut _____ patience et tout s'arrangera.

8. Si tu as soif, prends _____ eau.

L. Ajoutez la forme convenable de **tout** aux phrases suivantes.

1. Ses amis lui ont donné un cadeau pour son anniversaire.

2. Elle a passé la soirée à la maison.

3. J'ai fini mes devoirs.

4. Ils passent leur temps à regarder la télé.

Les expressions pour indiquer la possession

M. Répondez aux questions suivantes selon les modèles.

MODÈLES: C'est l'ami de Georges?   Ce sont nos livres?
 Oui, c'est son ami.   *Oui, ce sont vos livres.*

1. C'est le mari de Nelly?

2. Ce sont les disques de Georges et de Chantal?

3. C'est votre serviette, Jean-Pierre?

4. C'est votre chien, Monsieur et Madame Laurent?

5. Ce sont les complices de la journaliste et du conservateur?

6. Ce sont tes disques?

7. C'est l'amie de Jean-Paul et de toi?

8. C'est ma perruque?

9. Ce sont les pantoufles de papa?

10. C'est notre chambre?

11. C'est la canne de Monsieur Quenneville?

12. C'est le fusil de Jacques et de son frère?

N. Donnez l'équivalent français des phrases suivantes. Attention: n'utilisez pas d'adjectifs possessifs.

MODÈLE: His throat is sore.
 Il a mal à la gorge.

1. My feet hurt.   **2.** Our hands are cold.

3. Her eyes are blue.

4. Your hair is curly.

5. Her nose is small.

6. I washed my hands.

7. The little boy washed his hands.

8. Marie washed *his* hands.

9. I am brushing my teeth.

10. The little girl is brushing her teeth.

11. Anne's father is brushing her teeth.

O. Donnez deux autres réponses à la question **À qui est (sont)... ?**

   MODÈLE: C'est ton tricot.

   Il est à toi. C'est le tien.

   1. Ce sont leurs meubles.

   2. Ce sont mes allumettes.

   3. C'est sa serviette.

   4. C'est votre pelouse.

   5. Ce sont ses bas.

   6. C'est mon chat.

   7. Ce sont vos skis.

   8. Ce sont ses chaussures.

   9. C'est notre voiture.

Les expressions démonstratives

P. Complétez les phrases suivantes en utilisant un adjectif démonstratif **(ce, cet, cette, ces).**

   1. Maurice aime beaucoup bavarder avec _____ femme.

   2. _____ bougies vertes sont nouvelles.

   3. Quel est le nom de _____ hôtel parisien?

   4. Il a acheté _____ porte-cigarette noir en Belgique.

   5. _____ vieille pendule n'indique jamais l'heure exacte.

   6. _____ enfant impoli me rend folle!

   7. Où as-tu trouvé _____ beaux meubles?

   8. _____ livre est très difficile.

Q. Répondez aux questions suivantes en utilisant les indications données et un pronom démonstratif **(celui, celle, ceux, celles).** Suivez le modèle.

   MODÈLE: Aimes-tu cette maison-là?   (non / -ci)

   Non, j'aime (je préfère) celle-ci.

   1. Aimes-tu le veston que Jean-Claude a acheté?   (non / que sa femme lui a fait)

   2. Aimes-tu mes souliers?   (non / de Suzanne)

   3. Aimes-tu ces lunettes-ci?   (non / -là)

   4. Lequel de ces pantalons préfères-tu?   (d'Alain)

   5. Laquelle de ces deux horloges aimes-tu?   (qui est sur la grande table)

   6. Lesquelles de ces bouteilles vas-tu déboucher?   (que les invités nous ont apportées)

   7. Lesquels de ces disques veux-tu écouter?   (de Brassens)

   8. Cette maison est immense, n'est-ce pas?   (-là / plus jolie)

   9. Ces tableaux-ci sont magnifiques, non?   (-là / encore plus extraordinaires)

R. Complétez les phrases suivantes par le pronom démonstratif convenable—**celui, celle, ceux, celles, ceci** ou **cela (ça)**.

1. Ce fauteuil-ci est plus confortable que _____.
2. Qui a fait _____?
3. Ces vidéos sont bonnes, mais _____ que nous avons vues chez Henri étaient meilleures.
4. Il faut vous rendre compte de _____: les professeurs n'ont pas toujours raison.
5. Tu vas mettre _____ dans le tiroir.
6. J'ai une Renault, mais _____ de mon frère est plus économique.
7. Ton père est malade? _____ me rend triste.
8. Tu as vu le film? _____ dont parlait Christine hier soir.
9. Que pensez-vous de tout _____?
10. Lesquels sont plus heureux—les gens qui ont beaucoup d'argent ou _____ qui ont assez d'argent, mais pas trop?

Les expressions relatives

S. Répondez aux questions suivantes en donnant des précisions selon les renseignements donnés. Utilisez le pronom relatif **qui** ou **que**.

MODÈLES: (Le monsieur travaille chez Renault.)
—Qui est ce monsieur?
—*C'est le monsieur qui travaille chez Renault.*

(Nous avons vu la dame à la plage.)
—Qui est cette dame?
—*C'est la dame que nous avons vue à la plage.*

1. (Tu as acheté le tableau.)
— Montre-moi le tableau.   —Quel tableau?
2. (La jeune fille vend des billets d'entrée.)
—Où est la jeune fille?   —Quelle jeune fille?
3. (Les gens habitent au Brésil.)
—Nous avons rencontré des gens intéressants.   —Quelle sorte de gens?
4. (Le poignard a tué le maître du château.)
—Voilà le poignard.   —Quel poignard?
5. (J'ai trouvé un aspirateur.)
—L'aspirateur marche bien.   —Quel aspirateur?
6. (L'employé de bureau a voulu trouver un paradis sur terre.)
—L'employé de bureau s'est cassé le bras et la jambe.   —Quel employé de bureau?
7. (Le jeune homme a hérité d'une grosse fortune.)
—Le jeune homme a beaucoup de chance.   —Quel jeune homme?
8. (Tu as lavé les fenêtres la semaine dernière.)
—Il faut laver les fenêtres encore une fois.   —Quelles fenêtres?

9. (Le jeune homme joue de la guitare.)
—L'agent de police regarde avec curiosité le jeune homme. —Quel jeune homme?

T. Ajoutez les mots donnés à la première partie de chaque phrase en utilisant **dont** ou une préposition avec **qui** ou **lequel**, selon le cas.

Voilà la dame...

MODÈLE: je travaille

Voilà la dame avec qui (pour qui) je travaille.

1. nous pensions
2. nous parlions (*deux possibilités*)

Montre-moi la table...
3. tu as laissé tes affaires.
4. le chat dort d'habitude.
5. tu as envie.

Comment s'appellent les gens...
6. nous avons fait la connaissance hier soir?
7. vous avez téléphoné ce matin?
8. nous allons dîner ce soir?

Où est l'enveloppe...
9. vous avez mis la lettre pour mon père?
10. j'ai besoin?
11. je dois écrire l'adresse de mes grands-parents?

Je ne connais pas le petit garçon...
12. tu es allée au zoo.
13. tu as donné ton ours en peluche.
14. tu parles (*deux possibilités*).

U. Il y a certains verbes qui se construisent *sans* préposition en anglais mais *avec* une préposition en français—par exemple, *to need* (**avoir besoin de**), *to answer* (**répondre à**), *to telephone* (**téléphoner à**), etc. D'autre part, il y a des verbes qui se construisent *avec* une préposition en anglais mais *sans* préposition en français—par exemple, *to listen to* (**écouter**), *to look for* (**chercher**), etc. Donnez l'équivalent français des phrases suivantes en utilisant le pronom relatif convenable et *en faisant attention à la préposition*.

MODÈLE: The book I'm looking at...

Le livre que je regarde...

1. The man I telephoned...
2. The children we're looking for...
3. The information you need...

4. The record she was listening to...

5. The money I asked for...

6. The house we entered...

7. The letters you have not answered...

V. Répondez d'abord aux questions en utilisant le pronom relatif **où**, puis donnez l'équivalent anglais de la phrase.

MODÈLE: (Le meurtre a eu lieu au château.)
—Voilà le château. —Quel château?
—*Le château où le meurtre a eu lieu.* (The castle where the murder occurred.)

1. (Elle nous a rencontrés ce jour-là.)
—Est-ce qu'elle se souvient de ce jour? —De quel jour?

2. (Ils habitent dans ce pays.)
—Quel est le nom du pays? —De quel pays?

3. (Il n'y a que des tableaux modernes dans ces musées.)
—Je n'aime pas ces musées. —Quels musées?

4. (Nous sommes arrivés à ce moment-là.)
—Que faisait-elle à ce moment-là? —À quel moment?

Ensuite, répondez aux questions en utilisant le pronom relatif **dont** et en faisant attention à l'ordre des mots et au choix de l'article. Rappelez-vous que **dont** est suivi directement du sujet du verbe qu'il introduit. Donnez l'équivalent anglais de chaque phrase.

MODÈLE: (Tu as rencontré leurs parents.)
—Voilà les enfants. —Quels enfants?
—*Les enfants dont tu as rencontré les parents.* (The children whose parents you met.)

5. (Son mari a été tué.)
—Comment s'appelle la dame? —Quelle dame?

6. (Tu as acheté sa maison.)
—Connais-tu le professeur? —Quel professeur?

7. (Son beau-frère est musicien.)
—Où est l'avocate? —Quelle avocate?

8. (Nous avons vu leur fils au match de football.)
—Comment s'appellent ces gens? —Lesquels?

W. Complétez les phrases en utilisant le pronom relatif indéfini qui convient (**qui, ce qui, ce que, ce dont, quoi**).

MODÈLE: —De quoi est-ce qu'ils parlent?
—Je ne sais pas. Demandez-leur...
—*Demandez-leur ce dont (de quoi) ils parlent.*

1. —Qu'est-ce qu'ils ont dit? —Je ne sais pas. Demandez-leur...

2. —Qu'est-ce qui était sur la table? —Je ne sais pas. A-t-elle vu...

3. —De quoi est-ce que le jardinier s'est servi pour tailler les arbustes? —Je ne sais pas...

4. —Qu'est-ce qu'elle a perdu? —Aucune idée. Demandez-lui...

5. —Avec quoi est-ce qu'un sculpteur travaille? —Je ne sais pas. Demandez à un sculpteur...

6. —J'ai envie de quelque chose. —Bon. Dis-moi...

7. —J'ai vu quelqu'un au cinéma. —Ah, oui? Dis-moi...

8. —Qui est allé au musée avec Florence? —Je ne sais pas. Demandez à Florence...

9. —Dans quoi est-ce qu'on met le linge sale? —Je ne sais pas. Demandez à Monsieur ou à Madame Kergall...

10. —De qui est-ce qu'elles parlent? —Je ne sais pas...

11. —Qu'est-ce qu'elle va faire ce soir? —Aucune idée. Demande-lui...

12. —À qui va-t-il donner sa voiture? —Il ne m'a pas encore dit...

X. Complétez les échanges suivants en utilisant un pronom relatif.

> **MODÈLE:** —Qui a eu un accident? —C'est mon frère...
> *C'est mon frère qui a eu un accident.*

1. —Est-ce que tu as acheté quelque chose? —Oui, voici le maillot de bain...

2. —Qu'est-ce qui s'est passé hier soir? —Je ne sais pas...

3. —Avec quoi a-t-on ouvert la boîte? —Voilà le marteau...

4. —Qu'est-ce que vous allez faire samedi soir? —Je ne sais pas encore...

5. —Où avez-vous laissé votre valise? —Voilà la porte derrière...

6. —J'ai gagné le gros lot à la loterie. —Est-ce le jour le plus important de ta vie, le jour...

7. —De qui parliez-vous? —Voilà le candidat...

8. —De quoi as-tu peur? —Je ne veux pas te dire...

9. —Quelle machine avez-vous réparée? —Voici la machine à laver...

10. —Est-ce que vous vous souvenez de votre premier voyage en Europe? —Oh, oui. Il y a même une ville... très bien.

> **MODÈLE:** —Voilà Marie.
> —Oui, elle vient de rentrer de Chine.
> —Ah, c'est elle, l'étudiante...
>
> *qui vient de rentrer de Chine.*

11. La bouteille était sur la table. Où est-elle? —Oh, on l'a cassée. —Comment! On a cassé...

12. —Cet étudiant s'appelle Jean-Pierre. —Oui. Tu l'as vu au café avec Louise. —Ah, c'est lui...

13. —Qui est-ce qu'ils ont invité ce soir? —Aucune idée. Ils ne m'ont pas dit...

14. —Qu'est-ce que le professeur a dit? —Je ne sais pas. Je n'ai pas entendu...

15. —Nous nous sommes revus en 1983?   —Oui, quand nous étions à Québec.   —Ah, oui, nous nous sommes revus l'année...

16. —Est-ce que je connais Marguerite?   —Oui, nous avons dîné avec elle à Londres.   —Ah, c'est elle, la jeune femme...

17. —Est-ce qu'ils ont besoin d'argent? de vêtements? de livres?   —Je ne sais pas. Il faut leur demander...

18. —Lucien travaille cet été, n'est-ce pas?   —Oui, il travaille pour nous.   —Ah, c'est vous, les gens...

19. —Qu'est-ce que vous cherchez?   —Un restaurant. Nous voulons bien manger ce soir.   —Demandez à cette dame le nom d'un restaurant près d'ici...

20. —Est-ce que les sports intéressent les jeunes gens d'aujourd'hui? Ou la musique? Ou la politique?   —Je ne sais pas...

21. —Est-ce que les jeunes gens s'intéressent aux sports aujourd'hui? Ou à la musique? Ou à la politique?   —Je ne sais pas...

Mise au point: résumé

Y. Fred et Janine: deux cousins américains qui font des études en France. Complétez le dialogue en utilisant des déterminants ou des pronoms. Quand vous trouvez des adjectifs entre parenthèses, mettez la forme correcte de chaque adjectif à la place convenable.

Fred accompagne Janine dans une boutique où on vend des vêtements:

JANINE: Oh, là, là, Freddi! Regarde (1) _____ jupe (en laine, joli, rouge)! Je voudrais bien avoir (2) _____ jupe comme (3) _____!

FRED: Mais tu as déjà (4) _____ une jupe (rouge, beau).

JANINE: Mais non. (5) _____ jupe n'est plus à la mode. C'est (6) _____ jupe (vieux, en coton) (7) _____ j'ai depuis des années. Il me faut (8) une jupe (nouveau). Je vais demander (9) _____ vendeuse combien elle coûte, (10) _____ jupe (11) _____. Mademoiselle, s'il vous plaît, c'est combien (12) _____ jupe (13) _____ est exposée dans la vitrine?

LA VENDEUSE: (14) _____ rouge? 700 francs. Elle est vraiment très (15) _____ (joli).

JANINE: Bon. Je vais l'essayer et, si elle me va bien, je la prends.

FRED: Mais tu es (16) _____ (fou), Janine! 700 francs! Comment est-ce que tu vas payer (17) _____ robe?

JANINE: Avec (18) _____ carte de crédit, bien sûr.

FRED: Mais tu n'as pas (19) _____ carte de crédit, toi!

JANINE: C'est vrai. Mais j'ai (20) _____ de (21) _____ père.

FRED: Tu as (22) _____ carte de crédit de (23) _____ père?! Il ne va pas se fâcher? Je sais que (24) _____ père à moi serait très fâché si j'utilisais (25) _____.

JANINE: (26) _____ est très gentil. Il aime beaucoup (27) _____ fille.

VENDEUSE: C'est vrai, Monsieur. (28) _____ pères adorent (29) _____ filles. C'est comme (30) _____ partout (*everywhere*).

Unité de Révision B

Première partie: Les compléments en français et en anglais

A. Donnez l'équivalent anglais des phrases suivantes.

1. Ils n'obéissent pas à leurs parents.
2. <u>Nous</u> ne voulons pas y aller.
3. J'attends ma cousine.
4. Il joue du piano.
5. Deux enfants sont entrés dans la salle.
6. Nous allons demander l'aide du professeur.
7. Je doute de sa sincérité.
8. Il ressemble à sa sœur.
9. Nous cherchons un appartement.
10. Il n'est pas nécessaire de changer de train.
11. Qu'est-ce que vous regardez?
12. As-tu répondu à ma question?
13. J'aime écouter la radio.
14. L'inspecteur s'approchait lentement de la maison.
15. Qui va payer les frites?

B. Complétez les phrases suivantes en ajoutant la préposition convenable; si la phrase est déjà complète (i.e., le verbe n'est pas suivi d'une préposition), mettez un **X**.

1. Nous cherchons _____ notre chien.
2. Il faut répondre _____ toutes les questions qu'on vous pose.
3. En entrant _____ le restaurant, nous avons vu nos amis assis dans un coin.
4. Combien as-tu payé _____ cette robe?
5. En s'approchant _____ ville, elle a pensé à sa jeunesse.
6. Depuis combien de temps est-ce que vous attendez _____ l'autobus?
7. Nous ne doutons pas _____ votre bonne volonté.
8. Il faut demander _____ (le) nom du propriétaire.
9. Est-ce que tu voudrais apprendre à jouer _____ la guitare?
10. Pourquoi est-ce que tu n'obéis pas _____ ton «babysitter»?
11. Moi, je ne trouve pas qu'il ressemble _____ son père.
12. Si vous voulez téléphoner _____ votre petite amie, il faut aller au café du coin.
13. Est-ce qu'il faut changer _____ vêtements?
14. Pourquoi est-ce que vous regardez _____ ce film banal?
15. Pourquoi est-ce que tu n'écoutes pas _____ tes parents?

Deuxième partie: Les pronoms personnels

C. Remplacez les mots soulignés par un pronom complément d'*objet direct*.

1. Ce brave type veut traverser <u>la Manche</u> à la nage.
2. Le chef a créé <u>ces spécialités</u> pour vous.
3. Maurice n'a pas raconté <u>l'histoire</u> à Janine.
4. Le sommelier surveille <u>les serveurs</u> de loin.
5. Ne dépensez pas <u>vos derniers sous</u>!
6. Jacques a essayé d'empêcher <u>ses petites sœurs</u> de voir le film.
7. Donnez <u>la carte</u> à votre voisin!
8. Il comprend très bien <u>le dialogue</u>.
9. Si vous maltraitez <u>vos amis</u>, ils se vengeront.
10. Il a vu souffrir <u>le pauvre malade</u>.

D. Remplacez les mots soulignés par un pronom complément d'*objet indirect*.

1. Elles ont répondu <u>à leurs frères</u>.
2. On a donné un cadeau <u>à Marianne</u>.
3. Ils n'ont pas indiqué le chemin. (à nous)
4. Le conservateur a acheté un portrait <u>au peintre du dimanche</u>.
5. Elle demande <u>à ses parents</u> de ne pas faire attention à ce qu'elle fait.
6. Montrez les photos <u>à votre ami</u>!
7. Quelqu'un a téléphoné <u>à nos amis</u>.
8. On vient de dire la vérité. (à moi)
9. Ne donne pas de bonbons <u>aux enfants</u>!
10. Il va envoyer le colis <u>à sa fiancée</u>.

E. Répondez aux questions suivantes en utilisant le pronom **y**.

1. Elle pense à son travail? (oui)
2. Ils vont à Besançon? (non)
3. Le chat est-il sous la table? (non)
4. Vas-tu répondre à sa lettre? (oui)
5. Depuis combien de temps est-ce qu'ils habitent en Amérique du Sud? (six ans)
6. Est-ce qu'ils sont allés au musée récemment? (il y a trois jours)
7. Est-ce que vous avez joué au tennis ce matin? (oui)
8. Pense-t-il à ses responsabilités? (rarement)

F. Répondez aux questions suivantes en utilisant le pronom **en**.

1. Tu doutes de ta supériorité? (non)
2. Quand est-elle rentrée des États-Unis? (hier)
3. Ont-elles des frères? (deux)
4. Avez-vous pris de la salade? (non)
5. As-tu assez d'argent pour acheter un magnétoscope? (non)
6. Tu as cassé des œufs? (une douzaine)
7. Est-ce que vous jouez du piano? (oui)
8. Tu as une voiture? (oui)

G. Remplacez les mots soulignés par les pronoms **y** ou **en**.

1. Il cherchait dans le bureau des notes ou des lettres ou des billets.
2. Tu as besoin de cette corde?
3. Il aime beaucoup jouer de l'accordéon.
4. Elles s'approchaient lentement du château.
5. Marie se dirige vers la cuisine.
6. Ces marins sont venus d'Angleterre la semaine dernière.
7. Nous avons enterré le corps de la victime dans le bois.
8. Elle a mis la boîte sur l'étagère.
9. L'enfant a laissé des traces sur le tapis.
10. Il a vu beaucoup de gens qu'il connaissait.
11. Ne contracte pas de dettes ce mois!
12. Va au marché tout de suite!

H. Remplacez les mots soulignés par un pronom complément d'*objet direct* ou d'*objet indirect* ou par **y** ou par **en**.

1. Ne va pas au théâtre ce soir.
2. Il écoutera la radio avec Suzanne.
3. Combien de cousins est-ce que tu as?
4. Tu as rendu visite à tes amis hier soir?
5. Sa mère a conseillé à sa fille de verrouiller la porte.
6. Il n'a pas allumé la lampe à l'huile.
7. Je me demande si elle s'intéresse beaucoup à la peinture surréaliste.
8. Marie fait attendre Georges devant le musée.
9. Ne répondez pas à la lettre de Marie!
10. Tu répondras à Julie, j'espère!
11. J'ai vu Joëlle à sept heures.
12. Je dois payer ces factures avant demain soir.
13. Des outils? Oui, j'ai des outils.
14. Elle permettra de forcer les caisses.   (à moi)
15. Elles ont vu passer leurs amies.
16. Prenez du dessert, je vous prie!

I. Répondez aux questions suivantes en remplaçant les mots soulignés par des pronoms objets; chaque réponse aura deux pronoms.

MODÈLE: Est-ce que le professeur t'explique toujours les fautes que
tu fais?   (oui)
Oui, il me les explique toujours.

1. Est-ce que tu montres tes examens à tes parents?   (non)
2. Est-ce que tu laisses tes livres dans ta chambre quand tu pars en week-end?   (oui)
3. Est-ce que les professeurs vous donnent beaucoup de devoirs?   (oui)
4. Est-ce que le professeur vous a déjà expliqué l'emploi du subjonctif? (non)
5. Est-ce que le professeur t'a jamais vu(e) à la bibliothèque?   (oui)

6. Est-ce que le professeur t'a jamais donné <u>des livres</u>?   (non)
7. Est-ce que le père Noël te laissait <u>des cadeaux</u> quand tu étais petit(e)?   (oui)
8. Est-ce qu'il en donnait <u>aux autres enfants</u>?   (oui)
9. Est-ce que tu vas écrire <u>des lettres</u> <u>à tes parents</u>?   (non)
10. Combien <u>de lettres</u> est-ce que tes parents t'ont envoyé le mois dernier?   (une)

J. Répondez affirmativement aux questions suivantes en utilisant l'impératif du verbe indiqué; remplacez les mots en italique par des pronoms objets. Chaque réponse aura deux pronoms.

MODÈLE: Tu veux du fromage?   (donner)
Oui, donne-m'en (s'il te plaît).

1. Est-ce que <u>papa</u> a besoin <u>d'outils</u>?   (apporter)
2. Tu veux <u>ce morceau de bœuf</u>?   (passer)
3. <u>Tes amis</u> veulent savoir <u>l'heure</u>?   (dire)
4. <u>Tu</u> veux <u>des lunettes</u>?   (acheter)
5. <u>Maman</u> a besoin <u>de cette calculatrice</u>?   (donner)
6. Est-ce que <u>Jacques</u> veut voir <u>les tableaux de notre collection</u>? (montrer)

Troisième partie: Les pronoms accentués

K. Mettez l'accent sur le mot souligné en utilisant un *pronom accentué*.

MODÈLE: Je veux <u>y</u> aller
<u>Moi</u>, je veux y aller. ou Je veux y aller, moi.

1. <u>Il</u> a faim.
2. <u>Nous</u> ne voulons pays y aller.
3. <u>Elles</u> sont perdues.
4. <u>Tu</u> ne comprends rien.
5. <u>Ils</u> sont en retard.
6. <u>Vous</u> êtes fous!
7. <u>Je</u> peux le faire.
8. <u>Elle</u> a tout fini.

L. Répondez affirmativement à la question en remplaçant les mots soulignés par un *pronom accentué*.

1. Est-ce que tu descendras chez <u>Paul</u>?
2. Elle y est allée avec <u>ses copines</u>?
3. Tu pensais à <u>moi</u>?
4. Tu pourras le faire sans <u>ton camarade</u>?
5. Ils comptent sur <u>nous</u>?
6. Tu es jalouse de <u>ma cousine</u>?
7. On peut avoir confiance en <u>toi</u>?
8. Tu veux aller au cirque avec <u>mes parents</u>?

M. Remplacez le pronom souligné par l'expression entre parenthèses. Faites les changements nécessaires.

> **MODÈLE:** Elle va partir. (Marie et moi)
> *Marie et moi, nous allons partir.*

1. Je suis arrivée à l'heure. (Antoine et elle)
2. On la cherche. (toi et moi)
3. Tu n'as pas le cœur dur. (vous et lui)
4. Je le connais très bien. (lui et sa femme)
5. Elle aurait pu les aider. (vous et moi)
6. Ils s'amusent bien ensemble. (toi et moi)
7. Tu lui as répondu? (à lui et à son frère)
8. Pourriez-vous venir chez nous samedi? (vous et votre femme)

N. Mettez l'accent sur le mot souligné en utilisant le *pronom accentué* qui convient.

> **MODÈLE:** Il a raison.
> *C'est lui qui a raison.*

1. Vous tremblez de peur.
2. Elles jouent bien du tambour.
3. Tu es fou!
4. Ils sont sans pitié.
5. Il va avoir des ennuis.
6. Je serai la première à y arriver.
7. Nous ne nous fâchons jamais.

> **MODÈLE:** Je les ai vus hier.
> *Ce sont eux que j'ai vus hier.*

8. Il la cherchait.
9. Ils nous regardent.
10. Je l'ai rencontré à Paris.
11. Elle m'a maltraité.

> **MODÈLE:** Je leur ai parlé. (à Nicole et á Suzanne)
> *C'est à elles que j'ai parlé.*

12. Il lui a téléphoné. (à Georges)
13. Il lui a téléphoné. (à Francine)
14. Vous m'avez répondu.
15. Je t'ai envoyé le cadeau.

Exercice de révision générale

O. Remplacez l'expression en italique par un pronom qui convient.

1. Elle est allée *en Suisse.*
2. Je n'obéis pas *à ma sœur.*
3. Nous parlions *des élections.*
4. Nous descendons chez *les Dupont-Dufort.*
5. Veux-tu voir *le nouveau film de Chabrol?*

6. Elle a beaucoup de *cousins*.
7. Téléphonez *à vos parents* tout de suite!
8. Ne pense pas *au danger*.
9. Elle a vu *M. et Mme Croquet* partir.
10. Elle ne s'intéresse pas *à la politique*.
11. As-tu envie de parler *à Yves*?
12. Elle a cinq ou six *chats*.
13. C'est *son père* qui doit avoir le cœur serré.
14. Il a acheté *les rideaux*.
15. Il a acheté *des rideaux*.
16. Ne regardez pas *la liste*.
17. Elles avaient très peu *de temps*.
18. J'irai avec *Jean* dans les magasins.
19. Réponds *à la question*!
20. Réponds *à Jacques*!
21. Ne pense pas *à Véronique*.
22. Nous partirons sans *les enfants*.
23. Elle a besoin de voir *la patronne*.
24. Nous sommes installés *dans un petit appartement* depuis deux mois.
25. Elle m'a déjà montré *les résultats*.

Unité Quatre: L'Expression des rapports spatiaux et temporels

Comment localiser dans l'espace et dans le temps de façon absolue

A. Complétez les phrases en mettant le préposition convenable (**à, à la, à l', au(x), en, dans le, dans l'état de**):

1. Ils ont des amis _____ Londres, _____ Berlin, _____ Caire et _____ Rome.
2. Est-ce que tu es jamais allée _____ Nouvelle-Orléans? Non, mais j'ai passé beaucoup de temps _____ Atlanta.
3. Ils ont fait un voyage _____ Amérique du Nord. Ils sont allés _____ Canada, _____ États-Unis et _____ Mexique.
4. Puis ils sont allés _____ Europe. Ils ont passé du temps _____ Angleterre, _____ France, _____ Espagne et _____ Portugal. Ils ne sont pas allés _____ Italie.
5. Les Piaillier habitent _____ Paris. Mais ils ont de la famille _____ Normandie et des amis _____ Alsace. Ils aiment passer leurs vacances _____ Midi.
6. Est-ce que tu as jamais été _____ Afrique? Oui, j'ai passé du temps _____ Sénégal, _____ Algérie et _____ Nigeria. Je voudrais bien aller _____ Kenya.

7. J'aimerais bien faire un voyage _____ Israël et aussi _____ Liban. Mais je n'ai pas envie d'aller _____ Iran.

8. Elles ont voyagé _____ Amérique du Sud. Elles sont allés _____ Colombie, _____ Argentine et _____ Brésil. Elles n'ont pas eu le temps d'aller _____ Chili ni _____ Pérou.

9. J'ai de la famille _____ Wisconsin, _____ Colorado et _____ Arkansas. J'ai des amis qui habitent _____ Floride, _____ Massachusetts et _____ Virginie. Je voudrais passer du temps _____ Californie et _____ Arizona.

10. Je suis née _____ New York, près d'Albany, mais je suis allée au lycée _____ Washington, parce que mon père était dans le gouvernement.

B. Complétez les phrases suivantes en ajoutant la préposition convenable **(dans, sur, chez, à, au, à l', à la).**

1. Il y a un excellent restaurant thaïlandais _____ la place St-Bernard.

2. Ils ont un petit appartement _____ la rue Sellier.

3. Il y a un village très pittoresque _____ la route de Valenciennes.

4. Faisons une promenade _____ le boulevard!

5. Le magasin est _____ l'avenue des Dumones.

6. On va déjeuner _____ le train.

7. Ils ont trouvé un joli studio _____ le 15e arrondissement.

8. On va se retrouver _____ Martine à six heures.

9. Notre chambre est _____ quatrième étage.

10. Nous allons d'abord _____ le médecin et ensuite _____ la pharmacie.

11. On va assister à la messe de onze heures _____ la cathédrale.

12. On va prendre quelque chose _____ le jardin; il fait si beau aujourd'hui.

13. Est-ce que tu seras _____ la maison ce soir?

14. Il y a eu un incident _____ le car venant de l'aéroport.

15. Les ouvriers sont assez bien rémunérés _____ Peugeot.

C. Complétez les phrases en ajoutant la préposition qui convient.

1. _____ 1900 le prénom masculin le plus populaire en France, c'était Louis.

2. Je n'aurais pas voulu vivre _____ dix-septième siècle.

3. J'aurai 63 ans _____ 2000.

4. Chez nous il fait extrêmement froid _____ hiver.

5. Il peut neiger _____ début du printemps aussi.

6. Mais _____ été il fait très chaud.

7. Quel temps fait-il chez toi _____ printemps?

8. Ils sont arrivés _____ la fin de mai.

9. Son anniversaire est _____ octobre.

10. Tous les ans nous allons en Floride _____ février.

11. Il faut être là _____ huit heures précises.

12. Nous finirons _____ midi, midi et demi.

D. Écrivez les dates suivantes.

1. 16.3.1991   2. 10.10.1830   3. 04.7.1746   4. 01.2.1975

Comment localiser dans l'espace et dans le temps de façon relative

E. Quelle date? Si c'est aujourd'hui mardi le 9 avril, quelle sera la date...

1. demain   **2.** après-demain   **3.** mardi prochain   **4.** dans trois semaines

Si c'est aujourd'hui, le jeudi 22 novembre, quelle était la date...

5. hier   **6.** avant-hier   **7.** jeudi dernier   **8.** il y a trois mois

Si vos grands-parents sont partis le lundi 30 janvier, quelle était la date...

9. la veille   **11.** le jeudi d'avant
10. l'avant-veille   **12.** huit jours

Si vous avez votre premier examen le vendredi 11 septembre, quelle sera la date...

13. le lendemain   **15.** quinze jours après
14. le surlendemain   **16.** deux mois après

F. Les vacances de Gaspar. En utilisant comme point de repère le 9 juillet et en vous inspirant du calendrier (p. 184), complétez le dialogue suivant.

C'est (1) _____ le neuf juillet. Gaspar et Anne sont au café. Ils parlent de leur travail.

GASPAR: Anne, sais-tu qu' (2) _____ mon téléviseur est tombé en panne?

ANNE: Oh, zut, mon pauvre ami! Tu as réussi à le faire marcher?

GASPAR: Malheureusement non. J'ai dû l'emporter en ville pour le faire réparer. Le type m'a dit que je pourrais l'avoir le 23, ce qui veut dire (3) _____

ANNE: C'est long, ça. Mais dis donc, que vas-tu faire (4) _____? Tu as toujours l'intention d'aller à la pêche?

GASPAR: Mais oui. Et (5) _____ je compte faire de l'alpinisme!

ANNE: Alors, tu ne vas pas m'aider à bâtir ma cabane (6) _____? Et tu ne m'as pas aidé (7) _____ non plus. Tu exagères un peu!

GASPAR: Écoute! Quand on est en vacances, on se détend. C'est normal.

ANNE: Oui, mais quand même!

GASPAR: Bon, d'accord. (8) _____ nous irons voir les feux d'artifice. Tu veux bien?

ANNE: Oui. Mais rappelle-toi bien que (9) _____ ce sera mon tour à moi de me détendre un peu et que (10) _____ tu seras de retour au boulot.

GASPAR: Oh, ça. Je n'y pense pas. Mais dis donc, tu te souviens? La semaine (11) _____ nous avons passé beaucoup de temps ensemble. (12) _____ nous avons fait du vélo.

ANNE: Oui, mais (13) _____ tu avais passé toute la journée à la campagne, seul avec ta boîte de couleurs et tes pinceaux!

GASPAR: Ah! Un artiste doit faire ce qu'il doit faire. Et de toute façon tu oublies (14) _____, où nous sommes allés à la discothèque.

ANNE: Mais (15) _____ que faisais-tu pendant que je travaillais à la cabane?

GASPAR: Moi, je faisais du jogging.

ANNE: Et (16) _____?

GASPAR: Je suis resté au lit... euh, toute la journée.

ANNE: Gaspar, tu es vraiment marrant!

GASPAR: Que veux-tu? J'étais fatigué. Je suis toujours fatigué le lundi!

L'emploi des temps verbaux pour exprimer les rapports temporels: Le présent comme point de repère

G. Complétez les phrases en mettant les verbes au *présent* ou au *passé composé*.

1. La famille (être) sur la point d'entrer dans le musée.
2. Voilà dix ans qu'il (être) peintre.
3. J(e) (voir) ce tableau de Delacroix pour la première fois il y a dix ans.
4. Cela fait une heure et demie que les pigeons (manger) des miettes.
5. Vous (venir) au musée tous les jours depuis un an. Pourquoi?
6. Voici treize semaines que l'employé (vendre) des billets au guichet sans s'ennuyer.
7. Il y a dix jours que le gardien (ne pas voir) la famille Belœil.
8. Les enfants (faire) les idiots chaque fois qu'ils (venir) au musée.
9. M. Belœil (avoir) mal aux pieds depuis qu'il est arrivé au musée.
10. L'armée révolutionnaire (vaincre) les soldats du roi il y a 200 ans.

H. Donnez l'équivalent français des phrases suivantes en utilisant l'expression entre parenthèses.

MODÈLE: She has been in the hospital for five weeks. **(depuis)**
Elle est à l'hôpital depuis cinq semaines.

1. He has been smoking for eight years. **(cela fait... que)**
2. How long have you been sick? Three months. **(depuis)**
3. How long have your grandparents been here? Since Tuesday. **(depuis)**
4. We have been working here for six months. **(il y a... que)**
5. I have had a toothache for three hours. **(voilà... que)**
6. I have had a toothache since three o'clock. **(depuis)**
7. We have not seen each other for ten years. **(cela fait... que)**

8. She has been traveling for several weeks. **(depuis)**
9. She left two hours ago. **(il y a)**
10. She has been waiting for two hours. **(il y a... que)**

I. Complétez les phrases en mettant l'infinitif à la forme convenable du *passé composé* ou de l'*imparfait*.

> **MODÈLES:** Nous (arriver) il y a huit jours.
> *Nous sommes arrivé(s) il y a huit jours.*
>
> Elle (attendre) quand nous (arriver).
> *Elle attendait quand nous sommes arrivé(e)s.*

1. Elle (partir) lundi dernier.
2. Ils (vouloir) visiter un ou deux musées tous les jours.
3. J(e) (avoir) 16 ans à l'époque.
4. Tu (faire) quelque chose hier soir?
5. Elles (aller) en ville samedi après-midi.
6. Ils (être) à Marrakech quand ils (voir) Patrick.
7. Je (ne pas me raser) ce matin.
8. Elle (dormir) au moment de l'explosion.
9. Nous (habiter) en Espagne pendant quelques années.
10. Tu (se coucher) assez tard autrefois, non?
11. J(e) (perdre) mon portefeuille.
12. Elles (ne pas ouvrir) la porte quand j(e) (sonner).

J. Complétez les phrases en mettant l'infinitif à la forme convenable du *futur*. Voir **l'Appendice: Verbs** pour une explication de la formation du futur.

> **MODÈLE:** Nous (arriver) dans huit jours.
> *Nous arriverons dans huit jours.*

1. Elle n'(aller) pas dans les grands magasins demain.
2. Dans quelques jours vous (recevoir) une invitation.
3. Tu ne (pouvoir) jamais reprendre ton travail.
4. Vous (s'arrêter) devant la porte d'entrée et vous (attendre).
5. Ils (vouloir) lui parler bientôt.
6. Je (faire) semblant d'y croire.
7. Les autres peintres (venir) demain après-midi.
8. Quand elle (voir) ce que nous avons fait, elle n'en (croire) pas ses yeux.
9. Tu (savoir) nous l'expliquer.
10. Il (falloir) se dépêcher.
11. Elles (être) en colère contre nous.
12. J'(avoir) le temps de visiter tout le musée.
13. Il (partir) avant nous.
14. Il ne (pleuvoir) pas ce week-end.
15. Nous (devoir) faire attention.

Le passé comme point de repère

K. Expliquez pourquoi les faits suivants ne se sont pas passés. Utilisez **déjà**, le *plus-que-parfait* et les mots entre parenthèses.

> **MODÈLE:** Est-ce que Jacques était là quand tu es arrivé?   (partir)
> *Non, il était déjà parti.*

1. Est-ce que vous avez vu Jeanne lundi?   (quitter la maison)
2. Est-ce que Marie-Louise lisait quand vous êtes arrivés?   (finir son roman)
3. Est-ce qu'Éliane a accepté l'invitation de Vincent?   (promettre à Yvonne de sortir avec elle)
4. Est-ce que vous êtes allés au cinéma avec les Brunot?   (voir le film)
5. Est-ce que Michel était toujours au lit quand vous êtes arrivés?   (se lever)
6. Est-ce que tu étais dans la salle de bains quand on a téléphoné?   (faire ma toilette)
7. Est-ce que tu étais en ville quand tu es tombé malade?   (rentrer à la maison)
8. C'était la première fois que vous avez vu le directeur?   (se rencontrer)

L. Mettez les verbes entre parenthèses à la forme convenable de l'*imparfait*, du *passé composé* ou du *plus-que-parfait*.

> **MODÈLE:** Les autres (manger) quand nous (arriver). Ils (prendre déjà) l'apéritif.
> *Les autres mangeaient quand nous sommes arrivés. Ils avaient déjà pris l'apéritif.*

1. Cela faisait cinq heures que nous (dormir) quand l'avion (atterrir) à Orly.
2. Il (travailler) dans un magasin d'alimentation générale quand j(e) (faire) sa connaissance. Avant cela, il (faire) un stage chez un boucher.
3. Quand elles (arriver) au dernier étage, la concierge a annoncé qu'elle (oublier) les clés.
4. Il y avait deux heures que nous (se promener) dans le bois quand la nuit (tomber).
5. Michèle (quitter) François pour toujours à la gare il y a huit jours. Ils (passer) tout l'été ensemble.
6. Gaspar (ne pas demander) à Lulu de sortir avec lui samedi. La dernière fois qu'ils (avoir) rendez-vous, elle lui (poser) un lapin (*to stand up*).
7. Voilà seulement un quart d'heure que j(e) (prendre) du soleil quand il (commencer) à pleuvoir.
8. J'ai été très heureux de rencontrer mon vieil ami André dans la rue. Nous (ne pas se revoir) depuis des années.

M. Mettez les verbes suivants à la forme indiquée du *conditionnel*. Voir **l'Appendice: Verbs**, pour une explication de la formation du conditionnel.

1. demander (je)
2. répondre (elle)
3. choisir (vous)
4. avoir (tu)
5. être (ils)
6. faire (nous)
7. aller (je)
8. pouvoir (tu)
9. savoir (elle)
10. falloir (il)
11. voir (vous)
12. venir (elles)
13. devoir (nous)
14. s'amuser (vous)
15. se fâcher (ils)

Le futur comme point de repère

N. Mettez l'infinitif à la forme convenable du *futur antérieur*. Voir **l'Appendice: Verbs**, pour une explication de la formation du future antérieur.

1. préparer (il)
2. réussir (tu)
3. entendre (je)
4. rentrer (nous)
5. faire (elle)
6. partir (vous)
7. se coucher (ils)
8. s'installer (nous)
9. lire (je)
10. comprendre (tu)

O. Complétez les phrases en mettant l'infinitif à la forme convenable du *futur* ou du *futur antérieur*.

MODÈLES: Je verrai le film quand j'(avoir) du temps libre.
Je verrai le film quand j'aurai du temps libre.

Les parents pourront se reposer après que le bébé (s'endormir).
Les parents pourront se reposer après que le bébé se sera endormi.

1. Je vous retrouverai au café après que j'(acheter) des timbres au tabac.
2. Nous ne savons pas si le médecin vous (donner) un cachet d'aspirine.
3. Nous irons au théâtre lundi prochain. Puis le lendemain nous (aller) voir un match de foot.
4. Dès que tu (arriver), on commencera les préparatifs.
5. Je te téléphonerai dès que j'(avoir) des nouvelles.
6. Vous recommencerez votre explication quand tout (être) plus calme.
7. Elle fera encore des courses après que le garagiste (réparer) sa voiture.
8. Vous rirez de bon cœur quand le héros (remporter) la victoire.
9. Tu pourras leur raconter l'histoire dès que je (partir).
10. Nous en reparlerons quand il (revenir).

L'emploi des prépositions et des conjonctions pour exprimer les rapports de temps

P. Donnez le participe présent des verbes indiqués. Voir **l'Appendice: Verbs** pour une explication de la formation du participe présent.

1. chanter
2. attendre
3. remplir
4. faire
5. aller

6. prendre
7. revenir
8. écrire
9. lire
10. dire

11. se coucher (elle)
12. se baigner (nous)
13. avoir
14. être
15. savoir

Q. Donnez un équivalent des phrases suivantes en utilisant **en** et un participe présent.

> **MODÈLE:** Nous sommes arrivés à la soirée. Nous avons découvert que tout le monde était parti.
> *En arrivant à la soirée, nous avons découvert que tout le monde était parti.*

1. Il a regardé un vieil album de photos. Il s'est souvenu du nom de son ancien professeur d'anglais.
2. Il se levait. Il a remarqué que le soleil était haut dans le ciel.
3. Nous avons vu Jeanne pour la première fois. Nous avons compris pourquoi Robert était amoureux d'elle.
4. Je me suis brossé les dents. J'ai pensé au travail qu'il restait à faire.
5. Ils sont descendus de l'avion. Ils ont vu leurs amis qui les attendaient.
6. Nous nous promenions dans le parc. Nous avons trouvé par terre un sac à main et des cartes de crédit.

R. Complétez les phrases en mettant l'infinitif à la forme convenable— *participe présent, infinitif, passé de l'infinitif, verbe conjugué à l'indicatif, verbe conjugué au subjonctif.*

> **MODÈLES:** J'ai eu un accident en (travailler).
> *J'ai eu un accident en travaillant.*
>
> Je dois finir mon travail avant de (partir).
> *Je dois finir mon travail avant de partir.*
>
> Après (finir) mon travail, je pourrai partir.
> *Après avoir fini mon travail, je pourrai partir.*
>
> Est-ce que tu veux attendre pendant que je (finir) mon travail?
> *Est-ce que tu veux attendre pendant que je finis mon travail?*
>
> Lis quelque chose jusq'à ce que je (finir) mon travail.
> *Lis quelque chose jusqu'à ce que je finisse mon travail.*

1. Il faut faire les valises avant de (partir).
2. Après (faire) les valises, nous partirons.
3. Nous pourrons parler en (faire) les valises.
4. Nous serons ici jusqu'à ce que tu (faire) tes valises.
5. Dès que tu (faire) tes valises, nous partirons.
6. Quand il (arriver), nous étions déjà partis.
7. Nous sommes partis avant qu'il (arriver).
8. Il est arrivé après que nous (partir).
9. Après (attendre) pendant une demi-heure, nous avons décidé de partir.
10. Pendant que nous (attendre), il s'amusait avec ses amis.
11. J'ai l'habitude de regarder les actualités à la télé avant de (se coucher).
12. Après (se coucher), j'aime lire un peu.
13. Normalement je lis jusqu'à ce que ma mère me (dire) d'éteindre la lumière (*turn off the light*).
14. Quand elle me (dire) d'éteindre, je proteste un peu.
15. Mais j'éteins avant qu'elle (faire) venir mon père.
16. Après (aller) à la bibliothèque hier soir, mes amis et moi avons décidé de manger quelque chose.
17. En (chercher) un restaurant, nous avons parlé de nos cours et de nos profs.
18. Dès que nous (entrer) dans le restaurant, nous nous sommes mis d'accord pour parler d'autre chose.
19. Il a été décidé de ne pas parler des cours avant que nous (rentrer) à la résidence.
20. Par conséquent, pendant qu'on (manger), on a parlé des sports, des films, des nouvelles du jour.

Mise au point: résumé des temps verbaux

S. Point de départ: le présent, le passé, le futur. En utilisant comme points de départs les dates indiquées, faites des phrases avec les éléments donnés; employez des expressions temporelles **(hier, après-demain, il y a trois jours; la veille, le lendemain, trois semaines avant,** etc.) pour remplacer les dates.

Point de départ: **C'est aujourd'hui le mardi 6 janvier 1984.**

MODÈLE: le 5 janvier 1984: je / aller / au musée
           Hier je suis allé(e) au musée.

1. le 7 janvier 1984: Monsieur Grosgrain / partir / pour les États-Unis
2. le mardi 30 décembre 1983: il / fumer / sa dernière cigarette
3. le 9 janvier 1984: son cousin / prendre le bateau / pour l'Orient
4. décembre 1983: il / neiger / presque tous les jours
5. le 6 janvier 1983: la mère de Monsieur Grosgrain / entrer / à l'hôpital

6. février 1984: son cousin et ses amis / débarquer / à Hong-Kong

7. le 4 janvier 1984: Monsieur Grosgrain / s'acheter des vêtements

Point de départ: **Nous sommes arrivés à Marseille le jeudi 23 juin 1983.**

MODÈLE: le mercredi 22 juin 1980: être encore à Paris
La veille nous étions encore à Paris.

8. le jeudi 16 juin 1983: quitter Lyon

9. le vendredi 24 juin: visiter le Vieux Port

10. le 26 juin: aller à Cassis manger de la bouillabaisse

11. le mardi 21 juin 1983: faire une excursion à Chartres

12. 1982: aller en Amérique du Sud

Point de départ: **Hervé arrivera sur la lune le dimanche 15 septembre 1998.**

MODÈLE: 1994: décider de faire le voyage
Il aura décidé de faire le voyage l'année précédente.

13. le dimanche 8 septembre 1998: quitter la terre

14. le 16 septembre 1998: se reposer

15. le 17 septembre 1998: rencontrer des habitants de la lune

16. le dimanche 22 septembre: repartir pour la terre

17. 1996: commencer les préparatifs d'un voyage dans une autre planète

T. Lisez la paragraphe suivant. Puis projetez l'action *dans le passé* et récrivez tous les verbes numérotés selon le nouveau point de repère (le passé). Ensuite, projetez l'action *dans le futur* et récrivez tous les verbes selon le nouveau point de repère (le futur).

L'inspecteur a[1] l'air fatigué quand il arrive[2] devant le château. Il descend[3] de sa voiture et sonne[4] à la porte. Comme d'habitude, un domestique lui ouvre[5] la porte et fait[6] le geste de prendre son manteau et son chapeau. Mais cette fois l'inspecteur ne se dévêtit[7] pas. Il a[8] l'intention de partir dès qu'il interrogera[9] tous les témoins. Le valet le conduit[10] au bureau du maître du château. Là, sur le plancher, il trouve[11] le mort qui est[12] étendu par terre, les yeux grands ouverts fixés au plafond. Et tous les témoins sont[13] présents: la maîtresse du château, un drôle de visiteur, un parent—un beau-frère ou une vieille tante—la bonne et aussi le jardinier, qui regarde[14] souvent par le fenêtre et qui connaît[15] tous les secrets de la famille que l'inspecteur ne veut[16] pas entendre. Celui-ci décide[17] donc d'interroger ces gens, mais il a déjà compris[18] que l'affaire est[19] très obscure et que personne ne sait[20] grand'chose. Après qu'ils sont revenus[21] au commissariat, son assistant propose[22] plusieurs solutions, mais elles ne sont[23] pas très convaincantes. Plus tard, avant que l'inspecteur arrive[24] à sa propre solution, le commissaire de police lui téléphone[25] pour lui dire qu'il a décidé[26] de charger l'assistant de l'enquête. Puis, il donne[27] à l'inspecteur une nouvelle adresse et l'envoie[28] avec un nouvel assistant à un nouveau château où il y a[29] une nouvelle victime. Jamais l'occasion de se reposer! Jamais le temps de dormir tard le matin! Quelle vie infernale!

Unité Cinq: L'Expression des désirs, des sentiments et des opinions

La syntaxe de la phrase

A. Complétez les phrases suivantes avec les prépositions **à** ou **de**; si le verbe ne nécessite aucune préposition, mettez un **X**.

1. Nous espérons _____ partir jeudi prochain.
2. Ils apprennent _____ réparer les voitures de sport.
3. Marie essaie _____ mettre une couche au bébé.
4. Tu sembles _____ avoir besoin de te reposer.
5. Vous devez _____ vous habituer _____ étudier davantage.
6. Il hésite _____ vendre sa vieille voiture.
7. Il vaut mieux _____ laver les fenêtres avant de sortir.
8. Ce film m'a empêché _____ dormir cette nuit.
9. Ils se sont amusés _____ jouer avec les enfants.
10. Elle refuse _____ nous y accompagner.
11. Quand as-tu fini _____ faire les valises?
12. Nous regrettons _____ vous dire que toutes les places sont prises.
13. Elle compte _____ avoir plus de temps pour travailler l'année prochaine.
14. J'ai oublié _____ leur donner l'adresse.
15. Je n'ai pas réussi _____ les avoir au téléphone.
16. Mois, j'aime beaucoup _____ danser.
17. Ils ont continué _____ parler pendant que les autres dansaient.
18. Nous nous préparons _____ annoncer quelque chose de très important.
19. Est-ce qu'elle sait _____ jouer au poker?
20. Ils pensent _____ avoir toujours raison.
21. Il s'est mis _____ pleurer.
22. Eux, ils préfèrent _____ rester à la maison.
23. Ils ont cessé _____ fumer.

B. Mettez l'infinitif à la forme convenable du *présent du subjonctif*.

1. couper (je)
2. regarder (elle)
3. travailler (ils)
4. inviter (tu)
5. écouter (nous)
6. se coucher (vous)
7. finir (je)
8. choisir (vous)
9. attendre (il)
10. entendre (nous)
11. faire (tu)
12. faire (vous)
13. dire (elle)
14. dire (nous)
15. prendre (je)
16. prendre (vous)
17. aller (ils)
18. aller (nous)
19. revenir (tu)
20. revenir (vous)
21. savoir (elles)
22. pouvoir (il)
23. avoir (tu)
24. avoir (elle)
25. avoir (vous)
26. être (je)
27. être (ils)
28. être (nous)
29. pleuvoir (il)
30. partir (elle)

C. Mettez l'infinitif à la forme convenable du *passé du subjonctif.*

1. regarder (je)
2. choisir (tu)
3. perdre (elle)
4. comprendre (vous)
5. faire (ils)
6. sortir (je)
7. arriver (tu)
8. venir (il)
9. partir (vous)
10. descendre (elles)
11. s'amuser (vous)
12. se coucher (tu)
13. se perdre (nous)
14. se parler (ils)
15. avoir (elle)
16. être (tu)

D. Toutes les phrases de cet exercice exigent le subjonctif. Complétez-les en mettant les infinitifs entre parenthèses à la forme convenable du *présent* ou du *passé* du subjonctif.

1. Je suis désolé que la foule (ne pas applaudir) le spectacle hier soir.
2. Je doute qu'ils (pouvoir) acheter les provisions. Ils étaient trop occupés.
3. Je doute qu'ils (pouvoir) acheter les provisions. Ils seront trop occupés.
4. Il est important que vous (louer) un appartement au bord de la mer.
5. Il est bon que vous (louer) cet appartement au bord de la mer. Il est très joli.
6. Je suis surprise que vous (se méfier) d'elle de temps en temps.
7. Je suis surprise que vous (se méfier) de l'explication qu'elle a donnée.
8. Nous avons peur que tu (être) trop dur avec tes enfants. Ils sont assez gentils normalement.
9. Nous avons peur que tu (être) trop dur avec tes enfants pendant les vacances. Ils n'ont rien fait de mal.
10. Nous sommes étonnés que Roger (rougir) quand tu as parlé de Nathalie.
11. Il vaudrait mieux que tu (prendre) ta température chaque jour pendant la semaine qui vient.
12. Je suis ravi qu'elle (vouloir bien) monter à cheval demain.
13. Je suis ravi qu'elle (vouloir bien) monter à chevel samedi dernier.
14. Nous regrettons qu'elle (souffrir) pendant l'opération.
15. Nous souhaitons qu'elle (ne pas souffrir) pendant l'opération. Nous penserons à elle.

Les expressions de volonté

E. Recopiez les phrases suivantes en gardant l'*infinitif* (une phrase à un sujet) ou en mettant l'infinitif à la forme convenable du *présent du subjonctif* (une phrase à deux sujets).

1. Mes parents aimeraient que je (faire) des études de droit.
2. Moi, je préférerais (faire) des études à l'École des Beaux-Arts.

3. Je voudrais bien vous (donner) un coup de main.
4. Je voudrais que vous me (donner) un coup de main.
5. Elle souhaite (avoir) le temps de visiter des musées.
6. La loi exige que nous (payer) des impôts sur nos revenus.
7. Nous voudrions que tu (passer) l'après-midi chez nous.
8. Mais toi, où est-ce que tu voudrais le (passer)?

F. Donnez l'équivalent français des phrases suivantes. Distinguez entre les phrases à un sujet (*infinitif*) et les phrases à deux sujets (*verbe conjugué au subjonctif*).

> **MODÈLES:** I want to order a Coke.
> *Je veux commander un Coca.*
>
> Daddy wants me to order mineral water.
> *Papa veut que je commande de l'eau minérale.*

1. I want to see that film.
2. I want you to see that film.
3. I want him to see that film.
4. I want them to see that film.
5. They want us to see that film.
6. She wishes to see us at the party.
7. She wishes us to speak to her at the party.
8. She would like me to prepare a dessert.
9. She would prefer that you prepare a salad.
10. What do you want to prepare?

Les expressions d'émotion

G. Recopiez les phrases suivantes en gardant l'*infinitif* (une phrase à un sujet) ou en mettant l'infinitif à la forme convenable du *présent* ou du *passé du subjonctif* (une phrase à deux sujets).

1. Je regrette de vous (dire) que toutes les places sont prises.
2. Je regrette qu'il (ne pas y avoir) de places pour vous.
3. Je regrette que vous (ne pas téléphoner) avant de venir.
4. Je suis surprise qu'elle (décider) d'aller au lycée Fénelon l'année prochaine.
5. Je suis heureuse que sa sœur y (aller) aussi.
6. Nous sommes ravis de vous (voir).
7. Nous sommes ravis que vous (venir).
8. Nous avions peur que vous (être) occupés.
9. Elle sera furieuse que tu (ne pas vouloir) sortir avec elle.
10. Elle était furieuse que tu (ne pas vouloir) sortir avec elle.

H. Utilisez les expressions entre parenthèses pour réagir aux phrases suivantes. Distinguez entre les phrases à un sujet (*infinitif*) et les phrases à deux sujets (*present* ou *passé du subjonctif*, *futur* avec **espérer**).

MODÈLES: M. Vergnes est malade.   (je / regretter)
Je regrette (suis désolé[e]) que M. Vergnes soit malade.
Il a réussi à l'examen.   (il / être surpris)
Il est surpris d'avoir réussi à l'examen.

1. Il y aura un examen demain.   (je / être surpris)
2. Je vais rater l'examen.   (je / avoir peur)
3. J'ai raté l'examen.   (je / avoir peur)
4. J'ai raté l'examen.   (mes parents / être fâché)
5. Tu as raté l'examen.   (nous / regretter)
6. Tout le monde va à la plage.   (je / être heureux)
7. J'irai à la plage aussi.   (je / espèrer)
8. Tu iras à la plage avec nous.   (je / espèrer)
9. Georges pourra nous accompagner.   (nous / être ravi)
10. Son frère restera chez eux.   (nous / regretter)

Les expressions d'opinion

I. Complétez les phrases suivantes en mettant l'infinitif à la forme convenable de l'*indicatif* ou du *subjonctif*.

1. Il est évident que René (être) le plus astucieux.
2. Oui, je pense que René (être) le plus astucieux.
3. Moi, je ne suis pas sûr qu'il (être) plus astucieux que son camarade.
4. Tu trouves que Jean-Jacques (être) plus astucieux que René.
5. Non, je ne pense pas que Jean-Jacques (être) plus astucieux que Chantal.
6. Mais il est possible que Frédéric (être) plus astucieux que ses deux frères.
7. Mais non, il est impossible qu'il (être) plus astucieux que René.
8. Il me semble que vous (avoir) tort tous les trois.
9. Pour moi, il est clair que leur père (être) le plus astucieux.
10. Il semble que Françoise (vouloir) se disputer avec nous.
11. Alors, Françoise, êtes-vous certaine que le père (être) plus astucieux que les fils?
12. Ah, oui. Je suis sûr qu'il (être) plus astucieux que les fils.
13. Mais il est probable que la mère (être) la plus astucieuse de la famille!
14. Comment! Crois-tu qu'elle (avoir) raison, cette Françoise?
15. En effet. Il se peut qu'elle (avoir) raison.
16. De toute façon, je trouve qu'elle (ne pas avoir) tort.
17. Je doute que la mère (être) plus astucieuse que le père.
18. Eh bien, moi, je ne doute pas qu'elle (être) beaucoup plus astucieuse que toi et moi.
19. Moi, je trouve que cette discussion (devenir) en peu idiote.
20. Je ne sais pas. Mais il est vrai que nous (s'amuser) bien.

J. Utilisez les expressions entre parenthèses pour exprimer des opinions à l'égard des phrases suivantes. Distinguez entre l'emploi de l'*indicatif* et celui de *subjonctif*.

MODÈLES: Nous aurons du beau temps demain.   (je suis sûr)
Je suis sûr que nous aurons du beau temps demain.

Nous aurons du beau temps demain.   (il est possible)
Il est possible que nous ayons du beau temps demain.

1. André invitera Claudine au bal masqué.   (penses-tu?)
2. Ils s'amuseront bien ensemble.   (il est possible)
3. Elle veut sortir avec lui.   (je doute)
4. Elle acceptera.   (il est peu probable)
5. Elle voudrait aller au bal avec Jean-Michel.   (je pense)
6. Jean-Michel ne l'invitera pas.   (il se peut)
7. Elle n'ira pas au bal.   (dans ce cas-là, je crois)
8. Elle est amoureuse de Jean-Michel.   (il est clair)
9. Le professeur nous a donné un examen très difficile.   (ne te semble-t-il pas)
10. Il a déjà corrigé toutes les copies.   (es-tu sûr?)
11. Jacqueline a eu la meilleure note.   (il est probable)
12. Nous avons bien fait à l'examen.   (il n'est pas certain)

Les expressions de jugement

K. Recopiez les phrases suivantes en gardant l'*infinitif* (une phrase à un sujet) ou en mettant l'infinitif à la forme convenable du *présent* ou du *passé du subjonctif* (une phrase à deux sujets).

1. Il est important de (faire) un effort.
2. Il est important que nous (faire) un effort.
3. Il faut que vous (venir) à l'heure.
4. Il faut (venir) à l'heure.
5. Il n'est pas nécessaire que tu (apprendre) tout cela.
6. Il vaut mieux que tu (passer) ton temps à revoir ce que tu as déjà appris.
7. Tu ferais mieux de (rester) à la maison ce soir.
8. Il est étrange que personne ne nous (téléphoner) hier soir.
9. Il ne faut pas (oublier) de laisser un mot chez le concierge.
10. Il faut absolument qu'elle nous (donner) une réponse ce soir.
11. Il est bizarre que ton oncle (perdre) toutes ses affaires.
12. Il aurait dû (être) plus attentif.

L. Donnez l'équivalent français des phrases suivantes.

1. We have to wait.   (*sens général*)
2. Your sister has to wait.
3. You and I should wait.   (*deux possibilités*)
4. It is important for us to wait.
5. It would be better for us to wait.
6. It would be better not to wait.   (*sens général*)
7. We did well to wait.

8. We should have waited.   (*deux possibilités*)

9. She doesn't have to wait.

10. She must not wait.

Mise au point: résumé des temps verbaux

M. Ajoutez les expressions données à la phrase-modèle en utilisant **que** et le *subjonctif* ou l'*indicatif*.

Elle fait de son mieux.

MODÈLE: Il est important...
          Il est important qu'elle fasse de son mieux.

1. Je veux...   **3.** Je suis sûre...

2. Il est nécessaire...

Il a vingt ans.

4. Je suis surprise...   **6.** Je sais...

5. Il est impossible...   **7.** Êtes-vous certain...

Il sont fâchés.

8. Je regrette...   **10.** Je doute...

9. Il est clair...   **11.** Croyez-vous...?

Tu prendras le train.

12. Il vaut mieux...   **14.** Il espère...

13. Je suis contente...   **15.** Elle ne pense pas...

Nous resterons à la maison.

16. Il est possible...   **18.** Ils seront désolés...

17. Il est probable...   **19.** Elle aimerait mieux...

Je ne vais pas souvent en classe.

20. Il est mauvais...   **22.** Il a peur...

21. Elle est étonnée...   **23.** Il est vrai...

Vous avez tout fini.

24. Il est bon...   **26.** Est-il vrai...?

25. Je ne suis pas surpris... **27.** Ils ne pensent pas...

N. Combinez les deux phrases en faisant tous les changements nécessaires. Notez que la deuxième phrase introduit toujours la première.

MODÈLES: Il passera son temps à se promener. C'est possible.
          Il est possible qu'il passe son temps à se promener.

          Il y a des poissons qui volent. J'en suis surpris.
          Je suis surpris qu'il y ait des poissons qui volent.

1. Il a de gros problèmes. Je ne le crois pas.

2. Nous ressemblons à ce garçon maladroit de café. J'en doute.

3. Vous ferez de la plongée-marine cet après-midi. Je ne le veux pas.

4. Antoine et Sylvie iront à la pêche dimanche prochain. C'est peu probable.

5. Nous serons obligés de faire la queue. Nous en avons peur.
6. Il viendra nous rendre visite l'été prochain. Cela se peut.
7. Ils vont prendre l'avion. Il me le semble.
8. Tu profiteras de ton voyage à la Martinique. Je n'en doute pas.
9. Les hôtesses de l'air aiment écouter les problèmes des passagers. Nous n'en sommes pas sûres.
10. Elle a sauté en parachute plusieurs fois. J'en suis étonnée.
11. Nous ferons de la planche à voile pendant que nous serons à la Grande Motte. Je le souhaite.
12. Les amis ont le temps de bavarder un peu. Ils en sont contents.
13. Elle s'est souvenue de mon anniversaire. J'en suis surpris et ravi.
14. Elles ont passé des heures à préparer l'examen. Elles ont bien fait.
15. Vous vérifierez l'heure. C'est important.
16. Il fera nuit noire avant notre arrivée. J'en ai peur.
17. Elle s'amusera bien au spectacle. Je l'espère.
18. Je ne pourrai pas venir. Je le regrette.
19. On mange tout. Ce n'est pas nécessaire.
20. Il ne nous aidera pas. Est-il vrai?
21. Ils nous inviteront à dîner un de ces jours. Je le crois.
22. Tu te coucheras plus tôt ce soir. Il le faut.
23. Elle restera à Paris. Elle le préfère.
24. Nous nous sommes trompés de jour. Elle en est furieuse.
25. Ils se sont perdus. C'est impossible.

Unité Six: Les explications et les raisonnements

Le sujet, *on* et la voix passive

A. Répondez aux questions suivantes en employant **on** et l'expression entre parenthèses.

MODÈLE: À quelle heure est-ce que nous déjeunerons? (servir le déjeuner)
On servira le déjeuner à une heure.

1. Où est-ce que je peux acheter un journal? (vendre / dans les kiosques)
2. Est-ce qu'il y a du courrier aujourd'hui? (oui / inviter à une soirée)
3. Est-ce que Jean-Jacques est de retour de son voyage? (oui / voir hier)
4. Pourquoi as-tu l'air si triste? (prendre mon vélo)
5. Pourquoi est-ce que nous buvons du vin rouge ce soir? (boire avec le bœuf)
6. Qu'est-ce qu'on voit dans les vitrines de certains magasins à New York? (ici / parler français)

7. Est-ce que vous savez les résultats de l'examen?   (non / annoncer demain)

8. Comment apprendrez-vous les résultats?   (envoyer une lettre)

B. Répondez aux questions en employant le verbe pronominal entre parenthèses.

MODÈLE: Pourquoi est-ce que tout le monde est si étonné?
(ne jamais se voir)
Cela ne s'est jamais vu.

1. Pourquoi voulez-vous visiter le musée d'Orsay?   (un grand nombre de tableaux Impressionnistes / se trouver)

2. Est-ce qu'on peut acheter un seul haricot?   (se vendre à la livre ou au kilo)

3. Comment peut-on caractériser les idées politiques des étudiants? (se diviser en trois groupes politiques)

4. Que pensez-vous du système d'éducation?   (commencer à s'améliorer)

5. Où est-ce que je peux acheter un guide de Paris?   (se vendre dans toutes les librairies)

6. Pourquoi faut-il mettre une jupe? Je préfère mon blue-jean.   (ici / ne pas se porter)

C. Transformez les phrases passives en phrases actives. Si l'agent n'est pas précisé, utilisez **on**.

MODÈLES: La tête de l'acteur était coiffée d'un turban.
Un turban coiffait la tête de l'acteur.

La pièce sera jouée trois fois.
On jouera la pièce trois fois.

1. Le jeune couple est respecté du père de Cécile.

2. Un toast sera proposé en l'honneur du couple.

3. La vie de la jeune héroïne a été sauvée par le héros.

4. La victoire a été remportée par le héros et son valet.

5. Les actions du père n'étaient pas approuvées de la plupart des spectateurs.

6. Les comédiens ont été applaudis à la fin de la pièce.

7. Nous sommes enchantés de cette pièce.

8. Elle a été offensée par le langage.

D. Transformez les phrases actives en phrases passives. Distinguez entre les actions (**par** + agent) et les conditions (**de** + agent).

MODÈLES: L'enfant a jeté la pierre.
La pierre a été jetée par l'enfant.

Des arbres entourent la maison.
La maison est entourée d'arbres.

1. Le roi choisit ses ministres.
2. Des fleurs recouvrent son trône.
3. Le roi a reçu le ministre des finances.
4. Les paysans détestaient le roi.
5. Le roi a imposé cette loi injuste.
6. Des armées ennemies entouraient le palais.
7. On a guillotiné le roi et la reine.
8. On a fait prisonniers les autres membres de la famille.
9. Les paysans respectent le nouveau roi.
10. Le roi les récompensera.

E. Donnez l'équivalent français des phrases suivantes. Attention: les phrases anglaises sont à la voix passive; pour les rendre en français, il faudra utiliser **on** et une construction active.

MODÈLES: We were shown two pictures.
           On nous a montré deux photos. (montrer à)

          The children were taught to lie.
           On a appris aux enfants à mentir. (apprendre à)

1. Marc was given a book.
2. My letter was answered immediately.
3. We were given three tickets for the **(pour aller au)** concert.
4. She was not allowed to go to parties.
5. You will be asked **(poser)** three questions.
6. I was asked to give you this.
7. They were promised a new apartment.
8. I was told to wait.

Les adverbes de manière

F. Écrivez les adverbes correspondant aux adjectifs suivants.

1. certain	5. froid	9. doux	13. absolu
2. rapide	6. malheureux	10. fréquent	14. officiel
3. violent	7. entier	11. facile	15. profond
4. actif	8. constant	12. sérieux	

G. Complétez les phrases suivantes en mettant les adverbes ou les expressions adverbiales entre parenthèses à une place qui convient.

MODÈLES: Elle parle très bien. (vraiment)
           Elle parle vraiment très bien.

          Ils ont fait leurs devoirs. (bien)
           Ils ont bien fait leurs devoirs.

1. Ils ont échoué à l'examen. (complètement)
2. Les étudiants ont écouté le professeur. (attentivement)
3. Tu as envoyé ton article au journal? (déjà)
4. Il a été blessé. (gravement)

5. Elles n'ont pas fait leur travail.   (bien)
6. Nous sommes arrivés à l'heure.   (heureusement)
7. Elle a compris la leçon.   (mal)
8. Elle prépare ses leçons.   (consciencieusement)
9. Il nous regardait jouer au football.   (d'un air distrait)
10. Elle finira avant nous.   (certainement)

Les expressions de cause et de conséquence

H. Combinez les deux phrases en utilisant d'abord l'expression causale et ensuite l'expression de conséquence entre parenthèses.

MODÈLES: Janine préfère rester à la maison. Elle est très fatiguée. (parce que / alors)
Janine préfère rester à la maison parce qu'elle est très fatiguée.
Janine est très fatiguée, alors elle préfère rester à la maison.

1. Je dois acheter une nouvelle montre. J'ai perdu la mienne.   (parce que / par conséquent)
2. Sa voiture était en panne. Elle est allée au bureau à pied.   (comme / c'est la raison pour laquelle)
3. Le chien avait faim. Il a attendu son maître à la porte.   (puisque / donc)
4. Georges est très fatigué. Il a beaucoup travaillé pendant la semaine. (parce que / c'est pourquoi)
5. Nous avons déjà vu le film. Nous n'irons pas au cinéma avec toi. (puisque / donc)

I. Complétez les phrases suivantes en utilisant **à cause de, parce que** ou **grâce à.**

1. Je n'irai pas au parc _____ il fait trop froid.
2. Nous sommes restés chez nous _____ la chaleur.
3. C'est _____ toi que ma sœur ne veut pas venir au lac.
4. Allons à la librairie _____ moi, j'ai besoin d'un livre pour mon cours de philosophie
5. _____ sa gentillesse, nous avons pu nous familiariser avec tout le château.
6. Il s'amusera bien au parc _____ il aime beaucoup les sports.
7. Nous sommes arrivés en retard _____ cette voiture.
8. Jean-Pierre n'a jamais été obligé de travailler _____ la fortune de ses parents.

Les expressions de but et de finalité

J. Complétez les phrases suivantes en utilisant une des expressions entre parenthèses. Il faut distinguer entre les phrases à un sujet (*une préposition*) et les phrases à deux sujets (*une conjonction*).

1. Il faut vivre _____ manger.   (pour / pour que)
2. Nous travaillons _____ les autres puissent manger.   (pour / pour que)
3. Je m'occuperai du petit _____ ses parents aient la possibilité de sortir.   (afin de / afin que)
4. Il sera obligé de beaucoup travailler _____ réussir à ses examens. (afin de / afin que)
5. Elle ne veut pas sortir _____ nous la voyions avant qu'elle se lave la tête.   (de peur de / de peur que)
6. _____ oublier quelque chose, elle fait et refait des listes de choses à apporter en vacances.   (de peur de / de peur que)
7. Elle ne prendra que 300F _____ tout dépenser le premier jour. (de crainte de / de crainte que)
8. Elle ne mettra pas sa nouvelle robe _____ les autres pensent qu'elle essaie d'impressionner le patron.   (de crainte de / de crainte que)

K. Combinez les phrases suivantes en utilisant une expression de but ou une expression de finalité négative.

MODÈLES: Elle lit. Elle passe le temps.
   Elle lit pour (afin de) passer le temps.

Elle ne montre pas ses notes à ses parents. Ils se fâcheront.
   Elle ne montre pas ses notes à ses parents de peur qu'(de crainte qu')ils se fâchent.

1. Il se cache. Il sera obligé d'aider sa mère.
2. Elle travaille dur. Ses enfants auront la possibilité de faire des études universitaires.
3. Le professeur a refait l'exercice deux ou trois fois. Tous les étudiants ont fini par comprendre.
4. Elle n'ouvre pas la porte. On lui posera des questions.
5. Il a vendu sa moto. Il a pu s'acheter une voiture.
6. Ma mère veut que j'apprenne à jouer du piano. Je pourrai gagner un peu d'argent.

Les expressions de condition et d'hypothèse

L. Complétez les phrases en mettant l'infinitif entre parenthèses à la forme convenable du *présent de l'indicatif,* du *présent du subjonctif* ou du *présent du conditionnel.*

1. Si tu _____ la réponse, dis-la!   (savoir)
2. Elle viendra avec nous à condition que tu _____ de ne pas fumer. (promettre)
3. Au cas où vous _____ le temps, je pourrais bien profiter de votre aide.   (avoir)

4. Nous serons chez nous ce soir si ma mère ne _____ pas. (téléphoner)

5. Ils peuvent rester pourvu qu'ils _____ raisonnables. (être)

6. Je m'en occuperai à moins qu'elle _____ y aller elle-même. (vouloir)

7. Si sa voiture _____ toujours au garage, nous prendrons la mienne. (être)

8. Nous ferons un pique-nique à moins qu'il _____ trop froid. (faire)

M. On fait des hypothèses. Complétez les phrases—d'abord, en mettant l'infinitif entre parenthèses à la forme convenable de l'*imparfait* ou du *conditionnel.*

1. Qu'est-ce que tu _____ s'il faisait beau aujourd'hui? (faire)

2. Moi, j'_____ à la plage. (aller)

3. Si j'_____ assez d'argent, j'achèterais un transistor. (avoir)

4. Mois, si j'habitais plus près de la côte, je _____ l'aéroglisseur pour aller en Angleterre. (prendre)

5. Où passeriez-vous les vacances si vous _____ vous reposer? (vouloir)

Ensuite, complétez les phrases en mettant l'infinitif entre parenthèses à la forme convenable du *plus-que-parfait* ou du *passé du conditionnel.*

6. Si nous _____ plus de temps, nous aurions visité le sud du pays. (avoir)

7. Mon mari _____ voir la capitale aussi. (vouloir)

8. Qu'est-ce que tu _____ si le temps avait été meilleur? (faire)

9. Moi, j(e) _____ à la piscine. (aller)

10. Et nous autres, nous _____. (se promener)

N. Distinguez entre l'emploi de **si** (+ présent) pour indiquer une condition et de **si** (+ imparfait ou plus-que-parfait) pour exprimer une hypothèse en mettant l'infinitif entre parenthèses à la forme qui convient.

1. Si le beau-frère _____ coupable, il sera condamné à mort. (être)

2. Si André était plus intelligent, il _____ mieux comprendre la situation. (pouvoir)

3. Si on n'avait pas construit d'hôtels, André _____ une vie idyllique. (avoir)

4. Si Françoise part en vacances l'année prochaine, Robert _____ chez lui. (rester)

5. Si la maîtresse du château _____ son mari et la bonne dans la salle à manger, elle n'aurait pas été jalouse. (ne pas surprendre)

6. Si l'inspecteur _____ plus d'imagination, il découvrirait facilement l'auteur du crime. (avoir)

7. Si Mathieu _____ sur le mur, le gardien ne se serait pas mis en colère. (ne pas dessiner)

8. Anne sera bien surprise si le dragueur _____ à Nancy. (écrire)

Les expressions d'opposition et de concession

O. Complétez les phrases suivantes en mettant l'infinitif à l'*indicatif* ou au *subjonctif*. Dans certains cas, il faut garder l'*infinitif*.

1. Nous n'aimons pas le fiancé de ma sœur. Mais nous ne _____ pas empêcher le mariage.   (pouvoir)
2. Elle s'est fiancée sans rien _____ à mes parents.   (dire)
3. Le fiancé de ma sœur a 50 ans tandis qu'elle n'_____ que 19 ans. (avoir)
4. Mes parents voudraient qu'elle aille à l'université au lieu de _____. (se marier)
5. Bien que mes parents _____ opposés au mariage, ma sœur y tient. (être)
6. Mon père refuse d'aller à la noce; pourtant, ma sœur ne _____ pas l'écouter.   (vouloir)
7. Sans que mes parents le _____, je suis sorti avec ma sœur et son fiancé.   (savoir)
8. Je comprends ma sœur, mais je _____ aussi mes parents.   (comprendre)

P. Combinez les phrases en utilisant une expression d'*opposition* ou de *concession*. Il y a souvent plus d'une possibilité.

MODÈLES: J'ai froid. Il fait 30° C.
J'ai froid bien qu'il fasse 30° C. ou
J'ai froid; il fait pourtant 30° C. ou
Il fait 30° C; pourtant, j'ai froid.

Je ne vais pas rester chez moi. Je vais sortir avec Jérémie.
Au lieu de rester chez moi, je vais sortir avec Jérémie.

1. Je joue très mal au tennis. J'aime y jouer.
2. L'inspecteur a interrogé tous les témoins. Il n'a rien appris.
3. Elle ne va pas travailler ce soir. Elle va regarder une vidéo.
4. Ma sœur est très sportive. Mon frère est intellectuel.
5. Mon frère est rentré à minuit hier soir. Il n'a pas fait de bruit.
6. Elle a des millions et des millions. Elle n'est pas heureuse.
7. Mon frère voudrait sortir. Ma mère ne le verra pas.
8. Ils ont joué aux cartes pendant des heures. Personne n'a gagné.

Mise au point: l'infinitif, l'indicatif et le subjonctif

Q. Complétez les phrases suivantes en mettant l'infinitif à l'*indicatif*, au *subjonctif* ou à l'*infinitif*.

1. De crainte de _____ des traces, il s'est avancé à pas feutrés. (laisser)
2. Au cas où vous _____ le revolver, donnez-moi un coup de fil. (trouver)

3. Si nous _____ les témoins, nous apprendrons au moins les faits. (interroger)

4. Nous trouverons la statuette dans le château à moins qu'on l'_____ dans le bois. (enterrer)

5. Elle voyagera au Canada tandis qu'eux, ils _____ le tour des États-Unis. (faire)

6. Si elles _____ de l'argent, elles seraient allées en Guadeloupe. (avoir)

7. Je me suis caché derrière un palmier sans qu'ils m(e) _____. (voir)

8. Ils chutotaient afin que je ne _____ pas les entendre. (pouvoir)

9. Puisqu'ils n(e) _____ pas pressés, ils ne se sont pas dépêchés. (être)

10. Si tu _____ attention, tu saurais de quoi il parle. (faire)

11. Elle ne peut pas lui téléphoner parce qu'elle ne _____ pas son numéro. (savoir)

12. Le maître a monté l'escalier pour _____ quelqu'un dans la salle d'armes. (retrouver)

13. La vieille dame faisait semblant de lire de peur que l'on _____ qu'elle surveillait la terrasse. (penser)

14. Ils gagneront beaucoup d'argent à condition que l'inspecteur n'_____ pas la vérité. (apprendre)

15. Bien que la maîtresse _____ jalouse de la bonne, elle ne l'a pas renvoyée. (être)

16. L'inspecteur saura la vérité à condition que le jardinier lui _____ ce qu'il a vu par la fenêtre. (dire)

17. Comme il _____ très froid, nous avons décidé de rester chez nous. (faire)

18. Elle est sortie du magasin sans _____ le pull qu'elle voulait. (acheter)

19. Le beau-frère sera riche s'il _____ la statuette. (trouver)

20. Quoiqu'elle _____ grand'peur, elle a nommé le coupable. (avoir)

R. Combinez les deux phrases (ou les deux parties de la phrase) en utilisant l'expression entre parenthèses et en faisant tous les changements nécessaires. S'il y a deux expressions entre parenthèses, choisissez celle qui convient.

MODÈLE: Mme Lenoir est partie. Elle n'a pas embrassé son mari.
(sans / sans que)
Mme Lenoir est partie sans embrasser son mari.

1. Ils vont acheter une machine à laver la vaisselle. Ainsi Mme Lenoir pourra faire plus rapidement la vaisselle. (afin de / afin que)

2. Mme Lenoir est malade. Mais elle va aller au travail. (cependant)

3. Mme Lenoir a dîné avec des amis. Son mari ne le savait pas.
(sans / sans que)

4. Mme Lenoir travaille en ville. M. Lenoir s'occupe de la maison. (tandis que)
5. M. Lenoir a acheté des œufs. Il va faire des omelettes. (pour / pour que)
6. Mme Lenoir est rentrée très tard. M. Lenoir et les enfants ont dîné sans elle. (donc)
7. Mme Lenoir a dû travailler très tard. M. Lenoir et les enfants ont dîné sans elle. (puisque)
8. M. Lenoir se met au lit avec les enfants. Il s'endormiront plus rapidement. (pour / pour que)
9. Mme Lenoir travaille en ville. Elle fait la lessive aussi. (pourtant)
10. M. Lenoir fera les courses. Sa femme veut y aller. (à moins que)
11. Au cas où la machine à laver la vaisselle tomberait en panne, M. Lenoir serait obligé de la réparer. (si)
12. Les enfants ne veulent pas aller au parc. Ils veulent regarder la télé. (au lieu de)
13. M. et Mme Lenoir parlent très bas. Ils ne veulent pas réveiller les petits. (de peur de / de peur que)
14. Mme Lenoir a eu un accident. La famille n'a pas pu partir en week-end. (à cause de)
15. M. Lenoir a fait une maîtrise d'histoire. Il préfère rester à la maison et s'occuper des enfants. (bien que)

Réponses: Exercices supplémentaires

Unité de Révision A

Première partie: Trois notions grammaticales

A. 1. Alain **2.** Jean-Michel et sa sœur **3.** les Italiens **4.** ton cousin **5.** les élèves **6.** une carte postale **7.** ses petits cousins **8.** cet album **9.** le sel et le poivre **10.** les deux filles **11.** Jean-Jacques **12.** deux heures, Christine **13.** mon père, un bâtiment, la gare **14.** ma tante **15.** qui

Deuxième partie: Le présent

B. 1. visitons **2.** se couchent **3.** regarde **4.** réussissez **5.** obéis **6.** remplissent **7.** sors **8.** sert **9.** dormez **10.** attends **11.** entend **12.** défendons **13.** mets **14.** permettez **15.** vais **16.** vont **17.** va **18.** prends **19.** prenez **20.** comprennent **21.** a **22.** ont **23.** avez **24.** dis **25.** disons **26.** dites **27.** fais **28.** font **29.** faites **30.** lit **31.** lisons **32.** veux **33.** voulez **34.** veulent **35.** peux **36.** pouvons **37.** peuvent **38.** écrit **39.** écrivez **40.** viens **41.** venons **42.** viennent **43.** connais **44.** connaissent **45.** vois **46.** voyez **47.** dois **48.** doivent **49.** devez **50.** pleut

C. 1. Où descendent-ils de l'autobus? **2.** Quand est-ce qu'elle veut te (vous) rendre les photos? **3.** Est-ce qu'Alain comprend toute la leçon? **4.** Pourquoi restez-vous chez vous? **5.** Où se trouve le bureau du médecin? **6.** Comment est-ce que Maurice peut monter les meubles au troisième étage? **7.** À quelle heure est-ce que le rapide pour Paris part de Rennes? **8.** Aiment-ils (beaucoup) le théâtre? **9.** Combien de cours est-ce que tu prends ce semestre? **10.** Elle est (vraiment) extraordinaire, n'est-ce pas?

D. 1. Je ne veux (nous ne voulons) rien. **2.** Il n'a plus toutes ses dents. **3.** Personne ne veut faire la vaisselle. **4.** Il n'y a que deux sénateurs... **5.** Elle n'a peur de rien. **6.** Je ne vais jamais aux concerts de rock. **7.** Je ne cherche personne. **8.** Je ne parle à personne. **9.** On ne choisit un nouveau président que tous les quatre ans. **10.** Ils ne font rien.

Troisième partie: Le passé composé

E. 1. a étudié **2.** ai compris **3.** avons été **4.** as eu **5.** ont réussi **6.** a dit **7.** a plu **8.** avons voulu **9.** a écrit **10.** ai dû **11.** avons vu **12.** ont pu **13.** sont partis **14.** sommes venu(e)s **15.** est retourné **16.** sont morts **17.** suis né(e) **18.** s'est levée **19.** nous sommes amusé(e)s **20.** se sont dépêchés **21.** me suis fâché(e) **22.** t'es réveillé(e) **23.** vous êtes perdu(e)(s)

F. 1. a remercié **2.** a appris **3.** est allée **4.** suis resté(e) **5.** ai lu **6.** a fait **7.** a dû **8.** ont eu **9.** me suis couché(e) **10.** sommes parti(e)s **11.** ne

s'est pas rasé   **12.** êtes-vous arrivées   **13.** as rangé   **14.** se sont amusés
15. est revenue   **16.** avons reçu   **17.** a mis   **18.** a ouvert   **19.** sont tombées
20. n'ont pas réussi

G.   **1.** est sortie   **2.** ai mangées   **3.** nous sommes levé(e)s   **4.** sont allés   **5.** se
sont téléphoné   **6.** as-tu suivis   **7.** s'est lavé   **8.** s'est lavée   **9.** es-tu rentré
10. sont-ils rentrés   **11.** se sont écrit   **12.** se sont souvenues   **13.** a apportées
14. nous sommes rencontré(e)s   **15.** s'est brossé   **16.** t'es amusée   **17.** a
vendu   **18.** as-tu pris   **19.** a sorti   **20.** sommes monté(e)s   **21.** est descendue
22. ont passé   **23.** sommes resté(e)s   **24.** a monté   **25.** s'est cassé

H.   **1.** Avez-vous vu le match?   **2.** As-tu bien compris?   **3.** A-t-elle déjà fini?
4. Où as-tu trouvé ces photos?   **5.** Se sont-ils disputés?   **6.** S'est-elle bien
amusée?   **7.** Sont-elles déjà parties?   **8.** A-t-il préparé le dîner?

I.   **1.** Je n'ai jamais écouté un orchestre symphonique.   **2.** Il n'est pas encore
arrivé.   **3.** Je n'ai rien pris comme dessert.   **4.** Je n'ai invité personne (au
bal).   **5.** On ne m'a rien donné.   **6.** Je n'ai parlé à personne.   **7.** Nous n'avons
(je n'ai) passé que deux jours à Marseille.   **8.** Elle ne s'est pas réveillée avant
moi.

Quatrième partie: Le futur immédiat

J.   **1.** Je vais rentrer de bonne heure.   **2.** Nous avons l'intention de passer
l'après-midi à la maison.   **3.** Est-ce que tu vas te lever?   **4.** Il ne va rien acheter.   **5.** J'espère avoir de ses nouvelles.   **6.** Ils ne vont plus parler de l'accident.   **7.** Nous devons nous dépêcher.   **8.** Tu ne vas voir personne.   **9.** Va-t-il
se fâcher?   **10.** Nous comptons repartir tôt le matin.

Unité Première: La Narration

L'imparfait

A.   **1.** étudiait   **2.** tombaient   **3.** répondaient   **4.** prenions   **5.** était
6. veniez   **7.** sortais   **8.** finissions   **9.** ouvriez   **10.** mourait   **11.** disait
12. écrivais   **13.** lisiez   **14.** avaient   **15.** pleuvait   **16.** fallait   **17.** faisais
18. savais   **19.** devions   **20.** recevaient

L'imparfait et le passé composé

B.   **1.** a remercié (c)   **2.** a appris (c)   **3.** était (a)   **4.** est allée (c)   **5.** suis
resté(e) (d)   **6.** allait (g)   **7.** lisais (g)   **8.** a peint (c)   **9.** a fait (b) *ou*
faisait (a)   **10.** attendait (e)   **11.** ont décidé (c)   **12.** ai parlé (f)   **13.** avons
passé (d)   **14.** me couchais (g)   **15.** rentraient (g)   **16.** portaient (a)   **17.** ne
s'est pas rasé (c)   **18.** étaient (a) *ou* ont été (b)   **19.** as nettoyé (c)   **20.** pensions (g)

C.   **1.** s'est réveillée, a fait, a quitté (a)   **2.** ont découvert, n'avaient pas, ont
vu (b + avoir = condition générale)   **3.** est arrivée, prenait (d)   **4.** avons en-

tendu, sommes sortis, se passait (b + se passer = action en cours) **5.** faisait, avait, pensais, allions, (c) sont descendus (d) **6.** étais, regardions (c) *ou* étais, avons regardé (d) **7.** s'est approchée, m'a vu(e) (b) **8.** ont remarqué, attendaient (d)

D. **1.** Le médecin a ri quand il a regardé André (la feuille d'André). **2.** André a vu un infirmier qui poussait une table roulante. **3.** Quand le soleil s'est levé, André dormait (toujours). **4.** Quand le réveil a sonné, André l'a arrêté. **5.** Pendant qu'André s'habillait, il pensait à son travail (à sa vie monotone, ennuyeuse). **6.** André s'est habillé, a lu le journal et a quitté la maison. **7.** André n'a pas regardé le piéton qui se disputait avec le camionneur. **8.** Quand André est arrivé au travail, il s'est installé devant son ordinateur. **9.** André a laissé tomber sa serviette quand (au moment où) une péniche passait sous le pont. **10.** Quand André est passé par le contrôle des passeports, l'inspecteur l'a regardé d'un œil méfiant.

E. **1.** L'été dernier Françoise a travaillé dans une banque.
Tous les matins elle se levait vers 7h30, faisait sa toilette, mettait une robe et allait à la banque à pied.
Cet été-là elle a gagné 8.000 francs.
Elle voulait une voiture, donc elle s'est acheté une Renault 5.
2. L'été dernier Jean-Jacques est allé en Corse.
Deux amis l'ont accompagné et ils ont pris le bateau de Jean-Jacques.
Il a fait très beau en Corse au mois de juillet et ils se sont bien amusés.
Tous les matins ils nageaient. L'après-midi ils faisaient le tour de l'île ou se reposaient sur la plage.
Ils y ont passé quinze jours et ils ont dépensé 500 francs chacun.

Le plus-que-parfait

F. **1.** avaient oublié **2.** avions rendu **3.** avais fini **4.** était allée **5.** étiez rentré(e)(s) **6.** étais monté(e) **7.** avions gagné **8.** m'étais couché(e)
9. s'étaient trompées **10.** nous étions disputé(e)s

G. **1.** Elle avait essayé de se suicider. **2.** Ils avaient mangé de la viande pourrie. **3.** Le conducteur s'était endormi. **4.** Elles avaient refusé de quitter leurs maisons. **5.** Il avait reçu un télégramme menaçant juste avant le début du match. **6.** Ils étaient sortis avec des amis. **7.** Elle les avait perdus trois mois avant. **8.** Il était allé dans une île tropicale pour recommencer sa vie.

Les prépositions *avant de* et *après*

H. **1.** avoir visité **2.** avoir fini **3.** avoir reçu **4.** être rentrés **5.** être allée
6. être monté(e)s **7.** m'être levé(e) **8.** nous être habillés **9.** s'être couchée

I. Qu'est-ce que tu fais... **1.** avant de te lever / après t'être levé(e) **2.** avant de faire ta toilette / après avoir fait ta toilette **3.** avant de t'habiller / après t'être habillé(e) **4.** avant d'aller en classe / après être allé(e) en classe **5.** avant de sortir de ton cours de français / après être sorti(e) de ton cours de français **6.** avant de retrouver tes amis au restaurant universitaire / après avoir retrouvé

tes amis au restaurant universitaire   **7.** avant de rentrer / après être rentrer(e)
8. avant de dîner / après avoir dîné   **9.** avant de te coucher / après t'être
couché(e)

Mise au point: les temps du passé

J.   1. était   **2.** faisait   **3.** portaient   **4.** descendaient   **5.** se sont arrêtés
6. sont entrés   **7.** sont allés   **8.** ont trouvé   **9.** était   **10.** a demandé
11. voulaient   **12.** ont dit   **13.** désiraient   **14.** a réfléchi   **15.** a souri   **16.** a répondu   **17.** avait   **18.** a demandé   **19.** a répondu   **20.** était   **21.** ont décidé
22. ont payé   **23.** ont pris   **24.** se sont dirigés   **25.** étaient   **26.** donnait

1. a réalisé   **2.** coûtait   **3.** était   **4.** se considérait   **5.** a fait   **6.** était
7. faisait   **8.** aimait   **9.** est arrivé   **10.** a expliqué   **11.** voulait   **12.** s'est dit
13. était   **14.** semblaient   **15.** a insisté   **16.** a quitté

1. a pris   **2.** s'est rendu   **3.** pouvait   **4.** se sont ouvertes   **5.** s'est trouvé
6. logeaient   **7.** a mis   **8.** a repris   **9.** a frappé   **10.** a ouvert   **11.** a donné
12. a dit   **13.** avait   **14.** ont remercié   **15.** a répondu   **16.** a fait   **17.** a dis-
paru

1. avait   **2.** avait payé   **3.** était   **4.** avait donné   **5.** avait gardé   **6.** avait
rendu   **7.** avait payé   **8.** avait gardé   **9.** était arrivé

Unité Deux: L'Interrogation

Questions qui ont pour réponse une personne

A.   1. Who(m) are you looking for?   **2.** Who is looking for you?   **3.** Who(m)
are you looking for?   **4.** Who(m) do you work for?   **5.** Who did that?   **6.** Who
called you?   **7.** Who(m) did you call?   **8.** Who(m) did you see at the stadium?
9. Who saw you at the stadium?   **10.** Who(m) were they talking about?

B.   1. Qui (qui est-ce qui)   **2.** Qui est-ce que   **3.** Qui (qui est-ce qui)   **4.** qui
5. Qui (qui est-ce qui)   **6.** qui est-ce que   **7.** Qui (qui est-ce qui)   **8.** qui est-ce
que   **9.** Qui   **10.** qui est-ce qu'

C.   1. Qui (qui est-ce qui) fait la cuisine chez toi?   **2.** À qui est-ce que Jean-
Pierre a montré son passeport? / À qui Jean-Pierre a-t-il montré son passeport?
3. À qui ressemble ton frère? / À qui est-ce que ton frère ressemble?   **4.** Qui est-
ce qu'elles cherchaient? / Qui cherchaient-elles?   **5.** Avec qui vas-tu aller au
match? / Avec qui est-ce que tu vas aller au match?   **6.** Qui est-ce que les autres
ont vu en ville? / Qui les autres ont-ils vu en ville?   **7.** De qui parlait votre
oncle? / De qui est-ce que votre oncle parlait?   **8.** Qui (qui est-ce qui) a écrit
cette lettre?

Questions qui ont pour réponse une chose

D.   1. and **2.** What do you want?   **3.** What interests you?   **4.** What are you
interested in?   **5.** What were they talking about?   **6.** What were they saying?

7. What are you worried about?   **8.** What is worrying you?   **9.** and **10.** What does your sister do? / What is your sister doing?

E.   **1.** Qu'est-ce qui   **2.** Qu'est-ce qu'   **3.** quoi   **4.** Qu'est-ce qu'   **5.** Qu'est-ce qu'   **6.** quoi   **7.** Qu'est-ce qui   **8.** quoi est-ce qu'   **9.** Que   **10.** quoi est-ce qu'

F.   **1.** Qu'est-ce qui se passe?   **2.** Qu'est-ce que tu regardais? / Que regardais-tu?   **3.** Qu'est-ce qu'Hervé met dans son café? / Que met Hervé dans son café?   **4.** Qu'est-ce que vous avez oublié? / Qu'avez-vous oublié?   **5.** Sur quoi est-ce qu'on met de la confiture? / Sur quoi met-on de la confiture?   **6.** Qu'est-ce que le cuisinier a fait chauffer? / Qu'a fait chauffer le cuisinier?   **7.** Qu'est qui polluait l'air?   **8.** Avec quoi est-ce qu'elle écrit? / Avec quoi écrit-elle?   **9.** À quoi pense ton père? / À quoi est-ce que ton père pense?

G.   **1.** Qui cherches-tu? / Qui est-ce que tu cherches?   **2.** À qui ressemble ton frère? / À qui est-ce que ton frère ressemble?   **3.** Qui regardez-vous? / Qui est-ce que vous regardez?   **4.** Qui est-ce qu'ils écoutent? / Qui écoutent-ils?   **5.** À qui faut-il obéir? / À qui est-ce qu'il faut obéir?   **6.** Que regardes-tu? / Qu'est-ce que tu regardes?   **7.** De quoi est-ce qu'ils se servent? / De quoi se servent-ils?   **8.** De quoi avez-vous besoin? / De quoi est-ce que vous avez besoin?   **9.** À quoi joue Martine? / À quoi est-ce que Martine joue?   **10.** De quoi est-ce qu'elles se souviennent? / De quoi se souviennent-elles?

H.   **1.** Qui (qui est-ce qui) t'a donné cette montre?   **2.** Qu'est ce que tu as fait hier soir? / Qu'as-tu fait hier soir?   **3.** Qui as-tu rencontré au cinéma samedi dernier? / Qui est-ce que tu as rencontré au cinéma samedi dernier?   **4.** De quoi ta sœur a-t-elle besoin pour finir son projet? / De quoi est-ce que ta sœur a besoin pour finir son projet?   **5.** Qu'est-ce que ton père a préparé pour le dîner hier soir? / Qu'a préparé ton père pour le dîner hier soir?   **6.** À qui vas-tu donner ce cadeau? / À qui est-ce que tu vas donner ce cadeau?   **7.** De quoi (de qui, à qui) parlaient tes parents quand je suis arrivé(e)? / De quoi (de qui, à qui) est-ce que tes parents parlaient quand je suis arrivé(e)?   **8.** Qu'est-ce qui est arrivé à ton oncle?   **9.** De quoi est-ce que tu t'es servi pour réparer ton vélo? / De quoi t'es-tu servi pour réparer ton vélo?   **10.** Qu'est-ce que ta mère pense de ta nouvelle coiffure? / Que pense ta mère de ta nouvelle coiffure?

Questions qui posent un choix

I.   **1.** Quelle   **2.** Quelle   **3.** Quel   **4.** Quelle   **5.** Quels   **6.** Lequel   **7.** Lequel   **8.** Lesquels   **9.** Quel   **10.** Lequel   **11.** Laquelle   **12.** Quelle   **13.** Quel   **14.** Laquelle   **15.** Duquel

J.   **1.** Quelle est son adresse?   **2.** Quel est son numéro de téléphóne?   **3.** Quelle est la troisième ville de France?   **4.** Quel âge a-t-elle? / Quel âge est-ce qu'elle a?   **5.** Quels légumes est-ce que tu aimes? / Quels légumes aimes-tu?   **6.** Quel est son nom de famille?   **7.** Lequel est de meilleure qualité?   **8.** Laquelle est la plus intéressante?   **9.** Lesquelles sont moins chères?   **10.** Lequel est-ce que tu recommandes? / Lequel recommandes-tu?

Questions qui demandent une définition ou une explication

K. **1.** Que veut dire **2.** Qu'est-ce que c'est que **3.** Quelle est **4.** Qu'est-ce que c'est qu' **5.** Que veut dire **6.** Qu'est-ce que c'est que **7.** Quelle est **8.** Que veut dire

L. **1.** Que **2.** Quelles sont **3.** Qu'est-ce que c'est qu' **4.** laquelle **5.** Quel **6.** Lequel **7.** Quels sont **8.** Que veut dire **9.** Laquelle / Lesquelles **10.** quel **11.** Qu'est-ce qui **12.** Qu'est-ce que

Mise au point: les expressions interrogatives

M. **1.** De quel musée est-ce que M. Dufort est le conservateur? / De quel musée Monsieur Dufort est-il le conservateur? **2.** Qui (qui est-ce qui) est le maître du château? **3.** De qui est-ce que Maurice est le beau-frère? / De qui Maurice est-il le beau-frère? **4.** Avec quoi est-ce qu'on a tué le maître? / Avec quoi a-t-on tué le maître? **5.** Qu'est-ce que la maîtresse tenait dans la main? / Que tenait la maîtresse dans la main? **6.** Où est-ce que son mari était étendu? / Sur quoi est-ce que son mari était étendu? **7.** Comment est-ce qu'elle le regardait? / Comment regardait-elle son mari? **8.** Qu'est-ce qui avait laissé des taches sur le plancher? **9.** Qu'est-ce que la vieille dame avait posé sur la table? **10.** Que portait la bonne? / Qu'est-ce que la bonne portait? **11.** Quel air avait le beau-frère? / Quel air est-ce que le beau-frère avait? **12.** À quelle heure est-ce que l'inspecteur est arrivé sur les lieux du crime? / À quelle heure l'inspecteur est-il arrivé sur les lieux du crime? **13.** Qui est-ce que le jardinier observait du coin de l'œil? **14.** Qui (qui est-ce qui) venait d'essayer de téléphoner à l'aéroport? **15.** À qui est-ce que le maître faisait la cour? / À qui le maître faisait-il la cour? **16.** Quel pantalon est-ce que le maître avait mis ce jour-là? / Quel pantalon le maître avait-il mis ce jour-là? **17.** Qu'est-ce qui recouvrait les bouteilles de vin à la cave? **18.** Qu'est-ce que c'est qu'une araignée? **19.** Pourquoi est-ce que le maître avait mis un pull à col roulé? / Pourquoi le maître avait-il mis un pull à col roulé? **20.** Comment est-ce que le maître a monté l'escalier? / Comment le maître a-t-il monté l'escalier? **21.** Contre qui est-ce que la maîtresse était fâchée? / Contre qui la maîtresse était-elle fâchée? **22.** À quoi est-ce que le conservateur s'intéressait? / À quoi le conservateur s'intéressait-il? **23.** De qui est-ce que la vieille dame s'est approchée? / De qui la vieille dame s'est-elle approchée? **24.** Dans quoi est-ce que le beau-frère a fouillé? / Dans quoi le beau-frère a-t-il fouillé? **25.** Qui est-ce que la bonne a vu (à la porte)? / Qui la bonne a-t-elle vu (à la porte)?

N. **1.** À (avec) qui est-ce que vous parliez à la porte? / À (avec) qui parliez-vous à la porte? **2.** Quel est son nom? Quel est son adresse? **3.** Qu'est-ce qu'il vous a donné? **4.** Pourquoi est-ce que vous fouilliez dans le bureau? / Pourquoi fouilliez-vous dans le bureau? **5.** De quoi aviez-vous besoin pour régler vos factures? / De quoi est-ce que vous aviez besoin pour régler vos factures? **6.** À votre avis, qui (qui est-ce qui) a tué le maître? **7.** Pour qui travaillez-vous? / Pour qui est-ce que vous travaillez? / Vous travaillez pour qui? **8.** Qu'est-ce qui s'est passé quand vous avez essayé de téléphoner? **9.** Combien de fois avez-vous essayé (de téléphoner)? / Combien de fois est-ce que vous avez essayé? **10.** Que faisiez-vous à 7h45? / Qu'est-ce que vous faisiez à 7h45? **11.** De quoi est-ce que le meurtrier s'est servi pour tuer le maître? / De quoi le meurtrier s'est-il servi pour tuer le maître?   **12.** À votre avis, lequel des suspects est coupable?

Unité Trois: La Désignation, la qualification, la différentiation

Les articles

A.   **1.** La (G)   **2.** des (S)   **3.** Les (G)   **4.** l' (S)   **5.** du (S)   **6.** les (S)   **7.** des (S)   **8.** aux (G)   **9.** les (G), les (G)

B.   (The verb may vary; however, the article will remain the same.)   **1.** Oui, j'aime le bifteck.   **2.** Non, elle n'aime pas le café.   **3.** Oui, il adore les fleurs.   **4.** Non, il déteste les cigarettes.   **5.** Oui, j'aime beaucoup la musique.   **6.** Oui, elle adore les croissants.   **7.** Non, je préfère le vin.   **8.** Oui, j'aime beaucoup les voitures allemandes.

C.   **1.** du, de la, une, des   **2.** des, des   **3.** un   **4.** une, des   **5.** des   **6.** des   **7.** un, une, une   **8.** une   **9.** X, X   **10.** un, une   **11.** du, du   **12.** de   **13.** de   **14.** d'

D.   **1.** Non, il n'a pas découvert le coupable.   **2.** Non, ils n'avaient pas les yeux grands ouverts.   **3.** Non, je ne vois pas de tire-bouchon.   **4.** Non, il ne va pas planter d'arbustes.   **5.** Non, elle n'a pas utilisé de poison.   **6.** Non, je n'aime pas les chocolats.   **7.** Non, il ne porte pas de ceinture.   **8.** Non, il n'a pas de cigarettes.   **9.** Non, ce n'est pas un verre à vin.

E.   **1.** Il veut prendre du vin.   **2.** Je préfère le vin rouge.   **3.** Non, nous ne voulons pas (je ne veux pas) de vin.   **4.** Elle porte des lunettes.   **5.** Non, je n'aime pas les lunettes.   **6.** Ce sont des lunettes.   **7.** Nous cherchons (je cherche) les lunettes de mon frère.   **8.** Les lunettes nous (m') aident à voir.   **9.** C'est une enveloppe.   **10.** On a mis la lettre dans l'enveloppe qui était sur la table.   **11.** Il y a une enveloppe dans ma poche.   **12.** J'ai besoin d'une enveloppe.   **13.** Nous avons perdu (j'ai perdu) l'enveloppe de cette lettre.   **14.** Le médecin a téléphoné.   **15.** Il est médecin.   **16.** On cherche un médecin.   **17.** Parce que le docteur Roussin est un très bon médecin.   **18.** Nous parlions (je parlais) au médecin.

Les expressions de qualité: les adjectifs

F.   **1.** des œufs frais   **2.** une jeune fille sportive   **3.** la dernière scène   **4.** une vieille armoire   **5.** la société parisienne   **6.** une réunion secrète   **7.** une étudiante sérieuse   **8.** de nouveaux meubles   **9.** une serviette sale   **10.** une gentille fille   **11.** de beaux portraits   **12.** un bel enfant   **13.** les personnages principaux   **14.** de longues épées   **15.** de l'eau fraîche   **16.** la maison blanche   **17.** une robe vert pomme   **18.** sa chanson favorite   **19.** de l'eau douce   **20.** mon nouveau tournevis   **21.** un vieil arbre   **22.** une ville grecque   **23.** un faux pas   **24.** des enfants malheureux   **25.** la belle Hélène   **26.** une robe et un manteau bleus

G. **1.** une longue baïonnette aiguë   **2.** une jupe de coton jaune   **3.** de petits garçons ennuyeux   **4.** une belle chanson sentimentale française / une belle chanson française sentimentale   **5.** de bons amis loyaux   **6.** un mur lisse et épais   **7.** un béret basque rond et noir   **8.** une conférence de presse intéressante   **9.** une dame prétentieuse désagréable   **10.** des joues rondes et pendantes   **11.** de l'eau minérale fraîche   **12.** de vieilles médailles militaires

H. **1.** ... un grand homme... (great)   **2.** ... un homme grand... (tall)   **3.** ... une voiture chère... (expensive)   **4.** ... ma chère fiancée. (dear, beloved)   **5.** ... une ville ancienne... (ancient)   **6.** ... mon ancien professeur de russe... (former)   **7.** ... une certaine ressemblance... (a degree of)   **8.** ... une victoire certaine... (sure)   **9.** Les familles pauvres... (poor, without money)   **10.** Cette pauvre famille... (poor, to be pitied)

I. **1.** Monsieur Lalou est plus sportif que Florence.   **2.** Florence est plus belle que Madame Fichu.   **3.** Théophile est moins intellectuel que Monsieur Lalou.   **4.** Madame Fichu est plus âgée que Florence.   **5.** Théophile est le plus fort (de tous).   **6.** Florence est aussi sportive que Victor.   **7.** Victor est moins musclé que Théophile.   **8.** Madame Fichu est la plus petite (de tous).   **9.** Madame Fichu est aussi vieille que Monsieur Lalou.   **10.** Victor est le meilleur coureur (de tous).   **11.** Monsieur Lalou est l'homme le plus intellectuel (de tous).   **12.** Théophile est l'homme le moins spirituel (de tous).

Les expressions de quantité

J. **1.** X   **2.** des   **3.** X   **4.** de   **5.** de   **6.** des   **7.** X   **8.** de   **9.** des   **10.** de   **11.** de   **12.** de   **13.** des   **14.** d'

K. **1.** quelques   **2.** Peu d' (quelques)   **3.** peu de   **4.** un peu de   **5.** quelques   **6.** peu d'   **7.** un peu de   **8.** un peu d'

L. **1.** Tous ses amis...   **2.** ... toute la soirée...   **3.** ... tous mes devoirs...   **4.** ... tout leur temps...

Les expressions pour indiquer la possession

M. **1.** son mari   **2.** leurs disques   **3.** ma serviette   **4.** notre chien   **5.** leurs complices   **6.** mes disques   **7.** notre amie   **8.** ta perruque   **9.** ses pantoufles   **10.** votre chambre   **11.** sa canne   **12.** leur fusil

N. **1.** J'ai mal aux pieds.   **2.** Nous avons froid aux mains.   **3.** Elle a les yeux bleus.   **4.** Tu as (vous avez) les cheveux frisés.   **5.** Elle a un petit nez.   **6.** Je me suis lavé les mains.   **7.** Le petit garçon s'est lavé les mains.   **8.** Marie lui a lavé les mains.   **9.** Je me brosse les dents.   **10.** La petite fille se brosse les dents.   **11.** Le père d'Anne lui brosse les dents.

O. **1.** Ils sont à eux (à elles). Ce sont les leurs.   **2.** Elles sont à moi. Ce sont les miennes.   **3.** Elle est à lui (à elle). C'est la sienne.   **4.** Elle est à vous. C'est la vôtre.   **5.** Ils sont à elle (à lui). Ce sont les siens.   **6.** Il est à moi. C'est le mien.   **7.** Ils sont à vous. Ce sont les vôtres.   **8.** Elles sont à elle (à lui). Ce sont les siennes.   **9.** Elle est à nous. C'est la nôtre.

Les expressions démonstratives

P. **1.** cette **2.** Ces **3.** cet **4.** ce **5.** cette **6.** cet **7.** ces **8.** Ce

Q. **1.** Non, j'aime celui que sa femme lui a fait. **2.** Non, j'aime ceux de Suzanne. **3.** Non, j'aime celles-là. **4.** Je préfère celui d'Alain. **5.** J'aime celle qui est sur la grande table. **6.** Je vais déboucher celles que les invités nous ont apportées. **7.** Je veux écouter ceux de Brassens. **8.** Oui, mais celle-là est plus jolie. **9.** Oui, mais ceux-là sont encore plus extraordinaires.

R. **1.** celui-ci **2.** cela / ça **3.** celles **4.** ceci **5.** cela / ça **6.** celle **7.** Cela / Ça **8.** celui **9.** cela / ça **10.** ceux

Les expressions relatives

S. **1.** (C'est) le tableau que tu as acheté. **2.** (C'est) la jeune fille qui vend les billets d'entrée. **3.** (Ce sont) des gens qui habitent au Brésil. **4.** (C'est) le poignard qui a tué le maître du château. **5.** (C'est) l'aspirateur que j'ai trouvé. **6.** (C'est) l'employé qui a voulu trouver un paradis sur terre. **7.** (C'est) le jeune homme qui a hérité d'une grosse fortune. **8.** (Ce sont) les fenêtres que tu as lavées la semaine dernière. **9.** (C'est) le jeune homme qui joue de la guitare.

T. **1.** Voilà la dame à qui nous pensions. **2.** ... à qui nous parlions / dont (de qui) nous parlions. **3.** Montre-moi la table sur laquelle tu as laissé tes affaires. **4.** ... sur (sous) laquelle le chat dort d'habitude. **5.** ... dont (de laquelle) tu as envie. **6.** Comment s'appellent les gens dont (de qui) nous avons fait la connaissance hier soir? **7.** ... à qui vous avez téléphoné ce matin? **8.** ... avec (chez) qui nous allons dîner ce soir? **9.** Où est l'enveloppe dans laquelle vous avez mis la lettre pour mon père? **10.** ... dont j'ai besoin? **11.** ... sur laquelle je dois écrire l'addresse de mes grands-parents? **12.** Je ne connais pas le petit garçon avec qui tu es allée au zoo. **13.** ... à qui tu as donné ton ours en peluche. **14.** ... à qui tu parles / dont (de qui) tu parles.

U. **1.** L'homme à qui j'ai téléphoné... **2.** Les enfants que nous cherchons... **3.** Les renseignements dont tu as (vous avez) besoin... **4.** Le disque qu'elle écoutait... **5.** L'argent que j'ai demandé... **6.** La maison dans laquelle (où) nous sommes entré(e)s... **7.** Les lettres auxquelles tu n'as pas (vous n'avez pas) répondu...

V. **1.** Du jour où elle nous a recontrés. / *The day (when, that) she met us.* **2.** Du pays où ils habitent. / *The country where they live.* **3.** Les musées où il n'y a que des tableaux modernes. / *Museums where there are only modern paintings.* **4.** Au moment où nous sommes arrivés. / *At the moment (when) we arrived.* **5.** La dame dont le mari a été tué. / *The lady whose husband was killed.* **6.** Le professeur dont tu as acheté la maison. / *The professor whose house you bought.* **7.** L'avocate dont le beau-frère est musicien. / *The lawyer whose brother-in-law is a musician.* **8.** Les gens (ceux) dont nous avons vu le fils au match de football. / *The people (the ones) whose son we saw at the football game (soccer match).*

W. **1.** Demandez-leur ce qu'ils ont dit. **2.** A-t-elle vu ce qui était sur la table? **3.** Je ne sais pas ce dont (de quoi) il s'est servi pour tailler les ar-

bustes. **4.** Demandez-lui ce qu'elle a perdu. **5.** Demandez à un sculpteur avec quoi il travaille. **6.** Dis-moi ce dont (de quoi) tu as envie. **7.** Dis-moi qui tu as vu au cinéma. **8.** Demandez à Florence avec qui elle est allée au musée.
9. Demandez à Monsieur ou à Madame Kergall dans quoi on met le linge sale.
10. Je ne sais pas de qui ils parlent. **11.** Demande-lui ce qu'elle va faire ce soir. **12.** Il ne m'a pas encore dit à qui il va donner sa voiture.

X. **1.** ... que j'ai acheté **2.** ... ce qui s'est passé **3.** ... avec lequel on a ouvert la boîte **4.** ... ce que nous allons (je vais) faire samedi soir **5.** ... laquelle j'ai laissé ma valise (nous avons laissé notre valise) **6.** ... où tu as gagné le gros lot à la loterie **7.** ... dont (de qui) nous parlions (je parlais) **8.** ... ce dont (de quoi) j'ai peur **9.** ... que j'ai (nous avons) réparée **10.** ... dont (de laquelle) je me souviens (nous nous souvenons) **11.** ... la bouteille qui était sur la table
12. ... que j'ai vu au café avec Louise **13.** ... qui ils ont invité **14.** ... ce qu'il a dit **15.** ... où nous étions à Québec **16.** ... avec qui nous avons dîné à Londres **17.** ... ce dont (de quoi) ils ont besoin **18.** ... pour qui Lucien travaille **19.** ... où on peut (nous pouvons) bien manger ce soir **20.** ... ce qui intéresse les jeunes gens (ce qui les intéresse) **21.** ... à quoi les jeunes gens (ils) s'intéressent aujourd'hui

Mise au point: résumé

Y. **1.** cette jupe en laine rouge **2.** une **3.** celle-là **4.** une belle jupe rouge
5. ma **6.** une vieille jupe en coton **7.** que **8.** une nouvelle jupe **9.** à la
10. cette **11.** -là **12.** la **13.** qui **14.** La **15.** jolie **16.** folle **17.** cette
18. une **19.** de **20.** celle **21.** mon **22.** la **23.** ton **24.** mon **25.** la sienne
26. le mien **27.** sa **28.** les **29.** leurs **30.** cela (ça)

Unité de Révision B

Première partie: Les compléments en français et en anglais

A. **1.** They don't obey their parents. **2.** You have to call your brother.
3. I'm waiting for my cousin. **4.** He plays the piano. **5.** Two children entered the room. **6.** We're going to ask for the professor's help. **7.** I doubt his (her) sincerity. **8.** He resembles (looks like) his sister. **9.** We're looking for an apartment. **10.** It's not necessary to change trains. **11.** What are you looking at? **12.** Did you answer my question? **13.** I like to listen to the radio.
14. The inspector was slowly approaching the house. **15.** Who's going to pay for the French fries?

B. **1.** X **2.** à **3.** dans **4.** X **5.** de la **6.** X **7.** de **8.** X **9.** de **10.** à
11. à **12.** à **13.** de **14.** X **15.** X

Deuxième partie: Les pronoms personnels

C. **1.** ... veut la traverser... **2.** ... les a créées... **3.** ... ne l'a pas racontée...
4. ... les surveille... **5.** Ne les dépensez pas! **6.** ... a essayé de les empêcher...
7. Donnez-la... **8.** ... le comprend... **9.** ... les maltraitez... **10.** Il l'a vu souffrir.

D. **1.** ... leur ont répondu... **2.** ... lui a donné.... **3.** ... ne nous ont pas indiqué... **4.** ... lui a acheté... **5.** ... leur demande... **6.** Montrez-lui les photos! **7.** ... leur a téléphoné. **8.** ... vient de me dire... **9.** Ne leur donne pas... **10.** ... va lui envoyer...

E. **1.** Oui, elle y pense. **2.** Non, ils n'y vont pas. **3.** Non, il n'y est pas. **4.** Oui, je vais y répondre. **5.** Ils y habitent depuis six ans. **6.** Ils y sont allés il y a trois jours. **7.** Oui, nous y avons joué. **8.** Il y pense rarement.

F. **1.** Non, je n'en doute pas. **2.** Elle en est rentrée hier. **3.** Elles en ont deux. **4.** Non, nous n'en avons (je n'en ai) pas pris. **5.** Non, je n'en ai pas assez. **6.** Oui, j'en ai cassé une douzaine. **7.** Oui, j'en joue (nous en jouons). **8.** Oui, j'en ai une.

G. **1.** ... y cherchait... **2.** Tu en as besoin? **3.** ... beaucoup en jouer... **4.** ... s'en approchaient... **5.** ... s'y dirige. **6.** ... en sont venus **7.** ... y avons enterré... **8.** ... y a mis... **9.** ... en a laissé... **10.** ... en a vu beaucoup... **11.** N'en contractez pas... **12.** Vas-y...

H. 1. N'y va pas... **2.** Il l'écoutera... **3.** Combien est-ce que tu en as? **4.** ... leur as rendu visite... **5.** ... lui a conseillé... **6.** ... ne l'a pas allumée. **7.** ... s'y intéresse... **8.** ... le fait attendre... **9.** N'y répondez pas! **10.** ... lui répondras... **11.** ... l'ai vue... **12.** ... dois les payer... **13.** ... j'en ai. **14.** ... me permettra de les forcer. **15.** ... les ont vu(es) passer. **16.** Prenez-en...

I. **1.** Non, je ne les leur montre pas. **2.** Oui, je les y laisse. **3.** Oui, ils nous (m')en donnent beaucoup. **4.** Non, il ne nous (me) l'a pas encore expliqué. **5.** Oui, il m'y a vu(e). **6.** Non, il ne m'en a jamais donné. **7.** Oui, il m'en laissait. **8.** Oui, il leur en donnait aussi. **9.** Non, je ne vais pas leur en écrire. **10.** Ils m'en ont envoyé une.

J. **1.** Oui, apporte-lui-en. **2.** Oui, passe-le-moi (s'il te plaît). **3.** Oui, dis-la-leur (s'il te plaît). **4.** Oui, achète-m'en. **5.** Oui, donne-la-lui. **6.** Oui, montre-les-lui.

Troisième partie: Les pronoms accentués

K. **1.** Il a faim, lui. **2.** Nous, nous ne voulons pas y aller. **3.** Elles, elles sont perdues. **4.** Toi, tu ne comprends rien. **5.** Eux, ils sont en retard. **6.** Vous, vous êtes fous! **7.** Moi, je peux le faire. **8.** Elle a tout fini, elle.

L. **1.** ... chez lui. **2.** ... avec elles. **3.** ... à toi. **4.** ... sans lui. **5.** ... sur vous (nous). **6.** ... d'elle. **7.** ... en moi. **8.** ... avec eux.

M. **1.** Antoine et elle, (ils) sont arrivés à l'heure. **2.** On nous cherche, toi et moi. **3.** Vous et lui, vous n'avez pas le cœur dur. **4.** Je les connais très bien, lui et sa femme. **5.** Vous et moi, nous aurions pu les aider. **6.** Toi et moi, nous nous amusons bien ensemble. **7.** Tu leur as répondu, à lui et à son frère? **8.** Vous et votre femme, pourriez-vous venir chez nous samedi?

N. **1.** C'est vous qui tremblez de peur. **2.** Ce sont elles qui jouent bien du tambour. **3.** C'est toi qui es fou! **4.** Ce sont eux qui sont sans pitié. **5.** C'est lui qui va avoir des ennuis. **6.** C'est moi qui serai la première à y arriver. **7.** C'est nous qui ne nous fâchons jamais. **8.** C'est elle qu'il cherchait. **9.** C'est nous qu'ils regardent. **10.** C'est lui que j'ai rencontré à Paris. **11.** C'est moi qu'elle a maltraité. **12.** C'est à lui qu'il a téléphoné. **13.** C'est à elle qu'il a téléphoné. **14.** C'est à moi que vous avez répondu. **15.** C'est à toi que j'ai envoyé le cadeau.

Exercice de révision générale

1. Elle y est allée. **2.** Je ne lui obéis pas. **3.** Nous en parlions. **4.** Nous descendons chez eux. **5.** Veux-tu le voir? **6.** Elle en a beaucoup. **7.** Téléphonez-leur tout de suite! **8.** N'y pense pas. **9.** Elle les a vu(s) partir. **10.** Elle ne s'y intéresse pas. **11.** As-tu envie de lui parler? **12.** Elle en a cinq ou six. **13.** C'est lui qui... **14.** Il les a achetés. **15.** Il en a acheté. **16.** Ne la regardez pas. **17.** Elles en avaient très peu. **18.** J'irai avec lui... **19.** Réponds-y! **20.** Réponds-lui! **21.** Ne pense pas à elle. **22.** Nous partirons sans eux. **23.** Elle a besoin de la voir. **24.** Nous y sommes installés... **25.** Elle me les a déjà montrés.

Unité Quatre

Comment localiser dans l'espace et dans le temps de façon absolue

A. **1.** à, à, au, à **2.** à la, à **3.** en, au, aux, au **4.** en, en, en, en, au, en **5.** à, en, en, dans le **6.** en, au, en, au, au **7.** en, au, en **8.** en, en, en, au, au, au **9.** au (dans le), au (dans le), en (dans l'), en, au (dans le), en, en, en (dans l') **10.** dans l'état de, à

B. **1.** sur **2.** dans **3.** sur **4.** sur **5.** dans **6.** dans **7.** dans **8.** chez **9.** au **10.** chez, à **11.** à **12.** dans **13.** à **14.** dans **15.** chez

C. **1.** en **2.** au **3.** en l'an (en) **4.** en **5.** au **6.** en **7.** au **8.** à **9.** en (au mois d') **10.** en (au mois de) **11.** à **12.** vers

D. **1.** le seize mars dix-neuf cent quatre-vingt-onze (mil neuf cent quatre-vingt-onze) **2.** le dix octobre dix-huit cent trente (mil huit cent trente) **3.** le quatre juillet dix-sept cent quarante-six (mil sept cent quarante-six) **4.** le premier février dix-neuf cent soixante-quinze (mil neuf cent soixante-quinze)

Comment localiser dans l'espace et dans le temps de façon relative

E. **1.** le 10 avril **2.** le 11 avril **3.** le 16 avril **4.** le 30 avril **5.** le 21 novembre **6.** le 20 novembre **7.** le 15 novembre **8.** le 22 août **9.** le 29

janvier **10.** le 28 janvier **11.** le 26 janvier **12.** le 23 janvier **13.** le 12 septembre **14.** le 13 septembre **15.** le 25 septembre **16.** le 11 novembre

F. **1.** aujourd'hui **2.** hier **3.** dans quinze jours (dans deux semaines) **4.** demain **5.** le lendemain (dimanche) **6.** ce week-end (samedi) **7.** dimanche dernier **8.** mardi prochain **9.** le mois prochain (dans trois semaines) **10.** dans trois semaines (le mois prochain) **11.** dernière **12.** Samedi (dernier) **13.** la veille **14.** le jour avant (mercredi soir) **15.** dimanche (dernier) **16.** le lendemain

L'emploi des temps verbaux pour exprimer les rapports temporels: Le présent comme point de repère

G. **1.** est **2.** est **3.** ai vu **4.** mangent **5.** venez **6.** vend **7.** n'a pas vu **8.** font, viennent **9.** a **10.** a vaincu

H. **1.** Cela fait huit ans qu'il fume. **2.** Depuis combien de temps êtes-vous (es-tu) malade? Depuis trois mois. **3.** Depuis quand vos (tes) grands-parents sont-ils là? Depuis mardi. **4.** Il y a six mois que nous travaillons ici. **5.** Voilà trois heures que j'ai mal aux dents. **6.** J'ai mal aux dents depuis trois heures (du matin, de l'après-midi). **7.** Cela fait dix ans que nous ne nous sommes pas vu(e)s. **8.** Elle voyage depuis plusieurs semaines. **9.** Elle est partie il y a deux heures. **10.** Il y a deux heures qu'elle attend.

I. **1.** est partie **2.** voulaient **3.** avais **4.** as fait **5.** sont allées **6.** étaient, ont vu **7.** ne me suis pas rasé(e) **8.** dormait **9.** avons habité **10.** te couchais **11.** ai perdu **12.** n'ont pas ouvert, ai sonné

J. **1.** ira **2.** recevrez **3.** pourras **4.** vous arrêterez, attendrez **5.** voudront **6.** ferai **7.** viendront **8.** verra, croira **9.** sauras **10.** faudra **11.** seront **12.** aurai **13.** partira **14.** pleuvra **15.** devrons

Le passé comme point de repère

K. **1.** Non, elle avait déjà quitté la maison. **2.** Non, elle avait déjà fini son roman. **3.** Non, elle avait déjà promis à Yvonne de sortir avec elle. **4.** Non, nous avions déjà vu le film. **5.** Non, il s'était déjà levé. **6.** Non, j'avais déjà fait ma toilette. **7.** Non, j'étais déjà rentré à la maison. **8.** Non, nous nous étions déjà rencontrés.

L. **1.** dormions, a atterri **2.** travaillait, ai fait, avait fait **3.** sont arrivées, avait oublié **4.** nous promenions, est tombée **5.** a quitté, avaient passé **6.** n'a pas demandé, avaient eu, avait posé **7.** prenais, a commencé **8.** ne nous étions pas revus

M. **1.** demanderais **2.** répondrait **3.** choisiriez **4.** aurais **5.** seraient **6.** ferions **7.** irais **8.** pourrais **9.** saurait **10.** faudrait **11.** verriez **12.** viendraient **13.** devrions **14.** vous amuseriez **15.** se fâcheraient

Le futur comme point de repère

N. **1.** aura préparé **2.** auras réussi **3.** aurai entendu **4.** serons rentré(e)s **5.** aura fait **6.** serez parti(e)(s) **7.** se seront couchés **8.** nous nous serons installé(e)s **9.** aurai lu **10.** auras compris

O. **1.** aurai acheté **2.** donnera **3.** irons **4.** arriveras (seras arrivé[e]) **5.** aurai **6.** sera **7.** aura réparé **8.** remportera (aura remporté) **9.** serai parti(e) **10.** reviendra (sera revenu)

L'emploi des prépositions et des conjonctions pour exprimer les rapports de temps

P. **1.** chantant **2.** attendant **3.** remplissant **4.** faisant **5.** allant **6.** prenant **7.** revenant **8.** écrivant **9.** lisant **10.** disant **11.** se couchant **12.** nous baignant **13.** ayant **14.** étant **15.** sachant

Q. **1.** En regardant... **2.** En se levant... **3.** En voyant... **4.** En me brossant... **5.** En descendant... **6.** En nous promenant...

R. **1.** partir **2.** avoir fait **3.** faisant **4.** fasses **5.** auras fait (feras) **6.** est arrivé **7.** arrive **8.** étions parti(e)s **9.** avoir attendu **10.** attendions **11.** me coucher **12.** m'être couché(e) **13.** dise **14.** dit **15.** fasse **16.** être allés **17.** cherchant **18.** sommes entrés **19.** rentrions **20.** mangeait

Mise au point: résumé des temps verbaux

S. **1.** Après-demain (dans deux jours) Monsieur Grosgrain partira... **2.** Mardi dernier (il y a six jours) il a fumé... **3.** Dans trois jours (vendredi prochain) son cousin prendra le bateau... **4.** Le mois dernier il a neigé... **5.** Il y a un an la mère de Monsieur Grosgrain est entrée... **6.** Le mois prochain son cousin et ses amis débarqueront... **7.** Avant-hier (il y a deux jours, dimanche dernier) Monsieur Grosgrain s'est acheté... **8.** Huit jours avant (le jeudi précédent) nous avions quitté... **9.** Le lendemain (le jour suivant) nous avons visité... **10.** Quatre jours après nous sommes allés **11.** L'avant-veille nous avions fait... **12.** L'année précédente nous étions allés... **13.** Il aura quitté... la semaine avant (le dimanche précédent). **14.** Le lendemain il se reposera. **15.** Le surlendemain il rencontrera... **16.** Le dimanche suivant (huit jours après) il repartira... **17.** L'année suivant (un an après) il commencera...

T. *Point de repère—le passé:* **1.** avait **2.** est arrivé **3.** est descendu **4.** a sonné **5.** a ouvert **6.** a fait **7.** ne s'est pas dévêtu **8.** avait **9.** aurait interrogé **10.** a conduit **11.** a trouvé **12.** était **13.** étaient **14.** regardait **15.** connaissait **16.** voulait **17.** a décidé **18.** avait compris **19.** était **20.** savait **21.** étaient revenus **22.** a proposé **23.** étaient **24.** arrive (*subj.*) **25.** a téléphoné **26.** avait décidé **27.** a donné **28.** a envoyé **29.** avait

Point de repère—le futur: **1.** aura **2.** arrivera **3.** descendra **4.** sonnera **5.** ouvrira **6.** fera **7.** se dévêtira **8.** aura **9.** aura fini d'interroger **10.** conduira **11.** trouvera **12.** sera **13.** seront **14.** regardera **15.** connaîtra **16.** voudra **17.** décidera **18.** aura compris **19.** est **20.** sait **21.** seront revenus **22.** proposera **23.** seront **24.** arrive (*subj.*) **25.** téléphonera **26.** aura décidé **27.** donnera **28.** enverra **29.** aura

Unité Cinq

La syntaxe de la phrase

A. **1.** X **2.** à **3.** de **4.** X **5.** X, à **6.** à **7.** X **8.** de **9.** à **10.** de **11.** de **12.** de **13.** X **14.** de **15.** à **16.** X **17.** à **18.** à **19.** X **20.** X **21.** à **22.** X **23.** de

B. **1.** coupe **2.** regarde **3.** travaillent **4.** invites **5.** écoutions **6.** vous couchiez **7.** finisse **8.** choisissiez **9.** attende **10.** entendions **11.** fasses **12.** fassiez **13.** dise **14.** disions **15.** prenne **16.** preniez **17.** aillent **18.** allions **19.** tu reviennes **20.** reveniez **21.** sachent **22.** puisse **23.** aies **24.** ait **25.** ayez **26.** sois **27.** soient **28.** soyons **29.** pleuve **30.** parte

C. **1.** aie regardé **2.** aies choisi **3.** ait perdu **4.** ayez compris **5.** aient fait **6.** sois sorti(e) **7.** sois arrivé(e) **8.** soit venu **9.** soyez parti(e)(s) **10.** soient descendues **11.** vous soyez amusé(e)(s) **12.** te sois couché(e) **13.** nous soyons perdu(e)s **14.** se soient parlé **15.** ait eu **16.** aies été

D. **1.** n'ait pas applaudi **2.** aient pu **3.** puissent **4.** louiez **5.** ayez loué **6.** vous méfiiez **7.** vous soyez méfié(e)(s) **8.** sois **9.** aies été **10.** ait rougi **11.** prennes **12.** veuille bien **13.** ait bien voulu **14.** ait souffert **15.** ne souffre pas

Les expressions de volonté

E. **1.** fasse **2.** faire **3.** donner **4.** donniez **5.** avoir **6.** payions **7.** passes **8.** passer

F. **1.** Je veux voir ce film. **2.** Je veux que tu voies (vous voyiez) ce film. **3.** Je veux qu'il voie ce film. **4.** Je veux qu'ils (elles) voient ce film. **5.** Ils veulent que nous voyions ce film. **6.** Elle souhaite nous voir à la soirée. **7.** Elle souhaite que nous lui parlions à la soirée. **8.** Elle aimerait (bien) que je prépare un dessert. **9.** Elle aimerait mieux (préférerait) que tu prépares (vous prépariez) une salade **10.** Qu'est-ce que tu veux (vous voulez) préparer?

Les expressions d'émotion

G. **1.** dire **2.** n'y ait pas **3.** n'ayez pas téléphoné **4.** ait décidé **5.** aille **6.** voir **7.** veniez / soyez venu(e)(s) **8.** soyez **9.** ne veuilles pas **10.** ne veuilles pas / n'aies pas voulu

H. **1.** Je suis surpris(e) qu'il y ait un examen demain. **2.** J'ai peur de rater l'examen. **3.** J'ai peur d'avoir raté l'examen. **4.** Mes parents sont fâchés que j'aie raté l'examen. **5.** Nous regrettons que tu aies raté l'examen. **6.** Je suis heureux(se) que tout le monde aille à la plage. **7.** J'espère aller à la plage

aussi.   **8.** J'espère que tu iras à la plage avec nous.   **9.** Nous sommes ravi(e)s
que Georges puisse nous accompagner.   **10.** Nous regrettons (sommes tristes)
que son frère reste chez eux.

Les expressions d'opinion

I.   **1.** est   **2.** est   **3.** soit   **4.** est   **5.** soit   **6.** soit   **7.** soit   **8.** avez   **9.** est
10. veuille   **11.** soit   **12.** est   **13.** est   **14.** ait   **15.** ait   **16.** n'a pas   **17.** soit
18. soit   **19.** devient   **20.** nous amusons

J.   **1.** Penses-tu qu'André invite... ?   **2.** Il est possible qu'ils s'amusent...   **3.** Je
doute qu'elle veuille sortir...   **4.** Il est peu probable qu'elle accepte.   **5.** Je
pense qu'elle voudrait aller...   **6.** Il se peut que Jean-Michel ne l'invite pas.
7. ... je crois qu'elle n'ira pas au bal.   **8.** Il est clair qu'elle est amoureuse...
9. Ne te semble-t-il pas que le professeur nous a donné...?   **10.** Es-tu sûr qu'il
ait déjà corrigé... ?   **11.** Il est probable que Jacqueline a eu...   **12.** Il n'est pas
certain que nous ayons bien fait...

K.   **1.** faire   **2.** fassions   **3.** veniez   **4.** venir   **5.** apprennes   **6.** passes
7. rester   **8.** ait téléphoné   **9.** oublier   **10.** donne   **11.** ait perdu   **12.** être

L.   **1.** Il faut (est nécessaire d') attendre.   **2.** Il faut que ta sœur attende.
3. Toi et moi, nous devrions attendre. / Toi et moi, nous ferions bien d'attendre.   **4.** Il est important que nous attendions.   **5.** Il vaudrait mieux que
nous attendions.   **6.** Il vaudrait mieux ne pas attendre.   **7.** Nous avons bien
fait d'attendre.   **8.** Nous aurions dû attendre. / Nous aurions mieux (bien) fait
d'attendre.   **9.** Il n'est pas nécessaire qu'elle attende.   **10.** Il ne faut pas qu'elle
attende.

Mise au point: résumé des temps verbaux

M.   **1.** qu'elle fasse   **2.** qu'elle fasse   **3.** qu'elle fait   **4.** qu'il ait   **5.** qu'il ait
6. qu'il a   **7.** qu'il ait   **8.** qu'ils soient   **9.** qu'ils sont   **10.** qu'ils soient
11. qu'ils soient   **12.** que tu prennes   **13.** que tu prennes   **14.** que tu prendras   **15.** que tu prennes   **16.** que nous restions   **17.** que nous resterons
18. que nous restions   **19.** que nous restions   **20.** que je n'aille pas   **21.** que je
n'aille pas   **22.** que je n'aille pas   **23.** que je ne vais pas   **24.** que vous ayez
tout fini   **25.** que vous ayez tout fini   **26.** que vous ayez tout fini   **27.** que vous
ayez tout fini.

N.   **1.** Je ne crois pas qu'il ait...   **2.** Je doute que nous ressemblions...   **3.** Je
ne veux pas que vous fassiez...   **4.** Il est peu probable qu'ils aillent...   **5.** Nous
avons peur d'être obligés...   **6.** Il se peut qu'il vienne...   **7.** Il me semble qu'ils
vont prendre...   **8.** Je ne doute pas que tu profiteras...   **9.** Nous ne sommes pas
sûres qu'elles aiment...   **10.** Je suis étonnée qu'elle ait sauté...   **11.** Je souhaite
que nous fassions...   **12.** Ils sont contents d'avoir le temps...   **13.** Je suis surpris
et ravi qu'elle se soit souvenue...   **14.** Elles ont bien fait de passer...   **15.** Il est
important que vous vérifiiez...   **16.** J'ai peur qu'il fasse...   **17.** J'espère qu'elle
s'amusera...   **18.** Je regrette de ne pas pouvoir...   **19.** Il n'est pas nécessaire
qu'on mange tout. / Il n'est pas nécessaire de tout manger.   **20.** Est-il vrai qu'il

ne nous aide pas...? **21.** Je crois qu'ils nous inviteront... **22.** Il faut que tu te couches... **23.** Elle préfère rester... **24.** Elle est furieuse que nous nous soyons trompés... **25.** Il est impossible qu'ils se soient perdus...

Unité Six

Le sujet, *on* et la voix passive

A. **1.** On vend des journaux dans les kiosques. **2.** Oui, on nous invite à une soirée. **3.** Oui, on l'a vu hier. **4.** On a pris mon vélo. **5.** On boit du vin rouge avec le bœuf. **6.** Ici on parle français. **7.** Non, on les annoncera (va les annoncer) demain. **8.** On nous (m')enverra une lettre.

B. **1.** Un grand nombre de tableaux impressionnistes se trouvent au musée d'Orsay (...s'y trouvent). **2.** Non, les haricots se vendent à la livre ou au kilo. **3.** Les étudiants se divisent en trois groupes politiques. **4.** Il (le système d'éducation) commence à s'améliorer. **5.** Ils (les guides de Paris) se vendent dans toutes les librairies. **6.** Ici les blue-jeans ne se portent pas.

C. **1.** Le père de Cécile respecte le jeune couple. **2.** On proposera un toast en l'honneur du couple. **3.** Le héros a sauvé la vie de la jeune héroïne. **4.** Le héros et son valet ont remporté la victoire. **5.** La plupart des spectateurs n'approuvaient pas les actions du père. **6.** On a applaudi les comédiens à la fin de la pièce. **7.** Cette pièce nous enchante. **8.** Le language l'a offensée.

D. **1.** Les ministres sont choisis par le roi. **2.** Son trône est recouvert de fleurs. **3.** Le ministre des finances a été reçu par le roi. **4.** Le roi était détesté des paysans. **5.** Cette loi injuste a été imposée par le roi. **6.** Le palais était entouré d'armées ennemies. **7.** Le roi et la reine ont été guillotinés. **8.** Les autres membres de la famille ont été faits prisonniers. **9.** Le nouveau roi est respecté des paysans. **10.** Ils seront récompensés par le roi.

E. **1.** On a donné un livre à Marc. **2.** On a répondu immédiatement à ma lettre. **3.** On nous a donné trois billets pour aller au concert. **4.** On ne lui permettait pas d'aller aux soirées. **5.** On vous (te) posera trois questions. **6.** On m'a demandé de vous (te) donner ceci. **7.** On leur a promis un nouvel appartement. **8.** On m'a dit d'attendre.

Les adverbes de manière

F. **1.** certainement **2.** rapidement **3.** violemment **4.** activement **5.** froidement **6.** malheureusement **7.** entièrement **8.** constamment **9.** doucement **10.** fréquemment **11.** facilement **12.** sérieusement **13.** absolument **14.** officiellement **15.** profondément

G. **1.** Ils ont complètement échoué... **2.** Les étudiants ont écouté attentivement le professeur. / Ils ont écouté le professeur attentivement. **3.** Tu as déjà envoyé...? **4.** Il a été gravement blessé. **5.** Elles n'ont pas bien fait... **6.** Heureusement, nous sommes arrivés à l'heure. (..., heureusement.) **7.** Elle a mal compris... **8.** Elle prépare consciencieusement ses leçons. **9.** Il nous regardait jouer au football d'un air distrait. **10.** Elle finira certainement avant nous. / Elle finira avant nous, certainement.

Les expressions de cause et de conséquence

H. **1.** Je dois acheter une nouvelle montre parce que j'ai perdu la mienne. / J'ai perdu ma montre; par conséquent, je dois acheter une nouvelle montre. **2.** Comme sa voiture était en panne, elle est allée au bureau à pied. / Sa voiture était en panne; c'est la raison pour laquelle elle est allée au bureau à pied. **3.** Puisque le chien avait faim, il a attendu son maître à la porte. / Le chien avait faim, il a donc attendu son maître à la sorte. **4.** Georges est très fatigué parce qu'il a beaucoup travaillé pendant la semaine. / Georges a beaucoup travaillé pendant la semaine; c'est pourquoi il est très fatigué. **5.** Puisque nous avons déjà vu le film, nous n'irons pas au cinéma avec toi. / Nous avons déjà vu le film, nous n'irons donc pas au cinéma avec toi.

I. **1.** parce qu' **2.** à cause de **3.** à cause de **4.** parce que **5.** Grâce à **6.** parce qu' **7.** à cause de **8.** grâce à

Les expressions de but et de finalité

J. **1.** pour **2.** pour que **3.** afin que **4.** afin de **5.** de peur que **6.** de peur d' **7.** de crainte de **8.** de crainte que

K. **1.** Il se cache de peur d'(de crainte d')être obligé... **2.** Elle travaille dur afin que (pour que) ses enfants aient... **3.** Le professeur a refait l'exercice deux ou trois fois pour que (afin que) tous les étudiants finissent... **4.** Elle n'ouvre pas la porte de peur qu'(de crainte qu')on lui pose... **5.** Il a vendu sa moto afin de (pour) pouvoir... **6.** Ma mère veut que j'apprenne à jouer du piano pour que (afin que) je puisse...

Les expressions de condition et d'hypothèse

L. **1.** sais **2.** promettes **3.** auriez **4.** téléphone **5.** soient **6.** veuille **7.** est **8.** fasse

M. **1.** ferais **2.** irais **3.** avais **4.** prendrais **5.** vouliez **6.** avions eu **7.** aurait voulu **8.** aurais fait **9.** serais allé(e) **10.** nous serions promené(e)s

N. **1.** est **2.** pourrait **3.** aurait eu **4.** restera **5.** n'avait pas surpis **6.** avait **7.** n'avait pas dessiné **8.** écrit

Les expressions d'opposition et de concession

O. **1.** pouvons **2.** dire **3.** a **4.** se marier **5.** soient **6.** veut **7.** sachent **8.** comprends

P. (*Here are some model answers; in many cases, there are other possibilities.*) **1.** Bien que je joue très mal au tennis, j'aime y jouer. / Je joue très mal au tennis, pourtant (cependant) j'aime y jouer.   **2.** L'inspecteur a interrogé tous les témoins, mais il n'a rien appris. / Quoique l'inspecteur ait interrogé tous les témoins, il n'a rien appris.   **3.** Au lieu de travailler ce soir, elle va regarder une vidéo.   **4.** Ma sœur est très sportive tandis que mon frère est intellectuel. **5.** Mon frère est rentré à minuit sans faire de bruit.   **6.** Bien qu'elle (quoiqu'elle) ait des millions, elle n'est pas heureuse. / Malgré ses millions, elle n'est pas heureuse.   **7.** Mon frère voudrait sortir sans que ma mère le voie.   **8.** Ils ont joué aux cartes pendant des heures, mais (pourtant, cependant) personne n'a gagné. / Bien qu'ils (quoiqu'ils) aient joué aux cartes pendant des heures, personne n'a gagné. / Ils ont joué aux cartes pendant des heures sans que personne ne gagne.

Mise au point: l'infinitif, l'indicatif et le subjonctif

Q.   **1.** laisser   **2.** trouveriez   **3.** interrogeons   **4.** enterre   **5.** feront **6.** avaient eu   **7.** voient   **8.** puisse   **9.** étaient   **10.** faisais   **11.** sait **12.** retrouver   **13.** pense   **14.** apprenne   **15.** soit   **16.** dise   **17.** faisait **18.** acheter   **19.** trouve   **20.** ait

R.   **1.** ... afin que Mme Lenoir puisse faire...   **2.** ..., cependant elle va aller... **3.** ... sans que son mari le sache.   **4.** ... tandis que M. Lenoir s'occupe... **5.** ... pour faire des omelettes.   **6.** ..., M. Lenoir et les enfants ont donc dîné... (... donc, M. Lenoir et les enfants ont dîné...)   **7.** Puisque Mme Lenoir a dû travailler très tard, M. Lenoir...   **8.** ... pour qu'ils s'endorment...   **9.** ..., pourtant elle fait... (..., elle fait pourtant la lessive)   **10.** ... à moins que sa femme veuille...   **11.** Si la machine à laver la vaisselle tombait en panne,...   **12.** Au lieu d'aller au parc, ils veulent...   **13.** ... de peur de réveiller...   **14.** À cause de l'accident, la famille...   **15.** Bien que M. Lenoir ait fait...

Réponses: Structures grammaticales

Unité de Révision A

A. Exercice de grammaire.   **1.** Le maître (sujet), ses élèves (objet direct)   **2.** le maître (sujet), question (objet direct), Jean-Luc (objet d'une préposition) **3.** Jean-Luc (sujet), la réponse (objet direct)   **4.** Chantal (sujet), question (objet d'une préposition)   **5.** Chantal (sujet), Henri (sujet), maître (objet d'une préposition)   **6.** Henri (sujet), sa serviette (objet direct), la porte (objet d'une préposition)   **7.** Les autres élèves (sujet), Henri (objet direct)   **8.** Le maître (sujet), Henri (objet d'une préposition), la salle de classe (objet direct)

B. La journée de Jean-Pierre. (*Your paragraph may vary, but verb forms should be the same.*)   **1.** Il s'est réveillé à neuf heures. Il s'est levé à dix heures moins le quart. Il a pris une douche. Il a quitté (est sorti de) l'immeuble. Il est allé à l'arrêt d'autobus. Il a lu le journal en allant en ville. Il est arrivé en ville. Puis, il a pris le petit déjeuner au café. Il a payé l'addition. Il a rendu visite à une amie. Il y a pris un apéritif et ils ont bavardé tout l'après-midi. Enfin il est sorti avec elle. D'abord, il l'a invité à dîner dans un restaurant, puis à l'accompagner au théâtre. Vers onze heures, il lui a dit au revoir. Il a pris le métro. Il s'est couché vers minuit.
2. Je me suis réveillé à neuf heures. Je me suis levé à dix heures moins le quart. J'ai pris une douche. J'ai quitté (suis sorti de) l'immeuble. Je suis allé à l'arrêt d'autobus. J'ai lu le journal en allant en ville. Je suis arrivé en ville. Puis, j'ai pris le petit déjeuner au café. J'ai payé l'addition. J'ai rendu visite à une amie. Nous avons pris un apéritif et avons bavardé tout l'après-midi. Nous sommes enfin sortis. D'abord, nous avons dîné dans un restaurant. Nous sommes allés au théâtre. Vers onze heures, nous nous sommes dit au revoir. J'ai pris le métro. Je me suis couché vers minuit.

C. Que fait Jean-Pierre?   **1.** A quelle heure Jean-Pierre s'est-il réveillé?   **2.** Est-il resté au lit jusqu'à dix heures?   **3.** A-t-il pris un bain?   **4.** Où est-il allé après avoir quitté l'immeuble?   **5.** Comment est-il allé en ville?   **6.** Pourquoi ne s'est-il pas ennuyé pendant son trajet en autobus?   **7.** Quand est-ce que l'addition pour le petit déjeuner est arrivée?   **8.** Où a-t-il passé l'après-midi?   **9.** Combien de fois a-t-il pris un repas dans un restaurant ce jour-là?   **10.** Vers quelle heure s'est-il couché?

D. La vie négative.   **1.** Personne ne veut aller au cinéma ce soir.   **2.** Nous n'attendons (je n'attends) personne.   **3.** Nous ne regardons (je ne regarde) jamais la télévision.   **4.** Je ne suis plus à l'école secondaire.   **5.** Elles ne cherchent rien. **6.** Je ne pense à personne.   **7.** Je n'ai besoin de rien.   **8.** Je n'ai plus de devoirs (à faire).   **9.** Non, chaque état n'a que deux sénateurs.   **10.** Non, je ne travaille pas avec Jeanne et Lionel. / Non, je ne travaille avec personne.

E. Une mauvaise journée. (*Your paragraph may vary, but the verb forms should be the same.*)   **1.** Michel s'est réveillé de bonne heure, mais Françoise a décidé de rester au lit. D'abord, il a fait ses exercices, puis il est descendu à la cuisine où il a préparé le petit déjeuner. En montant l'escalier avec le petit déjeuner sur un plateau, il s'est glissé sur une balle de tennis, et le plateau et Michel sont tombés en bas. Françoise l'a consolé et a suggéré un petit repas au café du coin. Ils sont bientôt sortis prendre le petit déjeuner. Au café, un voisin de table qui fumait a dérangé Michel qui détestait les cigarettes. Michel, qui s'est fâché contre ce fumeur, l'a grondé et lui a indiqué la porte. Ce type assez costaud s'est moqué de Michel et lui a donné un coup fort à la tête. Françoise, enragée, a fait du karate tout en donnant à ce type un coup de pied à la poitrine. Malheureusement, un policier a arrêté Françoise et Michel à cause de cette lutte publique. Il les a amenés au commissariat de police. Ces deux malheureux ont passé la nuit au commissariat et ne sont pas rentrés cette nuit-là.

2. J'ai décidé de rester au lit quand mon mari s'est levé. D'abord, il a fait ses exercices, puis il m'a dit qu'il allait descendre me préparer le petit déjeuner. Soudain, j'ai entendu un bruit très fort dans l'escalier. Je suis descendue au rez-de-chaussée où j'ai trouvé mon mari et mon petit déjeuner par terre. Je l'ai consolé, ensuite je lui ai suggéré une tasse de café et un croissant au café du coin. Nous nous sommes vite habillés et nous y sommes allés. Au café, nous avons commandé un café au lait, mais la fumée d'une cigarette a bientôt dérangé mon mari. Il a grondé un gros type assis à une table voisine tout en lui indiquant la porte. Le type s'est fâché contre Michel. Tout en se moquant de lui, il lui a donné un fort coup de main à la tête. Sans réfléchir, j'ai pratiqué un peu de karate tout en mettant ce type par terre parmi les autres clients. Mais un policier grognant m'a accusé d'avoir dérangé tout le monde. Il nous a amenés au commissariat où nous avons passé la nuit. Nous ne sommes pas rentrés chez nous avant dix heures du matin le lendemain.

F. *Answers will vary.*

G. Les rêves et la réalité. (*Your answers will vary; however, the verb forms should be similar to the following.*) **1.** Mon ami(e)... espère devenir astronaute; en réalité, il(elle) va devenir pilote de ligne pour Northwest. **2.** Mes parents espèrent voyager en Afrique; en réalité, ils vont voyager dans le sud des États-Unis. **3.** L'été prochain je compte me lever tous les matins vers onze heures; en réalité, je vais être obligé(e) de me lever vers huit heures. **4.** La plupart des étudiants ont l'intention de réussir à tous leurs examens; en réalité, quelques étudiants vont rater au moins un examen. **5.** Mon ami(e)... espère trouver un appartement avec deux chambres, une piscine et un ascenseur; en réalité, il(elle) va trouver un studio avec la salle de bains et un escalier. **6.** Moi, j'espère passer l'été à m'amuser sur la plage; en réalité, je vais passer l'été à travailler.

H. Cela n'a pas l'air très amusant. **1.** Je ne vais voir personne. **2.** Je ne vais rien faire le soir. **3.** Je ne vais jamais m'amuser. **4.** Je ne vais pas avoir le temps de me reposer. **5.** Je ne vais manger que deux fois par jour. **6.** Je ne vais écrire à personne.

Unité Première

A. Quel est le sens de cet imparfait? **1.** lived, used to live—b **2.** was leaving (coming out of)—c **3.** were—a **4.** wanted, would want—a **5.** were sleeping—c **6.** went, used to go, would go—b **7.** washed, was washing—c (*or*

washed—b) **8.** sang, was singing—c (*or* used to sing, would sing—b)
9. didn't know—a

B. Les souvenirs d'enfance. **1.** étais **2.** avaient **3.** passions **4.** allait
5. prenait **6.** faisais **7.** nous levions **8.** voulait **9.** t'amusais **10.** voyagiez

C. Quand j'avais... ans... (*Note: Your answers will not resemble exactly those suggested below. However, the verb forms in your paragraphs should be the same as the italicized verbs in the model answers.*) **1.** Quand j'*avais* sept ans, j'*habitais* à Laurel Springs. Nous *avions* un petit appartement en ville. Notre appartement *était* près de l'église catholique. **2.** Je *me levais* d'habitude à sept heures. Je *faisais* ma toilette. Puis je *m'habillais*. **3.** Mes amis et moi, nous *prenions* l'autobus pour aller à l'école. Nous y *arrivions* vers 8h30. Nous y restions jusqu'a trois heures. **4.** Après l'école je *jouais* avec ma copine Cindi. Elle *aimait* jouer au football. De temps en temps nous *allions* au parc regarder les matchs de foot. **5.** Mes parents ne *sortaient* pas souvent le soir. Ils *s'amusaient* à lire le journal. Ils *regardaient* rarement la télé.

D. L'imparfait ou le passé composé? Et pourquoi? **1.** était (a) **2.** me suis coupé(e) (c) **3.** lisait (g) **4.** est sortie (c) **5.** allions (g) **6.** a peint (c) **7.** avaient (a) **8.** ai oublié (c) **9.** s'intéressaient (a) **10.** décorait (a) **11.** ai fait (c) **12.** sont venus (f) **13.** ont commandé (c) **14.** ressemblaient (a) **15.** faisait (e) **16.** dormait (e) **17.** a acheté (f).

E. Des mini-paragraphes. **1.** nous avions... / il était... / ma chambre donnait... **2.** ma mère a eu... / mon frère s'est senti... / j'ai été... **3.** je suis allé(e)... / nous avons vu... / nous nous sommes bien amusés **4.** il (elle) a passé... / il (elle) a étudié... / il (elle) a joué... **5.** nos amis attendaient... / ils faisaient... / ils regardaient... **6.** je suis allé(e)... / j'ai vu... / j'ai rencontré... **7.** nous faisions... / nous nous levions... / nous passions...

F. L'imparfait ou le passé composé? Et pourquoi? **1.** travaillait (c) **2.** est descendu (b) **3.** a posé (b) **4.** attendait (d) **5.** a mis, a quitté (a) **6.** pleuvait (d) **7.** tombait, couraient, pleuraient (c) **8.** as téléphoné (d)

G. Et toi? (*Your answers will not resemble exactly the model answers. Verify, however, that your answers have the same combination of verb tenses.*) **1.** Je me suis déshabillé(e), je me suis brossé(e) les dents et je me suis couché(e). **2.** Je rêvais quand le réveil a sonné. **3.** Je l'ai arrêté et je me suis rendormi(e). **4.** Il faisait froid quand je me suis levé(e). **5.** Il était 9h30 quand je me suis levé(e). **6.** Je pensais à mon examen de maths. **7.** Quand j'ai vu mon visage dans le miroir, j'ai dit: «Quelle horreur! Tu devrais te recoucher!» **8.** Non, je n'ai pas pris le petit déjeuner parce que je n'avais pas assez de temps.

H. Deux histoires. **1.** avait / ne fermait pas / dormait / est entré / a ouvert / semblait / est allé / s'est mis / a entendu / s'est retourné / a vu / riait / a eu (avait) / a demandé / trouvait / a répondu / amusait / n'en trouvait pas **2.** a décidé / ont envoyé / était / a réussi / suivait / a été / prenait / sont allés / se trouvait / avait / ont pris / est entré / a fait / attendait / s'est mis / sont montés / ont conduit / ont ordonné / a essayé / avait / a pu / a appris / jouait / a appelé / a commencé /

essayait (a essayé) / faisait (a fait) / a retrouvé / avait / précisait / ne voulaient pas / n'avaient pas / a libéré / était

I. Un drame. (*This is a sample solution. Although yours may differ, the verb tenses should be similar.*) **1.** C'était une nuit de décembre. Le docteur Roussin lisait un roman d'espionnage. Son mari tricotait. **2.** Tout d'un coup quelqu'un a sonné à la porte. Quand le docteur a ouvert la porte, elle a vu un jeune homme. Il était blessé et il perdait du sang. **3.** Le jeune homme s'est étendu sur le divan. (Le docteur a étendu le blessé sur le divan.) Elle l'a examiné et son mari a cherché de l'eau chaude. **4.** Le lendemain matin, ils prenaient le déjeuner, le docteur et son mari et le jeune homme, quand quelqu'un a sonné à la porte. Le jeune homme s'est caché dans la chambre. (Le médecin et son mari ont caché le jeune homme dans leur chambre.) **5.** Le monsieur à la porte a montré sa carte d'identité. C'était l'inspecteur de la police secrète. Il cherchait un jeune révolutionnaire. Le docteur et son mari étaient un peu gênés, mais ils n'ont rien dit. **6.** Soudain, le jeune homme est sorti de la chambre. Il a lié et a bâillonné l'inspecteur. Puis il s'est enfui avec le médecin et son mari. Comme vous pouvez l'imaginer, l'inspecteur était en colère.

J. Pourquoi pas? **1.** j'avais déjà mangé **2.** je m'étais déjà levé(e) **3.** il était déjà parti **4.** elles avaient déjà vu le film **5.** elle avait déjà fini **6.** nous n'avions pas encore entendu la nouvelle **7.** ils n'étaient pas encore arrivés **8.** elle n'avait pas encore appris **9.** elle ne s'était pas encore réveillée **10.** il n'avait pas encore eu

K. Quand nous sommes arrivés... **1.** Quand les parents de Marielle sont rentrées, la soirée avait déjà commencé. **2.** Quand je suis arrivée au théâtre avec mon cousin, Gaspar avait déjà acheté les billets. **3.** Lorsque Marie s'est levée, son mari et sa fille avaient déjà préparé le petit déjeuner. **4.** Quand j'ai téléphoné à Pascale, évidemment elle était déjà sortie pour aller au théâtre. **5.** Quand André a laissé tomber ses affaires dans le fleuve, une péniche passait sous le pont. **6.** Lorsque nous sommes arrivés à la table, nous avons découvert que le chien avait déjà dévoré le rosbif.

L. L'infinitif passé. **1.** avoir visité **2.** être allé(e)s **3.** nous être couché(e)s **4.** avoir fini **5.** m'être levé(e) **6.** être rentré(e) **7.** s'être réveillées **8.** avoir vu **9.** être descendues

M. Florence: avant et après. **1.** Avant de se maquiller, Florence s'est habillée / a mis son chemisier. Après s'être maquillée, elle a quitté son appartement / a fermé sa porte à clef. **2.** Avant d'aller au magasin de tabac, Florence a fermé sa porte à clef. Après être allée au magasin de tabac, elle a cherché un nouveau chapeau. **3.** Avant d'acheter un nouveau chapeau, elle est passée par un magasin de tabac. Après avoir acheté un nouveau chapeau, elle a visité une galerie d'art moderne. **4.** Avant de visiter la galerie, elle a choisi un nouveau chapeau à une boutique. Après avoir visité la galerie, elle est rentrée chez elle. **5.** Avant de rentrer chez elle, elle a passé du temps à une galerie d'art. Après être rentrée chez elle, elle a pris un petit dîner et s'est brossé les dents. **6.** Avant de faire la vaisselle, Florence s'est brossé les dents. Après avoir fait la vaisselle, elle s'est couchée / a lu un magazine. Avant de faire la vaisselle, elle a fait la cuisine. Après avoir fait la vaisselle, elle s'est détendue.

N. La soirée chez Sophie et Yves. **1.** Elle a pris une douche, puis elle s'est couchée. **2.** Elle dormait (quand il est rentré). **3.** Il a mis une heure pour préparer le dîner. **4.** Elle a dormi (pendant) une heure et demie. **5.** Il a écrit une lettre (pendant qu'elle faisait la vaisselle). **6.** Il a téléphoné deux fois. **7.** Non, il n'était pas encore rentré (quand Gérard a téléphoné). / Non, il n'avait pas encore commencé à préparer le dîner (quand Gérard a téléphoné). **8.** Non, elle avait déjà fait (fini) la vaisselle (quand il a téléphoné la seconde fois). **9.** Ils regardaient la télé (quand il a téléphoné la seconde fois). **10.** Non, il avait lu son livre avant de se coucher.

O. Une vieille histoire: version moderne. (*This is a sample solution. Although yours may differ, the verb tenses should be similar.*) **1.** Il était dix heures du soir. La femme d'affaires et son assistant travaillaient tard. Elle avait téléphoné à son mari (pour lui dire qu'elle avait beaucoup de travail). Elle signait des lettres pendant que son assistant travaillait à l'ordinateur. **2.** Tout d'un coup la femme d'affaires s'est levée, s'est approchée de son assistant, l'a embrassé et lui a dit qu'elle l'aimait. **3.** À ce moment-là, son mari est entré. Il a vu sa femme. Elle embrassait son assistant. Le mari a été (était) furieux. **4.** Mais sa femme a pris un revolver et a tiré deux coups. Son mari est tombé. Il était mort. Elle l'avait tué. **5.** La femme d'affaires et son assistant sont allés à l'aéroport. Ils voulaient quitter le pays. Mais elle avait oublié les billets. La femme d'affaires et son assistant se sont disputés. **6.** Pendant qu'ils se disputaient, un agent de police est arrivé. Il a accusé la femme d'affaires et son assistant (d'avoir tué le mari). Ils se sont confessés et l'agent les a arrêtés. Ils étaient bien coupables.

Unité Deux

A. Comment? **1.** Qui (qui est-ce qui) a refusé de venir? **2.** Qui attendez-vous? (Qui est-ce que vous attendez?) **3.** Pour qui travaille-t-elle? (Pour qui est-ce qu'elle travaille?) **4.** De qui est-ce que tu as / vous avez envie de faire la connaissance? (De qui as-tu / avez-vous envie de faire la connaissance?) (Tu as / vous avez envie de faire la connaissance de qui?) **5.** Qui (qui est-ce qui) parle six langues? **6.** Qui est-ce qu'ils ont rencontré à l'opéra? (Qui ont-ils rencontré à l'opéra?) **7.** À qui as-tu / avez-vous téléphoné? (À qui est-ce que tu as / vous avez téléphoné?) **8.** À qui ressemble Henri? (À qui est-ce que Henri ressemble?) (À qui Henri ressemble-t-il?) **9.** Qui est-ce que tu ne comprends pas? (Qui ne comprends-tu pas?) **10.** Avec qui est-ce que Jean-Luc est allé au cinéma? (Jean-Luc est allé au cinéma avec qui?) (Et Jean-Luc, avec qui est-il allé au cinéma?) (Avec qui Jean-Luc est-il allé au cinéma?)

B. Des questions pour la bonne. **1.** Qui (qui est-ce qui) a découvert le corps du maître? **2.** Vous étiez assise à côté de qui dans la salle d'armes? (À côté de qui est-ce que vous étiez assise dans la salle d'armes?) **3.** Qui est-ce que la maîtresse a regardé / regardait avec colère? (Qui la maîtresse regardait-elle / a-t-elle regardé avec colère?) **4.** Qui avez-vous observé à la porte cet après-midi-là? (Qui est-ce que vous avez observé à la porte cet après-midi-là?) **5.** À qui essayiez-vous / avez-vous essayé de téléphoner? (À qui est-ce que vous essayiez / avez essayé de téléphoner?) (Vous essayiez / avez essayé de téléphoner à qui?) **6.** Qui est-ce que la maîtresse a surpris en train de boire dans la salle à man-

ger? (Qui la maîtresse a-t-elle surpris en train de boire dans la salle à manger?) **7.** De qui est-ce que le maître était vraiment amoureux? (De qui le
maître était-il vraiment amoureux?) (Le maître était vraiment amoureux de
qui?) **8.** Qui avez-vous vu monter l'escalier ce soir-là? (Qui est-ce que vous
avez vu monter l'escalier ce soir-là?) **9.** Chez qui allait-il / est-il allé? (Chez qui
est-ce qu'il allait / est allé?) **10.** À votre avis, qui (qui est-ce qui) a tué le maître?

C. Une interview. (*There are other correct responses; here are some possible ways
to ask the questions.*) **1.** Avec (chez) qui fais-tu (est-ce que tu fais) tes devoirs?
Qui fait tes devoirs pour toi? **2.** Qui (qui est-ce qui) prépare les repas chez
toi? **3.** De qui veux-tu / voudrais-tu faire la connaissance? De qui est-ce que tu
veux / voudrais faire la connaissance? Tu veux / voudrais faire la connaissance
de qui? **4.** À qui téléphones-tu (à qui est-ce que tu téléphones) le plus souvent?
Qui te téléphone le plus souvent? **5.** Avec qui aimes-tu (est-ce que tu aimes)
aller au cinéma? Qui aime aller au cinéma avec toi? **6.** Qui est-ce que tu aimes
le plus de ta famille? Qui t'aime le plus de ta famille? **7.** À qui ressembles-tu?
À qui est-ce que tu ressembles? Qui te ressemble? À qui ressemble ton frère?
8. Qui admires-tu beaucoup? Qui est-ce que tu admires beaucoup? Qui (qui est-
ce qui) t'admire beaucoup?

D. Comment? **1.** Qu'est-ce qu'elle cherche? (Que cherche-t-elle?) **2.** À quoi
pensais-tu (pensiez-vous)? (À quoi est-ce que tu pensais / vous pensiez?) (Tu pensais / vous pensiez à quoi?) **3.** Qu'est-ce qu'ils vont préparer? (Qu'est-ce qu'ils
vont préparer, ton oncle et ta tante?) **4.** De quoi avez-vous besoin? (De quoi
est-ce que vous avez besoin?) (Vous avez besoin de quoi?) **5.** Qu'est-ce qui est
tombé? **6.** De quoi est-ce qu'il va s'occuper? (De quoi va-t-il s'occuper?) (Il va
s'occuper de quoi?) **7.** Qu'est-ce qu'elles ont perdu? **8.** Avec quoi écrit ton /
votre père? (Avec quoi est-ce que ton / votre père écrit?) (Avec quoi est-ce qu'il
écrit, ton / votre père?) **9.** Qu'est-ce qui fait ce bruit? **10.** Sur quoi est-ce
qu'elle met toujours de la confiture? (Sur quoi met-elle toujours de la confiture?)
(Elle met toujours de la confiture sur quoi?)

E. L'inspecteur suit son interrogatoire. **1.** Qu'est-ce que le jardinier regardait
d'un air stupéfait? **2.** Qu'est-ce qui est/était tombé sur le tapis? **3.** De quoi
est-ce que le corps était entouré? (De quoi le corps était-il entouré?) (Le corps
était entouré de quoi?) **4.** À quoi pensait le beau-frère? (À quoi est-ce que le
beau-frère pensait?) (À quoi le beau-frère pensait-il?) **5.** Qu'est-ce que l'inconnu
a donné / donnait au beau-frère? **6.** Avec quoi est-ce qu'on a coupé le fil du
téléphone? (Avec quoi a-t-on coupé le fil du téléphone?) (On a coupé le fil du
téléphone avec quoi?) **7.** Qu'est-ce qui était écrit sur le papier à côté du téléphone? **8.** Qu'est-ce que vous étiez en train de boire dans la salle à manger?
9. De quoi est-ce que vous vous occupiez la nuit du meurtre? (De quoi vous oc-
cupiez-vous la nuit du meurtre?) **10.** Que faisait le maître à 7h45? (Qu'est-ce
que le maître faisait à 7h45?)

F. Une interview. (*There are other correct responses; here are some possible ways
to ask the questions.*) **1.** De quoi as-tu vraiment peur? (De quoi est-ce que tu as
vraiment peur?) (Tu as vraiment peur de quoi?) **2.** De quoi as-tu besoin pour
être vraiment heureux(se)? (De quoi est-ce que tu as besoin pour être vraiment
heureux(se)?) **3.** À quoi est-ce que tu t'intéresses à l'école? (Tu t'intéresses à
quoi à l'école?) (À quoi t'intéresses-tu à l'école?) **4.** Qu'est-ce qui ne t'intéresse

pas du tout?   **5.** Qu'est-ce que tu veux faire (Que veux-tu faire) l'été prochain?
6. Que fait ton père? (Qu'est-ce qu'il fait, ton père?)   **7.** À quoi penses-tu? (À
quoi est-ce que tu penses?) (Tu penses à quoi?) (Qu'est-ce que tu penses de ce
cours?) (Que penses-tu de ce cours?)   **8.** Qu'est-ce que tu as envie d'acheter?

G. Des projets. (*Your answers may not resemble exactly those suggested below.
However, the interrogative expressions should, in most cases, be the same.*)   **1.** Qui
est-ce que tu vas inviter? (Qui vas-tu inviter?)   **2.** Avec qui est-ce qu'elle sort en
ce moment? (Avec qui sort-elle en ce moment?)   **3.** Que fait-il? (Que fait son
nouveau copain?)   **4.** Qu'est-ce qui lui est arrivé? (Qu'est-ce qui est arrivé à son
ancien copain?)   **5.** Qu'est-ce que tu vas / veux servir comme boisson?   **6.** Dans
quoi est-ce que tu vas / peux mettre le punch? (Dans quoi vas / peux-tu mettre le
punch?)   **7.** De quoi as-tu besoin? (De quoi est-ce que tu as besoin?)   **8.** Qui
joue / sait jouer de la guitare? (Qui est-ce qui joue / sait jouer de la guitare?)
9. Qu'est-ce que tu veux lui donner comme cadeau?   **10.** À qui est-ce que tu vas
demander de les inviter? (À qui vas-tu demander de les inviter?)

H. (*The* **est-ce que** *form and the pronoun* **tu** *can also be used.*)   **1.** Quelle ligne
aérienne préférez-vous?   **2.** Lesquels de ces pantalons est-ce que tu veux essayer?   **3.** Quelle est votre chambre?   **4.** Laquelle de ces cannes à pêche est en
solde?   **5.** Quel est votre métier?   **6.** Lesquelles de ces casseroles avez-vous
utilisées?   **7.** Dans quels tiroirs est-ce que l'avocat a mis les dossiers?   **8.** Sous
quel pont est-ce que la péniche est passée?   **9.** Pour quelles raisons as-tu quitté
ton travail?   **10.** Quelle réponse a-t-il donnée à votre question?

I. Précisez!   **1.** Lesquels?   **2.** Lequel?   **3.** Lesquelles?   **4.** Laquelle?   **5.** Lesquels?   **6.** Laquelle?   **7.** Auquel?   **8.** Desquels?

J. L'inspecteur interroge la vieille dame. (*Alternate responses using* **est-ce que** *are
possible for many of the questions.*)   **1.** Quel est le titre du livre que vous lisiez
ce matin-là?   **2.** Quelle sorte d'uniforme est-ce que le garde portait?   **3.** Quelle
heure était-il quand le conservateur est arrivé avec la caisse?   **4.** Dans quels
tiroirs est-ce que le beau-frère a fouillé?   **5.** Quelle a été la réaction de la maîtresse en voyant le corps de son mari (quand elle a vu le corps de son mari)?
6. Quel liquide avez-vous ajouté au cognac?   **7.** Quelle a été la réponse du conservateur quand vous lui avez demandé ce qu'il cherchait dans la bibliothèque?
8. Quelles relations est-ce que le maître avait avec son beau-frère?   **9.** La maîtresse ou la bonne, laquelle (des deux) est la plus jalouse?   **10.** Le vin ou le cognac, lequel (des deux) est-ce que le maître préfère? (Lequel préfère-t-il?)   **11.** Le
jardinier ou le conservateur, lequel (des deux) est le plus suspect?   **12.** Les
livres sur la toxicologie ou les livres sur les grands criminels, lesquels préférez-
vous?

K. Je ne comprends pas.   **1.** Qu'est-ce que c'est qu'un évier? C'est un bassin,
souvent creusé dans une table. On y fait la vaisselle. L'eau peut s'écouler par un
trou dans le fond.   **2.** Que veut dire (que signifie) «mordre»? «Mordre» veut
dire (signifie) saisir fortement avec les dents.   **3.** Que veut dire (que signifie)
«avoir l'œil américain»? «Avoir l'œil américain» veut dire (signifie) remarquer
tout de suite, au premier regard, au premier coup d'œil.   **4.** Qu'est-ce que c'est
que les allocations familiales? C'est de l'argent payé par le gouvernement aux
familles avec enfants. C'est une forme de sécurité sociale.   **5.** Qu'est-ce que c'est

que le Bois de Boulogne? C'est un grand parc à Paris. On y trouve des restaurants, des hippodromes, un lac.

L. **1.** Quel est **2.** Qu'est-ce que c'est que **3.** Qu'est-ce qui est **4.** Qu'est-ce que c'est qu' **5.** Quelle est **6.** Quels sont **7.** Qu'est-ce que c'est qu' **8.** Quelles sont (étaient) **9.** Qu'est-ce qui est **10.** Quel est

M. Comment? Je n'ai pas compris. **1.** Qui avez-vous vu au bout du couloir? (Qui est-ce que vous avez vu au bout du couloir?) (Qui parlait avec un étranger au bout du couloir?) (Qui est-ce qui parlait avec un étranger au bout du couloir?) **2.** Avec quoi est-ce que vous avez ouvert la caisse? (Avec quoi avez-vous ouvert la caisse?) **3.** Qu'est-ce que le maître avait dans sa main gauche? **4.** Pourquoi est-ce que vous n'avez rien dit au maître? (Pourquoi n'avez-vous rien dit au maître?) **5.** Qu'est-ce que c'est que les toxicomanes? **6.** Qui (qui est-ce qui) était assis sur le lit? **7.** À quel musée travaillez-vous? (Vous travaillez à quel musée?) (À quel musée est-ce que vous travaillez?) **8.** À qui avez-vous essayé de téléphoner? (À qui est-ce que vous avez essayé de téléphoner?) (Vous avez essayé de téléphoner à qui?) **9.** Lequel (des revolvers) était le revolver du maître? **10.** Qu'est-ce qu'il a dit? **11.** Dans quoi est-ce qu'elle a versé du poison? (Elle a versé du poison dans quoi?) (Dans quoi a-t-elle versé du poison?) **12.** Qui avez-vous trouvé dans la salle à manger avec votre mari? (Qui est-ce qui avez-vous trouvé dans la salle à manger avec votre mari?)

N. Quelles questions leur a-t-on posées? (*Here are some of the possible questions that may have been asked.*) Pourquoi est-ce que ça s'appelle le "rock n'roll"? Quel est le meilleur groupe rock aujourd'hui? Qu'est-ce que c'est que le rock? Quels autres cours suivez-vous? Comment est-ce que vous financez vos cours? Que faites-vous comme travail? Où est-ce que vous habitez (vivez)? Avec qui est-ce que vous dansez? Quel est votre objectif? Quelle est votre seconde passion? Qu'est-ce qui vous motive? (Quelle est votre motivation?) Qu'est-ce que vous voudriez faire dans la vie? Combien d'heures par semaine est-ce que vous vous entraînez?

O. Les notes de l'inspecteur. (*There are a large number of possible questions. When you have finished making your list, read over your questions, verifying that they correspond to the structures you have learned in this unit. In particular, be alert for "hidden" prepositions.*)

Unité Trois

A. Viande... meubles... verre... **1.** La viande est délicieuse. **2.** Il y a de la viande sur la table. **3.** Nous avons acheté de la viande. **4.** Je préfère la viande qu'on a achetée au marché en plein air. **5.** Non, je ne mange pas de viande à tous les repas. **6.** Nous voulons acheter des meubles. **7.** Elle cherche des meubles. **8.** Les meubles coûtent chers. **9.** Non, ils n'ont pas acheté de meubles, ils ont acheté un réfrigérateur et un lave-vaisselle. **10.** Ils veulent vendre les meubles qu'ils ont hérités de leurs parents. **11.** Il y a un verre sur la table. **12.** On peut mettre du vin dans un verre. **13.** Nous avons cassé le verre en cristal que nous avions acheté en Irlande. **14.** Elle a besoin d'un verre. **15.** Il a trouvé le verre dans lequel elle avait mis le poison.

B. **1.** Elle est journaliste, n'est-ce pas? **2.** Où est la salle de séjour? **3.** Nous avons de bons outils. **4.** Elle connaît des gens intéressants. **5.** Ils sont ennemis. **6.** C'est un ancien professeur. **7.** Elle a servi un repas sans vin. **8.** Nous avons vu de petits oiseaux. **9.** Il n'a pas demandé de vin, il a demandé du pain. **10.** Où as-tu mis la nouvelle cafetière? **11.** Elle n'a pas pris de dessert. **12.** Il était avocat. **13.** À cette époque-là nous n'aimions pas les légumes. **14.** Elle répondait aux questions sans difficulté. **15.** Ma sœur voulait devenir actrice.

C. Claire Laurent **1.** Elle est étudiante. **2.** Elle veut devenir avocate. **3.** Il est professeur. **4.** Elle est femme d'affaires. **5.** Ils sont amis. **6.** Elle comprend l'anglais sans difficulté. **7.** Elle a de (très) bonne notes. **8.** D'habitude, elle mange de la salade, des fruits (une poire, une banane, une pomme) et elle boit du thé. **9.** Elle aime les poires, les bananes et les pommes. **10.** D'habitude on ne mange pas de pain dans un petit déjeuner américain.

D. **1.** J'aimerais avoir une vie heureuse. **2.** ... une nouvelle montre en or. **3.** ... d'autres vêtements. **4.** ... une vieille maison de briques **5.** ... un gentil petit enfant. **6.** Nous avons vu un film allemand intéressant. **7.** ... nos nouveaux amis canadiens **8.** ... de beaux tableaux impressionnistes. **9.** ... de belles plantes vertes. **10.** ... une courte pièce intéressante. **11.** J'ai acheté des outils anciens. **12.** ... un joli fauteuil marron. **13.** ... un roman policier anglais. **14.** ... des draps blancs et jaunes. **15.** ... du bon vin rouge. **16.** On nous a montré un bel arbre. **17.** ... de gros livres ennuyeux. **18.** ... des tableaux chinois extraordinaires. **19.** ... une longue table de bois. **20.** ... la ville entière.

E. Les petites annonces. **1.** Une jolie Française de vingt ans désire correspondre avec un jeune étudiant intelligent et passionné. **2.** Un homme de 63 ans rêve d'une amoureuse tendre et cultivée. **3.** Une femme de 37 ans, intelligente et douce, veut rencontrer un bel homme séduisant. **4.** Un homme de 36 ans récemment divorcé recherche une jolie jeune compagne mince et dynamique. **5.** Un homme charmant et sympathique offre des soirées inoubliables à une femme vive et naturelle. **6.** Une belle femme mince cherche un compagnon amusant et intellectuel.

F. **1.** Le prénom Alain est plus populaire que le prénom Daniel. **2.** Le prénom Philippe est moins populaire que le prénom Jean. **3.** Le prénom Jacques est aussi populaire que le prénom Bernard. **4.** Michel est le plus populaire de tous les prénoms. (Michel est le prénom le plus populaire.) **5.** Les Allemands sont moins économes que les Suisses. **6.** Les Français sont plus économes que les Américains. **7.** Les Luxembourgeois sont les plus économes (de tous les peuples de l'Occident). (Les Luxembourgeois sont le peuple le plus économe.) **8.** Les Belges sont les moins économes (de tous les peuples de l'Occident). (Les Belges sont le peuple le moins économe.) **9.** (Selon les Français) la cuisine grecque est moins bonne que la cuisine française. **10.** (Selon les Français) la cuisine viêtnamienne est aussi bonne que la cuisine italienne. **11.** (Selon les Français) la cuisine française est la meilleure cuisine (du monde). (La meilleure cuisine, c'est la cuisine française.) **12.** (Selon les Français) la cuisine anglaise est la pire cuisine (du monde). (La moins bonne cuisine du monde, c'est la cuisine anglaise.)

G. Qu'est-ce que vous voyez? (*There is often more than one possible description for an object or person.*)   **1.** un fauteuil mou et confortable   **2.** une fenêtre ovale basse   **3.** de jolies lunettes rondes   **4.** une enveloppe rectangulaire blanche   **5.** une tour haute ronde   **6.** un blouson en cuir mou   **7.** une belle lampe traditionnelle   **8.** de longues aiguilles pointues   **9.** une petite fille pauvre   **10.** un vieil homme riche   **11.** un beau garçon sportif   **12.** une jeune femme intellectuelle

H. À l'alimentation générale.   **1.** une boite de sardines   **2.** une bouteille de vin   **3.** une douzaine d'œufs   **4.** un kilo de pommes   **5.** un litre d'eau minérale   **6.** un morceau de fromage   **7.** un paquet de sardines   **8.** une tranche de pâté

I. Il a acheté...   **1.** Il y a assez de viande pour le dîner.   **2.** Il y a beaucoup de tomates (trop de tomates)...   **3.** Il n'y a pas assez de dessert...   **4.** Il y a assez de cidre (beaucoup de cidre)...   **5.** Il y a trop de pâté (beaucoup de pâté)...   **6.** Il n'y a pas de beurre...   **7.** Il y a très peu de fromage...

J. Le confort moderne.   **1.** La plupart des ouvriers ont un réfrigérateur. (Presque tous les ouvriers...)   **2.** Moins de la moitié des cadres moyens ont un lave-vaisselle.   **3.** Tous les cadres supérieurs ont un téléviseur en couleur. (La plupart des cadres supérieurs... / Beaucoup de cadres supérieurs...)   **4.** Peu d'employés ont un lave-vaisselle.   **5.** La plupart des ouvriers ont un réfrigérateur. (La majorité des ouvriers...)   **6.** Beaucoup d'ouvriers ont un téléviseur en couleur. (La majorité des ouvriers...)   **7.** La plupart des Français ont un réfrigérateur. (Presque tous les Français...)   **8.** Beaucoup de Français ont un téléviseur en couleur. (La majorité des Français... / Plus de la moitié des Français...)

K. Je ne savais pas.   **1.** À qui sont les disques compact? —Ce sont les disques compact d'Annick. —Ils sont à Annick? —Oui, ils sont à elle. (Oui, ce sont les siens.) —Tiens! Je ne savais pas.   **2.** —À qui est la table? —C'est la table des parents de Marc. —Elle est à eux? (C'est la leur?) Je ne savais pas.   **3.** À qui est l'ordinateur? —C'est notre ordinateur. —C'est à vous? (C'est le vôtre?) Je ne savais pas.   **4.** À qui sont les plantes? —Ce sont les plantes de Marc. —Elles sont à Marc? —Oui, elles sont à lui. (Ce sont les siennes.) —Tiens! Je ne savais pas.   **5.** À qui est la calculatrice? —Elle est à moi. —Elle est à toi? (C'est la tienne?) —Tiens! Je ne savais pas.

L. La famille Bouvier.   **1.** Nous nous lavons la tête.   **2.** Sa mère lui lave la tête.   **3.** Il a les cheveux blonds.   **4.** Il a froid aux mains.   **5.** Elle a mal au dos.   **6.** Il n'ouvre jamais la bouche.   **7.** Il faut que nous nous lavions les mains.   **8.** Elle a regardé nos mains.   **9.** Il m'a serré la main.   **10.** Je lui ai fait mal aux doigts.

M. Et le tien? Et les vôtres?   **1.** Mes cours sont aussi (plus, moins) difficiles que les siens.   **2.** Notre maison est moins (aussi, plus) grande que la leur.   **3.** Mes vêtements coûtent moins (aussi, plus) chers que les siens.   **4.** Nos meubles sont moins (plus, aussi) modernes que les leurs.   **5.** Mon père est plus (aussi, moins) âgé que le sien.   **6.** Ma voiture est aussi (moins, plus) belle que la sienne.

N. Les publicités. **1.** ceux **2.** celle **3.** cela / ça **4.** celle **5.** cette **6.** celles / celles **7.** cet **8.** celui **9.** cela / ça **10.** Ce

O. Lequel? **1.** Je préfère celle... **2.** Ceux de Madame Belœil sont plus hauts. **3.** Je préfère celle... **4.** J'aime mieux celui... **5.** J'aime le mieux celui... **6.** Je voudrais avoir celui...

P. Au musée des Beaux-Arts. **1.** ... sur laquelle le (un) petit garçon a grimpé. (... sur laquelle a grimpé le petit garçon.) **2.** ... qui regarde le petit garçon d'un air désapprobateur. **3.** ... dont se sert le (un) peintre du dimanche pour faire son tableau. (dont le peintre du dimanche se sert...) **4.** ... à qui parle la vendeuse de souvenirs. (... à qui la vendeuse de souvenirs parle.) **5.** ... dans laquelle (où) on peut voir **La Liberté guidant le peuple.** **6.** ... que Mathieu indique du doigt. **7.** ... dont le père pose comme Louis XIV. **8.** ... que le gardien a saisi au collet. **9.** ... dont parlent Mme Belœil et l'inconnu. (... dont Mme Belœil et l'inconnu parlent.) **10.** ... que regarde Mme Belœil (... que Mme Belœil regarde.) **11.** ... où Mathieu est monté sur un piédestal pour se moquer de son père. **12.** ... chez qui les Belœil vont dîner après avoir visité le musée.

Q. Qui est-ce? Qu'est-ce que c'est? **1.** C'est le réveil qu'André a jeté par terre. **2.** Ce sont les (deux) femmes avec qui André a dîné (au Club Méditerranée). **3.** C'est le canot dans lequel André s'est enfui. **4.** C'est l'île où (dans laquelle, sur laquelle) André a eu son accident. **5.** C'est le pont sous lequel est passée la péniche (la péniche est passée). **6.** Je ne sais pas qui c'est. **7.** Ce sont les fleurs typiques des îles tropicales. **8.** Ce sont les ouvriers qu'André n'a pas vus. **9.** C'est le chauffeur qui est venu chercher André. **10.** Je ne sais pas ce que c'est. **11.** C'est le stéthescope avec lequel le médecin écoutait (a écouté) (battre) le coeur d'André.

R. En regardant l'histoire en images... **1.** Je ne sais pas ce dont parlent Mme Belœil et l'inconnu. (... ce dont (de quoi) Mme Belœil et l'inconnu parlent.) **2.** Qui peut expliquer ce que fait le peintre du dimanche? (... ce que le peintre du dimanche fait.) **3.** Comment s'appelle la femme dont le fils a dessiné sur le mur? **4.** Où est le banc sur lequel M. Belœil est assis? (... sur lequel est assis M. Belœil) **5.** Je ne sais pas ce que Salvador Dali cherche. **6.** Dis-moi (Dites-moi) avec quoi joue Mathieu. (... avec quoi Mathieu joue) **7.** Dis-moi (Dites-moi) à qui ce portrait ressemble. (... à qui ressemble ce portrait) **8.** Comment s'appelle l'homme (le monsieur) dont le gardien a attrapé le fils? **9.** Est-ce que le gardien gardera un bon souvenir du jour où la famille Belœil a visité le musée?

S. Le monde des objets **2.** C'est la voiture de Gian-Carlo. (La voiture est à Gian-Carlo.) **3.** Non, c'est une petite voiture italienne. **4.** Non, il n'y a pas assez de place pour six ou sept personnes. (Il y a assez de place pour quatre personnes.) **5.** Les Alfa-Roméos (toutes les Alfa-Roméos) sont fabriquées à... **6.** Celle-ci est plus grande que la mienne. (La mienne est plus grande.) **7.** C'est un ordinateur. **8.** Non, c'est un ordinateur américain. **9.** Il a 640K octets de mémoire. **10.** Celui que j'utilise (que je vois ici). **11.** Elle veut vendre son ordinateur (cet ordinateur, l'ordinateur que je vois ici). **12.** Elle a besoin d'un nouvel ordinateur. **13.** Il prépare une omelette. **14.** On fait une omelette avec des œufs, du beurre, du fromage et de la viande. **15.** Je mange des omelettes parce que je les aime (j'aime les omelettes). (Je ne mange pas d'omelettes parce que je ne les aime pas.)   **16.** Je mange plus (moins, autant) d'omelettes que Jacques.   **17.** J'aime mieux les miennes (celles de ma mère, celles que je prépare, celles que prépare ma mère).   **18.** Oui, ses omelettes (les siennes) sont délicieuses.   **19.** Il y a un fauteuil, une table et des chaises.   **20.** Ce sont de vieux meubles (des meubles modernes).   **21.** Non, ils n'ont pas acheté d'armoire. **22.** Les armoires (l'armoire) coûtent (coûtait) trop (d'argent).   **23.** Je préfère les leurs (ceux des Desnoyers) (ceux de mes parents).   **24.** Non, mais ils ont quelques chaises.

T. Des comparaisons. (Answers will vary.)

U. Des mini-portraits. (Answers will vary.)

Unité de Révision B

A. Exercice de traduction.   **1.** Nous cherchons un restaurant.   **2.** Je vais téléphoner à mes parents.   **3.** Combien as-tu (avez-vous) payé cette chemise? **4.** Nous voulons attendre un taxi.   **5.** Est-ce que tu obéissais (vous obéissiez) toujours à tes (vos) parents quand tu étais (vous étiez) petit(e)(s)?   **6.** Regarde(z) ce tableau (cette peinture).   **7.** Ils aiment jouer au basket(ball), mais nous aimons mieux (préférons) jouer du piano.   **8.** Elle ressemble à son frère.   **9.** Où est-ce que nous changeons de train?   **10.** Est-ce que tu as (vous avez) répondu à cette lettre?   **11.** Ils s'approchaient du vieux château.   **12.** Il a demandé un ballon à sa mère.

B. Le pronom sujet *on*.   **1.** we   **2.** (French) people in general   **3.** someone **4.** the members of his family   **5.** we   **6.** French people (speakers of French) in general   **7.** someone   **8.** we, we

C. Des questions personnelles.   **1.** Oui, je lui ressemble. / Non, je ne lui ressemble pas.   **2.** Il en a (deux). / Il n'en a pas.   **3.** Oui, il/elle me reconnaîtrait. / Non, il/elle ne me reconnaîtrait pas.   **4.** Oui, je leur obéissais. / Non, je ne leur obéissais pas.   **5.** Oui, j'y réponds d'habitude. / Non, je n'y réponds pas. **6.** Oui, j'en joue. / Non, je n'en joue pas.   **7.** Oui, je les connais (assez) bien. / Non, je ne les connais pas.   **8.** Oui, j'y vais de temps en temps. / Non, je n'y vais jamais.   **9.** Oui, je lui en ai donné (la semaine dernière). / Non, je ne lui en ai pas donné récemment.   **10.** Oui, ils m'ont écrit (la semaine dernière). / Non, ils ne m'ont pas écrit récemment.   **11.** Oui, j'y suis allé(e) (en 1989). / Non, je n'y suis jamais allé(e).   **12.** D'habitude, mes amis m'attendent. / D'habitude, je les attends.   **13.** J'y suis depuis (deux ans).   **14.** Oui, je l'ai vu(e). / Non, je ne l'ai pas vu(e) ce matin.   **15.** Oui, j'ai envie d'en acheter une. / Non, je n'ai pas envie d'en acheter une.   **16.** Oui, j'ai l'intention de les faire ce soir. / Non, je n'ai pas l'intention de les faire ce soir.   **17.** Je voudrais bien le voir. / Non, je ne voudrais pas le voir.   **18.** Oui, j'en ai beaucoup. / Non, je n'en ai pas beaucoup.   **19.** Oui, je peux vous la dire; (c'est Belgrade). / Non, je ne peux pas vous la dire.   **20.** Oui, je leur en donne de temps en temps. / Non, je ne leur en donne pas (ou jamais).

D. Moi, j'en ai...   **1.** Lui, il en a six.   **2.** Eux, ils en ont sept.   **3.** Moi, j'en ai huit.   **4.** Elle, elle en a neuf. / Elle en a neuf, elle.   **5.** Nous, nous en avons plusieurs. / Nous en avons plusieurs, nous.

E. Lui ou elle?   **1.** Je passais plus de temps avec lui (avec elle).   **2.** J'aimerais mieux dîner avec lui (avec elle).   **3.** Je me fie davantage à lui (à elle, à eux).   **4.** J'aimerais mieux travailler pour eux (pour elles).   **5.** Ils (ne) pensent (pas) souvent à moi. Je (ne) pense (pas) souvent à eux.

F. C'est Lulu qui parle. (*Your answers may not correspond exactly to those given below; the model answers show how it is possible to use* **pronoms accentués** *in this context.*)   **1.** Non, il est allé au zoo avec nous (avec Gaspar et moi).   **2.** Non, lui et son frère ont préparé le pique-nique; moi, j'ai acheté des boissons.   **3.** Lui, il a beaucoup aimé les lions; moi, j'ai aimé les tigres.   **4.** Non, ils se sont moqués de Gaspar et de moi.   **5.** Non, il nous a montré les bébés giraffes, à Gaspar et à moi.   **6.** Gaspar, son frère et moi, nous nous sommes (tous) bien amusés au zoo.

Unité Quatre

A. Où iront-ils?   **1.** en Europe, en Afrique et en Asie   **2.** au Portugal, en Algérie et en Espagne   **3.** au Canada, aux États-Unis, au Mexique et en Argentine   **4.** en Alsace, en Champagne, dans l'Île de France et en Provence (dans le Midi)   **5.** au (dans le) Nevada, en Californie, en (dans l') Oregon et dans l'état de Washington   **6.** à New York, à Washington et à la Nouvelle-Orléans

B. Quand?   **1.** en mars (au mois de mars, au début de mars, au début du mois de mars)   **2.** au dix-huitième siècle   **3.** en hiver, au printemps   **4.** lundi le dix juin   **5.** à onze heures moins cinq   **6.** vers huit heures   **7.** le onze mars mil neuf cent (dix-neuf cent) quatre-vingt-un, le vingt-deux novembre mil neuf cent (dix-neuf cent) quatre-vingt, le premier février...   **8.** premier mars dix-neuf cent quatre-vingt-dix

C. Où sont-ils?   **1.** dans, dans (sur), au   **2.** chez, sur   **3.** chez, dans   **4.** au, au, sur   **5.** dans

D. C'est où, exactement?   **1.** L'église se trouve sur le boulevard Carnot, à 250 mètres au sud de l'hôpital.   **2.** Pour trouver la rue de la Gare, remontez à l'hôpital, tournez à droite à l'hôpital, descendez la rue Voltaire et voilà la rue de la Gare.   **3.** Vous trouverez les stations de taxi sur la rue de la Gare, juste en face de la gare.   **4.** L'arrêt d'autobus se trouve à mi-distance entre la rue Pascal et la rue de la Victoire, sur l'avenue Victor Hugo.   **5.** La gare est située au bout de trois rues: la rue du Général de Gaulle, la rue de la Gare et la rue Pascal, à 200 mètres au sud du parc.   **6.** La rue de la Victoire se trouve entre l'église et la gare. Elle traverse la ville du sud-ouest au nord-est.

E. Le voyage de Gaspar et de Lulu.   **1.** la veille, L'avant-veille, le lendemain, huit jours (une semaine), le surlendemain, le mois suivant (le mois d'après)   **2.** L'année précédente (l'année d'avant), la semaine précédente (la semaine d'avant), la semaine suivante (la semaine d'après)   **3.** trois ans avant   **4.** Quatorze ans après

F. La Famille de Pascale Didier.   **1.** Il travaille à la BNP depuis 20 ans (depuis 1973).   **2.** Voilà 40 ans que Madame Didier est en France.   **3.** Il n'a pas fumé depuis dix ans (depuis 1983).   **4.** Le père de Didier vient de mourir.   **5.** Il y a six ans que Pascale étudie l'anglais.   **6.** La sœur de Pascale est sur le point de divorcer.   **7.** Ils se sont mariés il y a treize ans.   **8.** Depuis vingt ans (depuis 1973) la famille passe les vacances en Bretagne.   **9.** La mère de Madame Didier va arriver (arrivera) dans quatre jours.   **10.** Monsieur et Madame Didier attendent depuis une demi-heure.

G. Encore un dimanche au musée va se passer / grimpera / se maquillera / voudra / tirera / achètera / ne comprendra pas / sera /attraperai / nous disputerons / dirai / devrez / pourra / se mettra / regardera / croiront / ne sauront pas / finiront / pourrai / ne verrai pas / reviendront

H. Le pauvre André. (*Answers will vary.*)

I. La vie d'André: avant...   **1.** Il s'ennuyait depuis huit ans (depuis 1981).
2. Le patron n'avait pas augmenté son salaire depuis deux ans (depuis 1987).
3. Cela faisait huit jours (une semaine) qu'il restait au lit le matin.   **4.** Voilà huit jours (une semaine) qu'il arrivait au travail en retard.   **5.** Il y avait trois jours qu'il n'avait pas fait son lit.   **6.** Elle travaillait là depuis quatre ans (depuis 1985).   **7.** Elle était fâchée contre lui depuis deux jours (depuis l'avant-veille de son départ).   **8.** Cela faisait plus de 40 heures qu'elle refusait de lui parler.

J. Bien entendu.   **1.** ... qu'ils achèteraient la maison (l'achèteraient).   **2.** ... qu'elle ne se marierait pas.   **3.** ... qu'il ferait très chaud en Floride (y ferait très chaud) en juillet.   **4.** ... qu'ils gagneraient (le match).   **5.** ... qu'elles arriveraient hier soir.   **6.** ... qu'il voudrait aller au concert (y aller).   **7.** ... qu'il leur coûterait les yeux de la tête.   **8.** ... qu'il serait en retard.

K. ... déjà... pas encore... bientôt.   **1.** Ils venaient d'ouvrir la caisse.   **2.** Ils étaient sur le point de boire un verre ensemble.   **3.** Le conservateur du musée avait déjà livré la caisse (qui contenait la statuette).   **4.** Voilà plus de trois heures que la statuette était au château.   **5.** Le beau-frère n'avait pas encore fait sa valise.   **6.** Huit heures plus tard le maître serait mort.   (*Answers to the second part of this exercise may vary; however, verb tense usage should correspond to the models that follow.*)   **7.** Quelqu'un venait de couper le fil du téléphone.
8. Le beau-frère était en train de parler avec un inconnu.   **9.** La bonne essayait de téléphoner depuis plusieurs minutes.   **10.** Le beau-frère allait bientôt partir.   **11–12.** La vieille dame n'avait pas encore versé de poison dans la bouteille de cognac.   **13.** La maîtresse avait déjà découvert la bonne avec son mari dans la salle à manger.   **14.** Plus tard cet après-midi le conservateur du musée demanderait au jardinier le chemin du bois.   **15.** Quelques heures après quelqu'un tuerait le maître du château.

L. Le voyage de Mlle Martin.   (*Answers will vary; however, the verb tenses should be the same.*)   Elle voulait prendre le train pour aller à Grenoble. Elle avait rendez-vous avec une certaine Mlle Chantier. Mlle Martin est arrivée à la gare en retard. Elle a dû courir pour attraper le train. Quand elle a montré son billet au contrôleur, il lui a expliqué qu'elle avait oublié de le composter. Ensuite il a demandé de voir son passeport. Mais elle l'avait laissé à son hôtel à Paris. Puis le contrôleur lui a dit qu'elle s'était trompée de train. Ce train-là allait à Chambéry, pas à Grenoble. D'abord, Mlle Martin a perdu la tête. Mais le contrôleur a offert de l'aider. Il lui a expliqué qu'elle avait quatre choix. Elle pourrait prendre un avion, mais elle mettrait sa vie dans les mains d'un ivrogne. Elle pourrait s'adresser à la SNCF, mais un fonctionnaire remplirait des fiches. Elle pourrait faire de l'autostop, mais ce serait très dangereux. Ou elle pourrait s'adresser à la paysanne; elle l'aiderait peut-être à trouver Mlle Chantier.

M. Un spectacle Dada.   Le rideau se lèvera. Un homme et une femme entreront en scène. L'homme lira silencieusement un journal pendant deux minutes. Puis la femme coupera le journal en petits morceaux. Ensuite, l'homme fera une danse japonaise. Après la danse, la femme ira dans les coulisses. L'homme récitera un poème tout en consonnes de Kurt Schwitters. La femme reviendra. L'homme et la femme verront un deuxième homme portant un masque. Celui-ci chantera (très mal) pendant deux minutes. Un autre homme dessinera une seule ligne en craie sur un tableau noir. Un autre type le suivra et effacera la ligne au fur et à mesure que le premier la dessinera. Le dessinateur s'adressera aux spectateurs. Ces derniers hurleront des injures contre l'artiste. Celui-ci leur demandera ce qu'ils voudront voir. À ce moment-là, le rideau descendra et les spectateurs partiront.

N. Un spectacle Dada (suite). (*Your choice of connecting expressions may vary, but the verb tenses should be the same.*)   ... seront entrés en scène, l'homme lira silencieusement un journal.   Après qu'il aura lu le journal pendant deux minutes, la femme coupera le journal en petits morceaux. Quand elle aura fini de couper le journal en morceaux, l'homme fera une danse japonaise. Après qu'il aura fait une danse japonaise, la femme ira dans les coulisses. Quand elle sera allée dans les coulisses, l'homme récitera un poème tout en consonnes de Kurt Schwitters. Après qu'il aura récité le poème, la femme reviendra. Dès qu'elle sera revenue, l'homme et la femme verront un deuxième homme portant un masque. Après qu'ils auront vu cet homme, celui-ci commencera à chanter. Quand il aura chanté (très mal) pendant deux minutes, un autre homme dessinera une ligne en craie sur un tableau noir. Un autre type le suivra et, dès que le premier dessinera (aura dessiné) la ligne, l'autre l'effacera. Après que celui-ci aura effacé la ligne, l'artiste s'adressera au public. Quand il leur aura demandé ce qu'ils voudront voir, le rideau descendra. Après que le rideau sera descendu, les spectateurs partiront.

O. La vie d'André: l'île.   ... verrai des palmiers et des cocotiers. J'irai tout nu. Je m'amuserai à poursuivre des papillons. Je pourrai nager à tout heure du jour ou de la nuit. Je serai tout seul pour toujours.

    ... il y aura des ouvriers. Ils auront déjà construit un hôtel touristique. Ils seront en train de préparer le terrain pour un deuxième hôtel. Ils auront déjà planté une forte charge de dynamite. Bientôt ils feront sauter le terrain et André sera blessé.

P. Les Tiger.   1. M. Tiger doit faire la vaisselle avant que sa femme rentre. **2.** Mme Tiger s'est maquillée avant de s'habiller.   **3.** Après s'être réveillé, M. Tiger est resté au lit pendant une demi-heure.   **4.** En faisant les lits, il pensait au roman qu'il lisait.   **5.** M. Tiger s'occupera des enfants jusqu'à ce que sa femme rentre.   **6.** Après que les invités seront partis, M. Tiger passera l'aspirateur dans la salle de séjour.   **7.** Pendant que M. Tiger jouait avec Jean-

Pierre, Nicolas a eu un accident. / M. Tiger jouait avec Jean-Pierre quand Nicolas a eu son accident. **8.** Dès que Mme Tiger est rentrée, M. Tiger a servi le dîner. **9.** M. Tiger voulait arrêter Jean-Pierre avant qu'il verse toute une boîte de détersif dans la machine à laver. **10.** En regardant la télé, M. Tiger pensait à ce qu'on mangerait le lendemain. / M. Tiger pensait à ce qu'on mangerait le lendemain en regardant la télé.

Q. Quand? (*When two answers are possible, it is a question of whether you wish to emphasize* the immediacy of the second action—**futur**—*or the completeness of the first action*—**futur antérieur**. *The four conjunctions can be used almost interchangeably*.) **1.** Quand je rentrerai. **2.** Aussitôt que Jean-Luc arrivera. **3.** Dès que nous aurons fait la vaisselle. **4.** Quand je serai trop fatiguée pour lire. **5.** Aussitôt que le bébé se sera endormi. **6.** Quand le professeur les annoncera. **7.** Dès que j'aurai des nouvelles. **8.** Quand il reviendra. / Quand il sera revenu. **9.** Aussitôt que l'avion décollera. / Aussitôt que l'avion aura décollé. **10.** Lorsqu'elle aura 18 ans.

R. Au musée. **1.** Le gardien surveillera Mathieu jusqu'à ce qu'il quitte le musée. **2.** M. Belœil et son fils ont mangé une pomme en regardant une nature morte de Cézanne. / Ils ont regardé... en mangeant... **3.** Après que (quand, dès que) la famille Belœil aura quitté la salle des Impressionnistes, le gardien trouvera par terre un trognon de pomme. **4.** Mme Belœil regarde un tableau de Magritte pendant que son mari se frotte le pied. **5.** Après avoir visité la salle des Cubistes, la famille sortira du musée. **6.** Mathieu est monté sur une statue avant que la famille entre dans le musée. **7.** Quand (dès que) Mme Belœil verra le portrait de son mari, elle s'esclaffera. **8.** Mathieu a embêté son père jusqu'à ce qu'il lui achète un cadeau. **9.** Mathieu dessinait sur le mur quand (lorsque) le gardien l'a saisi au collet. **10.** Mathieu fera tourner la roue de bicyclette avant d'aller dans la salle des Cubistes.

S. Une journée typique. (*Answers will vary considerably; however, your answer should follow the following grammatical pattern*.) **1.** avant de + infinitif (le même sujet pour les deux verbes) **2.** après + passé de l'infinitif (le même sujet pour les deux verbes) **3.** en + participe présent (le même sujet pour les deux verbes) **4.** pendant que + présent de l'indicatif (deux sujets différents) **5.** quand + l'indicatif (deux sujets différents) **6.** dès que + présent de l'indicatif (un ou deux sujets) **7.** avant que + présent du subjonctif (deux sujets différents) **8.** après + passé de l'infinitif (le même sujet pour les deux verbes) **9.** jusqu'à ce que + présent du subjonctif (deux sujets différents) **10.** après que + présent du subjonctif (deux sujets différents) **11.** lorsque + présent de l'indicatif (deux sujets différents) **12.** aussitôt que + présent de l'indicatif (deux sujets différents)

T. Les vacances de Gaspar. **1.** Il est en vacances depuis trois semaines. / Ça fait trois semaines qu'il est en vacances. **2.** Le lendemain il est allé avec Anne dans une boîte de nuit (discothèque). **3.** Il a fait du vélo le samedi suivant. Non, c'était deux jours après (plus tard). **4.** Il a fait de la peinture vendredi (la veille du jour où il a fait du vélo, le lendemain du jour où il est allé à la discothèque). **5.** Non. Il a fait de la peinture après être allé à la discothèque. **6.** Non. Il a fait du jogging. **7.** Parce qu'il était très fatigué. / Parce qu'il avait fait trop de jogging. **8.** Non, elle a fini sa cabane avant qu'il fasse de l'alpinisme.   **9.** Il a joué au golf avec Anne le dimanche suivant.   **10.** Non, ils ont dîné au restaurant le jeudi précédent (cinq jours avant).   **11.** Non, il venait d'avoir son accident.   **12.** Il est allé au restaurant avant de faire de la pêche.   **13.** Il a eu son accident le lendemain.   **14.** Non, il pleuvait depuis vendredi (depuis le 17, depuis deux jours). / Voilà deux jours qu'il pleuvait.   **15.** Parce qu'ils étaient allés au cinéma trois jours avant.   **16.** Ça fait huit jours (une semaine) qu'elle est au garage. / Elle est au garage depuis...   **17.** Avant-hier il a plu.   **18.** Ils iront à la fête foraine dans quatre jours.   **19.** Il ira chez le dentiste mercredi prochain.   **20.** Il ira à la plage quand il fera du soleil. / ... le premier jour où il fera du soleil.   **21.** Non, ils feront du bateau après que Gaspar sera allé chez le dentiste.   **22.** Non, il aura déjà réparé la télévision.   **23.** Parce qu'il devra retourner au travail le lendemain. / Parce que ses vacances auront fini le lendemain.   **24.** Parce que c'est le jour où ses vacances commenceront. / Parce que ses vacances commenceront ce jour-là.

U. Deux histoires. (*Answers will vary considerably. In general, tenses should correspond to the following patterns.*)   **1.** ... quand elle a vu... (passé composé, imparfait / perhaps plus-que-parfait). Quelques heures avant... (plus-que-parfait, imparfait). Trois heures après... (conditionnel).   **2.** ... à l'hôpital (présent / perhaps passé composé, if you mention the accident). Il y a huit jours... (passé composé, imparfait). Ce matin-là... (plus-que-parfait, imparfait). La semaine prochaine... (futur, futur antérieur)

Unité Cinq

A. Gaspar, encore une fois. (*Your answers may vary; however, the use or non-use of a preposition should correspond to the model answers.*)   **1.** Gaspar aime jouer aux cartes.   **2.** Il n'aime pas nettoyer la maison (balayer).   **3.** Il a oublié de mettre son pantalon.   **4.** Il apprend à parler anglais.   **5.** Il refuse d'écouter.   **6.** Il vient de prendre une douche.   **7.** Il se prépare à plonger.   **8.** Il sait faire la cuisine.   **9.** Il regrette d'avoir trop bu.   **10.** Il hésite à sortir.   **11.** Il a invité Lulu à dîner au restaurant.   **12.** Il a défendu à Lulu d'essayer ce chapeau.

B. Un cocktail mondain.   **1.** revienne   **2.** ne soit pas restée   **3.** ne prennent pas (n'aient pas pris)   **4.** soient   **5.** louions   **6.** se soit disputée   **7.** n'ait pas pu   **8.** sache   **9.** ne comprenne pas (n'ait pas compris)   **10.** fasses

C. Un vieux château, des désirs cachés.   **1.** ... s'enfuir.   **2.** ... que le maître soit seul.   **3.** ... que la vieille dame le voie.   **4.** ... profiter.   **5.** ... que le beau-frère ne fasse pas.   **6.** ... que la maîtresse découvre.   **7.** ... acheter.   **8.** ... que son fils reçoive.   **9.** ... que tous les conspirateurs se réunissent.   **10.** ... voir.

D. Le petit Mathieu.   **1.** Je veux (voudrais) retourner au musée avec mes parents dimanche prochain.   **2.** Les gens qui travaillent au musée souhaitent que nous restions à la maison (chez nous).   **3.** J'aimerais (bien) dessiner sur les murs.   **4.** Mais je ne veux pas que mon père fasse l'idiot.   **5.** Si je joue avec les sculptures (les statues), le gardien de musée exigera que je sorte (quitte le musée).   **6.** J'aimerais (bien) que mes parents soient moins traditionnels (rétros).   **7.** Je voudrais (aimerais) être peintre un jour.   **8.** Mes parents préféreraient (aimeraient mieux) que je devienne médecin.

E. En lisant les journaux. **1.** ... que ce jeune Parisien ait gagné... **2.** ... d'être le premier... **3.** ... que le musée soit fermé... **4.** ... que ce magasin vende... **5.** ... que le film ait l'honneur... **6.** ... qu'elle gagnera... **7.** ... de gagner le prix... **8.** ... que ces jeunes puissent... **9.** ... qu'on ait recommencé... **10.** ... de perdre...

F. Dans ma vie... (*Your answers will not correspond to the models; however, the use of an infinitive or of the subjunctive should be the same.*) **1.** Je suis surpris(e) que ce cours soit si difficile. **2.** Je serai heureux(se) de finir mes études à l'université. **3.** J'espère que le prochain examen de français sera plus facile. **4.** Je suis désolé(e) que mon ami(e) ne puisse pas sortir ce week-end. **5.** J'avais peur de rater mon examen de chimie. **6.** Je suis fâché(e) que le président ne veuille pas protéger les parcs nationaux. **7.** Je suis content(e) que le professeur ait décidé de changer le jour de l'examen. **8.** Je regrette de ne pas avoir commencé à étudier le français au lycée (à l'école primaire). **9.** Je suis triste qu'il y ait tant d'accidents de voiture. **10.** J'ai été étonné(e) d'apprendre les résultats du match de football.

G. Anne et Nancy. **1.** Anne est certaine que leur séjour à Paris sera magnifique. Pour Nancy, il est possible que leur séjour ne soit pas magnifique. **2.** Nancy doute que le dragueur soit amoureux d'Anne. Anne croit qu'il est amoureux d'elle. **3.** Selon Anne, il se peut que le dragueur les invite à dîner avec lui. Nancy ne pense pas qu'il les invite à dîner. **4.** Il semble à Nancy que le dragueur fait du charme à toutes les filles. Anne ne croit pas qu'il fasse du charme à toutes les filles. **5.** Penses-tu que le dragueur vienne à la gare pour nous dire au revoir? Je suis sûre qu'il viendra à la gare. **6.–10.** *Answers will vary.*

H. Qu'en pensez-vous? (*Answers will vary.*)

I. Les jugements de Nancy. **1.** Il est bon que tu aies bien dormi dans l'avion. **2.** Nous avons bien fait de prendre un vol direct. **3.** Il est important que notre appartement soit propre et ensoleillé. **4.** Il faut que nous profitions de notre séjour pour apprendre la culture française. **5.** Tu ne devrais pas te laisser distraire par cet homme... **6.** Il ne faut pas que tu sois (si) généreuse à l'égard de cet homme. **7.** Il est étrange que cet hippie nous suive partout. **8.** Il vaudrait mieux que tu fasses attention à tes études. **9.** Il n'est pas bon que tu sois toujours dans les nuages. **10.** Tu aurais dû comprendre qu'il a le cœur volage.

J. Des jugements et des recommandations. (*Answers will vary.*)

K. Des réactions variées. **1.** (Oui, Maman veut) que je la fasse. **2.** (J'espère) qu'elle la nettoiera. **3.** (Oui, et nous sommes ravis) qu'elle nous [vous] accompagne. **4.** (Es-tu sûr) de connaître le chemin? **5.** (Je ne sais pas, mais il est possible) que certains étudiants aient triché. **6.** (Oui, et nous sommes surpris) qu'elle soit rentrée tard. **7.** (Oui, il faut) que je la fasse / (Oui, il faut) la faire. **8.** (Je ne vois pas très clair, mais je pense) qu'il est rouge. **9.** (Oui, si tu veux) que je les fasse avec toi. **10.** (Non, son père ne lui permettra pas) de sortir avec nous [vous]. **11.** (Oh, nous regrettons) qu'elle le prenne ce week-end. **12.** (Oh, il est vrai) qu'elle a de très jolis cheveux / qu'elle en a. **13.** (Oh, il est évident) qu'il ne peut pas le faire. **14.** (Oh, il se peut) qu'ils aient trop bu. **15.** (Parce

qu'on m'a dit) de me dépêcher.   **16.** (Oh, il vaut mieux) que tu prennes un...
17. (Crois-tu vraiment) qu'ils soient bons?   **18.** (Oui, il me semble) qu'il va recommencer.   **19.** (À mon avis, tu ferais bien) de passer l'été...   **20.** (Parce que
mes parents veulent) que j'y aille.

L. Les parents de Nancy.   **1.** ... qu'elles aient loué...   **2.** ... qu'elles soient
près...   **3.** ... de se renseigner sur Paris...   **4.** ... qu'elle ait trouvé...   **5.** ... qu'elle
se fasse couper les cheveux...   **6.** ... de s'acheter...   **7.** ... qu'il y ait un hippie...
8. ... qu'elle aille en classe.   **9.** ... qu'elle réussira aux examens.   **10.** ... d'écrire
(une fois par semaine).   **11.** ... qu'elle se marie avec lui.   **12.** ... qu'elle soit trop
timide?   **13.** ... qu'elle sorte un peu (de temps en temps, plus souvent).   **14.** ...
de parler aux gens...   **15.** ... qu'elles aillent en Italie (restent à Paris).

M. Moi, je... (*Answers will vary according to your ideas and personalities; however,
the sentence structures should resemble those of the model answers given below.*)
1. ...avoir une famille.   **2.** ... je prépare le petit déjeuner.   **3.** ... de fumer
à la maison.   **4.** ... mes parents vivront longtemps.   **5.** ... les gens fassent du
sport.   **6.** ... mes grands-parents soient morts.   **7.** ... de ne pas dépenser trop
d'argent cette année.   **8.** ... le tennis est le meilleur sport.   **9.** ... les jeunes
Français n'aient pas de cours le mercredi.   **10.** ... notre équipe de basket fera
mieux l'année prochaine.   **11.** ... notre professeur ait décidé d'annuler le dernier
examen.   **12.** ... avoir une voiture de sport.   **13.** ... de conduire avec prudence.
14. ... ma sœur veuille se marier avant l'âge de 30 ans.   **15.** ... travailler plus
sérieusement.

Unité Six

A. En France...   **1.** On dînera (on dîne) vers huit heures (en France).   **2.** En
France on sert la salade après la viande.   **3.** Non, cela ne se fait pas.   **4.** Non,
cela se comprend.   **5.** On n'emploie pas le subjonctif après **espérer.**   **6.** Le
fromage se vend...   **7.** Non, ils se trouvent...   **8.** On boit du vin blanc avec le
poisson.   **9.** Non, on doit simplement avoir un passeport.

B. Les grands titres.   **1.** ... le dialogue est (a été) rétablie...   **2.** Le leader de
l'RPR est (a été) accusé de fraude...   **3.** ... la population a été invitée à réduire
sa consommation d'eau.   **4.** Trois enfants ont été abandonnés...   **5.** ... les deux
auteurs (de dix-sept cambriolages) ont été arrêtés et écroués...   **6.** ... a été
signé...   **7.** ... ont été volés...   **8.** ... sera placé...   **9.** ... a été élu président
10. ... sont (enfin) équipées...

C. Au château dans le bois.   **1.** Le corps du maître a été découvert par la
bonne.   **2.** Il était couvert de sang.   **3.** Il avait été tué vers huit heures du soir.
/ On l'avait tué...   **4.** Cet après-midi-là on avait coupé le fil téléphonique. / Le fil
téléphonique avait été coupé.   **5.** On ne sait pas le nom de l'inconnu à la
porte.   **6.** Cet après-midi-là le maître avait été découvert dans la salle à manger
avec la bonne.   **7.** La bonne était gênée (embarassée) par les accusations de la
maîtresse.   **8.** Vers cinq heures le conservateur a été surpris dans la bibliothèque par la vieille dame.   **9.** Les contrebandiers se trouvent dans tous les
pays. / On trouve des contrebandiers dans tous les pays.   **10.** On a dit à tous les
témoins d'être au commissariat de police à 9h du matin.   (Les phrases 1 et 8
peuvent être transformées à la voix active.)

D. Un moment de terreur. **1.** ... m'avait brusquement réveillé... / ... m'avait réveillé brusquement... **2.** ... est complètement affolée... **3.** Je me suis vite habillé... **4.** ... à nous raconter clairement... **5.** ... avons monté l'escalier lentement... **6.** ... avons pénétré avec prudence... **7.** ... battre rapidement. **8.** J'ai vu indistinctement... **9.** ... nous avons bien compris. **10.** Apparemment, il y a... / ... faire peur aux autres, apparemment.

E. Le monsieur qui s'appelle André. (*There are other possible answers; these models show the position in which various adverbs are placed.*) **1.** Une nuit André a mal dormi. **2.** Le matin il a fait lentement (distraitement) sa toilette. **3.** Autrefois il travaillait consciencieusement. **4.** Depuis quelques semaines il travaille (très) peu. **5.** Ce jour-là il a décidé brusquement de quitter son travail. **6.** À l'aéroport on a regardé André d'un air méfiant. / André a regardé les autres passagers d'un air content. **7.** Au Club Med il a écouté distraitement deux femmes. **8.** Sur l'île on avait déjà commencé à construire des hôtels. **9.** Dans quelques jours il reprendra tristement son travail. / Probablement, dans quelques jours il reprendra son travail. **10.** Dans quelques semaines, il essayera de s'enfuir encore une fois, probablement.

F. Comment? **1.** Cet oiseau chante faux. **2.** Nancy étudie sérieusement. **3.** Gaspar conduit rapidement. **4.** Cet homme ne voit pas clair. **5.** Ce coureur franchit facilement la haie. **6.** Lulu regarde avec intérêt Gaspar. **7.** Gaspar travaille dur. **8.** La lièvre commence rapidement; la tortue commence très lentement.

G. La jeunesse de Gaspar. **1.** Étant donné que nous n'avions qu'un lit, mon frère et moi, nous devions dormir sur le plancher. **2.** Ma mère et mon père travaillaient, par conséquent, mon frère et moi, nous étions souvent seuls à la maison. **3.** Comme mes parents travaillaient très dur, ils étaient toujours fatigués. **4.** Il y avait très peu à manger, (donc) mon frère et moi, nous avions (donc) toujours faim. **5.** Les enfants à l'école se moquaient de mon frère et de moi à cause de nos vêtements usés. **6.** Je n'aimais pas l'hiver parce qu'il faisait toujours très froid dans l'appartement. **7.** Un jour tout a changé grâce à l'argent hérité (grâce à l'héritage) d'une tante de ma mère. **8.** Nous étions riches, alors nous avons pu déménager. **9.** Quel luxe! J'avais une chambre à moi, puisque notre nouvelle maison avait trois chambres. **10.** Mais je n'ai jamais oublié les jours où nous n'avions pas d'argent, c'est pourquoi je donne toujours de l'argent aux pauvres.

H. De cause à l'effet. **1.** (cause) Puisqu'Élizabeth n'a pas composté son billet, elle a eu beaucoup de chagrins quand le contrôleur lui a demandé de vérifier son billet. (conséquence) Élizabeth n'a pas composté son billet; par conséquent, elle a eu beaucoup de chagrins. **2.** (cause) Comme elle a dû se dépêcher pour attraper le train, elle n'a pas pris le temps de se renseigner des règlements sur son billet. (conséquence) Elle a dû se dépêcher pour attraper le train; c'est la raison pour laquelle elle ne s'est pas renseigné des règlements. **3.** (cause) Puisque le contrôleur s'est fâché, elle s'est affolée. (conséquence) Le contrôleur s'est fâché contre elle; par conséquent, elle a commencé à perdre contrôle elle aussi. **4.** (cause) Parce que le contrôleur s'est radouci, tout le monde a trouvé une solution. (conséquence) Le contrôleur s'est radouci; donc, tout le monde s'est mis à trouver une solution. **5.** (cause) Grâce à la bonté de la vieille paysanne,

Madame Chantier, Élizabeth est enfin arrivée à Chambéry. (conséquence) La vieille paysanne a aidé Élizabeth; c'est pourquoi Élizabeth est enfin arrivée à Chambéry.

I. Le dragueur et ses victimes. **1.** ... pour apprendre le français. **2.** ... afin que le hippie ne puisse pas entrer. **3.** ... de peur que le hippie entre. **4.** ... pour qu'Anne soit impressionnée. **5.** ... afin de voir le dragueur. **6.** ... pour que Nancy puisse (y) toucher un chèque de voyage. **7.** ... de peur d'échouer à ses examens. **8.** ... afin de trouver une nouvelle victime.

J. Dans quel but? (*Your answers will vary; the model answers show the correct mood of the verb—infinitive or subjunctive.*) **1.** ... apprendre beaucoup de nouvelles choses. **2.** ... je puisse participer à la vie universitaire. **3.** ... pouvoir voyager en France. **4.** ... nous fassions nos devoirs. **5.** ... un voleur veuille y entrer. **6.** ... réveiller les autres membres de la famille.

K. Des slogans publicitaires. (*Your answers will vary considerably. Be sure to distinguish between sentences requiring a preposition and an infinitive—with one subject—and those needing a conjugated verb in the subjunctive—with two subjects.*) **1.** ... pour regarder vos films préférés. / ... pour que les membres de votre famille puissent enregistrer leurs émissions préférées. **2.** ... afin de répondre plus facilement au téléphone. / ... afin que les membres de votre famille n'écoutent pas ce que vous dites au téléphone. **3.** ... une Ford pour aider l'économie américaine. / ... pour que vos amis admirent votre goût. etc.

L. Les conditions de Robert. **2.** ... pourvu que nous couchions... **3.** ... à condition que nous puissions... **4.** ... à moins que tu (ne) veuilles... **5.** ... à condition d'être de retour... **6.** ... si je peux apporter... **7.** ... à moins d'être obligé(e)... **8.** ... si tu veux faire... **9.** ... au cas où tu préférerais faire... **10.** ... au cas où je pourrais me retrouver...

M. Des hypothèses. (*Answers will vary considerably; the models given below show the correct pattern of tenses—**si** + imparfait, conditionnel.*) **1.** ... beaucoup d'argent, je (m')achèterais un avion. **2.** ... président(e) des États-Unis, je signerais un accord anti-nucléaire avec les Russes. **3.** ... en France, je voudrais avoir un appartement à Paris. **4.** ... faire du ski, je passerais tous les week-ends dans les montagnes. etc.

N. Des regrets. **2.** Si j'avais été de meilleure humeur le matin, je n'aurais pas décidé de quitter mon travail. **3.** Si je n'avais pas décidé de quitter mon travail, je ne serais pas allé au Club Méditerranée. **4.** Si je n'étais pas allé au Club Méditerranée, je ne me serais pas enfui vers cette île déserte. **5.** Si je ne m'étais pas enfui vers cette île déserte, je ne serais pas à l'hôpital aujourd'hui. (*Answers to 6–10 will vary; however, the tense pattern should remain the same—**si** + plus-que-parfait, passé du conditionnel (ou conditionnel). Distinguish between verbs conjugated with **avoir** and verbs conjugated with **être**.*)

O. Au musée de la ville. **1.** ... cependant ils viennent au musée... **2.** ... tandis que sa femme veut toujours voir... **3.** ... sans écouter... **4.** ... sans que le gardien le sache. **5.** Bien que les tableaux de Delacroix soient... **6.** ... pendant que sa femme regarde... **7.** Bien que Mme Belœil ait... **8.** Malgré les commentaires du guide... **9.** M. Belœil continue pourtant à prendre... **10.** Quoique Mathieu ne vienne pas au musée tous les dimanches,...

P. Deux vedettes de rock. (*Answers may vary; the models show possible constructions.*) **1.** Quoique Suzanne Vega ait l'air jeune et innocent,... **2.** ..., cependant elle est née en Californie. **3.** Bien qu'elle ait seulement sept ans,... **4.** ..., on la traite pourtant... **5.** Malgré son succès avec les chansons, elle a envie... **6.** Bien que «Téléphone» était... **7.** Puisque un des ex-membres..., la presse se demande... **8.** ..., cependant J-L. Aubert est en train... **9.** ... tandis que les répétitions avec le nouveau groupe sont... **10.** ... sans se fatiguer.

Q. Un être singulier et contradictoire: moi. (*Answers will vary; the models below show the construction needed with each expression.*) **1.** Bien que mes parents soient très gentils, je ne veux plus habiter à la maison. **2.** Mes parents n'ont pas d'argent, ils ont pourtant proposé de payer tous mes frais pour la première année d'université. **3.** Malgré la mauvaise note que j'ai eue en chimie, j'espère un jour devenir médecin. **4.** Quoique ma camarade de chambre ait de bonnes qualités, elle me rend folle; elle passe tout son temps à écouter de la musique rock. **5.** Mon (ma) petit(e) ami(e) voudrait que nous nous mariions, cependant, moi, j'ai envie de voyager, de m'amuser un peu. **6.** Mes amis passent beaucoup de temps à regarder la télé tandis que moi, je préfère quelque chose de plus actif.

R. Mais non! La famille Belœil! Encore une fois! (*Answers will vary; here are some possible constructions to use.*) **1.** Bien que M. Belœil n'aime pas l'art,... / ..., cependant il accompagne... **2.** ... tandis que M. Belœil aime mieux... **3.** ...; par conséquent, la visite a mal commencé... / ...; la visite a donc mal commencé... **4.** Quoi que (bien que) le tableau ne soit pas... / ..., pourtant M. Belœil ne le comprend pas. **5.** ... par conséquent, Mathieu a dessiné... **6.** Puisque (parce que) M. Belœil a pris... **7.** ... sans regarder... **8.** ... pour (afin de) voir... **9.** Au lieu de regarder... **10.** Comme (puisque) M. Belœil ne comprenait pas... **11.** Si j'avais su que Mathieu venait au musée, je serais resté à la maison. **12.** Si Mathieu revient... / Au cas où Mathieu reviendrait au musée, je deviendrais fou. **13.** ... de peur que je (ne) le tue.

S. Il faut expliquer. **1.** Gaspar arrêtera de ramer à condition que le vent reprenne. **2.** Lulu arrose ses plantes afin qu'elles poussent. **3.** Gaspar respire par une paille de crainte de se noyer. **4.** Quoique son smoking soit trop petit, Gaspar va le porter. **5.** Gaspar et Lulu font un pique-nique sans voir le taureau. **6.** Gaspar emploie une chaussure au lieu d'un marteau. **7.** Leur voiture est tombée en panne; par conséquent ils doivent la pousser. **8.** Tout le monde verra Gaspar tout nu à moins que Lulu (n')attrappe le voleur.

▪ *Verbs*

Simple tenses

The Present Tense (Le Présent)

Infinitives Ending in -er

Stem	English Equivalent	Endings		Conjugation	
regardⱥr	I look,	-e	-ons	je regard**e**	nous regard**ons**
	do look	-es	-ez	tu regard**es**	vous regard**ez**
	am looking	-e	-ent	elle regard**e**	ils regard**ent**

Infinitives Ending in -ir

Stem	English Equivalent	Endings		Conjugation	
choisⱥr	I choose,	-is	-issons	je chois**is**	nous chois**issons**
	do choose,	-is	-issez	tu chois**is**	vous chois**issez**
	am choosing	-it	-issent	elle chois**it**	ils chois**issent**

Infinitives Ending in -re

Stem	English Equivalent	Endings		Conjugation	
répondⱥⱥ	I answer,	-s	-ons	je répond**s**	nous répond**ons**
	do answer,	-s	-ez	tu répond**s**	vous répond**ez**
	am answering	—	-ent	elle répond	ils répond**ent**

The three patterns shown above represent regular verbs. For irregular verbs, see tables pp. A 112–A 121.

The Imperfect Tense (L'Imparfait)

Stem	English Equivalent	Endings		Conjugation	
nous re-gardⱥⱥs	I looked,	-ais	-ions	je regard**ais**	nous pren**ions**
	used to look,	-ais	-iez	tu choisiss**ais**	vous sort**iez**
	was looking	-ait	-aient	elle all**ait**	ils vend**aient**

Exception: être   **Stem:** ét-   j'étais

The Future Tense (Le Futur)

Stems	English Equivalent	Endings		Conjugation	
regarder	I will look	-ai	-ons	je regarder**ai**	nous chanter**ons**
choisir		-as	-ez	tu choisir**as**	vous permett**rez**
répondre		-a	-ont	elle prend**ra**	ils s'amuser**ont**

Irregular Future Stems

aller: **ir-**
courir: **courr-**
devoir: **devr-**
envoyer: **enverr-**
être: **ser-**

faire: **fer-**
falloir: **faudr-**
pleuvoir: **pleuvr-**
pouvoir: **pourr-**
recevoir: **recevr-**

savoir: **saur-**
valoir: **vaudr-**
vouloir: **voudr-**
venir: **viendr-**
voir: **verr-**

The Conditional Tense (Le Conditionnel)

Stems	English Equivalent	Endings		Conjugation	
regarder	I would look	-ais	-ions	je regarder**ais**	nous chanter**ions**
choisir		-ais	-iez	tu finir**ais**	vous permett**riez**
répondre		-ait	-aient	elle prend**rait**	ils s'amuser**aient**

The irregular conditional stems are the same as the irregular future stems.

The Present Subjunctive (Le Présent du Subjonctif)

Stem	English Equivalent	Endings		Conjugation	
ils regard**ent**	I look, do look, am looking, may look	-e	-ions	*que* je regard**e**	*que* nous sort**ions**
		-es	-iez	*que* tu choisiss**es**	*que* vous dis**iez**
		-e	-ent	*qu'*elle répond**e**	*qu'*ils se lèv**ent**

Irregular Subjunctive Forms

aller: *que* j'aille
avoir: *que* j'aie
être: *que* je sois

faire: *que* je fasse
falloir: *qu'*il faille
pouvoir: *que* je puisse

savoir: *que* je sache
vouloir: *que* je veuille

Stem changes (nous and vous forms)

aller: j'aille, nous allions prendre: je prenne, nous prenions
avoir: j'aie, nous ayons venir: je vienne, nous venions
être: je sois, nous soyons vouloir: je veuille, nous voulions

Compound tenses

For each simple tense, there is a corresponding compound tense formed by conjugating the auxiliary verb **avoir** or **être** in the appropriate simple tense and adding the past particle. The choice of auxiliary verb is dictated by the main verb.

1. Most verbs are conjugated with **avoir**.
2. All pronominal verbs are conjugated with **être**.
3. The following verbs (for the most part, verbs of motion) are conjugated with **être** when used alone (without an object) or with a preposition (with an indirect object):

aller	monter	passer	revenir
arriver	mourir	rentrer	sortir
descendre	naître	rester	tomber
devenir	partir	retourner	venir
entrer			

When the verbs of this latter group have a direct object, they are conjugated with **avoir**:

Je suis monté. **But:** J'ai monté l'escalier.
Il est sorti de la maison. Il a sorti son mouchoir.

Formation of the Past Participle

Past participles of regular verbs

Infinitives ending in -er: regardé~~r~~ → regard**é**
Infinitives ending in -ir: choisi~~r~~ → choisi
Infinitives ending in -re: répond~~re~~ → répond**u**

Past participles of some irregular verbs

s'asseoir: assis	dire: dit	mourir: mort	recevoir: reçu
boire: bu	écrire: écrit	naître: né	savoir: su
connaître: connu	faire: fait	ouvrir: ouvert	venir: venu
courir: couru	falloir: fallu	pleuvoir: plu	vivre: vécu
craindre: craint	lire: lu	pouvoir: pu	voir: vu
croire: cru	mettre: mis	prendre: pris	vouloir: voulu
devoir: dû			

The Passé Composé

Formation: Present tense of auxiliary verb + past participle
English equivalent: I looked, did look, have looked

j'**ai** regardé	nous **sommes** arrivés
tu **as** choisi	vous **avez** écrit
il **est** parti	elles se **sont** levées

The Pluperfect (le Plus-Que-Parfait)

Formation: Imperfect tense of auxiliary verb + past participle
English equivalent: I had looked

j'**avais** regardé	nous **étions** arrivés
tu **avais** choisi	vous **aviez** écrit
il **était** parti	elles s'**étaient** levées

The Future Perfect (le Futur Antérieur)

Formation: Future tense of auxiliary verb + past participle
English equivalent: I will have looked

j'**aurai** regardé	nous **serons** arrivés
tu **auras** choisi	vous **aurez** écrit
il **sera** parti	elles se **seront** levées

The Conditional Past (le Passé du Conditionnel)

Formation: Conditional tense of auxiliary verb + past participle
English equivalent: I would have looked

j'**aurais** regardé	nous **serions** arrivés
tu **aurais** choisi	vous **auriez** écrit
il **serait** parti	elles se **seraient** levées

The Past Subjunctive (le Passé du Subjonctif)

Formation: Present subjunctive of auxiliary verb + past participle
English equivalent: I looked, did look, (may) have looked

que j'**aie** regardé	*que* nous **soyons** arrivés
que tu **aies** choisi	*que* vous **ayez** écrit
*qu'*il **soit** parti	*qu'*elles se **soient** levées

Formation of Literary Verb Tenses

The Past Definite (le Passé Simple)

Generally we use the same verb tenses in spoken French as in written French. The **passé simple** is an exception, however: it is only found in literary and historical writing.

In this kind of writing, the **passé simple** replaces the **passé composé**. *The same distinctions* exist between the **passé simple** and the imperfect. Here, as an example, is a literary text:

> Elle but une gorgée d'eau et **se tourna** vers la muraille. Cet affreux goût d'encre continuait.
> —J'ai soif!... oh! j'ai bien soif! **soupira**-t-elle.
> —Qu'as-tu donc? dit Charles, qui lui tendait un verre.
> —Ce n'est rien!... Ouvre la fenêtre... j'étouffe!
> Elle **fut** prise d'une nausée si soudaine, qu'elle **eut** à peine le temps de saisir son mouchoir sous l'oreiller. Il **se jeta** à genoux contre son lit.
> —Parle! qu'as-tu mangé? Réponds, au nom du ciel!
>
> Flaubert, *Madame Bovary*

The bold-face verbs written in the **passé simple** designate the same kinds of actions as the **passé composé**; descriptions and unlimited, continuous actions are still in the imperfect. You will also notice that a dialogue within a literary text takes the **passé composé** rather than the **passé simple** («—Parle! qu'as-tu mangé?»).

Since we use the **passé composé** in *conversation* and *correspondence*, you do not need to know how to conjugate the **passé simple** actively. You do have to know how to recognize its forms when you read a literary text. There are three kinds of endings:

-er	-ir, -re	Quelques verbes irréguliers
-ai	-is	-us
-as	-is	-us
-a	-it	-ut
-âmes	-îmes	-ûmes
-âtes	-îtes	-ûtes
-èrent	-irent	-urent

In regular verbs, we add the endings to the root: parler = **parl** + **ai**, etc.; finir = **fin** + **is**, etc.; répondre = **répond** + **is**, etc. Most irregular verbs use the **past participle** as the base:

avoir (eu) = j'**eus**   dire (dit) = je **dis**
croire (cru) = je **crus**   aller (allé) = j'**allai**

Some exceptions are:

écrire (écrit) = j'**écrivis**   naître (né) = je **naquis**
craindre (craint) = je **craignis**   venir (venu) = je **vins**
être (été) = je **fus**   voir (vu) = je **vis**
faire (fait) = je **fis**

Le Passé Antérieur (no corresponding tense in English)

Formation: *Passé simple* of auxiliary verb + past participle
English equivalent (the pluperfect): I had looked

j'**eus** regardé   nous **fûmes** arrivés
tu **eus** choisi   vous **eûtes** écrit
il **fut** parti   elles se **furent** levées

Verbs with Spelling Changes

There are certain regular verbs which undergo spelling changes in certain forms. These spelling changes are linked to pronunciation. Once the basic sound problems have been recognized, these verbs should pose no difficulty.

1. c → ç
   The letter **c** is pronounced like an **s** before the vowels **e** and **i** and like a **k** before **a, o,** and **u**. Therefore, in order to maintain the **s** sound in verbs ending in **-cer**, a cedilla is added to those forms whose endings begin with **a** or **o**. Some verbs in this category are **commencer, effacer, menacer, s'efforcer**:

   je commen**c**e, nous commen**ç**ons
   je commen**ç**ais, nous commen**c**ions
   je commen**ç**ai, ils commen**c**èrent

2. g → ge
   The letter **g** is pronounced like the **s** in *measure* before **e** and **i** and like the **g** in *game* before **a, o,** and **u**. Therefore, in order to maintain the soft sound of verbs ending in **-ger, g** becomes **ge** in those forms whose endings begin with **a** or **o**. Some verbs in this group are **changer, manger, plonger, songer**:

   je man**g**e, nous man**ge**ons
   je man**ge**ais, nous man**g**ions
   je man**ge**ai, ils man**g**èrent

3. y → i
   Verbs ending in **-yer** maintain the **y** sound (as in *yes*) only if the following syllable is pronounced. When the following syllable contains a mute

e, y becomes **i**. The most common verbs of this sort are **balayer, employer, s'ennuyer, essayer, nettoyer, payer**[1]:

> j'emploie, nous employons
> qu'il emploie, que vous employiez
> j'emploierai, nous emploierons

4. e → è

When an infinitive ends in **e** + *a consonant* + **er**, the first **e** is mute when the verb ending is sounded. However, if the syllable following this **e** also contains a mute **e**, then the first **e** is written **è** and is pronounced. Common verbs in this group include **acheter, se lever, mener, se promener**:

> je me lève, nous nous levons
> qu'il se lève, que vous vous leviez
> je me lèverai, nous nous lèverons

5. é → è

A verb whose infinitive ends in **é** + *a consonant* + **er** follows the same pattern as the verbs in Group 4 with one exception. These verbs maintain the **é** in the future and conditional; however, the forms are pronounced as if the **é** had become **è**. Verbs in this group include **espérer, préférer, répéter, suggérer**:

> j'espère, nous espérons
> qu'il espère, que vous espériez
> **but:** j'espérerai, nous espérerons

6. t → tt, l → ll

Certain verbs—such as **jeter** and **(s)'appeler**—double the consonant if the following syllable is not pronounced. This again allows for the pronunciation of the **e** preceding the consonant:

> j'appelle, nous appelons
> qu'il appelle, que vous appeliez
> j'appellerai, nous appellerons

Imperative Mood

Direct Commands

Formation: Present tense (**tu, vous, nous**)
English equivalent: Look! (**tu, vous**) Let's look! (**nous**)

---

[1]Verbs ending in **-oyer** and **-uyer** must make this change. Verbs ending in **-ayer** may make it, but it is not obligatory. Consequently, one may write either je **paie** or je **paye**.

Regarde!	Choisis!	Sors!	Va!
Regardez!	Choisissez!	Sortez!	Allez!
Regardons!	Choisissons!	Sortons!	Allons!

Notice that the **tu** form of **-er** verb commands drops the **-s** unless followed by the pronouns **y** or **en**:

| Monte! | *But:* | Montes-y! |
| Donne! | | Donnes-en! |

Special Case: Pronominal Verbs

Lève-**toi**!	Ne **te** lève pas!
Levez-**vous**!	Ne **vous** levez pas!
Levons-**nous**!	Ne **nous** levons pas!

Notice that the pronoun follows the verb in an affirmative command but precedes the verb in a negative command.

Indirect Commands

Formation: Present subjunctive (**il, elle, ils, elles**)
English equivalent: Let him look! Have him look!

| Qu'il regard**e**! | Qu'elle choisis**se** |
| Qu'ils s'en **aillent**! | Qu'elles part**ent**! |

The Present Participle

Stem	English Equivalent	Ending		
nous regard~~ons~~	looking	-ant	regard**ant**	pren**ant**
			choisiss**ant**	voy**ant**
			répond**ant**	conduis**ant**

Exceptions: avoir: ayant
être: étant
savoir: sachant

The present participle is used, either alone or (more frequently) after the preposition **en,** to indicate the circumstances (time, condition, cause, etc.) associated with an action. It usually refers to the subject of the sentence:

Elles marchent dans la rue **en chantant**.
Ne sachant pas la réponse, il n'a pas dit un mot.
En conduisant la voiture de son père, il a eu un accident.
Ayant oublié sa clé, elle a dû attendre le retour de ses amies.

Verbs Followed By An Infinitive

Verbs + à + Infinitive

aboutir à
aider à
s'amuser à
apprendre à
arriver à
s'attendre à

avoir à
chercher à
commencer à
continuer à
employer à
enseigner à

s'habituer à
hésiter à
inviter à
se mettre à
parvenir à
renoncer à

résoudre à
réussir à
servir à
songer à
tarder à
tenir à

Verbs + de + Infinitive

accepter de
accuser de
s'arrêter de
avoir envie de
avoir peur de
cesser de
se charger de
choisir de

craindre de
décider de
se dépêcher de
douter de
empêcher de
essayer de
s'étonner de
finir de

interdire de
mériter de
négliger de
offrir de
oublier de
persuader de
prier de

refuser de
regretter de
remercier de
rêver de
se souvenir de
tâcher de
tenter de

Verbs + à + qqn + de + Infinitive

commander à qqn de
conseiller à qqn de
défendre à qqn de
demander à qqn de

dire à qqn de
écrire à qqn de
ordonner à qqn de

permettre à qqn de
promettre à qqn de
reprocher à qqn de

Verbs + Infinitive

aimer
aller
avoir beau
compter
croire
désirer
détester

devoir
écouter
entendre
espérer
faire
falloir
laisser

oser
pouvoir
préférer
prétendre
regarder
savoir

sembler
sentir
valoir mieux
venir
voir
vouloir

■ *Verb Tables*

The following verb tables consist of all the tenses presented and used in this text. The *présent de l'indicatif* is conjugated fully. The first person singular and plural are given for the *présent du subjonctif*. The *passé simple, passé antérieur* and the *verbes impersonnels* are given in the third person singular, according to their usage. All the other tenses are given only in the first person singular.

Verbes réguliers

Infinitif Participes présent passé	Présent		Passé composé	Imparfait	Plus-que-parfait
parler parlant parlé	je parle tu parles il / elle / on parle	nous parlons vous parlez ils / elles parlent	j'ai parlé	je parlais	j'avais parlé
finir finissant fini	je finis tu finis il / elle / on finit	nous finissons vous finissez ils / elles finissent	j'ai fini	je finissais	j'avais fini
attendre attendant attendu	j'attends tu attends il / elle / on attend	nous attendons vous attendez ils / elles attendent	j'ai attendu	j'attendais	j'avais attendu

Impératif	Futur	Conditionnel	Présent du subjonctif	Passé simple
	Futur antérieur	**Conditionnel passé**	**Passé du subjonctif**	**Passé antérieur**
parle parlons parlez	je parlerai	je parlerais	que je parle que nous parlions	il parla
	j'aurai parlé	j'aurais parlé	que j'aie parlé	il eut parlé
finis finissons finissez	je finirai	je finirais	que je finisse que nous finissions	il finit
	j'aurai fini	j'aurais fini	que j'aie fini	il eut fini
attends attendons attendez	j'attendrai	j'attendrais	que j'attende que nous attendions	il attendit
	j'aurai attendu	j'aurais attendu	que j'aie attendu	il eut attendu

Verbes irréguliers

acquérir	écrire	pouvoir
aller	envoyer	prendre
s'asseoir	être	recevoir
avoir	faire	rire
battre	falloir	rompre
boire	fuir	savoir
conduire	lire	suffire
connaître	mettre	suivre
courir	mourir	valoir
craindre	naître	venir
croire	ouvrir	vivre
cueillir	partir	voir
devoir	plaire	vouloir
dire	pleuvoir	

Infinitif Participes présent passé	Présent		Passé Composé	Imparfait	Plus-que-parfait
1 acquérir acquérant acquis	j'acquiers tu acquiers il / elle / on acquiert	nous acquérons vous acquérez ils / elles acquièrent	j'ai acquis	j'acquérais	j'avais acquis
2 aller allant allé	je vais tu vas il / elle / on va	nous allons vous allez ils / elles vont	je suis allé(e)	j'allais	j'étais allé(e)
3 s'asseoir s'asseyant assis	je m'assieds tu t'assieds il / elle / on s'assied	nous nous asseyons vous vous asseyez ils / elles s'asseyent	je me suis assis(e)	je m'asseyais	je m'étais assis(e)
4 avoir ayant eu	j'ai tu as il / elle / on a	nous avons vous avez ils / elles ont	j'ai eu	j'avais	j'avais eu
5 battre battant battu	je bats tu bats il / elle / on bat	nous battons vous battez ils / elles battent	j'ai battu	je battais	j'avais battu

Impératif	Futur	Conditionnel	Présent du subjonctif	Passé simple
	Futur antérieur	**Conditionnel passé**	**Passé du subjonctif**	**Passé antérieur**
acquiers acquérons acquérez	j'acquerrai	j'acquerrais	que j'acquière que nous acquérions	il acquit
	j'aurai acquis	j'aurais acquis	que j'aie acquis	il eut acquis
va allons allez	j'irai	j'irais	que j'aille que nous allions	il alla
	je serai allé(e)	je serais allé(e)	que je sois allé(e)	il fut allé
assieds-toi asseyons-nous asseyez-vous	je m'assiérai	je m'assiérais	que je m'asseye que nous nous asseyions	il s'assit
	je me serai assis(e)	je me serais assis(e)	que je me serais assis(e)	il se fut assis
aie ayons ayez	j'aurai	j'aurais	que j'aie que nous ayons	il eut
	j'aurai eu	j'aurais eu	que j'aie eu	il eut eu
bats battons battez	je battrai	je battrais	que je batte que nous battions	il battit
	j'aurai battu	j'aurais battu	que j'aie battu	il eut battu

Infinitif / Participes présent passé	Présent		Passé Composé	Imparfait	Plus-que-parfait
6 boire buvant bu	je bois tu bois il / elle / on boit	nous buvons vous buvez ils / elles boivent	j'ai bu	je buvais	j'avais bu
7 conduire conduisant conduit	je conduis tu conduis il / elle / on conduit	nous conduisons vous conduisez ils / elles conduisent	j'ai conduit	je conduisais	j'avais conduit
8 connaître connaissant connu	je connais tu connais il / elle /on connaît	nous connaissons vous connaissez ils / elles connaissent	j'ai connu	je connaissais	j'avais connu
9 courir courant couru	je cours tu cours il / elle / on court	nous courons vous courez ils / elles courent	j'ai couru	je courais	j'avais couru
10 craindre craignant craint	je crains tu crains il / elle / on craint	nous craignons vous craignez ils / elles craignent	j'ai craint	je craignais	j'avais craint
11 croire croyant cru	je crois tu crois il / elle / on croit	nous croyons vous croyez ils / elles croient	j'ai cru	je croyais	j'avais cru
12 cueillir cueillant cueilli	je cueille tu cueilles il / elle / on cueille	nous cueillons vous cueillez ils / elles cueillent	j'ai cueilli	je cueillais	j'avais cueilli
13 devoir devant dû (due, dus, dues)	je dois tu dois il / elle / on doit	nous devons vous devez ils / elles doivent	j'ai dû	je devais	j'avais dû
14 dire disant dit	je dis tu dis il / elle / on dit	nous disons vous dites[1] ils / elles disent	j'ai dit	je disais	j'avais dit
15 écrire écrivant écrit	j'écris tu écris il / elle / on écrit	nous écrivons vous écrivez ils / elles écrivent	j'ai écrit	j'écrivais	j'avais écrit

1. *Mais:* contredire, interdire, prédire → vous contredisez, vous interdisez, vous prédisez
(redire → vous redites)

Impératif	Futur	Conditionnel	Présent du subjonctif	Passé simple
	Futur antérieur	**Conditionnel passé**	**Passé du subjonctif**	**Passé antérieur**
bois buvons buvez	je boirai	je boirais	que je boive que nous buvions	il but
	j'aurai bu	j'aurais bu	que j'aie bu	il eut bu
conduis conduisons conduisez	je conduirai	je conduirais	que je conduise que nous conduisions	il conduisit
	j'aurai conduit	j'aurais conduit	que j'aie conduit	il eut conduit
connais connaissons connaissez	je connaîtrai	je connaîtrais	que je connaisse que nous connaissions	il connut
	j'aurai connu	j'aurais connu	que j'ai connu	il eut connu
cours courons courez	je courrai	je courrais	que je coure que nous courions	il courut
	j'aurai couru	j'aurais couru	que j'aie couru	il eut couru
crains craignons craignez	je craindrai	je craindrais	que je craigne que nous craignions	il craignit
	j'aurai craint	j'aurais craint	que j'aie craint	il eut craint
crois croyons croyez	je croirai	je croirais	que je croie que nous croyions	il crut
	j'aurai cru	j'aurais cru	que j'aie cru	il eut cru
cueille cueillons cueillez	je cueillerai	je cueillerais	que je cueille que nous cueillions	il cueillit
	j'aurai cueilli	j'aurais cueilli	que j'aie cueilli	il eut cueilli
dois devons devez	je devrai	je devrais	que je doive que nous devions	il dut
	j'aurai dû	j'aurais dû	que j'aie dû	il eut dû
dis disons dites	je dirai	je dirais	que je dise que nous disions	il dit
	j'aurai dit	j'aurais dit	que j'aie dit	il eut dit
écris écrivons écrivez	j'écrirai	j'écrirais	que j'écrive que nous écrivions	il écrivit
	j'aurai écrit	j'aurais écrit	que j'aie écrit	il eut écrit

Infinitif Participes présent passé	Présent		Passé Composé	Imparfait	Plus-que-parfait
16 envoyer envoyant envoyé	j'envoie tu envoies il / elle / on envoie	nous envoyons vous envoyez ils / elles envoient	j'ai envoyé	j'envoyais	j'avais envoyé
17 être étant été	je suis tu es il / elle / on est	nous sommes vous êtes ils / elles sont	j'ai été	j'étais	j'avais été
18 faire faisant fait	je fais tu fais il / elle / on fait	nous faisons vous faites ils / elles font	j'ai fait	je faisais	j'avais fait
19 falloir fallu (*inv.*)	il faut		il a fallu	il fallait	il avait fallu
20 fuir fuyant fui	je fuis tu fuis il / elle / on fuit	nous fuyons vous fuyez ils / elles fuient	j'ai fui	je fuyais	j'avais fui
21 lire lisant lu	je lis tu lis il / elle / on lit	nous lisons vous lisez ils / elles lisent	j'ai lu	je lisais	j'avais lu
22 mettre mettant mis	je mets tu mets il / elle / on met	nous mettons vous mettez ils / elles mettent	j'ai mis	je mettais	j'avais mis
23 mourir mourant mort	je meurs tu meurs il / elle / on meurt	nous mourons vous mourez ils / elles meurent	je suis mort(e)	je mourais	j'étais mort(e)
24 naître naissant né	je nais tu nais il / elle /on naît	nous naissons vous naissez ils / elles naissent	je suis né(e)	je naissais	j'étais né(e)
25 ouvrir ouvrant ouvert	j' ouvre tu ouvres il / elle / on ouvre	nous ouvrons vous ouvrez ils / elles ouvrent	j'ai ouvert	j'ouvrais	j'avais ouvert

| Impératif | Futur | Conditionnel | Présent du subjonctif | Passé simple |
	Futur antérieur	Conditionnel passé	Passé du subjonctif	Passé antérieur
envoie envoyons envoyez	j'enverrai	j'enverrais	que j'envoie que nous envoyions	il envoya
	j'aurai envoyé	j'aurais envoyé	que j'aie envoyé	il eut envoyé
sois soyons soyez	je serai	je serais	que je sois que nous soyons	il fut
	j'aurai été	j'aurais été	que j'aie été	il eut été
fais faisons faites	je ferai	je ferais	que je fasse que nous fassions	il fit
	j'aurai fait	j'aurais fait	que j'aie fait	il eut fait
—— —— ——	il faudra	il faudrait	qu'il faille	il fallut
	il aura fallu	il aurait fallu	qu'il ait fallu	il eut fallu
fuis fuyons fuyez	je fuirai	je fuirais	que je fuie que nous fuyions	il fuit
	j'aurai fui	j'aurais fui	que j'aie fui	il eut fui
lis lisons lisez	je lirai	je lirais	que je lise que nous lisions	il lut
	j'aurai lu	j'aurais lu	que j'aie lu	il eut lu
mets mettons mettez	je mettrai	je mettrais	que je mette que nous mettions	il mit
	j'aurai mis	j'aurais mis	que j'aie mis	il eut mis
meurs mourons mourez	je mourrai	je mourrais	que je meure que nous mourions	il mourut
	je serai mort(e)	je serais mort(e)	que je sois mort(e)	il fut mort
nais naissons naissez	je naîtrai	je naîtrais	que je naisse que nous naissions	il naquit
	je serai né(e)	je serais né(e)	que je sois né(e)	il fut né
ouvre ouvrons ouvrez	j'ouvrirai	j'ouvrirais	que j'ouvre que nous ouvrions	il ouvrit
	j'aurai ouvert	j'aurais ouvert	que j'aie ouvert	il eut ouvert

Infinitif Participes présent passé	Présent		Passé Composé	Imparfait	Plus-que-parfait
26 partir partant parti	je pars tu pars il / elle / on part	nous partons vous partez ils / elles partent	je suis parti(e)	je partais	j'étais parti(e)
27 plaire plaisant plu	je plais tu plais il / elle / on plaît	nous plaisons vous plaisez ils / elles plaisent	j'ai plu	je plaisais	j'avais plu
28 pleuvoir pleuvant plu (*inv.*)	il pleut		il a plu	il pleuvait	il avait plu
29 pouvoir pouvant pu (*inv.*)	je peux (puis) tu peux il / elle / on peut	nous pouvons vous pouvez ils / elles peuvent	j'ai pu	je pouvais	j'avais pu
30 prendre prenant pris	je prends tu prends il / elle / on prend	nous prenons vous prenez ils / elles prennent	j'ai pris	je prenais	j'avais pris
31 recevoir recevant reçu	je reçois tu reçois il / elle / on reçoit	nous recevons vous recevez ils / elles reçoivent	j'ai reçu	je recevais	j'avais reçu
32 rire riant ri (*inv.*)	je ris tu ris il / elle / on rit	nous rions vous riez ils / elles rient	j'ai ri	je riais	j'avais ri
33 rompre rompant rompu	je romps tu romps il / elle / on rompt	nous rompons vous rompez ils / elles rompent	j'ai rompu	je rompais	j'avais rompu
34 savoir sachant su	je sais tu sais il / elle / on sait	nous savons vous savez ils / elles savent	j'ai su	je savais	j'avais su
35 suffire suffisant suffi (*inv.*)	je suffis tu suffis il / elle / on suffit	nous suffisons vous suffisez ils / elles suffisent	j'ai suffi	je suffisais	j'avais suffi

| Impératif | Futur | Conditionnel | Présent du subjonctif | Passé simple |
	Futur antérieur	Conditionnel passé	Passé du subjonctif	Passé antérieur
pars partons partez	je partirai	je partirais	que je parte que nous partions	il partit
	je serai parti(e)	je serais parti(e)	que je sois parti(e)	il fut parti
plais plaisons plaisez	je plairai	je plairais	que je plaise que nous plaisions	il plut
	j'aurai plu	j'aurais plu	que j'aie plu	il eut plu
——	il pleuvra	il pleuvrait	qu'il pleuve	il plut
——	il aura plu	il aurait plu	qu'il ait plu	il eut plu
——	je pourrai	je pourrais	que je puisse que nous puissions	il put
——	j'aurai pu	j'aurais pu	que j'aie pu	il eut pu
prends prenons prenez	je prendrai	je prendrais	que je prenne que nous prenions	il prit
	j'aurai pris	j'aurais pris	que j'aie pris	il eut pris
reçois recevons recevez	je recevrai	je recevrais	que je reçoive que nous recevions	il reçut
	j'aurai reçu	j'aurais reçu	que j'aie reçu	il eut reçu
ris rions riez	je rirai	je rirais	que je rie que nous riions	il rit
	j'aurai ri	j'aurais ri	que j'aie ri	il eut ri
romps rompons rompez	je romprai	je romprais	que je rompe que nous rompions	il rompit
	j'aurai rompu	j'aurais rompu	que j'aie rompu	il eut rompu
sache sachons sachez	je saurai	je saurais	que je sache que nous sachions	il sut
	j'aurai su	j'aurais su	que j'aie su	il eut su
suffis suffisons suffisez	je suffirai	je suffirais	que je suffise que nous suffisions	il suffit
	j'aurai suffi	j'aurais suffi	que j'aie suffi	il eut suffi

Infinitif Participes présent passé	Présent		Passé Composé	Imparfait	Plus-que- parfait
36 suivre suivant suivi	je suis tu suis il / elle / on suit	nous suivons vous suivez ils / elles suivent	j'ai suivi	je suivais	j'avais suivi
37 valoir valant valu	je vaux tu vaux il / elle / on vaut	nous valons vous valez ils / elles valent	j'ai valu	je valais	j'avais valu
38 venir[2] venant venu	je viens tu viens il / elle / on vient	nous venons vous venez ils / elles viennent	je suis venu(e)	je venais	j'étais venu(e)
39 vivre vivant vécu	je vis tu vis il / elle /on vit	nous vivons vous vivez ils / elles vivent	j'ai vécu	je vivais	j'avais vécu
40 voir voyant vu	je vois tu vois il / elle / on voit	nous voyons vous voyez ils / elles voient	j'ai vu	je voyais	j'avais vu
41 vouloir voulant voulu	je veux tu veux il / elle / on veut	nous voulons vous voulez ils / elles veulent	j'ai voulu	je voulais	j'avais voulu

2. **Venir** et tous ses dérivés se conjuguent avec **être** aux temps composés. **Tenir** et tous ses dérivés se conjuguent avec **avoir** aux temps composés.

| Impératif | Futur | Conditionnel | Présent du subjonctif | Passé simple |
	Futur antérieur	Conditionnel passé	Passé du subjonctif	Passé antérieur
suis suivons suivez	je suivrai	je suivrais	que je suive que nous suivions	il suivit
	j'aurai suivi	j'aurais suivi	que j'aie suivi	il eut suivi
vaux valons valez	je vaudrai	je vaudrais	que je vaille[3] que nous valions	il valut
	j'aurai valu	j'aurais valu	que j'aie valu	il eut valu
viens venons venez	je viendrai	je viendrais	que je vienne que nous venions	il vint
	je serai venu(e)	je serais venu(e)	que je sois venu(e)	il fut venu
vis vivons vivez	je vivrai	je vivrais	que je vive que nous vivions	il vécut
	j'aurai vécu	j'aurais vécu	que j'aie vécu	il eut vécu
vois voyons voyez	je verrai[4]	je verrais[5]	que je voie que nous voyions	il vit
	j'aurai vu	j'aurais vu	que j'aie vu	il eut vu
veuille ——— veuillez	je voudrai	je voudrais	que je veuille que nous voulions	il voulut
	j'aurai voulu	j'aurais voulu	que j'aie voulu	il eut voulu

3. *Mais:* prévaloir → que je prévale
4. *Mais:* prévoir → je prévoirai
5. *Mais:* prévoir → prévoirais

Numbers and Dates

Cardinal Numbers

1-100

1	un, une	16	seize	52	cinquante-deux, etc.
2	deux	17	dix-sept	60	soixante
3	trois	18	dix-huit	61	soixante et un
4	quatre	19	dix-neuf	62	soixante-deux, etc.
5	cinq	20	vingt	70	soixante-dix
6	six	21	vingt et un	71	soixante et onze
7	sept	22	vingt-deux, etc.	72	soixante-douze, etc.
8	huit	30	trente	80	quatre-vingts
9	neuf	31	trente et un	81	quatre-vingt-un
10	dix	32	trente-deux, etc.	82	quatre-vingt-deux, etc.
11	onze	40	quarante	90	quatre-vingt-dix
12	douze	41	quarante et un	91	quatre-vingt-onze
13	treize	42	quarante-deux, etc.	92	quatre-vingt-douze, etc.
14	quatorze	50	cinquante	100	cent
15	quinze	51	cinquante et un		

100–1 000 000 000 000

100	cent	1200	mille deux cents, douze cents
101	cent un	2000	deux mille
102	cent deux, etc.	2100	deux mille cent
200	deux cents	10 000	dix mille
201	deux cent un	100 000	cent mille
1000	mille	1 000 000	un million de
1001	mille un	1 000 000 000	un milliard de
1100	mille cent, onze cents	1 000 000 000 000	un billion de

1. In French, a space or a period (rather than a comma) is used to indicate ten thousands, hundred thousands, etc:

> 10 000   *or:* 10.000

2. From 200 on, **cent** has an **s** when followed directly by a noun; however, the **s** is dropped if there is a number between **cent** and the noun:

> deux cents soldats   *But:* deux cent vingt-cinq soldats

3. **Mille** is invariable:

> deux mille soldats   quarante mille soldats

4. Mille becomes **mil** in dates; however, very frequently a form with **cent** is used to express the year:

> mil neuf cent quatre-vingts   *or:* dix-neuf cent quatre-vingts

Ordinal Numbers

1$^{er(e)}$	premier, première	9^e	neuvième	16^e	seizième
2^e	deuxième, second(e)	10^e	dixième	17^e	dix-septième
3^e	troisième	11^e	onzième	18^e	dix-huitième
4^e	quatrième	12^e	douzième	19^e	dix-neuvième
5^e	cinquième	13^e	treizième	20^e	vingtième
6^e	sixième	14^e	quatorzième	21^e	vingt et unième
7^e	septième	15^e	quinzième	22^e	vingt-deuxième
8^e	huitième				

1. When a combination of a cardinal and an ordinal number is used, in French (unlike in English) the cardinal always precedes:

> les **trois** premiers chapitres (*the first three chapters*).
> les **dix** premières voitures (*the first ten cars*)

2. In dates and titles, an ordinal number is used only for "the first." All other dates and titles use cardinal numbers.

> le **1**^{er} **(premier)** avril   François **I**^{er} **(Premier)**
> le **3 (trois)** juin   Henri **IV (Quatre)**
> le **22 (vingt-deux)** mai   Louis **XIV (Quatorze)**

Fractions and Decimals

1/2	un demi, une demie	1/6	un sixième, etc.	0	zéro
1/3	un tiers	2/3	deux tiers	0,1	un dixième
1/4	un quart	3/4	trois quarts	0,2	deux dixièmes
1/5	un cinquième	4/5	quatre cinquièmes	4,1	quatre et un dixième

1. A comma (rather than a period) is used to indicate a decimal place.

2. When **demi** is used as an adjective, it is always singular. If it precedes the noun, it is joined to it by a hyphen and does not agree; if it follows the noun, it agrees with it in *gender* only:

> une demi-heure   une heure et demie
> trois demi-litres   trois mois et demi

3. When **demi** does not modify a noun indicating weight (**un kilo**), time (**une heure**) or space (**un kilomètre**), it is expressed by the noun **la moitié**:

> **la moitiè de** cette tarte
> **la moitiè de la** nuit
> **la moitiè des** étudiants

■ *Lexique*

This Lexique does not contain exact or close cognates, nor does it contain words or expressions generally mastered by students at the elementary level. The abbreviations used are the following:

adj.	adjectif	*m.*	masculin	*pl.*	pluriel
adv.	adverbe	*m./f.*	masculin ou féminin	*prép*	préposition
conj.	conjonction	*m. pl.*	masculin pluriel	*qqch.*	quelque chose
f.	féminin	*n.*	nom	*qqn*	quelqu'un
f. pl.	féminin pluriel	*p.p.*	participe passé	*s.o.*	someone
fam.	familier	*part.*		*sth.*	something
inf.	infinitif	*prés.*	participe présent	*vulg.*	vulgaire

à l'égard de *prép.* with regard to, concerning
à partir de from, based on
à travers *prép.* through
aborder to arrive at, to approach
abrégé *m.* summary
accord *m.* agreement
  être d'~ (avec) to agree (with)
accorder: s'~ (avec) to agree (with)
actualités *f. pl.* news
addition *f.* bill (in restaurant)
affaires *f. pl.* belongings
affolé(e)(s) very upset
afin de in order to
âgé(e)(s) aged, old
agir to act
  s'~ de (il s'agit de...) to be a matter of
aigu(ë)(s) *adj.* sharp, acute
air *m.*: **en plein ~** open-air
alimentation *f.* food
allemand(e)(s) *adj.* German
aller: s'en ~ to get away, to go away
améliorer to improve
anniversaire *m.* birthday, anniversary

août *m.* August
appareil *m.* apparatus
  ~ photo camera
appartenance *f.* belonging
appartenir (à) to belong (to)
appeler to call
  s'~ to be called: **je m'appelle...** my name is...
apprendre à faire to learn to
  ~ à *qqn* **à faire** *qqch.* to teach s.o. to do sth.
approbateur approving
après-midi *m.* afternoon
arrêter: s' ~ de + *inf.* to stop doing sth.
arrière-plan *m.* background
arriver à to happen to
arrondissement *m.* district (of Paris)
ascenseur *m.* elevator
aspirateur *m.* vacuum cleaner
asseoir: s'~ to sit
assiette *f.* plate
assister à to attend, to be present at
astucieux(se)(s) *adj.* clever
attendre to wait for
  s'~ à to expect
attirer to attract
attraper to catch

aube *f.* dawn
aussitôt que *conj.* as soon as
autant: d' ~ que *conj.* especially because
autoportrait *m.* self-portrait
autostop *m.* hitch-hiking
avion *m.* airplane
avis *m.* opinion
avocat *m.* attorney

baguette *f.* thin loaf of bread
bâiller to yawn
balancer to swing back and forth
ballon *m.* soccer ball
base: ... de base basic...
bâtiment *m.* building
beaux-parents *m. pl.* father- and mother-in-law
besoin: avoir ~ de to need
beurre *m.* butter
bibliothèque *f.* library
bien que *conj.* although
bien entendu of course
bien: ~ des... a good many...
billet *m.* ticket
bise *f.* a kiss
blessé(e)(s) wounded
  ~ *n.* victim
bleu foncé dark blue
boire to drink

boisson *f.* a drink
boîte *f.* box; nightclub, disco
bombé(e)(s) *adj.* rounded, protruding
bonne *f.* maid
boulangerie *f.* bakery
bouteille *f.* bottle
briller to shine
brûler to burn
bu *p.p. de* **boire**
bureau de poste *m.* post office
but *m.* goal, objective

cabinet *m.* office
cacher to hide
cadeau(x) *m.* gift
caissière *f.* cashier
calculatrice *f.* pocket calculator
câlin(e)(s) caressing
cambriolage *m.* robbery, burglary
canot *m.* boat
car de ramassage *m.* schoolbus
carré(e)(s) square
casser to break
célèbre(s) famous
cependant nevertheless
chaîne stéréo *f.* stereo set
chambre *f.* bedroom
chantier *m.* building site
chaperon *m.* hood
 Petit ~ rouge Little Red Riding Hood
charger: se ~ de to take care of, to take responsibility for
chaussure *f.* shoe
cher(ère)(s) expensive, dear
chevet *m.* bedside
 table de ~ *f.* bedside table
chez at the home of
ci-dessous below
ci-dessus above
circulation *f.* traffic

clair(e)(s) light
 vert ~ light green
claquettes *f. pl.* tapdance
clé *f.* key
clochard *m.* bum
coin *m.* a corner, neighborhood
colère *f.* anger
 se mettre en ~ contre to get angry at
collet *m.* collar
commencer à + *inf.* to begin to do sth.
 ~ par + *inf.* to begin by doing sth.
commissariat *m.* police station
complément *m.* **d'objet direct (indirect)** direct (indirect) object
composter to punch
 ~ un billet to punch one's ticket
comprendre to understand, to include
compte: se rendre ~ to realize
conduire to drive
conseiller à to advise
constater to state
consterné(e)(s) concerned
contrôleur *m.* conductor, ticket taker
copain *m.*, **copine** *f.* (*fam.*) friend
corde *f.* rope
côté *m.* side
 à ~ de *prep.* beside
coucher *m.* **du soleil** sunset
coucher: se ~ to go to bed
coude *m.* elbow
coulisse *f.* wings (of theater)
coup: après ~ after the fact
courrier *m.* the mail
cours: en ~ in the process
course *f.* **de taureaux** running of bulls

courses: faire les ~ to do the shopping, to run errands
couteau *m.* knife
craie *f.* chalk
crainte *f.* a fear
 de ~ que *conj.* for fear that
crudités *f. pl.* raw vegetables as appetizer
cuir *m.* leather
cuisine *f.* kitchen, cooking

d'abord *adv.* first
d'après *prép.* according to
décoller to take off
déjeuner *m.* lunch
 petit ~ breakfast
demander to ask
 se ~ to wonder
déménager to move, move away
demeurer to remain, to live
dépêcher: se ~ to hurry
député *m.* representative in parliament
derniers: ces ~ *m. pl.* the latter
dérober to steal, remove
dérouter to baffle
dès que *conj.* as soon as
désolé(e)(s) sorry
dessiner to draw
détersif *m.* detergent
devenir to become
devoir *m.* assignment, duty
devoir + *inf.* to have to, to be supposed to
 il a dû + *inf.* he must have…
dimanche *m.* Sunday
disque *m.* record, disc
distraire to distract
 se laisser ~ to allow oneself to be distracted
doigt *m.* finger
donné: étant ~ que *conj.* given that

dont *conj.* of which, of whom, whose

dos *m.* back

douche *f.* a shower

douter to doubt
se ~ to suspect, to surmise

dragueur *m.* pick-up artist

drap *m.* bedsheet

droit *m.* law, right
~ de conduire right to drive

droite *f.* right wing

dû *p.p. de* **devoir**

éberlué(e)(s) flabbergasted

échapper to escape

échouer to fail
~ à ses examens to fail one's exams

Écosse *f.* Scotland

écouter to listen to

écrouer to arrest, lock up

efforcer: s'~ de to try to

élever to raise

élire to elect

embêter to annoy

émission *f.* radio or TV program

emmener to take or lead away

empêcher *qqn* **(de)** + *inf.* to prevent s.o. (from)

emploi *m.* use, employment

employé *m.* clerical worker, employee

emporter to take or carry away

enchaîné(e)(s) connected

endormir: s'~ to fall asleep

endroit *m.* a place, spot

enfuir: s'~ to flee

enlèvement *m.* kidnapping

enlever to take off, to remove

ennui *m.* boredom, problem

ennuyer: s'~ to be bored

ennuyeux(se)(s) *adj.* boring, annoying

énoncé *m.* statement

ensoleillé(e)(s) *adj.* sunny

entendre: s'~ avec to get along with

entourer to surround

envoyer to send

épais(se)(s) thick

épargne *f.* savings

épaule *f.* shoulder

épouvante *f.* fear, horror

épreuve *f.* ordeal, trial

éprouver to experience

équipe *f.* team

esclaffer: s'~ to burst out laughing

escrime *f.* fencing

espérer to hope

essayer de + *inf.* to try to

essuyer to wipe, to dry

étape *f.* stage, phase

été *m.* summer

étonner to surprise

étroit(e)(s) narrow

évidemment *adv.* of course, obviously

évident(e)(s) obvious

éviter to avoid

examen *m.* exam, test

exiger to demand, require

fâché(e)(s) *p.p.* angry

fâcher: se ~ contre to be angry at

facture *f.* the bill

fainéant *m.* good-for-nothing, idle

faire: ce faisant while doing so

farniente *m.* taking it easy, doing nothing

fauteuil *m.* armchair

fête *f.* party
diner *m.* **de ~** dinner party
~ foraine a fair

feu *m.* fire, light
~x d'artifice fireworks
~ rouge red light

fiche *f.* form, paper

fier: se ~ à to trust

fil *m.* wire
sans ~ wireless

finir de + *inf.* to finish doing
~ par + *inf.* to end up by doing

fois *f.* time (as occasion: each time, etc.)

foncé(e)(s) dark
bleu ~ dark blue

football *m.* soccer

fouiller to search

foule *f.* a crowd

frais *m. pl.* expense, fee

franchir to cross

frapper to hit, to strike

fromage *m.* cheese

front *m.* forehead

frotter: se ~ le pied to rub one's foot

fumer to smoke

fur: au ~ et à mesure que *conj.* gradually but steadily as

fusil *m.* rifle

gagner to win, to earn

gamelle *f.* bowl, messkit

gamme *f.* range, scale

gant *m.* glove

garder to keep, to guard

gardien *m.* **de but** goalkeeper (soccer)

gare *f.* train station

gencive *f.* gum

genou *m.* knee

genre *m.* gender; kind, sort

gens *m. pl.* (indefinite number of) people

gentil(le)(s) *adj.* nice, kind

global(aux)(e)(s) *adj.* total, overall

gorge *f.* neck, throat

goût *m.* taste

goûter de to taste

grâce à *prép.* thanks to

grasse matinée: faire la ~ to sleep late

grenier *m.* attic

grève *f.* strike

grimper to climb

grognon(ne)(s) grouchy

gros(se)(s) large, heavy

guichet *m.* ticket window

habile(s) capable, skillful

habilité *f.* skill, ability

habiller: s'~ to dress (oneself), to be dressed

habiter to live

habituer: s'~ to become accustomed

hériter to inherit

hiver *m.* winter

horloge *f.* clock

hors d'œuvre *m.* appetizer

huile *f.* oil

hurler to shout

   ~ des injures to shout insults

il y a... ... ago

immeuble *m.* building

immoler: s'~ to be killed

imperméable *m.* raincoat

impôts *m. pl.* taxes

inachevé(e)(s) *adj.* unfinished

inconnu *m.* stranger

inscription *f.* registration

inscrire: s'~ to register, sign up

intéresser to interest

   s'~ à to be interested in

ivrogne *m.* drunkard

jambe *f.* leg

jambon *m.* ham

jardin zoologique *m.* zoo

journal *m.* newspaper, journal

   ~ télévisé television news

juillet *m.* July

jusqu'à ce que *conj.* until

laisser to let; to leave behind

laiterie *f.* dairy store

lecteur *m.* reader

lendemain *m.* the next day

lessive *f.* the wash, laundry

lever: se ~ to get up (in the morning)

librairie *f.* bookstore

lieu *m.* a place, spot

   avoir ~ to take place

   il y a ~ it is appropriate

lisse(s) smooth

lit *m.* bed

lorsque *conj.* when

louer to rent

lourd(e)(s) *adj.* heavy

lumière *f.* light

lunettes *f. pl.* eyeglasses

magnétoscope *m.* video cassette recorder

mal *m.* pain, difficulty

   faire ~ à to hurt

malfaiteur *m.* delinquent

malgré *prép.* despite

manifestant *m.* demonstrator

manquer to miss, to lack

maquillage *m.* makeup

maquiller: se ~ to put on makeup

marier: se ~ to get married

Maroc *m.* Morocco

marque *f.* brand, brand name

marron(ne)(s) brown

mauvais(e)(s) bad, inferior

mec *m.* guy, dude

mélanger to mix

ménage *m.* household, housework

mercredi *m.* Wednesday

**mettre (du temps) à (pour) + ** *inf.* to take time to do

meubles *m. pl.* furniture

mi-temps *m.* part-time job

miette *f.* crumb

mince(s) thin

mise *f.* **au point** review, explanation

moche(s) *adj.* ugly

moins *adv.* less

   **à ~ de + ** *inf.* unless

   à ~ que *conj.* unless

mois *m.* month

moitié *f.* half

   à ~..., à ~... half..., half...

moment actuel *m.* the present time

mondain(e)(s) worldly, sophisticated

monter to set up

montre *f.* watch

montrer to show

moquer: se ~ de to make fun of

mou, (mol), molle(s) soft

moyen(ne)(s) medium, average

mur *m.* wall

n'importe no matter

   ~ comment no matter how, in any way

   ~ où anywhere, no matter where

   ~ quand anytime, no matter when

   ~ quel(lle)(s) *adj. + nom* just any ...

   ~ qui anyone, no matter who

   ~ quoi anything, no matter what

nager to swim

nature morte *f.* still life

nettoyer to clean

neuf(ve)(s) new

note *f.* mark, grade

nourriture *f.* food

nuage *m.* cloud

obstiné(e)(s) stubborn
occuper: s'~ de to deal with, to look after
œil *m.* (*pl.* **yeux**) eye
  faire de l'~ à to make eyes at
œuf *m.* egg
oiseau *m.* bird
or *m.* gold; (*conj.*) now
ordinateur *m.* computer
oreille *f.* ear
originaire(s) (de) native (of)
oublier to forget
ours *m.* a bear
outil *m.* a tool
ouvrier *m.,* **ouvrière** *f.* (blue-collar) worker

papillon *m.* butterfly
par-dessus tout more than anything
pareil(le)(s) similar
paresseux(se)(s) lazy
part: de la ~ de on the part of
parti pris *m.* prejudice
  sans ~ open-minded
partie *f.* part
  faire ~ de to be part of
partir to leave, to go away
partout *adv.* everywhere
pas mal (de) fair amount of, good many
passer (du temps) à + *inf.* to spend time doing
  se ~ to happen, to be going on
pâtes de verre *f. pl.* molten glass
patron *m.* boss
paysage *m.* landscape
pêche *f.* fishing
peigne *m.* comb
peine de mort *f.* death penalty
peintre *m.* painter, artist
  ~ du dimanche Sunday (amateur) painter

peinture *f.* a painting
pendant *prép.* during
  ~ que *conj.* while
péniche *f.* river cargo boat
perruque *f.* wig
personnage *m.* character (e.g., in play, story)
personnes *f. pl.* (a definite number of) people, persons
pétrin: dans le ~ *fam.* in trouble, in a jam
peuple *m.* the common people; a people or nation
pièce *f.* play, room
piège *m.* trap
pinceau *m.* paintbrush
placard *m.* cupboard
plage *f.* beach
plaindre: se ~ to complain
plancher *m.* floor
pleuvoir to rain
  il pleut it is raining
  il a plu it (has) rained
plongée *f.* diving
  ~ sous-marine deep-sea diving
plonger to dive
plupart *f.* majority
  la ~ de most of
poignard *m.* dagger
point de repère *m.* point of reference
poisson *m.* fish
porte-cigarettes *m.* cigarette holder
portefeuille *m.* wallet
pouce *m.* an inch, thumb
pourtant *adv.* nevertheless
pourvu que *conj.* provided that
pouvoir *m.* power
pouvoir + *inf.* to be able to
  ne plus en ~ (je n'en peux plus) to be worn out, to be unable to do or take more

précipiter: se ~ to hurry
prétendre to claim
prêter to lend
preuve *f.* proof
printemps *m.* spring
prix *m.* **de vente** retail price
prochain(e)(s) next
proche(s) near, immediate
profiter de to take advantage of
pronominal(e) (*pl.* **-naux, -nales**) reflexive; relating to pronouns
proposition *f.* clause
propre(s) clean; (*if before noun*) own
pu *p.p. de* **pouvoir**
puisque *conj.* as, since

quartier *m.* neighborhood, area
quitter to leave, to leave behind
quoique *conj.* although
quotidien(ne)(s) daily
  ~ *m.* daily newspaper

raconter to tell, narrate
radical *m.* root
radoucir: se ~ to calm down
rappeler: se ~ to remember
rapprocher to bring together
raser: se ~ to shave
rasoir *m.* razor
ravi(e)(s) delighted
récit *m.* story, narration
rédiger to write
rejoindre to meet on purpose, to rejoin
relier to link
remettre to postpone
remplir to fill
rencontre *f.* meeting
rendez-vous *m.* appointment, date
  donner ~ à *qqn* to arrange a meeting with s.o.

rendre to return, to give back
  ~ + *adj.* to make
  ~ fou to drive crazy
renseignement *m.* information
renseigner to inform
rentrer to return, to go or come home, to come back in
repas *m.* meal
répétition *f.* repetition, rehearsal
rester to remain
retour *m.* return
  être de ~ to be back
retourner to return, to go back
retrouver to meet, find
réunion *f.* meeting
réunir: se ~ meet, gather
réussir à to succeed; to pass (an exam)
rêve *m.* dream
réveiller: se ~ wake up
revenir to return, to come back
ri *p.p. de* **rire**
rideau *m.* curtain
rire to laugh
roman *m.* novel
rose(s) pink
RPR political party
rugueux(se)(s) rough-surfaced

salle *f.* room
  ~ de séjour living room
salut (*fam.*) hi
sang *m.* blood
sauf *prép.* except
sauter to jump
  ~ la haie jump over the hedge
séjour *m.* sojourn, stay
selon *prep.* according to

~ que *conj.* depending on whether
semaine *f.* week
semblant: faire ~ de to pretend to
serrer to squeeze
  ~ la main (à) to shake hands (with)
serviette *f.* briefcase, napkin
servir: ~ à to be used for
  se ~ de *qqch.* **pour + *inf.*** to use sth. to do
seul(e)(s) alone, only
siècle *m.* century
SNCF *f.* French national railroad
soie *f.* silk
soin: prendre ~ de to take care of, to care for
solde *f.* sale
  en ~ on sale
soleil *m.* sun
sort *m.* fate, lot
sortir to leave, to exit, to go out on a date
souffle *m.* breath, breathing
souhaiter to wish
soulier *m.* shoe
soupçonner to suspect
souvenir: se ~ de to remember
stylo *m.* pen
succursale *f.* branch office
susciter to provoke

tache *f.* spot, stain
tâcher de to try to
taille *f.* height, size, waist
taire: faire ~ to silence
talon *m.* heel
tandis que *conj.* while, whereas
tant (de) so much, so many
taper à la machine to type
tasse *f.* cup
taureau(x) *m.* bull

taux *m.* rate
  ~ d'épargne rate of savings
témoin *m.* witness
temps *m.* time, tense (of a verb)
tenter de + *inf.* to try to
terminaison *f.* ending
tête *f.* head
  laver la ~ wash one's hair
TGV *m.* high-speed train
timbre *m.* postage stamp
tire-bouchon *m.* corkscrew
tiret *m.* dash, blank
toit *m.* roof
tranche *f.* slice
travée *f.* row (of seats)
traverser to cross (over)
trentaine *f.* about thirty
tricher to cheat
triste(s) sad
trognon *m.* **de pomme** apple core
tromper to deceive
  se ~ to be mistaken
  se ~ de... to have the wrong...
trottoir *m.* sidewalk
tuer to kill
type *m.* (*fam.*) guy

uniquement only, exclusively
unité *f.* unit
  à l'~ per unit
uns: les uns... les autres... some... the others...
usé(e)(s) worn through

vache *f.* cow
vaisselle *f.* dishes
  faire la ~ to wash the dishes
valoir to be worth
  ~ mieux to be better
  ... vaut... is worth
vécu *p.p. de* **vivre** lived
vedette *f.* star (of theatre)

veille *f.* day before

vendanges *f. pl.* grape harvests

venir de + *inf.* to have just...

verre *m.* glass

vers *prép.* toward, around

vert clair *adj.* light green

vêtements *m. pl.* clothes

vêtu(e)(s) dressed

viande *f.* meat

vide *m.* void

vilain(e)(s) *adj.* ugly, bad, guilty

virevolter to spin around

voiture *f.* car, automobile

vol *m.* flight

volage(s) *adj.* flighty, fickle

voleur *m.* thief, burglar

volonté *f.* will, will power

volontiers *adv.* gladly

vouloir: en ~ à to bear a grudge, to hold against

voyelle *f.* vowel

voyou *m.* thug

vu que *conj.* seeing that

yeux (*pl. d'œil*) eyes

  coûter les ~ de la tête to cost an arm and a leg

■ *Index*

Permissions and Credits

The authors and editors wish to thank the following persons and publishers for permission to include the works or excerpts mentioned.

pp. 74–75: «Tip-tap, sur quel pied danser,» *Jacinte*, April 1986; © Jacinte.
pp. 91–92: "Chris Isaak," *Fan Club*, Volume 2, #10, October 31, 1987; © Fan Club.

Photographs and realia

p. 1: Peter Menzel/Stock, Boston; p. 18: Mike Mazzaschi/Stock, Boston; p. 50: Spencer Grant/The Picture Cube; p. 63: Ulrike Welsch; p. 77: Martine Franck/Magnum; p. 129: Martha Bates/Stock, Boston; p. 146: Jean-Claude LeJeune/Stock, Boston; p. 189: Owen Franken/Stock, Boston; p. 218: Owen Franken.